정치경제학 비판 요강 III

옮긴이 **김호균**

서울대학교 경제학과를 졸업하고, 독일 브레멘대학교 경제학과에서 「세계 시장에서 독점에 의한 가치 법칙 작동 방식의 수정」으로 박사학위를 받았다. 현재 명지대학교 경영정보학과 교수로 재직 중이며, 논문으로 「자본주의 생산 양식의 단계적 발전에 관한 연구」, 「대기업과 중소기업의 경제적 불평등에 관한 이론적 고찰」, 「지식 기반 경제에서의 협력적 노사 관계에 관한 연구」 등이 있고, 옮긴 책으로는 『자본론에 관한 서한집』(칼 맑스), 『정치경제학 비판을 위하여』(칼 맑스), 『노동사회에서 벗어나기』(홀거 하이데, 공역), 『사회적 시장경제, 사회주의 계획경제』(한델로레 하멜 외, 공역) 등이 있으며, 지은 책으로는 『제3의 길과 지식기반경제』가 있다.

정치경제학 비판 요강 Ⅲ

Grundrisse der Kritik der Politischen Ökonomie

발행일 초판1쇄 2000년 5월 30일 2판1쇄 2007년 10월 30일
2판3쇄 2020년 10월 5일

지은이 칼 맑스 | **옮긴이** 김호균

펴낸곳 (주)그린비출판사 | **펴낸이** 유재건 | **주소** 서울시 마포구 와우산로 180, 4층

주간 임유진 | **편집** 신효섭, 홍민기 | **마케팅** 유하나

디자인 권희원 | **경영관리** 유수진 | **물류·유통** 유재영

전화 02-702-2717 | **팩스** 02-703-0272 | **이메일** editor@greenbee.co.kr | **신고번호** 제2017-000094호

ISBN 978-89-7682-706-7 04320 | 978-89-7682-703-6 (세트)

이 도서의 국립중앙도서관 출판예정도서목록(CIP)은 서지정보유통지원시스템 홈페이지(http://seoji.nl.go.kr)와
국가자료공동목록시스템(http://www.nl.go.kr/kolisnet)에서 이용하실 수 있습니다. (CIP제어번호: CIP2007003235)

철학과 예술이 있는 삶 **그린비출판사**

정치경제학 비판 요강 Ⅲ

칼 맑스 지음 | 김호균 옮김

그린비

정치경제학 비판 요강 III
주요 차례

정치경제학 비판 요강 Ⅰ·Ⅱ권
주요 차례

《Ⅰ권》

일러두기

1. 대본과 편집 체제

이 책의 번역은 독일 디츠(Dietz) 출판사에서 출간된 『맑스-엥겔스 전집』 42권을 대본으로 하였으며, 인용문과 소제목 및 각주 등 이 책의 편집 체제는 독일어 판 편집 체제를 따랐음을 밝혀둔다.

2. 원문 주와 독일어 판 편집자 주 및 한국어 판 역자 주

(1) 맑스의 원문 주는 일련번호 없이 '*'로 표기하여 본문 하단에 실었다.
(2) 독일어 판의 편집자 주는 크게 본문 하단에 일련번호를 붙인 각주와, 책 뒤편의 후주로 구성되어 있다. 본문 하단의 각주는 맑스의 육필 수고를 교열한 내용을 담고 있고, 후주는 본문 내용 중 별도의 설명이 필요한 단어나 구절의 우측 상단에 첨자 번호를 표기하고 부연 설명을 단 것이다.
(3) 한국어 판 역자의 주는 짧은 경우 본문의 해당 부분 대괄호 '[ ]'안에 설명을 달았고, 비교적 긴 설명이 필요할 경우 해당 부분에 일련번호를 붙여 설명을 달되, 양자 모두 독일어 판 편집자 주와 구별하기 위해 '[역자]'라고 표시하였다.

3. 부호 사용

(1) 괄호
* 소괄호 '( )'와 중괄호 '{ }'는 맑스가 사용한 것이다.
* 대괄호 '[ ]'는 독일어 판 편집자가 원문의 이해를 돕기 위해 본문에 삽입한 짧은 보충 설명과 소제목(표제어) 및 주를 나타낸다.

(2) 줄표와 붙임표
* 줄표(—)는 맑스가 사용한 것이다
* 붙임표(-)는 연도와 합성어 및 인용된 저서의 쪽수를 나타낸다

(3) 겹낫표와 낫표
* 겹낫표 '『 』'는 인용되는 저작과 신문 이름을 나타내고, 낫표 '「 」'는 논문과 기사 제목을 나타낸다.

4. 강조
* 독일어 판 원문에서 이탤릭체로 강조된 단어나 문장은 이 책에서 모두 중고딕으로 바꾸었다.

5. 색인 및 기타
* 독일어 판 원문에 등장하는 주요 인물과 저작들은 이 책 Ⅲ권에만 실었다.

정치경제학 비판 요강

[III. 자본에 관한 장]

[제 3 편
결실을 가져다주는 것으로서의 자본.
이자, 이윤(생산비 등).]

이제 자본은 생산과 유통의 통일로서 정립되어 있고, 그것이 일정 기간, 예를 들어 1년 동안에 창출하는 잉여 가치는 = $\frac{SZ}{p+c} = \frac{SZ}{U}$ 또는 = $S(\frac{Z}{p} - \frac{Z}{p} \times \frac{c}{p+c})$.[330] 지금 자본은 재생산되고, 따라서 영속되는 가치로서 뿐만 아니라 가치 정립하는 가치로서도 실현되어 있다. 한편으로는 살아 있는 노동을 자체 내에 흡수함으로써, 그 자신에게 속하는 유통 운동(여기에서 교환 운동은 자본 자신의 운동으로서, 대상화된 노동의 내재적 과정으로서 정립되어 있다)에 의해서 자본은 자기 자신에 대하여 신가치를 정립하는 것으로서, 가치를 생산하는 것으로서 관계한다. 자본은 자신에 의해서 근거 지워진 것으로서의 잉여 가치에 대하여 근거로서 관계한다. 자본의 운동은 자신이 생산됨으로써, 근거 지워진 것으로서의 자신의 근거로서, 잉여 가치로서의 자기 자신에 대하여, 또는 자신에 의해서 정립된 것으로서의 잉여 가치에 대하여 전제된 가치로서 동시에 관계하는 데 있다. 농업에서 자본 재생산의 자연적 척도이기 때문에 자본 회전의 단위 척도로 정립되어 있는 일정한 기간 동안에 자본은 일정한 잉여 가치를 생산하는데, 이 잉여 가치는 자본이 생산 과정에서 정립하는 잉여 가치에 의해서 뿐만 아니라 생산 과정의 반복 회수, 또는 일정한 기간 동안의 재생산 회수에 의해서도 규정된다. 유통, 즉 직접적인 생산 과정 밖에서의 자본의 운동이 자본의 재생산 과정에 수용됨으로써, 잉여 가치는 더 이상 살아 있는 노동에 대한 자본의 단순한 직접적 관계 행위에 의해서 정립되는 것으로 현상하지 않는다. 이 관계는 오히려 자본의 전체 운동의 한 계기로만 나타난다. 자본은 적극적인 주체 — 과정의 주체 — 그리고 회전에 있어서 직접적인 생산 과정은 사실상 노동에 대한 자본의 관계와는 무관하게 자본으로서의 그것의 운동에 의해서 규정되어 나타나는데 — 로서의 자신으로부터 출발하면서 자신에 대하여 자기 증대되는 가치로서 관계한다. 즉 자본은 잉여 가치에 대하여 자신에 의해서 정립되고 근거 지워진 것으로서, 생산 원천으로서의 자본이 생산물로서의 자기 자신과, 생산하는 가치로서의 자본이 생산된 가치로서의 자기 자신과 관계한다. 따라서 자본은 새로 생산된 가치를 더 이상 자신의 실질적인 척도, 필요 노동에 대한 잉여 노동의 비율에 의해서 측정하지 않고 자신의 전제로서의 자기 자신에 비추어 측정한다. 일정한 가치의 자본은 일정한 기간 동안에 일정한 잉여 가치를 창출하는 것이 된다. 이처럼 전제된 자본과 비교하여, 자기 증식되는 가치로서 정립된 자본의 가치와 비교하여 측정된 잉여 가치가 — 이윤이다. 이러한 관점 — 영원한 것이 아닌 자본의 관점에서 고찰하면[331] 잉여 가치는 이윤이다. 그리고 자본은 자본, 즉 생산하고 재생산하는 가치로서의 자기 자신이라는 점에서 이윤, 즉 새로 생산된 가치로서의 자신과 구별된다. 이윤은 자본의 산물이다. 따라서 잉여 가치의 크기가 자본의 가치 크기와 비교하여 측정되고, 따라서 이윤율은 자본의 가치에 대한 잉여 가치의 가치 비율에 의해서 규정된다.

여기에서 논할 것의 매우 많은 부분은 위에서 설명되었다. 그러나 선취된 것은 여기에 자리매김해야 한다. 자본과 동일한 본성을 가지는 새로 정립된 가치 자체가 다시 생산 과정에 수용되는 한에 있어서, 즉 자기 자신을 다시 자본으로 보존하는 한에 있어서 자본 자신은 성장했으며, 이제는 더 큰 가치의 자본으로 작용한다. 자본이 새로 생산된 가치로서의 이윤을 전제된 것으로서 자기 증식되는 가치와 구별하고, 이윤을 증식의 척도로 정립한 다음에 자본은 이러한 분리를 다시 지양하고 이윤을 자본으로서의 자신과의 일체성 속에서 정립하는데, 이제 이 자본은 이윤만큼 증대되어 동일한 과정을 더 큰 규모로 새롭게 시작한다. 자신의 순환을 그림으로써 자본은 순환의 주체로 확대되고, 그리하여 확장되는 순환, 즉 나선을 그린다.

앞에서 설명된 일반 법칙들은 다음과 같이 간단하게 요약될 수 있다. 실재적인 잉여 가치는 필요 노동에 대한 잉여 노동의 비율에 의해서, 또는 살아 있는 노동을 대체하는 대상화된 노동에 대한, 살아 있는 노동과 교환되는 자본의 비율 — 대상화된 노동의 비율에 의해서 규정된다. 그러나 이윤 형태의 잉여 가치는 생산 과정에 전제된 자본의 총가치와 비교하여 측정된다. 그러므로 이윤율은 — 필요 노동에 대한 비율이라는 점에서 동일한 잉여 가치, 동일한 잉여 노동이 전제된다면 — 원재료 및 생산 수단의 형태로 실존하는 자본 부분에 대한 살아 있는 노동과 교환된 자본 부분의 비율에 좌우된다. 따라서 살아 있는 노동과 교환되는 부분이 적을수록 이윤율은 작아진다. 요컨대 생산 과정에서 자본으로서의 자본이 직접적인 노동에 비해서 더 많은 자리를 차지하는 것과 똑같은 비율로, 즉 상대적 잉여 가치가 증가할수록 이윤율 — 자본의 가치 창출력 — 은 하락한다. 우리는 이미 전제된, 재생산에 전제된 자본의 크기는 생산된 생산력으로서의, 외견상의 생명을 부여받은 대상화된 노동으로서의 고정 자본의 성장에서 특유하게 표현된다는 것을 보았다. 생산하는 자본의 가치 총량은 이 자본의 어떤 부분에서도 고정된 가치로서 실존하는 자본 부분에 비해 살아 있는 노동과 교환된 자본 부분의 감소로 표현될 것이다. 예를 들어 매뉴팩처 공업을 보자. 고정 자본, 기계류 등이 증가하는 것과 동일한 비율로 여기에서는 원료로 실존하는 자본 부분이 증가해야 하는 데 반해 살아 있는 노동과 교환되는 부분은 감소한다.

그리하여 생산에 전제된 자본의 — 그리고 생산에서 자본으로 작

용하는 자본 부분의 — 가치 크기에 비해서 이윤율은 하락한다. 자본이 이미 획득한 실존이 넓을수록 ‖16| 전제된 가치(재생산된 가치)에 대한 새롭게 창출된 가치의 비율은 좁다. 따라서 **동일한 잉여 가치, 즉 잉여 노동과 필요 노동의 동일한 비율이 전제되면**, 자본들의 크기에 비한 이윤은 불균등할 수 있고 불균등할 수밖에 없다. 현실적인 잉여 가치가 증가함에도 불구하고 이윤율은 하락할 수 있다. 현실적인 잉여 가치가 감소함에도 불구하고 이윤율은 상승할 수 있다.

가치로서 전제된, 원료와 고정 자본의 형태로 실존하는 자본 부분의 비율이 살아 있는 노동과 교환된 자본 부분과 균등하게 상승한다면, 자본은 실제로 증가할 수 있고 동일한 비율로 이윤율[1)]도 증가할 수 있다. 그러나 이러한 균등성은 노동 생산력의 성장과 발전이 없는 자본의 증가를 상정한다. 전자의 전제가 후자의 전제를 지양하는 것이다. 이는 자본의 발전 법칙, 특히 고정 자본의 발전과 모순된다. 그러한 진보는 자본의 생산 양식이 아직 자본에게 적합하지 않은 단계에서나 또는 자본이 아직 형식적으로밖에 지배하지 못하는 그러한 생산 부문들, 예를 들어 농업에서만 이루어질 수 있다. 여기에서는 필요 노동량이 감소하지 않으면서도 토지의 자연적 비옥도(肥沃渡)가 고정 자본의 증대와 마찬가지로 작용한다 — 즉 상대적 잉여 노동 시간을 증가시킨다. (예를 들어 미국에서.) **총 이윤**, 즉 자신의 형식적인 관계 밖에서 고찰된 잉여 가치, 비율로서가 아니라 다른 가치 크기와 관계가 없는 단순한 가치 크기로서 고찰된 잉여 가치는 평균적으로 **이윤율과 함께 증가하는 것이 아니라 자본의 크기와 함께** 증가한다. 요컨대 이윤율이 자본의 가치에 반비례한다면 이윤액은 이것에 정비례한다. 이 명제도 자본 또는 노동 생산력의 제한된 발전 단계에서만 타당하다. 10%의 이윤을 가지는 100의 자본은 2%의 이윤

1) 이윤액이라고 해야 옳을 것이다.

을 가지는 1,000의 자본보다 적은 이윤액을 준다. 첫 번째 경우에는 액수가 10이고 두 번째 경우에는 액수가 20이다. 즉 더 작은 자본의 이윤율이 더 큰 자본의 이윤율보다 5배 높지만 큰 자본의 총 이윤은 10배 작은 자본의 액수보다 2배 많다. 그러나 더 큰 자본의 이윤이 1%에 지나지 않는다면, 이윤율이 자본의 크기와 동일한 비율로 감소했으므로 이윤액은 10배 작은 자본의 이윤액과 마찬가지로 10[2]일 것이다. 1,000의 자본에 대한 이윤율이 ½%에 지나지 않는다면, 이윤율이 20배 낮아졌으므로 이윤액은 10배 작은 자본의 이윤액의 절반, 즉 5에 지나지 않을 것이다.

요컨대 일반적으로 표현하면 다음과 같다. 더 큰 자본에 대한 이윤율이 하락하되 그것의 크기에 비례해서 감소하지는 않는다면, 이윤율이 하락할지라도 총 이윤은 증가한다. 이윤율이 자본의 크기에 비례해서 하락하면 총 이윤은 더 작은 자본의 그것과 동일하다. 불변이다. 자본의 크기가 증가하는 것보다 더 큰 비율로 이윤율이 하락한다면 더 큰 자본의 총 이윤은 더 작은 자본과 비교할 때, 이윤율이 하락하는 것과 마찬가지로 감소한다. 이것은 모든 점에서 근대 정치경제학의 가장 중요한 법칙이고, 가장 어려운 사태들을 이해하기 위한 가장 본질적인 법칙이다. 그것은 역사적 관점에서 볼 때 가장 중요한 법칙이다. 그것은 단순함에도 불구하고 지금까지 결코 이해된 적이 없고 더욱이 의식적으로 표명되지 않았던 법칙이다. 이윤율의 이러한 하락은 다음과 동일한 의미를 가진다. 1. 이미 생산된 생산력 및 그것이 새로운 생산을 위해서 이루는 물질적인 토대. 이는 동시에 과학력(科學力)의 방대한 발전을 전제한다. 2. 직접적인 노동과 교환되어야 하는 이미 생산된 자본 부분의 감소, 즉 대규모 생산 물량에서 표현되는 거대한 가치의 재생산에 필요한 직접적인 노동의 감소.

---

2) 수고에는: 10%

이러한 대규모 생산 물량은 적은 가격을 가지는데, 그 까닭은 가격 총액이 = 재생산된 자본 + 이윤이기 때문이다. 3. 자본 일체의 규모[와], 또한 고정 자본이 아닌 부분의 규모. 즉 대규모로 발전된 교류의 규모, 대량의 교환 작업의 규모, 시장 크기 및 동시적 노동의 전측면성, 통신 수단 등, 이 방대한 과정을 수행하기 위해서 필요한 소비 기금의 존재(노동자들은 먹고 거주한다). 이윤율의 하락이 이들과 동일한 의미를 가지므로 과학력, 인구 등과 같이 이미 존재하는 물질적인, 이미 달성된 고정 자본의 형태로 실존하는 생산력, 간단히 말해 부의 모든 조건, 부의 재생산을 위한 가장 큰 조건들, 즉 사회적 개인의 풍부한 발전 — 자본의 역사적 발전에서 자본 자신에 의해서 초래된 생산력의 발전은, 일정한 점에 이르면 자본의 자기 증식을 정립하는 것이 아니라 이것을 지양한다.

일정한 점을 지나면 생산력의 발전은 자본에게 제약이 된다. 즉 자본 관계는 노동 생산력의 발전에 대한 제약이 된다. 이 점에 이르면 자본, 즉 임노동은 사회적 부와 생산력의 발전에 대하여 동업조합제도(Zunftwesen), 농노제, 노예제와 마찬가지의 관계에 들어가서, 족쇄로서 필연적으로 탈피된다. 그러므로 임노동을 한편으로 하고 자본을 다른 한편으로 하는, 인간의 활동이 취하는 마지막 예속 형체는 탈피되고, 이 탈피 자체는 자본에 조응하는 생산 양식의 발전 결과이다. 스스로 이미 부자유스러운 사회적 생산의 선행 형태들의 부정인 임노동과 자본의 부정의 물질적·정신적 조건들 자체가 자본의 생산 과정의 결과들이다.

사회의 생산적 발전에 지금까지의 생산 관계들이 갈수록 부적합해진다는 점은 첨예한 모순들, 공황들, 경기 위축들에서 표현된다. 자본에게 외적인 관계들에 의해서가 아니라 자본의 자기 보존을 위한 조건으로서의 자본의 강제적인 파괴는, 자본에게 사회적 생산의 보다 높은 단계에 자리를 내주고 퇴장하라는 충고가 주어지는 가장 명확한 형태이다. 그것은 과학력의 성장일 뿐만 아니라 과학력이 이미 고정 자본으로서 정립되어 있는 척도이자 과학력이 실현되어 있고 생산의 총체성을 장악한 범위, 폭이기도 하다. 그것은 마찬가지로 인구 등, 간단히 말해 생산의 모든 계기의 발전이기도 하다. 그 까닭은 노동 생산력은 기계류의 사용과 마찬가지로 인구에 비례하는데, 인구 증가는 즉자대자적으로 재생산될 사용 가치들, 따라서 또한 소비될 사용 가치들의 전제이자 결과이기 때문이다.

이윤의 이러한 감소는 직접적인 노동이 재생산하고 새롭게 정립하는 대상화된 노동의 크기에 비해서 직접적인 노동이 상대적으로 감소하는 것과 같은 의미를 가지므로, 자본은 필요 노동에의 할당을 감소시키고 사용된 총 노동량과 관련된 잉여 노동의 양을 더욱 증대시킴으로써 자본 일체의 크기에 비해 살아 있는 노동의 비율이 작아짐을 저지하기 위해서, 따라서 전제된 자본에 비해 이윤으로 표현된 잉여 가치의 비율이 작아짐을 저지하기 위해서 모든 것을 시도할 것이다. 따라서 현존하는 부의 최대의 확대와 함께 생산력의 최고의 발전은 자본의 가치 하락, 노동자의 굴종, 노동자 생명력의 극단적인 소진과 때를 같이 할 것이다. 이 모순들은 폭발, 파국, 공황에 이르는데, 이 속에서 자본은 노동의 일시적인 중단과 자본의 대대적인 파괴에 의해서, ‖17| 자멸하지 않고도 자신의 생산력을 계속 충분히 이용할 수 있는 점까지 강제로 감소된다. 그렇지만 규칙적으로 회귀하는 이 파국은 보다 높은 차원에서 반복되는 파국에 이르며, 마침내 폭력적인 전복에 다다른다. 공황에 의해서와는 달리 이 운동을 저지하는 계기들은 자본의 발전된 운동에 내재해 있다. 예를 들어 기존 자본의 일부분의 지속적인 가치 하락, 커다란 자본 부분이 직접적인 생산 작용 요인으로서 기능하지 않는 고정 자본으로 전환되는 것, 커다란 자본 부분의 비생산적 낭비 등.

(우리가 앞서 생산적 자본의 가치 정립이 대응 가치를 전제한다는

것을 살펴본 바와 같이, 생산적으로 사용된 자본은 언제나 이중적으로 대체된다. 자본의 비생산적 소비가 한편에서는 자본을 대체하고, 다른 한편에서는 자본을 폐기한다.) {동일한 법칙이 이미 전제된 자본에 대한 인구 — 특히 노동하는 인구 부분 — 의 증가 비율로서 단순하게 표현된다 — 그렇지만 이 표현은 나중에 인구론에서 고찰될 것이다.} (나아가 이윤율의 하락이 기존의 이윤 공제의 취소, 예를 들어 조세 경감, 지대 감소 등에 의해서 저지될 수 있다는 것은 비록 실재적인 의의를 가지는 것이지만 여기에 속하지는 않는데, 그 까닭은 이것들 자체가 다른 명칭의 이윤 부분들이고 자본가들 자신과는 다른 인간들에 의해서 점취되기 때문이다.) {이와 동일한 법칙이 수많은 자본들의 상호 관계, 즉 경쟁에서는 어떻게 다르게 표현되는가도 마찬가지로 다른 편에 속한다. 그것은 또한 자본들의 축적 법칙으로도 표명될 수 있다. 예를 들어 풀라턴에 의해서 그러하다. 이에 대해서는 다음 편에서 재론할 것이다. 이 법칙에 있어서는 단순히 가능성에 있어서의 생산력 발전이 문제가 되는 것이 아니라 이 생산력이 자본으로서 작용하고, 무엇보다도 한편으로는 고정 자본으로서, 다른 한편으로는 인구로서 실현되는 범위도 동시에 문제가 된다는 것에 주목하는 것이 중요하다.} (자본에 비해서 직접적인 노동이 더 많이 필요하거나 또는 노동의 생산력, 즉 자본의 생산력이 아직 발전되지 않은 새로운 생산 영역들의 창출에 의해서도 마찬가지로 그 하락은 저지된다.) (마찬가지로 독점들.)

이윤은 자본 또는 부의 증가를 보여주는 개념이다. 따라서 이윤율이 결정되는 법칙들을 발견하는 데 실패하면, 그것은 자본 형성의 법칙들을 발견하는 데 실패한 것을 의미한다(애트킨슨, 『정치경제학의 원리』 등, 런던 1840년, 55쪽).

그러나 그는 이윤율이 무엇인가를 이해하는 것마저도 실패했다. A. 스미스는 자본 증가에 따른 이윤율의 하락을 자본들 사이의 경쟁으로 설명했다. 이에 대해 리카도는 경쟁이 상이한 사업 부문들에서의 이윤율들을 평균 수준으로 환원시키고 비율을 균등화시킬 수는 있지만 이 평균 이윤율 자체를 인하시킬 수는 없다고 이의를 제기한다.[332] 경쟁 — 자본에 대한 자본의 행동 — 에서 자본에 내재적인 법칙들, 자본의 경향들이 비로소 실현되는 한에 있어서 A. 스미스의 명제는 옳다. 그러나 그가 경쟁이 자본 자신의 법칙들이 아닌 외적인, 외부로부터 유입된 법칙들을 자본에게 부과하는 것처럼 이해하는 점에서 그는 틀렸다. 경쟁이 모든 산업 영역들에서 이윤율, 즉 평균 이윤율을 항구적으로 인하시킬 수 있는 것은 이윤율의 일반적인 하락이, 이윤율의 일반적이고 항구적인, 법칙으로 작용하는 하락이 경쟁에 앞서서 경쟁을 고려하지 않고도 이해될 수 있는 한에 있어서이다. 경쟁은 자본의 내적 법칙들을 집행한다. 경쟁은 이 법칙들을 개별 자본에게 강제 법칙들로 만들지만 이 법칙들을 발명하지는 않는다. 경쟁은 이 법칙들을 실현할 뿐이다. 따라서 이 법칙들을 단순히 경쟁으로 설명하려는 것은 이 법칙들을 이해하지 못한다는 것을 인정하는 것이다. 리카도 자신은 다음과 같이 말한다.

> 자본들의 축적이 이윤을 항구적으로 하락시키는 것은, 마찬가지로 항구적인 원인이 급료를 인상하지 않는다면, 불가능하다(제II권, 파리 1835년, 콘스탄치오 옮김, 92쪽).

그는 이 원인을 농업의 증대되는, 상대적으로 증대되는 비생산성, "생활 수단들의 양을 증가시키는 데 있어서 증대되는 어려움", 즉 노동이 실제로 더 많이 받는 것은 아닌데 더 많은 노동이 담긴 생산물을 받도록 비례적으로 노임이 증가하는 것, 한마디로 말하자면 더 큰 필요 노동 부분이 농업 생산물의 생산을 위해서 필요하다는 점에서 발견한다. 따라서 그에게 있어서 이윤율 하락에 조응하는 것은 노임의 명목적인 상승과 지대의 실질적인 상승이다. 따라서 노임이 일시적으로 상승하기 때문에 이윤율이 하락할 수 있다는 등의 개별적인 사례만을 파악하고, 50년 기간 동안에 이루어졌지만 향후 50년 동안에는 반전될 역사적 관계를 일반 법칙으로 고양시키며, 도대체 공업의 발전과 농업의 발전 사이의 역사적 불균형에 의거하고 있는 그의 일방적인 이해 방식 — 생리화학이 아직 거의 존재하지 않았던 당시에 리카도, 맬더스 등이 생리화학에 관한 일반적이고 영원한 법칙을 수립했다는 것은 즉자대자적으로 우스꽝스럽다 —, 리카도의 이러한 이해 방식은 사방으로부터 공격을 받았는데, 그것은 틀리고 불만스럽다는 본능에서 더 많이 공격되었다. 그러나 대부분 그것의 틀린 측면보다는 올바른 측면이 더 많이 겨냥되었다.

애덤 스미스는 각각의 특수한 사업 영역에서의 자본의 증가가 이러한 사업 영역에서의 이윤을 하락시키는 것과 동일한 원칙에 따라 자본 일반의 축적 또는 증가가 이윤율 일반을 하락시킨다고 생각했다. 그러나 어떤 특수한 영역에서의 그러한 자본 증가는 다른 사업 영역들에서의 자본의 동시적인 증가보다 비율에 있어서 더 많은 증가를 의미한다. 그것은 상대적이다(『최근에 맬더스 씨에 의해서 주장된 수요의 본성과 소비의 필요성에 관한 원리들에 대한 연구, 그 결론은 과세와 비생산적 소비자의 유지가 부의 증진에 유용할 수 있다는 것』, 런던 1821년, 9쪽).

산업 자본가들 사이의 경쟁은 수준을 특별히 초과하는 이윤들을 균등화시킬 수는 있지만 이 일상적인 수준을 하락시키지는 않는다(램지, XI, 88쪽).[333]

(램지와 다른 경제학자들이 고정 자본을 형성하는 공업 부문들에

서 생산성이 향상되고 당연히 임금이 향상되는지, 또는 다른 산업들, 예를 들어 사치품 산업들에서 생산성이 향상되고 임금이 향상되는지를 구별하는 것은 옳다. 후자는 필요 노동 시간을 단축시킬 수 없다. 그것들이 그렇게 할 수 있는 것은 해외 민족들의 농업 생산물과의 교환에 의해서인데, 그러면 농업 내에서 생산성이 증대된 것과 마찬가지이다. 따라서 산업 자본가들에게 자유로운 곡물 무역의 중요성.)

리카도는 다음과 같이 말한다(영어 판, 『정치경제학과 과세의 원리』, 3판, 런던 1821년).

> 노동자가 임금 없이는 살 수 없는 것과 마찬가지로 농부와 공장주는 이윤 없이는 살 수 없다(앞의 책, 23쪽). 사회와 부가 진보함에 따라 추가적인 식량은 갈수록 많은 노동을 필요로 하기 때문에 이윤의 하락은 자연적 경향이다. 이러한 경향, 이윤의 이러한 중력은 생활필수품과 결부된 기계류의 개량에 의해서, 또한 생산비를 절감시키는 농업 과학의 발견들에 의해서 주기적으로 저지된다(앞의 책, 120-121쪽[3]).

리카도는 즉시 이윤을 잉여 가치와 직접적으로 동일시하는데, 그는 이것을 일체 구별하지 않았다. 그러나 잉여 가치는 자본에 의해서 사용된 잉여 노동의 필요 노동에 대한 비율에 의해서 결정되는 데 비해, 이윤율은 생산에 전제된 자본의 총 가치에 대한 잉여 가치의 비율일 따름이다. 따라서 이윤율은 재료와 고정 자본으로 존재하는 자본에 대한, 살아 있는 노동과 교환된 자본 부분의 비율에 따라 하락하고 상승한다. 어떤 상황에서도 이윤으로 고찰된 잉여 가치는 잉여 가치의 실재적인 비율보다 작은 이득의 비율로 표현된다. 왜냐하면 어떤 상황에서도 저 잉여 가치는 임금으로 사용되고 살아 있는 노동과 교환된 자본보다 언제나 큰 총자본에 비추어 측정되기 때문이다. 리카도는

3) 수고에는: 121쪽

그렇게 단순하게 잉여 가치와 ‖18| 이윤을 혼동하고, 필요 노동, 즉 노동 능력의 재생산에 필요한 노동에 대한 잉여 노동의 비율이 하락하는 경우에만 잉여 가치가 항상 감소하고 경향적으로 감소할 수 있는데, 이것이 노동 생산력의 감소에 의해서만 가능하므로, 리카도는 노동 생산력이 공업에서는 자본의 축적과 더불어 증가하는 데 반해 농업에서는 감소한다고 가정한다. 리카도는 경제학에서 유기화학으로 도피하고 있는 것이다. 우리는 예를 들어 노동에 대한 수요의 증가 등을 고려할 필요가 없었던 것과 마찬가지로, 지대를 고려하지 않으면서도 이 경향을 필연적인 것으로 입증했다. 지대와 이윤이 어떻게 연관되어 있는지는 지대 자체를 고찰하면서 비로소 규명될 것이지 여기에 속하는 것이 아니다. 그러나 일반 법칙으로 표현된 리카도의 생리학적 공준(公準)이 틀리다는 것은 근대 화학이 증명했다. 이제 리카도의 제자들은 리카도를 단순히 흉내내려고 하지 않는 한에 있어서, 최근의 경제학 일반과 마찬가지로 그들 스승의 원리들 가운데 그들의 마음에 들지 않는 것은 아무 말 없이 포기했다.

예를 들어 웨이크필드[334]와 같은 다른 경제학자들은 증가하는 자본의 사용 영역을 고찰하는 것으로 도피하고 있다. 이는 경쟁에 대한 고찰에 속하는 것이며, 차라리 증대되는 이윤을 실현하는 데 있어서 자본의 어려움, 즉 이윤율 하락의 내재적 경향을 부인하는 것이다. 그러나 끊임없이 확대되는 사용 영역을 찾아야 하는 자본의 필연성 자체는 다시 경쟁이다. 웨이크필드와 그 동류는 이 문제 자체를 제기한 자들로 분류될 수 없다. (어느 정도는 A. 스미스적 견해의 재생산이다.)[332] 끝으로 가장 최근의 경제학자들 중에는 조화론자들이 있는데, 그 선두에는 미국인 캐리가 서있고 그의 가장 집요한 보조 주자는 프랑스인 바스티아였다(덧붙여 말하자면 스스로 자신의 지혜를 보호관세론자인 캐리에게서 얻어온 바스티아를 대륙의 자유무역론자들이 흉내내는 것은 역사의 어처구니없는 아이러니이다). 이들은 생산적 자본이 증가함에 따라 이윤율이 하락하는 경향이 있다는 사실을 받아들인다. 그러나 그들은 이것을 노동율의 가치가 증가한다는, 즉 자본은 총 이윤의 증가에 의해서 보전되는 반면, 총생산물에서 노동자가 받는 부분은 증가한다는 사실로 단순하고 소박하게 설명한다. 고전 경제학이 그 안에서 운동하고 있고 리카도가 과학적 냉혹함을 가지고 강조하는 불편한 대립들, 적대 관계들은 그렇게 해서 부족함이 없는 조화들로 부상된다. 캐리의 설명 전체는 그 자신이 생각하는 바와 같이 몇 가지 겉모습을 가지고 있다. 캐리의 설명은 경쟁론에서 비로소 고찰해야 하는 법칙과 관련되는데, 우리는 경쟁론에서 그를 만족시켜 줄 것이다. 상투어를 역설적으로 표현하고 보석의 표면처럼 깎으며 극단적인 사고의 빈곤을 형식논리 속에 숨기는 바스티아의 진부함은 여기에서 바로 그 귀결을 볼 수 있다. {이 자리에 캐리와 바스티아의 대립에 관한 몇 가지를 노트 Ⅲ에서 가져다 놓을 수 있다.} 『신용의 무상성, Fr. 바스티아 씨와 프루동 씨의 논쟁』(파리 1850년) (덧붙여 말하자면 프루동은 그의 변증법적 무력 無力을 수사학적 불손 아래 숨기는 이 논쟁에서 지극히 우스꽝스러운 역할을 맡고 있다)의 제 8서한에서 바스티아 씨는 다음과 같이 말하고 있다. (덧붙여 말하자면 여기에서 이 귀인은 단순한 분업에 의해서 도로 사용자에게와 마찬가지로 도로 건설자에게도 귀속되는 이득을 소박하고 단순하게 자신의 화해적 변증법을 통해 "도로" 자체에(즉 자본에) 귀속되는 이득으로 전환시켰다.)

자본이 (그리고 그것과 더불어 생산물들이) 증가함에 따라 자본에게 되돌아오는 절대적인 몫과 비례적인 몫은 감소한다. 자본이 (그리고 그것과 더불어 생산물들이) 증가함에 따라 노동의 비례적인 몫과 절대적인 몫은 증가한다. 자본은 그가 총생산물의 ½, ⅓, ¼, 1/5만을 되돌려 받을지라도 자신의 절대적인 몫이 증가하는 것을 목격하기 때문에, 순차적으로 ½, ⅔, ¾, 4/5가 귀속되는 노동이 비례적인 의미에서뿐만 아니라 절대적인 의미에서도 누진적인 몫을 받기 위해서 분할에 개입하는 것은 자명하다.

그는 그 예증으로서 다음을 제시한다.

총생산물	자본의 몫	노동의 몫
제1기 1000	½ 즉 500	½ 즉 500
제2기 1800	⅓ 즉 600	⅔ 즉 1200
제3기 2800	¼ 즉 700	¾ 즉 2100
제4기 4000	1/5 즉 800	4/5 즉 3200

(130, 131[쪽]).

동일한 재치가 이윤율의 하락에도 불구하고, 총 이윤의 증가, 그러나 보다 낮은 가격으로 판매된 생산물량의 증가라는 형태로 288쪽에서 반복되고, 때로는 매우 의미심장하게 다음의 진술이 언급되고 있다.

결코 0에 이르지는 않는 무한한 감소의 법칙, 수학자들에게는 잘 알려진 법칙(288쪽). 여기에서 우리는 (허풍선이) 피승수가 끊임없이 증가하기 때문에 승수가 부단히 감소하는 것을 본다(앞의 책, 288쪽).

리카도는 그의 바스티아를 예지 했었다. 이윤율의 하락에도 불구하고 자본이 증가함에 따라 양으로서의 이윤은 증가한다는 것을 강조하면서 — 즉 바스티아의 모든 지혜를 선취하면서 — 그는 이러한 누진은 오직 "일정한 시간 동안에만 사실"[335]이라는 점을 지적하는 것을 잊지 않는다. 문자 그대로 그는 다음과 같이 말한다.

토지에의 자본의 축적과 노임 상승(덧붙여 말하자면 리카도는 이것을 노동 능력의 유지에 필수적인 토지 생산물 생산비의 상승으로 이해한다)의 결과로 자본의 이윤율이 아무리 감소할지라도 이윤의 총합계는 증가

> 해야 한다. 100,000파운드의 축적이 반복되면서 이윤율이 20에서 19, 18, 17%로 하락한다고 가정하면 연이은 자본 소유자들이 받는 이윤의 총액은 계속 누진적일 것, 자본이 200,000파운드이면 이윤 총액은 100,000일 때보다 클 것이고 300,000이면 더욱 클 것이며, 그리하여 매번 자본이 증가함에 따라 비록 체감하는 비율이기는 하지만 계속 증가할 것이라고 예상할 수 있다. 그렇지만 이러한 누진은 일정한 시간 동안에만 사실이다. 즉 200,000에 대한 19%는 100,000에 대한 20%보다 많고 300,000에 대한 18%는 200,000에 대한 19%보다 많다. 그러나 자본이 큰 금액으로 축적되고 이윤율이 하락한 다음에는 계속적인 축적은 이윤액을 감소시킨다. 100,000의 축적과 7%의 이윤율이 가정되면 총 이윤액은 70,000파운드일 것이다. 이제 백만에 100,000파운드가 추가되고 이윤율이 6%로 ‖19| 하락하면 자본액은 1,000,000으로부터 1,100,000으로 증가하지만 자본 소유자는 66,000파운드를, 또는 4,000파운드 적게 받을 것이다(앞의 책, 124, 125쪽).

이것이 물론 바스티아로 하여금 증가하는 피승수를 증가하게 해서 감소하는 승수를 가지고 증가하는 생산물을 형성하는 서투른 계산을 하는 것을 방해하지 않는데, 이는 생산 법칙들이 프라이스 박사로 하여금 그의 복리 계산표를 가지고 행하는 것을 방해하지 않는 것과 마찬가지이다.[1권 178] 이윤율이 하락하기 때문에 — 그 결과 비례적으로 증가하고 절대적으로 증가하는 노임과 관련하여 이윤율은 하락하지 않을 수 없다. 이것이 바스티아의 추론이다. (리카도는 자본 증가에 따르는 이윤율 하락의 이러한 경향을 보았다. 그리고 그는 이윤을 잉여 가치와 혼동했기 때문에 이윤을 하락시키기 위해서는 노임을 증가시켜야 했다. 그러나 그는 노임이 실질적으로는 증가하기보다는 감소한다는 것을 동시에 보았기 때문에 노임의 사용 가치를 증가시키지 않으면서 노임의 가치를, 즉 필요 노동의 양을 증가시켰다. 따라서 그는 사실상 지대만을 증가시켰다. 그러나 조화론적인 바스티아는 자본들의 축적과 더불어 노임이 비례적으로나 절대적으로 증가한다는 것을 발견한다.) 그는 이윤율의 하락은 노임율의 상승과 동일하다는, 그가 증명해야 할 것을 가정하고 있다. 그리고는 그를 매우 즐겁게 해주는 것처럼 보이는 계산 사례를 통해 그의 전제를 "예증한다." 이윤율의 하락이 총자본이 자신의 재생산을 위해서 살아 있는 노동을 필요로 하는 비율의 하락을 표현하는 데 지나지 않는다면 그것은 다른 문제이다. 바스티아 씨는 자본의 이윤율은 하락하지만 그의 전제에서 자본 자신, 생산에 전제된 자본이 증가한다는 사소한 사정을 간과하고 있다. 어쨌든 자본이 잉여 노동을 점취하지 않고서는 증가할 수 없다는 것을 바스티아 씨도 예감할 수 있었을 것이다. 생산물의 단순한 증가가 가치를 증대시키는 것은 아니라는 점은 프랑스 역사에서 나타나는 과잉 수확에 대한 비탄이 그에게 보여줄 수 있을 것이다. 이제 중심이 되는 문제는 단순히 이윤율의 하락이 필요 노동에 대한 잉여 노동 비율의 상승과 동일한 의미를 가지는가, 또는 차라리 재생산된 자본에 비한 사용된 살아 있는 노동의 총 비율의 하락과 동일한 의미를 가지는가의 여부이다.

따라서 바스티아 씨는 생산물도 원재료, 생산 도구, 노동으로 나누고 자신의 가치를 어떤 비례분할적 부분들로 이 상이한 부분들과 교환하는 데 사용할 것인가를 자문하는 것이 아니라, 단순히 자본가와 노동자 사이에 분배한다. 원재료 및 생산 도구와 교환된 생산물 부분이 노동자들과는 아무런 상관이 없다는 것은 명백하다. 노동자들이 노임과 이윤으로서 자본가와 나누는 것은 새롭게 추가되는 살아 있는 노동 자체 이외에 아무 것도 아니다. 그러나 특히 바스티아에게 걱정을 끼치는 것은 도대체 누가 증대된 생산물을 먹어치워야 하는가 이다. 자본가는 상대적으로 작은 부분만을 먹어치우니 노동자가 상대적으로 큰 부분을 먹어치우는 것이 아닌가? 특히 기껏해야 바스티아의 환상 속에서나 먹을 것이 많은 프랑스에서 바스티아 씨는 나

무가 노동자의 키보다 더 크게 성장하지 않도록 이런 저런 명목으로 총생산물에서 많은 부분을 가져가는 다수의 기생체가 자본 주위에 모여 있다고 확신할 수 있을 것이다. 나아가 자본에 비한 사용된 노동의 비율은 감소할지라도 대규모 생산과 더불어 사용된 노동의 총량이 증가할 수 있다는 것은 분명하고, 따라서 자본의 증가와 더불어 증가하는 노동 인구는 더 많은 양의 생산물을 필요로 한다는 것을 방해하는 것은 아무 것도 없다는 점도 분명하다. 덧붙여 말하자면 자신의 조화로운 머릿속에서는 모든 소가 회색인 (위의 급료 참조) 바스티아는 이자의 감소를 노임의 증가와 혼동하고 있는데, 이자의 감소는 오히려 산업 이윤의 증가이므로 노동자와는 아무런 상관이 없고 상이한 종류의 자본가들이 총 이윤을 나누는 비율과 관련되어 있을 뿐이다.

본래의 주제로 돌아가자. 요컨대 자본의 생산물은 이윤이다. 자본은 이윤으로서의 자기 자신과 관계함으로써 **가치의 생산 원천으로서의 자기 자신과 관계하고, 이윤율은 자본이 자기 자신의 가치를 증대시킨 비율을 표현한다.** 그러나 자본가는 단순히 자본이 아니다. 그는 살아야 한다. 그리고 그는 노동으로 살지 않기 때문에 이윤으로, 즉 그가 점취한 타인 노동으로 살아야 한다. 부의 원천으로서 자본은 그렇게 정립되어 있다. 자본은 — 그것이 생산성을 내재적인 속성으로 체화하고 있으므로 — **수입**(收入)으로서의 이윤과 관계한다. 자본은 자본이기를 중지하지 않으면서 수입의 일부를 (겉보기에는 수입의 전부이지만 이는 틀린 것으로 입증될 것이다) 소비할 수 있다. 이 결실을 소비한 후 자본은 새롭게 결실을 거둘 수 있다. 자본은 부의 일반적 형태를 대표하는 것을 중지하지 않으면서 향락적 부를 표상할 수 있는데, 단순 유통에서의 화폐에게 이것은 불가능했었다. 이 화폐가 부의 일반적 형태로 남아 있기 위해서는 금욕해야 했다. 그렇지 않고 화폐가 실질적인 부, 향락과 교환되어 소비되면 그것은 부의 일반적 형태이기를 멈추었다.

그리하여 이윤은 급료와 마찬가지로 **분배 형태**로 나타난다. 그러나 자본은 이윤을 자본 — 잉여 자본 — 으로 재전환시키는 것을 통해 증가할 수 있기 때문에, 급료가 자본의 관점에서는 단순한 **생산 관계**이고, 노동자의 관점에서는 분배 관계인 것과 마찬가지로, 이윤은 **자본의 생산 형태**이다. 여기에서는 분배 관계들 자체가 어떻게 생산 관계들에 의해서 생산되었고, 이것들을 다른 관점에서 나타낼 수 있는가가 보여진다. 나아가 소비에 대한 생산의 관계가 어떻게 생산 자체에 의해서 정립되어 있는가가 보여진다. 부르주아적 생산 관계들을 영원한 것으로 간주하면서 분배 형태들은 역사적인 것으로 간주하는 존 스튜어트 밀과 같은 모든 부르주아 경제학자들의 어리석음은 그가 전자도 후자도 이해하지 못한다는 것을 보여준다.[336] 단순 교환에 있어서는 **시스몽디**가 올바르게 지적하고 있다.

> 하나의 교환은 언제나 두 개의 가치를 전제로 한다. 각 가치는 상이한 운명을 가질 수 있다. 그러나 **자본**과 **이윤**이라는 질은 교환된 대상을 따르지 않는다. 그 질은 이 대상의 소유자인 인간에 결부되어 있다(**시스몽디**, VI).[337]

따라서 단순한 교환 관계들로는 수입(收入)이 설명될 수 없다. 교환에서 보존되는 가치라는 질, 자본이나 수입을 상정하는 것은 단순 교환의 저편에 놓여 있는 관계들에 의해서 규정되어 있다. 따라서 조화로운 자유무역론자들이 그러하듯이, 이 복잡한 형태들을 저 단순한 교환 관계들로 환원시키고자 하는 것은 어리석은 짓이다. 단순 교환의 관점에서 보면, 그리고 축적을 화폐(교환 가치)의 단순한 축적으로 고찰하면 자본의 이윤과 수입은 불가능하다.

> 부자들이 축적된 부를 사치 생산물들에 지출하면 — 그리고 그들은 교환을 통해서만 상품을 받을 수 있다 — 그들의 화폐 수단은 금방 고갈될 것이다. … 그러나 사회 질서에서 부는 타인 노동에 의해서 재생산되는 속성을 획득했다. 부는 노동과 마찬가지로, 그리고 노동에 의해서, 부자를 더 가난하게 만들지 않으면서도 매년 폐기될 수 있는 연간 결실을 준다. 결실은 자본으로부터 발생하는 소득이다(시스몽디, [81-82쪽.] Ⅳ).

이렇게 이윤이 한편에서 자본의 결과로 나타나면 다른 한편에서는 자본 형성의 전제로 나타난다. 그리하여 결과가 전제로 나타나는 순환 운동으로서 새롭게 정립된다.

> 그리하여 소득의 일부는 자본으로, 더 이상 소멸하지 않고 배증되는 항구적 가치로 전환된다. 이 가치는 그것을 창출했던 상품으로부터 분리된다. 그것은 형이상학적인, 비실체적인 질과 똑같이 언제나 동일한 농업가(자본가)의 수중에 머물러 있는데, 농업가에게 있어서 그것은 다양한 형태를 취한다(시스몽디, [88-89쪽.] Ⅵ).

‖20| **자본이 이윤 정립적인 것으로, 노동과는 상관없는 부의 원천으로 정립되기 때문에, 각 자본 부분은 균등하게 생산적인 것으로 상정된다.** 이윤에서 잉여 가치가 자본의 총 가치와 비교해서 측정되는 것과 마찬가지로, 잉여 가치는 자본의 상이한 구성 부분들에 의해서 균등하게 산출된 것으로 나타난다. 고정 자본을 형성하는 구성 부분은 자본의 유동 부분(원재료와 생활 수단 기금으로 구성된 부분)에 못지 않게 이윤을 가져다주며, 그것도 이윤이 이들 구성 부분의 크기에 따라서 이들에 균등하게 관련된다.

자본의 이윤은 자본에 대하여 지불되는, 그것에 의해 창출된 사용가치에 대하여 지불되는 가격에서만 실현되므로, 이윤은 받은 가격이 지출을 변제하는 가격을 넘는 초과분에 의해서 규정된다. 나아가 이 실현은 교환에서만 이루어지므로 개별적인 자본에게 이윤은 반드시 자신의 잉여 가치에 의해서, 이것에 포함되어 있는 잉여 노동에 의해서 제한되는 것이 아니라 그것이 교환에서 받는 가격의 초과분에 비례한다. 자본은 자신의 등가물보다 많은 것을 교환할 수 있고, 그러면 이윤은 그것의 잉여 가치보다 크다. 이러한 경우는 다른 교환자가 등가를 받지 못할 때만 가능하다. 총 잉여 가치는, 달리 계산된 잉여 가치 자체에 지나지 않는 총 이윤과 마찬가지로, 이러한 조작에 의해 결코 증대될 수도 없고 감소할 수도 없다. 그러므로 수정되는 것은 총 잉여 가치 자체가 아니라 상이한 자본들 사이에서의 그것의 분배일 뿐이다. 그렇지만 이러한 고찰은 다수 자본에 대한 고찰에 비로소 속할 뿐 아직 여기에 속하지 않는다.

생산에서 전제된 자본의 가치는 이윤에 대하여 선대(先貸: Avancen) — 생산물에 보전(補塡)되어 있어야 하는 생산비 — 로 나타난다. 생산비를 보전하는 가격 부분을 공제한 후의 초과분이 이윤을 이룬다. 잉여 노동 — 이윤과 이자 양자는 이것의 부분일 뿐인데 — 은 자본에게 아무런 비용도 들이지 않으므로, 즉 자본에 의해서 선대된 가치로 — 자본이 생산 과정과 생산물의 증식 이전에 가지고 있던 가치로 — 분류되지 않으므로, 생산물의 생산비에 포함되어 있으면서 잉여 가치의 원천을 이루고, 따라서 이윤의 원천도 이루는 이 잉여 노동은 자본의 생산비에는 분류되지 않는다. 이 자본의 생산비는 자본에 의해서 실제로 투하된 가치와 같을 뿐 생산에서 점취되고 유통에서 실현되는 잉여 가치와 같은 것이 아니다. 따라서 잉여 노동은 자본에게 아무런 비용도 들이지 않기 때문에 자본의 관점에서 볼 때 생산비는 실재적인 생산비가 아니다. 생산비의 가격을 넘는 생산물 가격의 초과분은 자본에게 이윤을 준다. 따라서 자본의 실재적 생산비 — 즉 그것에 의해서 작동된 잉여 노동 전체 — 가 실현되지 않고도 이윤은 자본에게 실존할 수 있다. 이윤 — 자본에 의해서 이루어진 선대를 넘는 초과분 — 은 잉여 가치 — 자본이 살아 있는 노동 능력을 받고 내준 대상화된 노동을 초과하여 살아 있는 노동으로부터 교환해들인 자본의 잉여 — 보다 작을 수 있는 것이다. 물론 이윤으로부터 이자의 분리에 의해 — 우리가 곧 고찰하게 될 것인데 — 생산적 자본에게는 잉여 가치의 일부도 생산비로 정립된다. 자본의 관점에서 본 생산비와 자본의 생산물에 대상화된, 잉여 노동을 포함하는 노동량의 혼동은 다음과 같이 말하도록 했다.

> 이윤은 자연 가격에 포함되어 있지 않다. 초과분 또는 이윤을 지출의 일부라고 부르는 것은 불합리하다(토렌스, [51, 52쪽.] IX, 30쪽).[2권 267]

나아가 이것은 수많은 혼동을 초래한다. 이윤을 교환에서 실현되는 것으로 간주하지 않고 이로부터 유래하는 것으로 간주하거나(이는 어떤 교환자가 자신의 등가물을 받지 않을 경우에만 상대적으로 그러할 수 있다), 또는 자본에게 무로부터 유를 창조하는 마력(魔力)을 부여하는 것이다. 생산 과정에서 정립된 가치가 교환에서 자신의 가격을 실현함으로써 생산물의 가격은 사실상 원재료, 기계류, 급료, 불불 잉여 노동에 포함되어 있는 총 노동량에 대한 등가를 표현하는 화폐액에 의해서 규정되어 나타난다. 요컨대 여기에서 가격은 가치의 형태 변화, 화폐로 표현된 가치로 나타날 뿐이다. 그러나 이 가격의 크기는 자본의 생산 과정에 전제되어 있다. 그리하여 자본이 가격 규정적인 것으로 나타나 가격은 자본에 의해서 이루어진 선대 + 자본에 의해 생산물에 실현된 잉여 노동에 의해서 규정된다. 반대로 가격이 어떻게 이윤 규정적인 것으로 현상하는가는 나중에 살펴볼 것이다. 그리고 여기에서 실재적인 총생산비가 가격 규정적인 것으로 현상한다면, 나중에는 가격이 생산비를 규정하는 것으로 현상한다. 자본의 내재적인 법칙들을 자본에게 외적인 필연성으로 강제하기 위해서 경쟁은 겉보기에 이 모든 법칙들을 뒤집는다. 그것들을 전도시킨다.

반복해서 말하자면, 자본의 이윤은 그것의 크기에 좌우되지 않는다. 크기가 같다면 구성 요소(불변 부분과 가변 부분)의 비율에 좌우된다. 다음으로 노동의 생산성에 좌우된다(그러나 생산성이 낮으면 동일한 자본이 동일한 시간에 동일한 비율의 노동으로 동일한 재료를 가공할 수 없을 것이므로 이는 앞의 비율로 표명된다). 고정 자본과 유동 자본의 상이한 비율, 고정 자본의 상이한 내구성 등등에 의해서 규정되는 회전 시간에 좌우된다(위 참조). 상이한 산업 영역들에서 동일한 크기의 자본들에 대한 이윤의 부등성은 경쟁을 통한 균등화의 조건이자 전제이다.

자본이 원재료, 도구, 노동을 교환을 통해 얻고 매입하는 한에 있어서 그것의 요소들 자체는 이미 가격 형태로 존재해 있다. 이미 가격으로 정립되어 있다. 자본에 전제되어 있다. 이 경우에 자본의 생산물의 시장 가격과 그것의 요소들의 가격의 비교가 자본에게는 결정적인 것이 된다. 그러나 이는 경쟁에 관한 장에 비로소 속한다.

요컨대 자본이 주어진 회전 시간에 정립하는 잉여 가치가 생산에 전제된 자본의 총 가치에 비추어 측정되는 한에 있어서, 그것은 이윤의 형태를 취한다. 반면에 잉여 가치는 자본이 살아 있는 노동과의 교환에서 획득하는 잉여 노동 시간에 의해서 직접적으로 측정된다. 이윤은 자본의 의미에서 가일층 발전된 잉여 가치, 다른 형태의 잉여 가치에 지나지 않는다. 여기에서 잉여 가치는 노동이 아니라 생산 과정에서 자본 자신과 교환된 것으로 간주된다. 따라서 자본은 자본으로서, 자기 자신의 과정의 매개에 의해서 자기 자신과 관계하는 전제된 가치로서, 정립되고 생산된 가치로서 나타나고, 그것에 의해서 정립된 가치는 이윤이라 불린다.

잉여 가치의 이윤 형체로의 이러한 변환에서 우리에게 분명해지

는 두 가지 직접적인 법칙은 1. **이윤으로 표현된 잉여 가치는 잉여 가치가 자신의 직접적인 현실에서 실제로 가지는 비율보다 언제나 작은 것으로 나타난다.** 왜냐하면 이윤은 자본의 일부, 살아 있는 노동과 교환된 일부와 비교해 측정되는 (잉여 노동에 대한 필요 노동의 비율로 밝혀지는 비율) 것이 아니라 전체와 비교해 측정되기 때문이다. 자본 a가 정립하는 잉여 가치가 얼마이든, a에게 있어서 c와 v, 자본의 불변 부분과 가변 부분의 비율이 얼마이든 잉여 가치 m이 c + v와 비교해 측정되면, 그것의 현실적인 척도인 v와 비교해 측정될 때보다 작게 나타날 수밖에 없다. 이윤 또는 — 절대액으로서가 아니라 대부분 비율로서 고찰되는 바와 같은 (이윤율은 자본이 잉여 가치를 정립한 비율로 표현된 이윤이다) — ‖21| 이윤율은 결코 자본이 노동을 착취한 실재적인 비율을 표현하는 것이 아니라 언제나 훨씬 작은 비율을 표현하고, 그것이 표현하는 비율은 자본이 클수록 기만적이다. 전체 자본이 단지 노임으로 전환될 경우에만, 전체 자본이 살아 있는 노동과 교환될 경우에만, 즉 단지 생활필수품으로서만 실존하고 이미 생산된 형태의 원재료가 아닌 것(채취 산업에서 산출되는 것), 즉 원재료가 = 0일 뿐만 아니라 도구의 형태든 발전된 고정 자본의 형태든 생산 수단도 = 0일 경우에만, 이윤율은 실재적인 잉여 가치율을 표현할 수 있을 것이다. 후자의 경우는 자본에 조응하는 생산 양식에 기초해서는 생겨날 수 없다. 수치 m이 얼마이든 a = c + v라면 $\left[\frac{m}{c+v} < \frac{m}{v}\right]$.[338]

2. 두 번째 중대한 법칙은 자본이 이미 살아 있는 노동을 대상화된 노동의 형태로 점취함에 따라, 즉 노동이 이미 자본화되고, 따라서 갈수록 고정 자본의 형태로 생산 과정에서 작용함에 따라, 또는 노동의 생산력이 성장함에 따라 이윤율은 하락한다는 것이다. 노동 생산력의 성장은 a) 노동자가 자본에게 주는 상대적 잉여 가치, 또는

상대적 잉여 노동의 증가, b) 노동 능력의 재생산에 필요한 노동 시간의 감소, c) 대상화된 노동과 전제된 가치로서 생산 과정에 참여하는 자본 부분들에 비해 살아 있는 노동과 교환되는 자본 부분이 일체 감소하는 것과 같은 의미이다. 따라서 이윤율은 상대적 잉여 가치, 또는 상대적 잉여 노동의 증가에 반비례하고, 생산력의 발전에 반비례하며, [불변] 자본으로서 생산에서 사용되는 자본의 크기에 반비례한다. 다른 말로 하자면 두 번째 법칙은 자본의 발전과 더불어, 자본의 생산력 발전뿐만 아니라 자본이 대상화된 가치로서 이미 정립된 규모, 즉 노동뿐만 아니라 생산력이 자본화된 규모의 발전과 더불어 하락하는 이윤율의 경향이다.

그밖에 이윤율에 영향을 미칠 수 있는, 오랜 동안이든 잠깐 동안이든 이윤율을 하락시킬 수 있는 다른 원인들은 아직 여기에 속하지 않는다. 생산 과정을 전체적으로 크게 고찰할 때, 재료와 고정 자본으로 작용하는 자본이 대상화된 노동일 뿐만 아니라 노동에 의해서 새롭게 재생산되어야 하고, 그것도 끊임없이 재생산되어야 한다는 것은 전적으로 옳다. 요컨대 그것의 존립은 — 요컨대 그것의 존립이 달성한 규모는 — 즉자대자적으로 모든 생산력의 조건인 노동하는 인구의 규모, 대인구를 상정한다. 그러나 이러한 재생산은 어디에서나 고정 자본, 원재료, 과학력이 그 자체로서 뿐만 아니라 생산에 동화되고 스스로 생산에서 이미 실현된 것으로서 작용한다는 전제하에서 진행된다. 이 점은 축적을 고찰하면서 비로소 상세히 설명될 것이다.

나아가 총자본과 비교해서 고찰할 때 살아 있는 노동과 교환되는 자본 부분이 감소할지라도, 자본이 동일하거나 더 큰 비율로 증가하면 사용된 살아 있는 노동의 총량은 증가하거나 동일하게 머물 수 있다는 것은 분명하다. 따라서 인구는 필요 노동이 감소하는 데 비례해서 끊임없이 증가할 수 있다. 자본 a가 ½은 c로, ½은 v로 지출되지만 자본 a′는 ¾이 c로, ¼이 v로 지출되면 자본 a′은 6/4c에 2/4v를 사용할 수 있을 것이다. 그러나 자본이 처음에는 = ¾c + ¼v였다면 지금은 = 6/4c + 2/4v이거나 또는 4/4만큼 증가했다. 즉 자본이 배증되었다. 그렇지만 이 관계도 축적론 및 인구론에서 비로소 자세히 고찰될 것이다. 어쨌든 우리는 우선 법칙들로부터 도출되는 추론들과 이들에 관한 이런저런 사변들에 현혹되어서는 안 된다.

요컨대 이윤율은 필요 노동에 대한 잉여 노동의 비율이나 대상화된 노동이 살아 있는 노동과 교환되는 비율에 의해서 뿐만 아니라 대상적 노동에 대한 사용된 살아 있는 노동 일체의 비율, 대상화된 노동으로서 생산 과정에 참여하는 부분에 대한 살아 있는 노동 일체와 교환되는 자본의 비율에 의해서도 규정된다. 그러나 이 비율은 필요 노동에 대한 잉여 노동의 비율이 증가하는 것과 동일한 비율로 감소한다.

(노동자는 그의 노동 능력과 교환되는 자본 부분을 다른 자본 부분들과 마찬가지로 재생산해야 하므로, 자본가가 노동 능력과의 교환에서 얻는 비율은 잉여 노동에 대한 필요 노동의[4] 비율에 의해서 규정되는 것으로 나타난다. 이것은 원래 필요 노동이 자본가의 지출만을 보전해주는 것으로 나타난다. 그러나 그는 — 재생산에서 보여지는 바와 같이 — 노동 자체밖에 지출하지 않으므로, 비율은 다음과 같이 간단하게 표현될 수 있다 — 잉여 노동에 대한 필요 노동의 비율로서의 잉여 가치의 비율.)

{고정 자본 — 그리고 외부로부터 들어오지 않는 고정 자본의 조건으로서의 내구성과 관련하여 다음이 더 언급되어야 한다. 생산 도구 자체가 가치, 대상화된 노동인 한에 있어서 그것은 생산력으로 기

4) 수고에는: 필요 노동에 대한 잉여 노동의

여하지 않는다. 산출하는 데 100노동일이 소요되는 어떤 기계가 100노동일만을 보전해준다면 그것은 노동의 생산력을 전혀 증대시키지 않을 것이며, 생산물의 비용을 전혀 감소시키지 않을 것이다. 기계가 내구적일수록 그 기계로는 동일한 양의 생산물이 더욱 자주 창출되거나, 또는 더욱 자주 유동 자본이 갱신되고 이것의 재생산이 반복될 수 있으며, 가치 부분(기계의 마모를 보전하는 데 필요한 가치 부분)은 더욱 작다. 즉 생산물의 가격과 그때 그때의 생산비는 감소된다. 그렇지만 여기에서 우리는 아직 가격 관계를 끌어들여서는 안 된다. 시장 정복을 위한 조건으로서의 가격 인하는 경쟁에 속할 뿐이다. 요컨대 그것은 별도로 설명되어야 한다. 자본이 생산 도구를 비용 없이, 즉 0을 주고 얻을 수 있다면 그 결과는 어떻게 되겠는가? 유통 비용이 = 0인 것과 마찬가지일 것이다. 즉 노동 능력을 유지하는 데 필요한 노동이 감소할 것이고, 그리하여 자본에게는 아무런 비용도 들지 않고 잉여 노동, 즉 잉여 가치가 [증가할] 것이다. 생산력의 그러한 증대, 자본에게 아무런 비용도 들지 않는 기계류가 생산 과정 내에서의 분업과 노동 결합이다. 그러나 그것은 대규모의 노동, 즉 자본과 임노동의 발전을 상정한다.

자본에게 아무런 비용도 들이지 않는 다른 생산력은 과학력(scientific power)이다. (승려, 교사 및 학자들이 과학력을 많이 발전시키든 적게 발전시키든, 그들에게 언제나 일정한 지급액이 지불되어야 한다는 것은 자명하다.) 그러나 후자는 (화학 과정에서도 부분적으로) 기계류의 사용에 의해서만 점취될 수 있다. 인구 증가는 자본에게 아무런 비용도 들이지 않는 생산력이다. 간단히 말해 인구 증가 및 사회의 역사적 발전과 더불어 발전되는 사회적 힘들은 자본에게 아무런 비용도 들지 않는다. 그러나 이것들이 직접적인 생산 과정에서 사용되기 위해서 노동에 의해서 산출된, 즉 대상화된 노동의 형태로 실존하는 기체(基體 Substrat)를 필요로 하는 한에 있어서, 즉 스스로 가치들인 한에 있어서 자본은 이것들을 등가물들을 통해서만 점취할 수 있다.

자, 그것의 사용이 살아 있는 노동의 사용보다 더 많은 비용이 드는, ||22| 즉 그것이 보전해주는 것보다 그것의 생산이나 유지를 위해서 더 많은 살아 있는 노동이 필요한 고정 자본은 고민거리(Plage)일 것이다. 아무런 비용도 들지 않고 자본가에 의해서 단지 점취되기만 하면 되는 [기계류]는 자본에게 최대의 가치를 가질 것이다. 기계류의 가치가 = 0이라면 이것은 자본에게 가장 가치 있다는 단순한 명제로부터 이끌어내지는 결론은, 기계류의 비용의 어떠한 감축도 자본에게 이득이라는 것이다. 한편으로는 고정 자본의 총 가치를 증대시키는 것이 자본의 경향인 반면, 동시에 그것의 각각의 비례분할적 부분의 가치를 감소시키는 것이 〔그것의 경향이다〕. 고정 자본이 가치로서 유통에 들어가는 한에 있어서 그것은 생산 과정에서 사용 가치로서 작용하기를 중지한다. 고정 자본의 사용 가치는 바로 노동 생산력의 증대, 필요 노동의 감소, 상대적 잉여 노동의 증대, 따라서 잉여 가치의 증대이다. 고정 자본이 유통에 들어가는 한에 있어서 그것의 가치는 보전될 뿐 증대되지 않는다. 이에 반해 생산물, 유동 자본은 생산 과정을 벗어나 유통에 들어가자마자 비로소 실현되는 잉여 가치의 담지자이다. 기계가 영구적으로 지속된다면, 그것 자체가 재생산되어야 하는 소멸적인 재료로 구성되어 있지 않다면(기계로부터 기계의 성격을 박탈하는 완성된 기계의 발명은 전혀 차치하고라도), 그것이 영구기관이라면, 그것은 자본 개념에 가장 완벽하게 조응할 것이다. 그것의 가치는 불멸의 물질성 속에서 지속될 것이므로 보전될 필요가 없을 것이다. 고정 자본은 그것이 가치 정립하는 것보다 그것의 가치가 적을 경우에 한해서만 사용되므로, 비록 그 자신이 결코 [한꺼번에] 가치로서 유통에 들어가지는 않을지라도, 유동 자본에 실현된 잉여 가치는 곧장 선대를 보전할 것이고, 그리하여 자본가가

점취하는 잉여 노동의 비용과 마찬가지로 자본가가 부담하는 그것의 비용이 = 0인 다음에 가치 정립적인 것으로 작용할 것이다. 그것은 노동의 생산력으로 계속 작용할 것이며, 동시에 세 번째 의미의 화폐, 대자적으로 존재하는 불변의 가치일 것이다. 1,000파운드의 자본을 가정하자. 1/5이 기계류라고 하자. 잉여 가치는 금액에 있어서 = 50이라고 하자. 그러면 기계류의 가치는 200과 같다. 4차례의 회전 후에 기계류는 지불될 것이다. 그리고 자본은 계속해서 기계류에 대상화된 200의 노동을 소유할 것이라는 점 이외에 다섯 번째 회전부터는 마치 800밖에 소요되지 않는 자본으로 50이 산출되는 것과 동일할 것이다. 따라서 5%가 아니라 6¼%. 고정 자본이 가치로서 유통에 들어가자마자 자본의 증식 과정을 위한 그것의 사용 가치는 중지되거나 또는 이 증식 과정이 중지될 때에만 그것은 유통에 들어간다. 따라서 그것이 내구적일수록, 그것이 수리를 적게 필요로 할수록, 전체적이거나 부분적인 재생산을 적게 필요로 할수록, 그것의 유통 시간이 길수록 그것은 노동의 생산력으로서, 자본으로서 더욱 작용한다. 즉 살아 있는 잉여 노동을 정립하는 대상화된 노동으로서. 그것의 가치의 유통 시간, 또는 그것의 재생산에 필요한 시간의 길이와 동일한 고정 자본의 지속 기간은 그것의 가치 계기로서 그것의 개념 자체로부터 유래한다. (단순히 소재적으로 고찰하면, 그것이 즉자대자적으로 생산 수단의 개념 속에 들어 있다는 것은 설명할 필요가 없다.)}

잉여 가치율은 단순히 필요 노동에 대한 잉여 노동의 비율에 의해서 규정된다. 이윤율은 필요 노동에 대한 잉여 노동의 비율에 의해서뿐만 아니라 생산에 들어가는 총자본에 대한 살아 있는 노동과 교환된 자본 부분의 비율에 의해서도 규정된다.

우리가 여기에서 고찰하는 바와 같은 이윤, 즉 자본이라는 것(*des Kapitals*)의 이윤으로서의 이윤, 구체적으로 표현하자면, 다른 자본의 희생에 의한 어떤 개별적 자본의 이윤으로서의 이윤이 아니라 자본가 계급의 이윤으로서의 이윤은 결코 잉여 가치의 합계보다 클 수 없다. 합계로서의 이윤은 잉여 가치의 합계이지만, 그 가치가 실제로 증가하는, 즉 살아 있는 노동과 교환된 자본 부분에 대한 비율로서가 아니라 자본의 총 가치에 대한 비율로서의 이 동일한 가치 합계이다. 직접적 형태에 있어서 이윤은 자본의 총 가치에 대한 비율로 표현된 잉여 가치 합계에 지나지 않는다.

잉여 가치의 이윤 형태로의 전화, 자본에 의한 잉여 가치의 이러한 계산 방식은 비록 잉여 가치의 본성에 관한 환상에 의거하거나, 또는 오히려 이 본성을 은폐할지라도 자본의 입장에서 보면 필연적이다.

{기계가 노동의 생산력으로 작용하기 때문에 기계 자체가 가치를 정립한다고 착각하기 쉽다. 그러나 기계가 노동을 필요로 하지 않는다면, 사용 가치는 증대시킬 수 있을 것이다. 그러나 그것이 창출하는 교환 가치는 그 자신의 생산비, 그 자신의 가치, 그것에 대상화된 노동보다 결코 크지 않을 것이다. 그것이 노동을 보전하기 때문에 가치를 창출하는 것은 아니다. 그것이 잉여 노동을 증대시키기 위한 수단인 한에 있어서만 가치를 창출하고, 이 잉여 노동 자체만이 기계의 도움을 받아 정립되는 잉여 가치의 척도이자 실체이다. 즉 노동 일체이다.}

우리가 개별적인 노동자의 하루를 고찰하면, 잉여 노동에 비한 필요 노동의 감소는 노동일의 더욱 큰 부분이 자본에 의해서 점취된다는 점에서 표현된다. 여기에서 사용되는 살아 있는 노동은 동일하게 머물러 있다. 생산력의 증대. 예를 들어 기계류의 사용에 의해서 매주 6일 동안 노동하는 6명의 노동자 중 3명이 불필요해진다고 가정하자. 6명의 노동자들 스스로가 기계류를 소유하고 있다면, 그들 각자는 반나절을 더[5] 노동할 것이다. 이제는 3명이 계속해서 주중(週

中) 매일을 하루 종일 노동한다. 자본이 계속해서 6명을 사용한다면, 이들 각자는 반나절만 노동할 것이지만 잉여 노동은 수행하지 않을 것이다. 이전에 필요 노동이 매일 10시간이고 잉여 노동이 2시간이었다고 가정하면, 6명의 노동자의 전체 잉여 노동은 매일 2×6으로 하루와 같았고 1주일에는 6일 = 72시간과 같았다. 각자가 매주 하루를 공짜로 노동했다. 또는 6번째 노동자가 일주일 내내 공짜로 노동한 것과 마찬가지일 것이다. 5명의 노동자가 필요 노동을 대표하는데, 이것은 4명으로 감축될 수 있을 것이고 한 명의 노동자는 여전히 공짜로 노동할 수 있을 것이다 — 그러면 상대적 잉여 가치가 증가했을 것이다. 상대적 잉여 가치가 이전에는 = 1 : 6이었는데 이제는 1 : 5일 것이다. 요컨대 잉여 노동 시간 수를 증대시키는 앞의 법칙이 이제는 필요 노동자의 수를 감소시키는 형태를 취하는 것이다. 이렇게 동일한 자본에게 6명의 노동자를 새로운 비율로 사용하는 것이 가능하다면, 잉여 가치는 상대적으로 뿐만 아니라 절대적으로도 증대될 것이다. 잉여 노동 시간은 14 2/5시간에 달할 것이다. 6명의 노동자로부터의 2 2/5시간은 당연히 5명으로부터의 2 2/5시간보다 많다.

절대적 잉여 가치를 고찰하면 그것은 필요 노동 시간을 초과하는 노동일의 절대적 연장에 의해서 규정된다. 필요 노동 시간은 단순한 사용 가치, 생존을 위해서 노동한다. 잉여 노동일은 교환 가치를 위한, 부를 위한 노동이다. 그것은 산업 노동의 첫 번째 계기이다. 자연적 한계는 — 노동이 단순히 채취하느냐 형성하느냐에 따라, 사용 가치를 단순히 대지로부터 분리시키느냐 사용 가치를 형성하느냐에 따라 노동 조건들, 원료와 노동 도구, 또는 둘 중의 하나는 주어져 있다는 전제에 — 설정되어 있다. 자연적 한계는 동시적인 노동일의 수

---

5) [역자] '반나절만'이라고 해야 옳을 것이다.

나 살아 있는 노동 능력의 수에 의해서, 즉 노동 인구에 의해서 설정되어 있다. 이 단계에서 자본의 생산과 과거의 생산 단계들의 차이는 아직 형식적일 뿐이다. 유괴, 노예제, 노예 무역, 노예의 강제 노동, ||23| 이들 노동하는 기계, 잉여 생산물을 생산하는 기계의 증가가 여기에서는 직접적으로 강제력에 의해서 정립되어 있고, 자본에게 있어서는 교환에 의해서 매개된다.

여기에서 사용 가치는 교환 가치와 동일한 비율로 증가한다. 따라서 이러한 형태의 잉여 노동은 노예제, 농노제 등의 생산 양식들에서 나타나는데, 이들에서는 직접적으로 교환 가치를 지향하고 사용 가치는 간접적으로만 지향하는 자본의 생산 양식에서와 마찬가지로, 주로 그리고 압도적으로 사용 가치가 문제가 된다. 이러한 사용 가치는, 예를 들어 이집트의 피라미드 건설에서처럼, 간단히 말해 이집트, 인도 등의 국민 대중에게 강요되었던 종교적 사치 노동에서처럼 순전히 환상적이거나, 또는 예를 들어 고대 에트루리아인에게 있어서처럼 직접적으로 유용한 것을 지향할 수도 있다.

그러나 노동자의 생산력 발전이 노동일과 관련해서는 필요 노동 시간의 감소로 나타나고, 인구와 관련해서는 필요 노동 인구의 감소로 나타나는 두 번째 형태의 잉여 가치, 상대적 잉여 가치로서의 형태에서(이것은 대립적인 형태이다), 자본에 기초한 생산 양식의 산업적 성격, 역사적인 특징이 직접적으로 나타난다.

첫 번째 형태에는 인구의 보다 많은 부분을 임노동자로 강제적으로 전환하는 것과 이들을 벌거벗은 노동자(blosser Arbeiter)의 현존으로 전환시키는 규율이 조응한다. 150년 동안, 예를 들어 헨리 Ⅶ세에 의해서 피로 쓰여진 영국 입법의 연대기는 무산자가 되고 자유롭게 된 주민 대중을 자유로운 임노동자로 전환시키기 위해서 적용된 강제 조치들을 담고 있다.[1권 40] 가신단의 폐지, 교회 재산의 몰수, 길드의 폐지와 이들 재산의 몰수, 농경지의 목초지로의 전환에 의한 토지로부터의 주민들의 강제적 추방, 공유지의 종획 등은 노동자들을 벌거벗은 노동 능력으로 정립했다. 그러나 이들은 당연히 임노동보다 유랑과 구걸 등을 선호했고 폭력적으로 임노동에 익숙해지도록 강제되어야 했다. 이는 대공업, 기계로 운영되는 공장들을 도입할 때 비슷하게 반복된다. 오웬[, 『… 6개의 강의』, 56-58쪽] 참조.

자본의 일정한 발전 단계에서 비로소 **자본과 노동의 교환은 사실상 형식적으로 자유롭게 된다**. 영국에서 임노동은 도제법[339]의 폐지와 더불어 18세기말에 비로소 그 형식에 있어서 완전하게 실현되었다고 말할 수 있다.

자본의 경향은 물론 절대적 잉여 가치를 상대적 잉여 가치와 결합하는 것이다. 즉 **노동일의 최대의 연장을 동시적인 노동일의 최대치와 연결하고, 동시에 한편으로는 필요 노동 시간의 최소한으로의 단축과 다른 한편으로는 필요 노동자 수의 최소한으로의 감축**과 연결하는 것이다. 과잉 생산, 과잉 인구 등의 상이한 형태들에서 발전되어 나타나는 이 모순적인 요구는 모순적인 규정들이 시간에 따라 교대되는 과정의 형태로 관철된다. 이러한 형태의 필연적인 귀결은 **노동의 사용 가치 — 또는 생산 영역들 — 의 가능한 한 다양화**이고, 그 결과 자본의 생산은 한편으로는 **노동 생산력[의] 강도의 발전**을 필연적으로 낳는 것과 마찬가지로, 다른 한편으로는 **노동 영역들의 무한한 다양성**을 끊임없이 필연적으로 낳는다. 즉 자연의 모든 측면을 생산에 복속시키면서 생산의 전측면적인 형태적 부와 내용적 부를 낳는다.

대규모 생산일 때 분업과 노동 결합으로부터 저절로 생겨나는 바와 같은 생산력의 증대, 즉 **난방 장치 등, 작업장 건물 등처럼 공동 노동이 이루어지면 동일하게 머물러 있거나 감소하는** 일정한 지출 — 노동 과정을 위한 조건 — 에서의 경제는 자본에게 아무런 비용도 들이지 않는다. 자본은 노동의 이 증대된 생산력을 무상으로 갖는다. 다양한 생산 조건들, 원재료, 생산 수단 및 생활 수단의 생산과 [이에 의해] 규정되는 [생산 영역들]에서의 생산력이 동시에 증대된다면 생산력의 성장은 자본의 상이한 구성 부분들 사이의 비율에 아무런 변화도 야기하지 않을 것이다. 노동의 생산력이 예를 들어 (분업을 통해서) 아마, 방직기의 생산과 방직 작업 자체에서 동시에 성장한다면, 하루에 방직될 보다 많은 양이 보다 많은 양의 원료 등과 조응할 것이다. 채취 노동, 예를 들어 광업에서는 원료가 가공되지 않으므로, 노동이 보다 생산적으로 된다고 해서 원료가 증가할 필요는 없다. 수확을 보다 생산적으로 하기 위해서 도구들은 수적으로 증가할 필요는 없고 다만 **도구들이 집적되어 있어서, 이전에는 수백 명에 의해서 조금씩 이루어지던 노동이 공동으로** 이루어지는 것만을 필요로 한다. 그러나 모든 형태의 잉여 노동에게 필요한 것은 인구 증가이다. 첫 번째 형태에게는 **노동 인구의 증가**, 두 번째 형태에게는 과학의 발전 등을 요구하므로 인구 일체의 증가. 그러나 여기에서 인구는 부의 기본 원천으로 나타난다.

그러나 우리가 자본을 원래 고찰했던 바와 같이, 원료와 도구는 자본 자신에 의해서 생산된 것이 아니라 유통에서 유래하는 것으로 나타난다. 현실에 있어서도 비록 자본의 생산 조건들이 다시 자본에 의해서, 그러나 다른 자본에 의해서 생산된 것이기는 하지만, 개별적인 자본은 자신의 생산 조건들을 유통에서 받는 것과 마찬가지이다. 이로부터 한편으로는 생산을 전측면적으로 장악하는 자본의 필연적인 경향이 도출된다. 노동 재료나 원재료의 생산과 더불어 도구들의 생산도 마찬가지로, 비록 다른 자본에 의해서이기는 하지만, 자본에 의해서 생산되는 것으로 정립하는 자본의 경향. 자본의 선전적 경향 (propagandistische Tendenz). 그러나 둘째로 분명한 것은 **자본이 유통으로부터 받는 객체적 생산 조건들이 가치에 있어서 동일하게 머물러 있을지라도**, 즉 동일한 양의 사용 가치에 동일한 양의 노동이 대상화될지라도, 보다 적은 자본 부분이 살아 있는 노동에 투하될 수 있거

나 자본의 구성 부분들의 비율이 변한다는 것이다. 자본이 100이고, 예를 들어 원료가 2/5, 도구가 1/5, 노동이 2/5를 차지하고 생산력(분업)의 배증에 의해서 동일한 노동이 동일한 도구를 가지고 원료를 두 배 가공할 수 있다면, 자본은 40만큼 증가해야 할 것이다. 따라서 140의 자본이 작업해야 할 것이다. 이 중 80이 원료, 20이 도구, 40이 노동. 이제 노동은 40 : 140(이전에는 40 : 100)의 비율을 가질 것이다. 노동이 이전에는 4 : 10의 비율이었으나 이제는 4 : 14일 것이다. 또는 동일한 자본 100에서 이제는 원료에 3/5, 도구에 1/5, 노동에 1/5이 배당된다고 하자. 이윤은 여전히 20이라고 하자. 그러나 잉여노동은 이전에 50%였다면 이제는 100%일 것이다. 자본은 60의 원료와 20의 도구에 대하여 20의 노동만을 더 필요로 한다. 80.| 20.| 100. 80의 자본은 그에게 20의 이윤을 준다. 자본이 이 생산 단계에서 전체 노동을 사용하려면 160으로 성장해야 할 것이다. 즉 80의 원료, 40의 도구, 40의 노동. 이는 40의 잉여 가치를 줄 것이다. 100의 자본이 20의 잉여 가치만을 주던 이전 단계에서라면 160의 자본은 32의 잉여 가치, 즉 8이 적은 잉여 가치를 줄 것이고, 40의 동일한 잉여 가치를 생산하려면 자본이 200으로 성장해야 할 것이다.

다음과 같은 것이 구별되어야 한다. 1. 노동(또는 노동의 강도, 속도)의 증가는 재료나 노동 도구의 보다 많은 선대(先貸)를 필요로 하지 않는다. 예를 들어 동일한 100명의 노동자가 동일한 가치를 가지는 도구로 더 많은 고기를 잡거나 토지를 더 잘 경작하거나 광산으로부터 더 많은 광석을 채굴하거나 탄광으로부터 더 많은 석탄을 채굴하거나 보다 고도의 숙련, 보다 나은 노동 결합, 분업을 통해서 동일한 양의 금으로 더 많은 금박(金箔)을 제작하거나 더 적은 원료를 파괴하고, 따라서 동일한 가치량의 원료로 계속 생산할 수 있다. 따라서 이 경우에 우리가 노동자들의 생산물 자체가 그들의 소비에 들어간다고 가정하면, 그들의 필요 노동 시간은 감소한다. 동일한 ‖24

| 생계비로 그들은 더 많은 노동을 수행하는 것이다. 또는 그들 노동의 보다 작은 부분이 노동 능력의 재생산을 위해서 필요하다. 필요 노동 시간 부분이 잉여 노동 시간에 비해서 감소한다. 그리고 생산물의 가치는 100일로 동일하게 머물러 있지만 자본에게 귀속되는 부분, 잉여 가치는 증대된다. 총 잉여 노동 [부분]이 = 1/10, 즉 = 10 노동일이었다가 지금은 1/5이라면[6] 잉여 노동 시간은 10일 증가했다. 첫 번째 경우에는 노동자들이 90일을 자신을 위해서, 10일만을 자본가를 위해서 노동했던 반면, [지금은 — 역자] 80일은 자신들을 위해서, 20일은 자본가를 위해서 노동한다. (노동일에 따른 이러한 계산과 가치의 유일한 실체로서의 노동은 예속 관계가 실존하는 곳에서는 그처럼 확실하게 드러난다. 자본에게 있어서는 화폐에 의해서 은폐된다.) 새롭게 창출된 가치 중에서 보다 많은 부분이 자본에게 귀속되는 것이다. 그러나 불변 자본의 상이한 구성 요소들 사이의 비율들은 전제에 따라서 동일하게 남아 있다. 즉 자본가는 보다 적은 급료를 지불하기 때문에 보다 많은 잉여 노동량을 사용하지만 원료와 도구에 더 많은 자본을 사용하지는 않는다. 그는 보다 적은 부분의 대상화된 노동을 동일한 양의 살아 있는 노동과 교환하거나, 또는 동일한 양의 대상화된 노동을 보다 많은 양의 살아 있는 노동과 교환하는 것이다. 이는 채취 산업에서만 가능하다. 제조업에서는 원료가 보다 절약되는 한에서만. 나아가 화학 과정이 소재를 증대시키는 곳에서, 즉 농업, 운수업에서.

2. 생산성은 일정한 생산 영역에서뿐만 아니라 이것의 조건들에서도 동시에 증대된다. 즉 동일한 시간 동안에 노동의 강도 및 노동 생산물의 증대와 더불어 원료나 도구가 증대되거나 또는 양자가 증대되어야 하는 경우에. (예를 들어 등심초 燈心草 세공에서 원료는 아

6) 수고에는: 1/5 더 많을 뿐이라면

무런 비용도 소비할 필요가 없다. 아무런 비용도 소요되지 않는 목재 등.) 이 경우 자본의 비율은 동일하게 머물러 있다. 즉 자본은 노동 생산성의 증대와 더불어 원료와 도구에 더 많은 가치를 투하할 필요가 없다.

3. 증대된 노동 생산성은 자본의 더 많은 부분이 원료와 도구에 투하되는 것을 필요로 한다. 단지 분업 등을 통해서 동일한 양의 노동자가 보다 생산적으로 되었다면 도구는 동일하게 남아 있다. 단지 원료만 증가해야 한다. 동일한 수의 노동자가 동일한 시간에 더 많은 양의 원료를 가공하고, 전제에 따라서 생산성은 노동자의 보다 높은 숙련, 분업, 노동 결합 등으로부터 생겨나기 때문이다. 이 경우 살아 있는 노동과 교환된 자본 부분은 (그것은 절대적 노동 시간만이 증가하면 동일하게 남아 있고 상대적 노동 시간이 증가하면 감소한다) 동일하게 머물러 있는 다른 자본 부분들에 비해서, 자기 자신이 감소한 만큼뿐만 아니라 다른 부분들이 증가한 만큼 상대적으로 감소된다.

	원재료	도구	노동	m
노동일	180	90	90	10
	411 3/7	90	70	20

첫 번째 경우에: 90노동일 중에서 10 잉여 노동일. 잉여 노동은 12 ½%.[340] 첫 번째 경우와 비교해서 두 번째 경우에 원재료의 비율은 잉여 노동이 상승한 것과 동일한 비율로 상승했다.

모든 경우에 잉여 가치의 증가가 인구 증가를 전제로 한다면, 이 경우에는 마찬가지로 축적도, 또는 생산에 들어가는 보다 많은 자본도 전제로 한다. (이는 궁극적으로 원재료 생산에 종사하는 노동 인구의 증가로 귀착된다.) 첫 번째 경우에는 노동에 사용된 자본의 총 부분이 총자본의 ¼을 이루고, 불변 자본 부분에 대해서는 = 1 : 3의 비율이다. 두 번째 경우에는 총자본의 1/6보다 적으며 노동에 사용된 자본의 총 부분은 불변 자본 부분에 대하여 = 1 : 5의 비율도 아니다. 따라서 분업과 노동 결합에 의거한 생산력 증대는 사용된 노동력의 절대적 증대에 기초하지만, 이 생산력 증대는 노동 능력을 동원하는 자본에 비한 노동력의 감소와 필연적으로 결부되어 있다. 그리고 첫 번째 형태, 절대적 잉여 노동의 형태에서는 사용된 노동량이 사용된 자본과 동일한 비율로 증가해야 한다면, 두 번째 경우에 사용된 노동량은 보다 작은 비율로 증가하며, 그것도 생산력의 성장에 반비례한다.

농업 노동의 최근 사용 방법에 의해서 토지의 생산성이 배증했다면, 동일한 양의 노동이 ½쿼터가 아니라 1쿼터의 밀을 가져다준다면, 필요 노동은 ½ 감소할 것이다. 그리고 자본은 동일한 급료로 두 배의 수를 사용할 수 있을 것이다. (급료는 단지 곡물로 표현된다.) 그러나 그[자본주의적 차지농]가 자신의 토지를 경작하기 위해 더 많은 노동자를 필요로 하는 것은 아니라고 가정하자. 그러면 그는 과거 급료의 절반으로 동일한 노동을 사용할 것이다. 그의 자본, 이전에 화폐로 투자된 자본의 일부는 자유롭게 된다. 사용된 노동 시간은 사용된 자본에 비해서 동일하게 머물러 있었으나 사용된 노동 시간의 잉여 부분은 필요 부분에 비해서 상승했다. 이전에는 총 노동일에 대한 필요 노동의 비율이 = 노동일의 ¾ 또는 9시간이었다면, 이제 그 비율은 3/8과 같거나 또는 = 4½시간일 것이다. 첫 번째 경우에 잉여 가치는 3시간. 두 번째 경우에는 = 7½시간.

그 과정은 다음과 같이 진행된다. 노동 인구와 노동일의 길이가 주어져 있을 때, 즉 동시적인 노동일과 곱한 노동일의 길이가 주어져 있을 때, 잉여 노동은 보다 높은 노동 생산력에 의해서 상대적으로만 증대될 수 있는데, 이보다 높은 노동 생산력의 가능성은 전제된 인구 증가와 노동에의 훈련에서 이미 정립되어 있다. (이로써 또한 노동하지 않는, 직접적으로는 노동하지 않는 인구를 위한, 요컨대 정신적인 능력 등의 발전을 위한 일정한 자유 시간도 정립되어 있다. 자연의 정신적 점취.) 생산력의 일정한 발전 단계가 주어져 있으면 잉여 노동은 보다 많은 인구의 노동자로의 전환과 동시적 노동일의 증가에 의해서 절대적으로만 증대될 수 있다. 첫 번째 과정은 **노동 인구가 절대적으로는 동일하게 머물러 있을지라도 상대적 노동 인구의 감소**[7]이다. 두 번째 과정은 **노동 인구의 증대**이다. 두 경향은 자본의 필연적인 경향들이다. 이 모순되는 경향들의 통일, 따라서 살아 있는 모순은 우리가 곧 논의할 기계류와 더불어 비로소. 두 번째[8] 형태는 **노동하는 인구에 대한 노동하지 않는 인구의 비율이 보다 작은 것만**을 가능케 하는 것이 분명하다. 첫 번째[9] 형태에 의해서는 살아 있는 노동의 필요한 몫이 사용된 자본의 몫보다 느리게 증가하므로, 이 형태는 노동하는 인구에 대한 노동하지 않는 인구의 비율이 보다 큰 것을 가능케 한다.[341]

자본이 원료와 도구, 생산물의 조건들을 유통으로부터 제공받고 이 조건들에 대하여 주어진 전제로서 관계하는 곳에서, 자본이 형성되면서 나타나는 바와 같은 자본의 상이한 구성 요소들의 상호 관계는 보다 자세히 고찰해보면 사라진다. 그 이유는 모든 계기들이 균등하게 자본에 의해서 생산되는 것으로 나타나기 때문이고, 그렇지 않다면 자본이 자신의 생산의 전체 조건들을 자신에게 복속시키지 않았을 것이기 때문이다. 그러나 개별적인 자본에게는 자본의 상이한 구성 부분들이 언제나 동일한 관계에 머물러 있다. 따라서 그것의 일부는 언제나 불변 가치로 간주될 수 있으며 변하는 것은 노동에 지출된 부분뿐이다. 이 구성 부분들은 균등하게 발전하지 않는다. 그러나 경쟁에서 밝혀지게 되는 바와 같이, 자본의 경향은 생산력을 균등하게 분배하는 것이다.

---

7) '노동 인구의 상대적 감소'라고 해야 옳을 것이다.
8) 수고에는: 첫 번째
9) 수고에는: 두 번째

‖25| 노동 생산성의 향상은 자본으로 하여금 원재료와 기계류의 양이 증가하지 않는 데에서 제약을 발견하도록 할 것이므로, 생산이 산업을 위한 원료의 생산이 될수록, 노동 재료를 위한 원료뿐만 아니라 도구를 위한 원료의 생산이 될수록, 산업 발전은 노동 재료가 단순한 원료에 접근할수록, 바로 이들 분야에서 대규모 노동이 도입되고 이와 더불어 기계류가 사용되는 방식으로 진행된다. 방직에 앞서 방적에서, 나염에 앞서 방직 등에서 그러했다. 노동 도구들 자체를 위한 주원료인 금속의 생산에서 가장 먼저. 최저 단계에서 공업에 원료를 공급해주는 본래적인 조생산물 자체가 신속하게 증대될 수 없으면 — 신속하게 증대될 수 있는 대체 물질로 전환된다. (아마, 양모, 비단 대신에 목면.) 곡물을 감자로 대체하면 생활 수단에서도 동일한 일이 일어난다. 후자의 경우에는 조혈력(造血力)이 약한 조야한 물질과, 따라서 그것의 재생산을 위한 보다 저렴한 유기적 조건들을 포함하는 물품의 생산에 의해 보다 큰 생산성. 이 후자는 노임에 대한 고찰에 속한다. 최저 급료에 관한 논의에서는 럼포드[342]를 잊지 말 것.

이제는 기계류 사용에서 나타나는 바와 같은 상대적 잉여 노동의 세 번째 경우를 살펴보자.

{우리의 서술 과정에서 밝혀진 것은 추상으로 나타난 가치가 어떻게 화폐가 정립되었을 때에만 그러한 추상으로 가능해지는지 이다. 다른 한편으로 화폐 유통은 자본에 이르고, 따라서 무릇 자본의 기초 위에서만 유통이 생산의 모든 계기를 장악하듯이 이 기초 위에서만 화폐 유통은 완벽하게 발전할 수 있다. 따라서 이 과정에서 자본과 같이 일정한 역사 시대에 속하는 형태들의 역사적 성격이 밝혀질 뿐만 아니라 가치와 같이 순전히 추상적으로 나타나는 규정들은 그것들이 추상되는 역사적 성격을 보여주고, 따라서 오직 그것들이 이러한 추상으로 나타날 수 있게 해주는 역사적 기초를 보여준다. 그리고

화폐와 같이 다소간 모든 시대에 속하는 그러한 규정들은 그것들이 겪는 역사적 수정을 보여준다. 고대인들에게는 가치의 경제학적 개념이 나타나지 않는다. 가격과 구별되는 가치는 속임수 등에 대비해 법률적으로 [사용되었을 — 역자] 뿐이다. 가치 개념은 자본 자신과 자본에 기초하는 생산의 가장 추상적인 개념이기 때문에 전적으로 최근래의 경제학에 속한다. 가치 개념에서 자본의 비밀이 누설된다.}

기계류에 기초한 잉여 노동을 특징짓는 것은 보다 적은 동시적인 노동일, 보다 적은 노동자가 사용되는 형태로 사용되는 필요 노동 시간이 감소하는 것이다. 두 번째 계기는 생산력의 증대 자체가 무상이 아니라 자본에 의해서 지불되어야 한다는 것이다. 생산력의 이러한 증대를 작동시키는 수단은 스스로가 대상화된 직접적인 노동 시간, 즉 가치이고, 자본은 이것을 장악하기 위해서 자신의 가치의 일부를 이것과 교환해야 한다. 기계류의 등장을 경쟁과 경쟁에 의해 촉발된 생산비 절감 법칙으로부터 설명하는 것은 쉽다. [그러나 — 역자] 여기에서 문제가 되는 것은 다른 자본을 고려하지 않고 그것을 살아 있는 노동에 대한 자본의 관계로부터 설명하는 것이다.

어떤 자본가가 매년 2,400파운드 스털링이 소요되는 100명의 노동자를 면방적에 사용하다가 1,200파운드의 기계로 50명의 노동자를 대체하지만 이 기계도 마찬가지로 1년만에 마모되어 2차년 초에 다시 대체되어야 한다면, 그가 얻은 것은 분명히 아무 것도 없을 것이고, 그의 생산물을 보다 저렴하게 팔 수도 없을 것이다. 나머지 50명의 노동자는 이전에 100명이 수행하던 것과 동일한 작업을 할 것이다. 각각의 개별적인 노동자의 잉여 노동 시간은 노동자 수가 감소한 것과 같은 비율로 증가할 것이고, 따라서 [총 잉여 노동 시간은 — 역자] 동일하게 머물러 있을 것이다. 이전에는 매일 = 200 노동 시간, 즉 100노동일 각각에 대하여 2시간이었다면 지금도 마찬가지로 = 200 노동 시간, 즉 = 50노동일 각각에 대하여 4시간일 것이다.

노동자와 관련해서 보면 그의 잉여 시간은 증대될 것이다. 자본에게는 사태가 동일할 것인데, 그 까닭은 이제 자본은 (필요 시간과 잉여 시간을 합해) 50노동일을 기계와 교환해야 할 것이기 때문이다. 자본이 기계류와 교환하는 50일의 대상화된 노동은 자본에게 단지 등가물만을 줄 뿐, 자본이 50일의 대상화된 노동을 50일의 살아 있는 노동과 교환할 때처럼 잉여 시간을 가져다주지는 않을 것이다. 그러나 이는 나머지 50명의 노동자의 잉여 노동 시간에 의해서 보전될 것이다. 교환의 형태를 벗겨버리면 이 사태는 마치 자본가가, 전체 노동일이 필요 노동만을 가져다주는 50명의 노동자로 하여금 노동하도록 하고, 그 대신 이러한 "손실"을 보상해주는 다른 50명을 고용하는 것과 마찬가지일 것이다. 그러나 기계가 960파운드, 즉 40노동일 밖에 하지 않고 나머지 노동자들은 각자 이전과 마찬가지로 4시간의 잉여 노동 시간을, 따라서 200시간 또는 16일 8시간(16⅔일)을 수행한다고 가정하면, 자본가는 240파운드의 지출을 절약할 것이다. 그러나 그가 이전에는 2,400[파운드 — 역자]의 지출에 대하여 16일 8시간을 획득한 데 비해 이제는 960[파운드 — 역자]의 지출에 대하여 마찬가지로 200 노동 시간을 획득할 것이다. 2,400에 대한 200의 비율은 1 : 12이다. 이에 반해 200 : 2160 = 20 : 216 = 1 : 10 4/5. 노동일로 표현하자면, 첫 번째 경우에 그는 100노동일에 대하여 16일 8시간을 획득할 것이고, 두 번째 경우에는 90[노동일 — 역자]에 대하여 동일한 수치를 획득할 것이다. 첫 번째 경우에는 매일 1,200 노동 시간에 대하여 200이고, 두 번째 경우에는 1,080에 대하여 200. 200 : 1200 = 1 : 6, 200 : 1080 = 1 : 5 2/5. 첫 번째 경우에는 개별적인 노동자의 잉여 시간은 = 1/6노동일 = 2시간. 두 번째 경우에는 = 1노동일에 대하여 2 6/27시간. 나아가 덧붙여지는 사실은 이전에 도구에 사용되었던 자본 부분은 기계를 사용할 때 기계류가 야기하는 추가 비용으로부터 공제되어야 한다는 것이다.

[화폐에 관한 장과 자본에 관한 장에 대한 보론]

{한 나라에서 유통되는 화폐는 그 나라 자본의 일정 부분으로서 나머지의 생산성을 촉진하거나 향상시킨다는 생산적인 목적으로부터 완전히 벗어난 것이다. 그러므로 다른 모든 생산을 촉진할 기계의 제작과 마찬가지로 금을 유통 수단으로 만들기 위해서 부의 일정한 규모가 필요하다(『이코노미스트』, [1847년 5월 8일,] 제6권, 520쪽).}

{실제는 어떠한가? 공장주는 토요일에 임금을 지불하기 위해서 은행가로부터 500파운드를 은행권으로 받는다. 그는 이를 노동자들에게 분배해준다. 같은 날 그 대부분은 상인에게 전해지고 이를 통해 그것들은 다양한 은행가들에게 되돌아온다(앞의 책[, 1847년 5월 22일,] 575쪽).}

{100,000파운드의 자본을 가지고 95,000파운드를 자신의 공장과 기계류에 지출하려는 면방적업자는 자신이 목면을 구매하고 임금을 지불하기 위해서는 재원이 필요하다는 것을 금방 알아챌 것이다. 그의 사업은 방해될 것이고 그의 재정은 혼란스러워질 것이다. 그렇지만 사람들은 대량의 가처분 재원을 경솔하게도 철도에 투자한 나라가, 그럼에도 불구하고, 제조업과 상업의 무제한적인 작업을 수행할 능력이 있기를 기대한다(앞의 책[, 1847년 11월 6일,] 1271쪽).}

화폐, … 모든 양도 가능한 사물에 대한 적절한 대응 가치(존 스튜어트, 13쪽).[343](제1권, 32쪽, 더블린 1770년 판.)

{옛날에 인간으로 하여금 자신의 욕구 충족을 넘어서 노동하도록 부추기고, 한 국가의 일부로 하여금 타인을 무보수로 부양하도록 부추기는 것은 노예제에 의해서만 실현될 수 있었다. … 인간들은 노동하도록 강요되지 않으면 자기 자신만을 위해서 노동할 것이다. 그리고 그들이 적은 욕구를 가지고 있다면 적은 노동만이 있을 것이다. 그러나 국가들이

형성되고, 그들의 적의 폭력 행위를 방어하기 위해서 도식자(徒食者)를 투입할 기회를 가진다면 ||26| 어떤 경우에든 노동하지 않는 자들을 위한 식량은 조달되어야 한다. 그리고 전제된 바와 같이 노동자들의 욕구는 적으므로 욕구 충족에 기여하는 부분을 넘어서 그들의 노동을 증대시킬 방법이 발견되어야 한다. 이 목적을 위해서 노예제가 고안되었다. … 당시에는 식량을 조달하기 위해 인간들을 부지런하게 만드는 데 폭력적인 방법을 사용했다. … 당시 인간들은 타인의 노예였기 때문에 노동을 하도록 강제되었다. 지금 인간들은 자기 자신의 욕구의 노예이기 때문에 노동하도록 강제되고 있다(스튜어트, 제1권, 38-40쪽).

부를 요구하는 정열을 무한하고 충족될 수 없게 만드는 것은 오직 욕구와 이것의 충족에 필요한 상품 종류의 무한한 다양성뿐이다(애덤 스미스에 대한 웨이크필드[10], 64쪽 주).}[344]

나는 기계를 추가 인원을 먹여 살리기 위한 지출이 없이 근면한 인간의 수를 (실질적으로) 늘리는 수단으로 간주한다(스튜어트, 제1권, 123쪽).

(제조업자들이 집단으로 모이면 그들은 소비자들에게 직접 좌우되는 것이 아니라 상인들에게 좌우된다(스튜어트, 제1권, 166쪽).

(낭비적인 농업은 양도를 이용하지 않는 순전한 생계 방법이므로 상업이 아니다.)(앞의 책, 156쪽.)

(상업은 개별자나 사회의 부나 노동이 상인이라 불리는 일군의 인간에 의해서 산업을 중단시키거나 소비를 제약하지 않으면서 모든 욕구의 충족을 위해 적합한 등가물과 교환될 수 있는 작업이다(스튜어트, I권, 166쪽).)

10) 수고에는: 웨이클리

(욕구가 단순하고 적게 남아 있는 동안에 노동자는 그의 모든 노동을 분배하는 데 충분한 시간을 발견한다. 욕구가 보다 다양해지면 인간들은 더욱 열심히 노동해야 한다. 시간이 귀중해진다. 따라서 상업이 도입된다. 노동자와 소비자 사이의 중개인으로서의 상인.) (앞의 책, 171쪽.)

(화폐, 모든 사물의 공통 가격.) (앞의 책, 177쪽.)

화폐는 상인에 의해서 대표된다. 소비자들에 대하여 상인은 제조업자 전체를 대표하고 제조업자들에 대해서는 소비자 전체를 대표하며, 그의 신용은 두 계급에게 화폐 사용을 공급한다. 그는 용구, 제조업자, 소비자를 번갈아 가면서 대표한다(앞의 책, 177, 178쪽).

(제1권, 181-183쪽 참조. **스튜어트**는 여기에서 이윤을 — 그가 대상화된 노동의 양(한 노동자가 하루에 수행할 수 있는 것 등), 노동자의 필요 지출, 원재료의 가격으로 매우 혼란스럽게 규정하는 (그러면서 생산비를 생각한다) **실재 가치** *real value* 와는 구별하여 — 수요에 따라 변동하는 **양도 이윤** *Profit upon alienation* 으로 간주한다.) (스튜어트에게 있어서는 범주들의 변동이 대단히 많다. A. 스미스에게 있어서와 마찬가지로 아직 확정되어 있지 않다. 방금 우리는 노동자들의 노동과 재료의 가치 이외에 임금이 혼란스럽게도 특수한 구성 부분들로 역할하기 때문에 **실재 가치**가 생산비와 동일하다는 것을 보았다. 다른 곳에서 그는 한 상품의 **내재적 가치**(*intrinsic value*)를 그것의 원재료의 가치나 원재료 자체로 이해하는 반면, **유용 가치**(*useful value*)는 그 상품에 투하된 노동 시간으로 이해하고 있다.

전자는 그 자체로 실재적인 것이다. 예를 들어 은 세공에서의 은. 비단, 양모 또는 아마로 만든 제품의 내재적 가치는 그 제품이 의도했던 용도 이외의 다른 용도에는 거의 사용할 수 없도록 만들어졌으므로 원래 사용된 가치보다 적다. 이에 반해 사용 가치는 그것의 제조에 소요된 노동에 따라 산정 되어야 한다. 수정을 위해서 사용된 노동은, 유용하게 사용되면, 어떤 실체에게 그것을 유용하고 장식적으로, 또는 간단히 말해 직접적으로든 간접적으로든 인간에게 적합하게 만드는 형태를 주는 인간 시간의 일부를 대표한다(앞의 책, 제1권, 361, 362쪽).

{실재적인 사용 가치는 실체에게 주어진 형태이다. 그러나 이 형태 자체는 휴지하는 노동일 뿐이다.}

우리가 어떤 사물의 가격에 대해 공동의 척도를 상정한다면, 우리는 이 사물의 양도가 빈번하거나 일상적이라고 상정해야 한다. 단순함이 지배하는 나라들에서 가장 긴요한 사물들의 가격에 대한 어떤 표준을 결정하는 것은 거의 불가능하다. … 그러한 사회 상태에서는 거래되는 식량과 필수품들이 거의 발견되지 않는다. 누구도 그것들을 구매하지 않는데, 그 까닭은 누구나 그것들을 조달하는 것을 자신의 주업으로 삼고 있기 때문이다. … 판매만이 가격을 결정할 수 있다. 그리고 빈번한 판매만이 어떤 표준을 확정할 수 있다. 이제 생계 유지를 위해 가장 중요한 사물들의 빈번한 판매는 주민을 노동자와 도식자로 분할하는 지표가 된다(앞의 책, 제1권, 395, 396쪽).[11)]

(유통하는 매개물의 양에 의한 가격 결정에 관한 학설은 로크에 의해서 가장 먼저 제기되었고 『스펙테이터』 1711년 10월 19일자에서 반복되었으며, 흄과 몽테스큐[345]에 의해서 발전되고 세련되게 구성되었다. 리카도에 의해서는 그 기초에 있어서 형식적으로 극단으로까지 추진되었으며, 로이드와 토렌스 대령 등에 의해서는 그 모든 불합리함과 함께 은행 제도 등에 실제로 적용되었다.) 스튜어트는 이를 반박했는데, 그의 설명은 나중에 보상끼, 튜크, 윌슨에 의해서 주장

11) 수고에는: 395쪽 이하

된 거의 모든 것을 소재적으로 선취하고 있다(노트, 26쪽).[346] (그는 특히 역사적 예증으로서 다음과 같이 말하고 있다.

그리스와 로마가 풍부한 부를 가지고 있을 당시, 모든 진품과 걸출한 예술가들의 작품이 과도한 가격에 이르렀던 때, 소는 하찮은 것을 주고도 구매되었고 곡물은 스코틀랜드의 어떤 시대보다 저렴했다. … 수요는 소비하는 사람의 수가 아니라 구매하는 사람의 수에 비례한다. 소비하는 것은 모든 주민이지만 구매하는 것은 소수의 자유로운 근면한 사람이었다. … 그리스와 로마에서 노예제. 자기 자신의 노예의 노동에 의해서, 국가의 노예에 의해서, 또는 무상으로 국민에게 분배된 곡물에 의해서 부양된 자들은 시장에 갈 기회가 없었다. 그들은 구매자와 경쟁에 들어가지 않는다. … 당시 알려진 소수의 제조업자들은 일반적으로 욕구를 덜 광범위하게 유지했다. 따라서 근면한 자유인의 수는 적었고, 그들이 식량과 생필품을 구매하는 기회를 가질 수 있는 유일한 사람들이었다. 따라서 구매자들의 경쟁은 상대적으로 약했고 가격은 낮았다. 나아가 시장은 부분적으로 노예에 의해서 경작된 귀족 토지에서 생산된 잉여로 공급되었다. 이 노예들은 토지로 부양되었기 때문에 어떤 의미에서 잉여는 그 소유자들에게 아무런 비용도 들이지 않았다. 그리고 구매할 기회를 가진 자들의 수가 매우 적었으므로 잉여는 값싸게 판매되었다. 그밖에 국민에게 무상으로 분배된 곡물은 시장을 필연적으로 부진하게 유지할 수밖에 없었다. 이와는 반대로 부드러운 멀릿(mullet [로마인의 진귀한 식용어 — 역자])이나 예술가 등에 대해서는 경쟁이 심했고, 따라서 가격은 현저하게 상승했다. 그 시대의 사치품은 과도했지만 소수에게 국한되어 있었다. 그리고 화폐는 일반적으로 다수의 손에서만 느리게 회전되었기 때문에 부자들의 수중에 정체되어 있었는데, 이 부자들은 그들이 가지고자 원하는 것의 가격을 규율함에 있어 자신들의 기분 이외의 다른 그 어떠한 척도도 가지고 있지 않았다.) (26, 27, 노트 스튜어트)[347]

회계 화폐(*money of account*)는 판매 가능한 사물들 각각의 가치를 특정하기 위해 발명된 동등한 부분들의 임의적인 눈금이다. 회계 화폐는 가격을 의미하는 화폐 주화(*money-coin*)와는 전적으로 상이하고, 모든 상품에 대한 비례적 등가물인 실체가 세상에 없을지라도 실존할 수 있다(제2권, 102쪽).[348]

회계 화폐는 각도에 대해 분, 초가 하는, 또는 지도에 대해 비례 척도가 하는 것과 동일한 역할을 사물들의 가치에 대해 수행한다. 이 모든 발명에서는 언제나 어떤 명명(命名)이 단위로 받아들여진다(앞의 책).

이 모든 장치의 유용성은 단지 크기 비율의 지표를 정하는 것에 국한되어 있다. 그러므로 화폐 단위는 어떤 가치 부분에 대한 불변의 확정적 비율을 가지지 않는다. 따라서 그것은 어떤 특정 양의 금, 은이나 어떤 다른 상품으로 고정될 수 없다. 일단 단위가 확정되면 우리는 그것을 배가함으로써 가장 큰 가치까지 상승할 수 있다 등(103쪽). 그러므로 화폐는 사물을 측정하기 위한 척도이다(102쪽).

그러므로 상품의 가치는 상품 자체와 사람들의 성향에 관계된 요건들의 일반적인 결합에 좌우되기 때문에, 서로의 관계에 의해서만 변화하는 것으로 간주되어야 한다. 따라서 일반적인 확정적 불변 척도에 의해서 비율의 변화를 확인하는 것을 곤란하게 하거나 혼란시키는 모든 것은 틀림없이 상업에 해로우며 양도에 대한 장애물이 된다(104쪽[12]).

척도로 간주된 가격과 가치에 대한 등가물로 간주된 가격을 단연코 구별해야 한다. 금속들이 이러한 두 가지 기능 각각을 똑같이 잘 수행하는 것은 아니다. … 화폐는 동등한 부분들에 대한 관념적 척도이다. 한 부분의 가치에 대한 척도가 무엇이어야 하는가 라는 질문이 제기된다면, 나는 분, 초라는 등급의 표준 길이는 무엇인가 다른 질문을 제기하는 것

12) 수고에는: 앞의 책

으로 대답하겠다. 그들은 표준 길이를 가지고 있지 않다 — 그러나 한 부분이 확정되면 척도의 본성에 의해서 다른 모든 부분이 비례적으로 뒤따른다(105쪽).

이 관념적인 화폐의 예가 암스테르담의 은행 화폐와 아프리카 해안의 앙골라 화폐이다. — 은행 화폐는 바닷가의 암벽처럼 불변인 채로 있다. 이 관념적 척도에 따라 모든 사물의 가격이 규율된다(106, 107쪽[13]).

1683년에 집필된 쿠스토디 편 이태리 경제학자 전집 『고대편, 제Ⅲ권: 몬타나리(제미니아노), 화폐에 관하여』는 화폐의 "발명"에 대하여 다음과 같이 기술하고 있다.

민족들의 상호 소통이 지구 전체에 확산되어, 지구가 상품들이 끊임없이 공급되고 모든 인간이 자신의 거주지에서 화폐를 매개로 해서 토지, 동물, 인간의 산업이 다른 곳에서 생산하는 모든 것을 조달하고 소비할 수 있는 하나의 도시가 되었다고 말할 수 있을 정도이다. 얼마나 경이로운 발명인가!(40쪽) 그러나 하필 왜 그가 어떤 의미에서는 측정되는 것이 측정하는 것의 척도가 되는, 측정된 사물들에 대한 그러한 관계에 대한 척도인가? 왜냐하면 운동이 시간의 척도이듯이 시간은 운동의 척도이기 때문이다. 요컨대 화폐가 우리의 욕망의 척도일 뿐만 아니라 반대로 욕망은 화폐 자신과 가치의 척도이기도 하다(41, 42쪽).

금이 풍부하게 존재하기 때문에 금이 많은 나라에서는 어떤 사물이 비싸다고 말할 수 있는 한, 한 지방에서 기존의 판매 가능한 사물들에 비해서 많은 화폐가 유통할수록 이 사물들은 비싸질 것이다. 또는 이 경우에 다른 곳에서는 보다 값싼 것으로 간주되는 다른 사물과 같은 가치를 가지는 금 자신이 차라리 값싸다고 표현되어야 할 것이다(48쪽).

---

13) 수고에는: 106, 107쪽 이하

100년 전에는 문자 그대로 부의 일종으로서 금과 은을 집적하는 것이 각국의 상업 정책에서의 중요한 특징이었다(구즈, 『미국의 지폐와 은행 제도 약사』, 필라델피아 1833).

(미국에서의 물물교환은(구즈, 노트 Ⅷ, 81쪽 이하 참조),[349]

다른 식민지들에서와 마찬가지로 펜실바니아에서는 대다수의 거래가 물물교환으로 수행되었다. … 1732년[14]에도 메릴랜드에서 담배는 1파운드에 법정 지불 수단으로 1펜스, 옥수수는 1부셸에 20펜스로 선포하는 법령이 제정되었다(5쪽). (제Ⅱ부.)

그러나 머지 않아

서인도 제도와의 무역 및 스페인과의 비밀 무역에서 은이 매우 풍부해져 1652년 뉴잉글랜드에서는 실링화, 6펜스화, 3펜스화를 주조하기 위해 조폐소가 설치되었다(앞의 책, 5쪽). 버지니아는 1645년에 물물교환에 의한 거래를 금지했고 8부터 6실링까지의 스페인 화폐를 식민지의 표준 통화로 확정했다(스페인 달러). … 다른 식민지들은 달러에 상이한 명칭들을 붙였다. 회계 화폐는 어디에서나 명목상으로는 영국에서와 동일했다. 이 나라의 주화는 특히 스페인과 포르투갈의 것이었다 등등(노트 Ⅷ, 81쪽 참조).

(6쪽. 앤 여왕의 법령을 통해 이 혼란을 종식시키려는 시도가 이루어졌다.)

터키트: 『노동 인구의 과거와 현재 상태의 역사』 등, 2권, 런던 1846년.[15]

---

14) 수고에는: 1723년
15) 수고에는: 1836년

양모 매뉴팩처: 엘리자베스 시대에 포목 상인은 공장 소유자나 매뉴팩처 소유자의 지위를 차지하고 있었다. 그는 양모를 구매해서 옷감으로 만들어지도록 약 12파운드의 비율로 방직공에게 공급하는 자본가였다. 처음에 매뉴팩처는 도시들과 자치권을 가진 시장에 국한되어 있었고, 촌락의 주민들은 그들 가족의 사용에 충분한 것 이상으로는 거의 생산하지 않았다. 나중에는 지리적으로 유리한 자치권이 없는 마을에서, 농업가, 목축가, 농부에 의해서 촌에서도 가내용으로 뿐만 아니라 판매용으로도 의류가 만들어지게 되었다. (조잡한 종류들.) 1551년에는 도시 밖에 거주하는 포목 상인과 방직업자가 보유할 수 있는 방직기와 도제의 수를 제한하고 농촌에 있는 방직공은 방적기를, 방적공은 방직기를 보유하지 못하게 하는 법률이 통과되었다. 같은 해의 법률은 넓은 옷감을 짜는 모든 방직공이 7년의 도제 수련을 받도록 했다.[339] 그럼에도 불구하고 농촌 매뉴팩처는 상업 이윤의 대상으로서 확고하게 뿌리를 내렸다. 에드워드 6세 5년과 6년에 법률 제22호는 기계류의 사용을 금지했다. 따라서 17세기말까지 플랑더스인과 네덜란드인이 이 매뉴팩처에서 우위를 유지했다. 1668년 네덜란드 방직기가 네덜란드로부터 도입되었다(136-141쪽).[16)]

기계류의 도입에 의해서 1800년에 한 사람은 1785년의 46명만큼 노동할 수 있었다. 1800년에 면화 무역을 목적으로 하던 공장, 기계류 등에 투자된 자본은 600만 파운드 스털링 이상이었고, 영국에서 이 부분에 고용되어 있는 모든 연령대의 전체 사람 수는 150만 이상이었다(142-143쪽).

요컨대 노동 생산력이 4600% 증가했다. 그러나 첫째로 고정 자본에 대해서 이 숫자는 대략 1/6에 지나지 않았다. 총자본(원재료 등)에 대한 비율은 아마도 1/20에 지나지 않았을 것이다.

화학 법칙을 응용해서 옷감을 염색하는 기술보다 자연과학적 진보의

16) 수고에는: 140, 141쪽

혜택을 받은 매뉴팩처는 거의 없었다(앞의 책, 143-144쪽).[17]

비단 매뉴팩처. 18세기초까지

비단 짜는 기술은 그 목적을 위해서 특수한 기계류가 도입되었던 이탈리아에서 가장 발달해 있었다. 비단 짜는 기술자이자 비단 상인으로서 사업을 하던 3형제 중의 하나인 존 롬브(John Lombe)가 이탈리아로 여행하여 한 공장에서 모델을 조달하는 데 성공했다. 개량된 기계를 갖춘 비단 공장이 1719년 더비(Derby)에 롬브와 그 형제들에 의해서 세워졌다. 이 공장에는 하나의 수차로 모두 가동되는 26,586개의 차륜이 있었다. 의회는 그가 사업 영역에 비밀을 공개하는 대가로 그에게 14,000파운드를 주었다. 이 공장은 이전의 같은 종류의 다른 어떤 장치보다도 근대적인 공장 개념에 가까운 것이었다. 기계는 밤낮으로 일하면서 하나의 커다란 수차에 의해 가동되고 한 명의 제어자에 의해서 관리되는 97,746개의 차륜, 운전 장치, 개별 부품을 가지고 있었다. 그리고 이 기계는 그것에 종사하고 노동을 공급하는 300명을 고용했다(133-134쪽).

(영국의 비단 상업에서는 발명 정신이 보이지 않았다. 파르마(Parma)의 공작이 도시를 약탈한 후 그곳에서 도피했던 안트웝(Antwerp)의 방직공에 의해서 처음으로 도입되었다. 그런 다음에는 1685-1692년에 다양한 영역들이 프랑스 난민에 의해서.)

1740년에는 1700톤의 철이 59개의 용광로로 생산되었다. 1827년에는 69만 톤이 284개에 의해서. 요컨대 용광로는 = 1 : 4 48/59로 증가했다. 다섯 배도 채 증가하지 않았다.[18] 톤은 = 1 : 405 15/17[19]였다. (일련의 연도에 있어서의 비율에 대해서는 앞의 책, 노트 12쪽

17) 수고에는: 144쪽
18) 수고에는: 1 : 3 48/59로 증가했다. 4배도 채 증가하지 않았다.
19) 수고에는: 1 : 435 5/17

참조.)[350]

아울러 유리 매뉴팩처에서는 과학의 진보가 매뉴팩처에 얼마나 좌우되는가가 가장 잘 드러난다.[351] 다른 한편으로 예를 들어 사분의(四分儀)의 발명은 항해의 욕구로부터 생겨났고, 의회는 그것의 발명에 상금을 걸었다.

1825년에 5,000파운드가 소요된 8대의 목면 기계가 1833년에는 300파운드에 팔렸다(면방적에 대해서는 앞의 책[, 204쪽] 참조, 노트 13쪽).

기계를 갖추고 가스 장치와 증기 기관을 장비(裝備)한 일급 면방적 공장은 10만 파운드 이하로는 건설될 수 없다. 100마력의 증기 기관은 5만 개의 방추를 회전시키는데, 이것들은 하루에 62,500마일의 질 좋은 면사를 생산한다. 그러한 공장에서는 1000명이 기계류 없는 25만 명이 짤 수 있는 만큼을 짠다. 맥컬록은 영국에서 이러한 기계의 수를 13만대로 추정하고 있다(앞의 책, 218쪽).[20)]

정식 도로가 없는 곳에서는 공동체가 존재한다고 말할 수 없다. 사람들이 공통의 것을 가질 수 없는 것이다(터키트, 앞의 책, 270쪽). 인간에게 유용한 대지의 생산물 중에서 99/100가 인간의 생산물이다(앞의 책, 348쪽). 노예제나 종신 도제제(徒弟制)가 폐지되었을 때 노동자들은 자기 자신의 주인이 되었고 자기 자신의 재능에 내맡겨졌다. 그러나 충분한 노동 등이 없으면 인간은 구걸하거나 훔칠 수 있을 때에만 굶어죽지 않는다. 따라서 빈민들이 가장 먼저 택한 역할은 도둑과 거지의 역할이었다(앞의 책, 제2권, 637쪽 주).

엘리자베스 이래 현재의 사회 상태의 두드러진 특징은 빈민 구제법이 수도원의 압박과 노예제로부터 자유 노동으로의 이행에서 생겨난 대대

20) 수고에는: 280쪽

적인 부랑자에 대처하려는 의도에서 근면을 강제하기 위한 법령이었다는 점이다.[21] 그 예로서 엘리자베스의 제5법령은 한 치의 토지라도 경작하는 가장들은 아직 직업이 없는 것으로 발견된 자들에게 농업이나 또는 기술, 비방(秘方)에서 도제가 될 것을 요구하도록 지시했다. 그리고 이들이 거부하면 판사에게 데려가도록 지시되었고, 판사는 그가 자신의 의무에 동의할 때까지 수사하도록 강제하였다. 엘리자베스 치하에서는 식량을 생산하기 위해서 100명 중 85명이 필요했다. 지금은 근면이 부족한 것이 아니라 이윤을 가져다주는 고용이 부족하다. … 당시에는 그들에게 채산성 있는 직업을 마련해주는 것이 아니라 나태와 유랑의 성향을 극복하는 것이 큰 난관이었다. 이 치하에서는 나태한 자들을 노동하도록 강요하는 입법부의 여러 가지 법령이 있었다(앞의 책, 제2권, 643, 644쪽).[352]

고정 자본은 일단 형성되면 노동에 대한 수요에 영향을 미치는 것을 중지한다. 그러나 그것이 형성되는 동안에 그것은 유동 자본이나 수입(收入)과 동일한 금액이 고용할 만큼의 사람에게만 고용을 준다(존 바튼, 『노동 계급의 상태에 영향을 끼치는 환경에 대한 고찰』, 런던 1817년, 56쪽).

공동체는 두 계급의 인간으로 구성되어 있는데, 하나는 소비하면서 재생산하는 계급이고 다른 하나는 재생산하지 않고 소비하는 계급이다. 전체 사회가 생산자로 구성되어 있다면, 그들이 상품을 어떤 가격으로 교환하든 그것은 별로 중요하지 않다. 그러나 소비자에 지나지 않는 자들이 간과하기에는 너무나 많은 계급을 이룬다. 그들의 소비 능력은 지대, 저당, 연금, 직업이나 사회에 제공되는 다양한 종류의 용역에서 유래한다. 소비자 계급으로 하여금 구매하도록 하는 가격이 높을수록 생산자들이 소비자들에게 판매하는 상품량으로부터 얻는 이윤은 클 것이다. 순전히 소비하는 이 계급들 중에서 정부가 가장 두드러진 자리를 차지하

21) 이 책, 2권 418-420쪽 참조

고 있다(윌리엄 블레이크, 『현금 지불 제약 기간 중 정부 지출이 야기한 효과에 관한 고찰』 런던 1823년, 42, 43쪽).

블레이크는 국가에 대부된 자본이 이전에는 반드시 생산적으로 사용되던 자본인 것은 아니라는 것을 보이기 위해서 다음과 같이 말한다 — 그리고 여기에서 우리에게 중요한 것은 자본의 일부는 언제나 유휴 상태에 있었다는 시인뿐이다.

오류는 다음과 같이 상정하는 데 있다. 1. 그 나라의 전체 자본이 사용되고 있다는 것. 2. 저축에서 생겨나는 것과 마찬가지로 연이은 자본 축적에 대한 즉각적인 사용이 있다는 것. 나는 매우 느린 수익과 적은 이윤을 가져다주는 사업들에 투자된 자본 부분이 어떤 시대에나 있었고 충분한 수요가 없는 재화의 형태로 완전히 유휴 상태에 있는 자본 부분도 있다고 생각한다. … 이러한 유휴 부분과 저축이 연금과 교환되어 정부 수중으로 이전될 수 있다면, 그것들은 기존의 자본을 침해하지 않으면서 새로운 수요의 원천이 될 것이다(앞의 책, 54, 55쪽).

저축하는 자본가의 수요에 의해 얼마나 많은 생산물들이 시장에서 인출되든, 그것들은 자본가가 생산하는 재화로, 추가분과 함께 다시 흘러 들어온다. 이에 반해 정부는 재생산하지 않고 소비하기 위해 생산물을 가져간다. 수입(收入) 중 저축이 이루어지는 곳에서 저축된 부분을 즐길 자격이 있는 사람이 그것을 소비하지 않아도 만족한다는 것은 분명하다. 이는 그 나라 산업이 공동체의 욕구가 필요로 하는 것보다 더 많은 생산물을 산출할 능력이 있다는 것을 증명한다. 저축된 양이 그것과 등가인 가치를 이윤을 남기면서 생산하는 데 자본으로 사용된다면, 이 새로운 창조물은 일반 기금에 추가되면, 저축을 한 사람에 의해서만, 즉 이미 소비를 삼가는 성향을 보인 사람에 의해서만 인출될 수 있다. … 모든 사람이 그가 소비할 힘이 있는 것을 소비한다면, 시장은 필연적으로 존재해야 한다. 누가 그의 수입으로부터 저축하든, 그의 힘을 포기하든, 그의 지분은 처분되지 않은 채로 남아있다. 이러한 절약 정신이 일반적이라면 시장은 필연적으로 체화 상태일 것이며, 이것이 자본으로서 새로운 사용처를 발견할지의 여부는 이 잉여가 축적되는 정도에 좌우될 것이 틀림없다(56, 57쪽).

(참조. 이러한 기술은 일체 축적에 관한 편에.) (참조. 노트 68쪽과 70쪽.[353] 여기에서는 이윤과 임금의 비율이 "마지막으로 경작에 편입된 토지의 질에" 관계없이 가격의 결과로, 즉 전쟁 수요에 의해 상승했다는 것이 나타난다.)

혁명 전쟁[354] 동안에는 내내 가장 열악한 토지가 경작되었지만 시장 이자율은 ‖29| 7, 8, 9, 그리고 10%까지 상승했다(앞의 책, 64-66쪽). 6, 8, 10, 그리고 12%까지 이자가 상승하는 것은 이윤의 상승을 증명한다. 화폐의 가치 하락이 존재한다면 그것은 자본과 이자의 관계에 아무런 변화도 가할 수 없을 것이다. 200파운드가 이제는 100파운드의 가치밖에 없다면 10파운드의 이자는 5파운드의 가치밖에 없다. 자본의 가치 크기에 영향을 미친 것은 이윤의 가치에도 마찬가지의 영향을 미칠 것이다. 그들은 양자 사이의 관계를 변화시킬 수 없을 것이다(73쪽).

임금 가격이 상품 가격을 상승시키지 않는다는 리카도의 논증은 큰 규모의 계급이 생산자가 아닌 사회에는 맞지 않는다(앞의 책). 생산자들은 단지 소비자들인 계급에게 권리상 속하는 부분을 희생하면서 그들의 정당한 몫 이상을 받는다(74쪽).

이는 자본이 자본뿐만 아니라 수입과도 교환되고, 어떤 자본이든 스스로 수입으로 먹어치워질 수 있으므로 당연히 중요하다. 그렇지만 그것은 이윤 일반의 규정에서는 아무런 역할도 하지 않는다. 이 이윤 일반은 이윤, 이자, 지대, 연금, 조세 등의 다양한 형태로 (임금 부분과 마찬가지로) 다양한 명칭과 다양한 계급의 인구에게 분배될 수 있다. 그것들은 더 이상 총 잉여 가치 또는 총 잉여 생산물로서 그들 사이에 분배될 수 없다. 그들이 그것을 분배하는 비율은 당연히 경제적으로 중요하다. [그렇지만 — 역자] 당면의 문제에는 아무런 변화도 가하지 않는다.

4억의 상품 유통이 유통에 놓여 있는 4천만의 화폐를 필요로 하고 1/10이라는 이 비율이 적절한 수준이었다면, 유통될 상품이 4억 5천만으로 증가할 경우 화폐는 당연한 이유로 동일한 수준을 유지하기 위해서 4천5백만으로 증가하거나 또는 4천만이 은행 제도나 여타 개선에 의해서 4천 5백만의 기능을 수행하는 빨라진 속도로 유통하도록 되어야 한다. … 그러한 증가나 그러한 속도는 가격 상승의 결과이지 가격 상승의 원인은 아니다(블레이크, 앞의 책, 80쪽 이하. 노트 70쪽 참조).

로마의 상층 계급과 중간 계급은 아시아 정복에 의해서 커다란 부를 획득했다. 그러나 무역이나 매뉴팩처에 의해서 창조된 것이 아니기 때문에, 이러한 부는 스페인이 자신의 미주 식민지에서 획득한 부와 유사하다(제1권, 맥키넌, 『문명의 역사』, 런던 1846년, 제1권, 66쪽).

해리슨이 주장하기를(이든도 참조), 15세기에 농업가들(farmers)은 한 농장에 대하여 기껏해야 4파운드를 지불했지만, 소, 말이나 그들의 생산물의 일부를 팔지 않고서는 거의 지대를 납부할 수 없었다고 한다. … 이 시대에 농업가들은 재배된 생산물의 대부분을 소비했는데, 이 때 그의 하인들은 그와 함께 같은 식탁에 앉았다. … 의복을 위한 주요 원료는 구매를 통해서가 아니라 각 가족의 근면에 의해서 획득되었다. 농경 도구들은 매우 간단해서 많은 것이 농업가 자신에 의해서 만들어지거나 수선되었다. 모든 요맨(yeoman)은 멜대나 멍에 및 쟁기 장치를 만들 줄 아는 것으로 기대되었다. 그들은 겨울밤에 그러한 노동에 종사했다(터키트, 앞의 책, 제2권, 324, 325쪽).

이자와 이윤: 어떤 개인이 자기 자신의 저축을 생산적으로 사용하는 경우에 그는 자신의 시간과 숙련 — 감독 활동에 대한 보수를 받는다(나아가 이윤은 그의 자본이 특수한 사업에서 처할지도 모르는 위험을 포함한다). 그리고 그의 저축의 생산적 사용에 대한 보상이 이자이다. 이 보상의 전체가 총 이윤이다. 한 개인이 다른 개인의 저축을 사용할 경우 그 개인은 활동에 대한 보수만을 받는다. 한 개인이 자기 저축을 다른 개인에게 대부할 경우에는 이자나 순 이윤만을 받는다(『웨스트민스터 리뷰』, 1826년 1월, 107, 108쪽).

요컨대 여기서 이자 = 순 이윤 = 저축의 생산적 사용에 대한 보상. 본래적 이윤은 그것의 생산적 사용 동안의 감독 활동에 대한 보상.

동일한 속물은 다음과 같이 말한다.

임금 지불에 바쳐진 자본 부분과 그것에 바쳐지지 않은 자본 부분 사이의 비율을 혼란시키지 않는 모든 생산 기술 개선은 노동 계급들에게는 고용 증대를 수반한다. 기계류와 말의 노동의 모든 새로운 사용은 생산물의 증가를 수반하고, 따라서 자본의 증가를 수반한다. 그러한 개선이 임금 지불을 위한 기금을 이루는 국민 자본 부분과 달리 사용될 부분 사이에 존재하는 비율을 아무리 감소시킬지라도, 그것의 경향은 이 기금의 절대액의 감소가 아니라 증가이며, 따라서 고용량의 증가이다(앞의 책, 123쪽).

[가치 척도로서의 화폐]

척도로서의 화폐 규정으로부터, 그리고 둘째로, 일정한 유통 속도가 전제되면, 유통 수단의 양은 일정한 가격으로 유통되는 상품의 양과 상품 가격에 의해서, 또는 1. 상품 가격 수준과 2. 일정한 가격으로 유통에 들어 있는 상품의 양이라는 두 가지 상황에 의해서 스스로 다시 규정되는 상품의 총 가격, 합계액에 의해서 규정된다는 근본 법칙으로부터, 나아가 3. 유통 수단으로서의 화폐는 주화, 단지 소멸적인 계기, 그것이 교환하는 가치들의 단순한 표장이 된다는 법칙으로부터 도출되는 것은 보다 자세한 규정들인데, 우리는 이것들을 보다 복잡한 경제적 관계들인 신용 유통, 환율 등과 결부되는 곳에서, 그리고 그렇게 되는 한에서 비로소 설명할 것이다. 모든 세밀한 점은 피하는 것이 필요하다. 그리고 그러한 것이 도입되어야 할 경우에는 그것이 초보적인 성격을 상실하는 곳에서 비로소 도입하는 것이 필요하다.

우선 전체 생산의 (표층으로 쫓겨났다는 의미에서) 가장 표면적이고 가장 추상적인 형태로서의 화폐 유통은, 그 자신의 형태 차이들, 바로 제Ⅱ편에서[355] 설명된 단순한 규정들이 그것의 내용을 이루는 경우를 제외하면, 그 자체로서는 전적으로 내용이 없다. 단순한 화폐 유통은, 그 자체로서 고찰하면, 자신으로 반전(反轉)되지 않고, 무차별적이고 우연히 병존하는 무수한 운동들로 구성되어 있다는 것이 분명하다. 예를 들어 주화는 화폐 유통의 출발점으로 간주될 수 있으나, 주화의 재주조와 새로운 발행을 필요하게 만드는 마모에 의한 가치 하락을 제외하고 환류 법칙은 일어나지 않는다. 이것은 소재적인 측면에만 관련될 뿐, 전혀 유통 자체의 계기를 이루지 않는다. 유통 자체 내에서는 회귀점이 출발점과 상이할 수 있다. 반전이 일어나는 한에 있어서 화폐 유통은, 예를 들어 우리가 공장주, 노동자, 소매상,

은행가 사이의 화폐 유통을 고찰하면, 그 이면에 놓여 있고 그것을 규정하는 유통의 단순한 현상으로 나타난다. 나아가 유통에 던져진 상품량, 가격의 등락, 유통의 속도, 동시적인 지불의 양 등과 관련되는 원인들은 모두 단순한 화폐 유통 자체의 밖에 놓여 있는 상황들이다. 이것들은 단순한 화폐 유통에서 표현되는 사정들이다. 말하자면 단순한 화폐 유통이 이것들에게 명칭을 부여하는 것이다. 그러나 이것들을 단순한 화폐 유통 자신의 분화로부터 설명할 수는 없다. 서로 다양하고 변동하는 가치 비율을 가지는 다양한 금속들이 화폐로 기능 한다. 그리하여 세계사적인 형태들을 취하는 복수 본위제의 문제가 등장한다. 그러나 이 문제가 세계사적 형태들을 취하고 복수 본위제가 등장하는 것은 대외 무역에 의해서 비로소 그러하고, 따라서 유효하게 고찰되기 위해서는 단순한 화폐 관계보다 훨씬 고차적인 관계들의 발전을 상정한다.

가치 척도로서의 화폐는 지금(地金) 분할 부분으로 표현되는 것이 아니라 일정량의 화폐 실체의 비례분할적 부분에 대한 임의의 명칭인 계산 주화로 표현된다. 이 명칭이 변경될 수도 있고, 명칭은 불변인데 자신의 금속 실체에 대한 주화의 비율이 변경될 수도 있다. 그러므로 국가들의 역사에서 커다란 역할을 한 위조. 나아가 상이한 나라들의 화폐 종류들. 이 문제는 단지 환율에서 우리의 관심을 끈다.

‖30| 화폐는 그것이 일정한 실체에 물질화 되었기 때문에, 즉 스스로 **가치**이기 때문에만, 그것도 이 일정한 물상화(Materiatur)가 가치의 일반대상적(allgemeingegenstänliche) 물상화로서, 노동 시간의 단지 특수한 체현(Inkarnation)과는 구별되는 노동 시간 자체의 물상화로서 간주되기 때문에만, 즉 그것이 **등가물**이기 때문에만 **척도**일 수 있다. 그러나 **척도**로서의 기능에서 화폐는 상상된 비교점에 지나지 않기 때문에, 관념적으로만 실존하면 되기 때문에 — 단지 상품들의 일반적 가치 현존으로의 관념적 번역에 지나지 않기 때문에 —,

나아가 계량기로서의 이러한 특질에서 비로소 계산 주화로서 기능하기 때문에, 그리고 나는 어떤 상품을 화폐로 번역할 때 그것이 몇 실링, 몇 프랑 등의 가치가 있다고 말하기 때문에, 이는 **관념적 척도**에 관한 혼란스러운 사고의 유인을 제공했다. 이러한 사고는 스튜어트에 의해서 전개되었고 상이한 시대에, 특히 아주 최근에 영국에서 심오한 발견으로 재생되었다. 즉 계산 단위로 간주되는 파운드, 실링, 기니, 달러 등과 같은 명칭이 일정량의 금, 은에 대한 일정한 명명이 아니라 그 자체로 아무런 가치를 가지지 않는, 일정량의 대상화된 노동을 표현하지 않는, 단지 자의적인 비교점이라고 이해되었다. 따라서 금은의 가격을 확정하는 것에 관한 모든 헛소리가 생겨났다 — 여기에서 가격은 비례분할적 부분들이 불리는 명칭의 의미이다. 이제 금 1온스가 3파운드 17실링 10펜스로 나누어진다. 이것이 가격 확정이라는 것이다. 로크가 올바르게 지적한 바와 같이, 이것은 금, 은 등의 비례분할적 부분에 대한 명칭의 확정일 뿐이다. 자기 자신으로 표현되면 금, 은이 자기 자신과 동일한 것은 당연하다. 1온스는 내가 그것을 3파운드라고 부르든 20파운드라고 부르든 1온스이다.

간단히 말해서 스튜어트적 의미에서 이 **관념적 척도**는 다음을 뜻한다. 즉 내가 상품 A)가 12파운드, 상품 B)가 6파운드, 상품 C)가 3파운드의 가치가 있다고 말하면, 이것들의 비율은 = 12 : 6 : 3이다. 가격은 그것들이 서로 교환되는 비율을 표현할 뿐이다. 2B가 1A와 교환되고 1 ½B가 3C와 교환된다. A, B, C의 관계를 스스로 가치를 가지는, 가치인 현실적인 화폐로 표현하는 대신, 일정량의 금을 표현하는 파운드 대신, 나는 어떤 임의의 내용 없는 명칭(여기에서는 이것이 **관념적**이라 불린다), 예를 들어 고등어(Makrele)를 택할 수 있을 것이다. A = 12고등어. B = 6M. C = 3M. 이 고등어라는 단어는 여기에서 그 자신에게 속하는 내용과 아무런 관계가 없는 명칭일 뿐이다. 스튜어트의 각도, 선, 초의 예가 증명하는 것은 아무 것도 없다. 그 까닭은 각도, 선, 초는 비록 변동하는 크기이지만 단순한 명칭이 아니라 언제나 일정한 공간 크기나 시간 크기의 비례분할적 부분을 표현하기 때문이다. 요컨대 그것들은 실제로 하나의 실체를 가지고 있다. 화폐가 척도로서의 규정에서는 단지 상상된 것으로만 기능한다는 것이 여기에서는 화폐가 임의의 상상, 단순한 명칭, 즉 수적 가치 비율에 대한 명칭이라는 것으로 전환되었다. 단순한 수치 비율의 명칭. 그러나 그렇다면 이름이 아니라 수치 비율을 표현하는 것이 옳을 것이다. 왜냐하면 모든 묘미는 내가 12B 대신에 6A를 받고, 6C 대신에 3B를 받는다는 것으로 귀결되기 때문이다. 이 비율은 다음과 같이 표현할 수도 있다. 즉 A = 12x, B = 6x, C = 3x. 여기에서 x 자신은 A : B와 B : C의 비율에 대한 명칭일 뿐이다. 이름 없는 단순한 수치 비율은 쓸모가 없을 것이다. 왜냐하면 A : B = 12 : 6 = 2 : 1이고 B : C = 6 : 3 = 2 : 1이기 때문이다. 즉 C = ½이기 때문이다. 즉 B = ½, 따라서 B = C. 따라서 A = 2이고 B = 2. 요컨대 A = B.

내가 어떤 가격표를 가지고 있는데, 예를 들어 탄산칼륨 첸트너에 35실링, 코코아 파운드에 60실링, 철(봉) (톤당) 145실링 등이라고 하자.[356] 그러면 이 상품들의 상호 비율을 알기 위해서 나는 실링으로 나타나 있는 은을 잊을 수 있다. 게다가 탄산칼륨, 코코아, 철봉의 상호 가치 비율을 규정하기 위해서는 35, 60, 145 등의 단순한 숫자로 충분하다. 이제는 무명수로 충분하다. 그리고 나는 어떤 가치와 무관하게 그것들의 단위인 1에 어떤 명칭이라도 붙일 수 있을 뿐만 아니라 이 단위에 전혀 아무런 명칭을 부여할 필요가 없다. 스튜어트는 내가 이 단위에 어떤 명칭을 부여해야 한다고, 그러나 이 명칭은 단지 자의적인 단위 명칭으로서, 비율 자체의 단순한 표시로서 어떤 특정량의 금, 은 또는 어떤 다른 상품에 고정될 수 없다고 고집한다.

어떤 척도에게 있어서나 그것이 비교점으로 기능하자마자, 즉 비교되어야 하는 상이한 것들이 단위로서의 척도에 대한 수치 비율로 정립되고 이제 서로 관계되자마자, 척도의 본성은 무차별적이 되고 비교 행위 자체에서 사라진다. 척도 단위는 단순한 수치 단위가 되었다. 예를 들어 그 자신이 일정한 길이 크기, 시간 크기, 또는 각도 등이라는 이 단위의 특질은 사라졌다. 그러나 척도[의] 단위가 **그것들 사이의 비율을 표지할 뿐**인 것, 즉 우리의 예에서는 그것들의 가치 비율을 표지할 뿐인 것은 상이한 것들이 측정된 것들로서 이미 전제되어 있을 경우일 뿐이다. 계산 단위뿐만 아니라, 예를 들어 금 1온스의 다양한 비례분할적 부분들에 대한 이름(Namen)도 다양한 나라들에서 다양한 명칭을 가진다. 그러나 환율이 이것들을 모두 금이나 은의 동일한 중량 단위로 환원한다. 요컨대 내가 예를 들어 위에서처럼 35실링, 60실링, 145실링인 다양한 상품 크기들을 상정하면, 이제 모든 크기들에게 있어서 1은 동일한 것으로 전제되어 있으므로, 그것들은 비교 가능하게 만들어졌으므로, 실링이 일정량의 은이고 일정량의 은에 대한 명칭이라는 고찰은 그것들의 비교를 위해서는 이제 전혀 필요하지 않다. 그러나 그것들은 각각의 개별적인 상품이 단위로서, 척도로서 기능 하는 것으로 측정되자마자 비로소 단순한 수치 크기로서, 임의의 동명의 단위 수로서 서로 비교 가능하게 되고, 비로소 상호 비율들을 표현한다. 그러나 내가 그것들을 서로 측정할 수 있고 비교될 수 있게 만들 수 있는 것은 그것들이 단위를 가지는 한에 있어서만 이다 — 이 단위는 양자에게 포함된 노동 시간이다. 요컨대 척도 단위는 어떤 노동량이 대상화되어 있는 일정량의 상품[이어야] 한다. 예를 들어 동일한 양의 노동이 언제나 동일한 양의 금으로 표현되는 것은 아니므로, 이 척도 단위 자신의 가치는 가변적이다. 그러나 화폐가 척도로만 간주되는 한 이 가변성은 방해되지 않는다. 물물교환 자체도 그것이 어느 정도 물물교환으로 발전하자마자, 즉 단지 산발적인 교환 행위가 아니라 반복되는 정상적 작업으로 발전하자마자, 어떤 다른 상품, 예를 들어 호머에게 있어서 가축이 척도 단위로 등장한다. "외국 물품을 갖기 위해서 그의 자녀 한두 명을 교환했고 자녀들이 없으면 자기에게 자녀가 있을 때 자녀를 교환할 것을 약속하면서 이웃의 자녀를 외상으로 빌리는데, 이 부탁이 거절되는 것은 드문" 해변의 야만적인 파푸아인에게 있어서 교환의 척도는 실존하지 않는다. 그들에게 실존하는 교환의 유일한 측면은 그들이 자신에 의해 소유된 사물을 양도함으로써만 타인의 것을 점취할 수 있다는 것이다. 그들에게 있어서 이러한 양도 자체는 한편으로 자신의 기분과, 다른 한편으로 동산 규모 이외의 다른 어떤 것에 의해서도 규율되지 않는다. 1858년 3월 13일자 『이코노미스트』지에는 편집자에게 보내는 다음과 같은 편지가 실렸다.

> 프랑스에서 주화로 금이 은과 교환(지금까지 새로 발굴된 금을 흡수하기 위한 주요 방법이었던)되고 있음이 틀림없기 때문에, 특히 정체된 상업과 인하된 가격이 보다 적은 주화를 필요로 하기 때문에, 우리는 1온스 당 3파운드 17실링 10½펜스라는 고정 가격이 머지 않아 금을 이곳으로 끌어당길 것이라고 기대해도 좋을 것이다.[357]

이제 우리의 이 "고정된 온스 가격"이라는 것은 무엇을 뜻하는가? 1온스의 일정한 비례분할적 부분이 펜스라 불리고, 금의 이 펜스 중량의 일정한 배수가 실링이라는 것 이외에 다른 무엇을 의미하는가? 이 신사는 ‖31| 다른 나라들에서는 금 굴덴(Goldgulden), 루이도르(Louisdor) 등이 마찬가지로 일정량의 금을 표시하는 것이 아니라고, 즉 일정량[의 금]이 고정된 명칭을 가지는 것이 아니라고, 그리고 이것은 영국의 특권, 또는 특산물이라고, 영국에서는 금으로 표현된 주화가 금화 이상이고 다른 나라들에서는 금화 이하라고 망상하는가? 이 귀족이 환율을 어떻게 이해하고 있는지 궁금하다.

스튜어트를 현혹시키는 것은 다음과 같은 것이다. 즉 상품들의 가격은 그것들이 서로 교환될 수 있는 비율, 그것들이 서로 교환되는 비율을 표현하는 데 지나지 않는다는 것이다. 이 비율이 주어져 있으면, 추상적인 무명수로 충분하기 때문에 나는 단위에 명칭을 부여하고, 이 상품은 = 6쉬티버(Stüber), 이 상품은 = 3쉬티버 등이라고 말하는 대신, 이 상품은 = 6하나(Einer), 이 상품은 = 3하나라고 말할 수 있을 것이다. 나는 단위에 명칭을 부여할 필요가 없게 된다. 요컨대 수적 비율만이 문제가 되기 때문에, [나는] 단위에 어떤 명칭이든 부여할 수 있다. 그러나 여기에서는 이 비율들이 주어져 있다고, 상품들이 사전에 비교 가능한 크기가 되어 있다고 이미 전제되어 있다. 크기들이 일단 비교 가능한 것으로 정립되어 있으면, 그것들의 비율은 단순한 수치 비율이 된다. 이제 화폐는 바로 척도로 나타난다. 화폐는 상품이 표현되는 일정량의 비율을 발견하고 상품들을 비교 가능한 것으로 진술하고 취급하기 위한 척도 단위로서 나타난다. 이러한 현실적인 단위가 상품들에 상대적으로 대상화되어 있는 노동시간이다. 그러나 그것은 일반적으로 정립된 것으로서의 노동 시간 자체이다. 화폐 체제 내에서 가치들이 노동 시간에 의해 규정되는 과정은 화폐 자체에 대한 고찰에 속하지 않으며 유통의 밖에 속한다. 그 과정은 작용하는 이유이자 전제로서 유통 뒤에 서 있다. 이제 문제는 다음과 같은 것일 수밖에 없다. 즉 왜 사람들은 이 상품은 = 금 1온스라고 말하는 대신 = 금에 대상화된 x 노동 시간이라고 직접 말하지 않는가? 왜 가치의 실체이자 척도인 노동 시간이 동시에 가격의 척도가 아닌가, 또는 다른 말로 하자면 도대체 왜 가격과 가치가 상이한가? 프루동 학파는 이러한 동일성을 정립하고 상품 가격이 노동 시간으로 표현될 것을 요구함으로써, 자신들이 대단한 일을 하고 있다고 믿는다. 가격과 가치의 일치는 수요와 공급의 일치, 단순한 등가물 교환을 상정한다. 간단히 말해, 경제학적으로 표현하자면, 이러한 요구는 교환 가치에 입각하고 있는 모든 생산 관계들의 기초를 부정하는 것이라는 사실이 금방 드러난다. 그러나 우리가 이러한 기초가 지양되었다고 상정하면, 다른 한편에서는 이 기초 위에서 그리고 이 기초와 더불어서만 존재하는 문제가 다시 사라진다. 상품이 사용 가치로서의 자신의 직접적인 현존에 있어서는 가치가 아니라는 것, 가치의 적합한 형태가 아니라는 것은 = 상품은 물적으로 다른 것으로서, 또는 다른 사물과 등치된 것으로서 가치의 적합한 형태라는 것이라는 것, 또는 가치는 다른 것들과 구별되는 특유한 형태에서 자신의 적합한 형태를 가진다는 것이다. 상품들은 가치로서는 대상화된 노동이다. 따라서 적합한 가치는 스스로 일정한 사물의 형태로, 대상화된 노동의 일정한 형태로 나타나야 한다.

관념적 척도에 관한 헛소리가 스튜어트에게 있어서는 두 가지 예에 의해서 역사적으로 설명된다. 그 중 첫 번째 것은 암스테르담의 은행 화폐인데, 이것은 유통하는 주화를 그것의 지금(地金) 내용으로 환원하는 것에 지나지 않으므로 [스튜어트의 주장과 — 역자] 정반대의 것을 보여주고 있다. 두 번째 것은 같은 방향을 따르는 모든 신예(新銳)들에 의해서 되풀이되었다. 예를 들어 어콰트는 베르베리 지방의 예를 들고 있는데,[358] 여기에서는 관념적인 연봉(延棒), 철봉, 단순히 상상된 철봉이 상승하지도 하락하지도 않는 도량으로서 통용된다. 예를 들어 실재적인 철봉이 100% 하락한다면, 연봉은 철봉 2개의 가치를 가지고, 다시 100% 상승한다면 한 개의 가치를 가진다. 어콰트는 동시에 베르베리 지방에는 상업 공황도 산업 공황도 없을 뿐만 아니라 화폐 공황은 더더욱 없다는 것을 알아차렸다고 말하면서, 이러한 마술적 작용을 관념적 가치 기준의 덕분으로 돌리고 있다. 이 같은 상상된 "관념적" 기준은 상상된 실재적 가치에 지나지 않으나, 이는 화폐 제도가 자신의 더욱 진전된 규정들을 아직 발전 — 전혀 다른 관계들에 좌우되는 발전 — 시키지 않았기 때문에 아무런 대상적 실재성으로까지 나아가지 못하는 상상이다. 이는 마치 신의 형체들이 관찰될 수 있도록 만들어지지 못하고 단지 상상 속에 박혀 있을 뿐인 종교, 즉 기껏해야 언어적인 현존만을 갖추었을 뿐 아직 예술적인 현존은 갖추지 못한 종교들이 신화에서는 보다 고차원적인 것으로 간주되는 것과 마찬가지이다.

연봉은 나중에 환상적 존재로 전화되고 그러한 것으로서 고정된 실재적 철봉에 기초한다. 1온스 금은 영국 계산 주화로 표현하면 = 3파운드 17실링 10½펜스이다. 좋다. 좋아. 1파운드 비단이 정확하게 이 가격을 가진다고 하자. 그런데 밀라노의 생사(生絲)가 58년 3월 12일 런던에서 파운드 당 1파운드 8실링으로 하락한 것과 마찬가지로 [359] 이 가격이 나중에 하락했다고 하자. 1. 다른 모든 상품과 관련해서, 2. 그것에 포함된 노동 시간과 관련해서 동일한 가치를 가지는 것은 어떤 양의 철, 철봉 하나의 상상이다. 이 철봉은 물론 순전히 상상적인 것이다. 그것은 스튜어트와 거의 100년 후에 어콰트가 생각하듯이, 고정적이고 "바다 속의 바위처럼 서 있는" 것이 아니다. 철봉에서 고정적인 것이라고는 명칭밖에 없다. 전자의 경우에는 실재적인 철봉이 2개의 관념적인 봉을 포함하고 후자의 경우에는 한 개만을 포함한다. 이것은 동일한 봉, 불변의 관념적인 봉이 한 번은 = 2개의, 다른 한 번은 = 한 개의 실재적인 [봉]이라는 식으로 표현된다. 그러므로 이것이 정립되면, 변한 것은 실재적인 철봉들의 비율일 뿐 관념적인 철봉들이 아니다. 그러나 사실상 전자의 경우에서 관념적인 봉은 후자의 경우에서보다 두 배 길고 단지 그것의 명칭만이 불변일 뿐이다. 전자의 경우에는 100파운드 철이 예를 들어 a개 봉이고 후자의 경우에는 200[파운드]가 a개 봉이다. 노동 시간을 대표하는 화폐, 예를 들어 시간 전표(Stundenzettel)가 발행되고 이 시간 전표 자체는 다시 임의의 세례명, 예를 들어 1파운드를 받고, 1/20시간은 1실링, 1/240시간은 1펜스를 받았다고 가정하자. 금과 은은 다른 모든 상품들과 마찬가지로 그것들에 소요되는 생산 시간에 따라 파운드, 실링, 펜스의 여러 배수나 그것의 비례분할적 부분을 표현할 것이다. 금 1온스는 = 8파운드 6실링 3펜스일 수도 있고, 또한 = 3파운드 17실링 10½펜스일 수도 있다. 이 수치들에서는 언제나 일정량의 노동이 1온스에 포함되어 있는 비율이 표현될 것이다. 3파운드 17실링 10½펜스 = 금 1온스가 겨우 단지 ½파운드를 필요로 한다고 말하는 대신 이 1온스는 이제 = 7파운드 15실링 9펜스라거나 또는 3파운드 17실링 10½펜스가 겨우 절반의 가치만을 가지므로, 단지 ½온스와 같다고 상상될 수 있다. 예를 들어 우리가 영국에서 15세기의 가격들을 18세기의 가격들과 비교하면, 우리는 두 개의 상품이 전적으로 동일한 명목 화폐 가치, 예를 들어 1파운드를 가졌다는 것을 발견할 수 있을 것이다. 이 경우에 이 1파운드는 도량이지만 첫 번째 경우에는 두 번째 경우에서보다 4배 또는 5배의 가치를 표현한다. 그리고 우리는 이 상품의 가치가 15세기에는 = 금 ¼온스였고 18세기에는 = 1온스였다고 말할 수 있을 것인데, 그것은 18세기의 금 1온스는 15세기의 금 ¼온스와 동일한 노동 시간을 표현하기 때문이다. 요컨대 척도인 파운드는 동일하게 남아 있지만 전자의 경우는 후자의 경우보다 = 4배 많은 금이다. 이것이 관념적 도량이다. 우리가 여기에서 하는 비교는 15세기의 사람들도 만약 그들이 18세기까지 살았더라면 스스로 할 수 있었을 것이고, 지금은 1파운드 스털링의 가치가 있는 금 1온스가 이전에는 ¼의 가치밖에 없었다고 말할 수 있었을 것이다. 예를 들어 지금의 금 4파운드가 15세기에는 1파운드 가치밖에 가지지 않는다. 이 파운드가 이전에는 리브르(livre)라는 명칭을 가지고 있었다면, 나는 1리브르가 당시에는 = 금 4파운드였는데 지금은 = 1파운드밖에 되지 않는다고, 금의 가치는 변했지만 가치 척도인 리브르는 불변으로 남아 있다고 생각할 수 있다. 실제로 1리브르는 프랑스와 영국에서 원래 은 1파운드를 의미했

었는데, 지금은 1/x에 지나지 않는다. 그러므로 리브르라는 명칭, 리브르라는 도량은 명목상 동일하게 남아있지만, 반대로 은은 자신의 ‖32| 가치를 변동시켰다고 말할 수 있다. 칼 대제 때부터 오늘날까지 산 프랑스인은, 리브르 은은 언제나 가치의 도량으로 남아 있고 불변이지만, 한때 은 1파운드의 가치가 있었다가 다양한 운명에 의해서 결국에는 1로트(Lot)의 1/x에 지나지 않는다고 말할 수 있을 것이다. 엘레(Elle)는 동일하다. 다만 그것의 길이가 상이한 나라들에서 상이할 뿐이다. 이것은 사실상 예를 들어 마치 하루 노동일의 생산물, 하루 노동일에 채굴된 금이 리브르라는 명칭을 얻어서, 이 리브르가 상이한 시대에 상이한 양의 금을 표현하면서도 리브르라는 명칭은 언제나 동일하게 남아 있는 것과 마찬가지이다.

우리는 15세기의 1파운드 스털링을 18세기의 1파운드 스털링과 비교할 때 실제로는 어떻게 하는가? 양자는 동일한 양의 금속(각각 = 20실링)이지만, 당시의 금속은 지금보다 4배의 가치를 가지므로 상이한 가치를 가진다. 요컨대 우리는 오늘날과 비교해서 리브르는 = 그것이 오늘날 포함하고 있는 금속량의 4배였다고 말한다. 그리고 리브르는 불변으로 남아 있지만 당시에는 = 4개의 실재적인 금 리브르였고 오늘날에는 = 1 금 리브르에 지나지 않는다고 생각할 수 있을 것이다. 이러한 사태는 1리브르에 포함된 금속량과 관련해서가 아니라 이 금속의 가치와 관련하여 비교해 볼 때에만 옳을 것이다. 그러나 이 가치 자체는 다시 양적으로는 당시의 금 ¼리브르는 = 지금의 금 1리르브라는 식으로 표현된다. 리브르는 동일하지만 당시에는 = 4개의 현실적 파운드의 금(오늘날의 가치에 따라)이었고 지금은 = 1개의 현실적 파운드이다. 금 가치가 하락하고, 다른 물품들과 관련한 금 가치의 상대적 하락이나 상승은 다른 물품들의 가격에서 표현된다. 이전에는 값이 금 1파운드였던 대상이 지금은 2파운드라고 말하는 대신, 그 값은 언제나 1파운드인데 1파운드가 지금은 2개의 실재적 금 리브르 가치가 있다고, 즉 2개의 현실적 금 리브르의 1파운드라고 말할 수도 있을 것이다. 나는 어제 이 상품을 1 실재적인 파운드의 1파운드에 구매했는데 오늘은 4파운드에 산다고 말하는 대신, 나는 이 상품을 1파운드에 구매하는데 어제는 1 실재적인 파운드의 1파운드인데 오늘은 4 실재적인 파운드의 1파운드라고 말하는 것이다. 나머지 가격들은 상상 속의 연봉(延棒)에 대한 실재적인 연봉의 비율이 확정되자마자 모두 저절로 생겨난다. 그러나 이것은 단순히 연봉의 현재 가치와 과거 가치간의 비교이다. 예를 들어 우리가 모든 것을 15세기의 파운드 스털링으로 계산하는 것과 마찬가지이다. 동일한 주화 종류를, 동일한 금속 내용을 가지는 주화에 대한 동일한 계산 명칭을 수세기에 걸쳐서 추적하는 역사학자가 이 주화 종류를 현재의 화폐로 계산할 때 해야 하는 것과 동일한 것, 그가 상이한 세기에 걸쳐 변동하는 가치에 따라 똑같이 보다 많거나 적은 금으로 이 주화 종류를 정립해야 하는 것을 이 베르베리인이나 흑인이 수행한다. 화폐 단위를, 척도로서 통용되는 금속량을 가치로도 고수하는 것, 이 가치를 고정적인 척도로 유지하는 것이 반(半)문명인의 노력이다. 그러나 동시에 연봉이 자신의 가치를 변경했다는 것을 아는 간지(奸知). 이 베르베리인이 측정해야 하는 상품들이 소수였고 미개인에게 있어서 전통이 생생했다는 점에서 볼 때, 이러한 복잡한 계산 방식은 겉보기처럼 어렵지는 않다.

1온스는 = 3파운드 17실링 10½펜스, 즉 채 = 4파운드가 못된다. 그러나 편의상 1온스가 정확히 = 4파운드라고 가정하자. 그러면 1 온스의 ¼이 파운드 명칭을 얻고 이 명칭 아래 계산 주화로 기능 한다. 그러나 이 파운드는 가치가 변동하는 다른 상품들과 관련해서 때로는 상대적으로 자신의 가치를 변경하기도 하고, 때로는 그 자신이 더 많거나 더 적은 노동 시간의 산물인 한에 있어서 자신의 가치를 변경하기도 한다. 그것에게 있어서 유일하게 고정적인 것은 명칭과

이 명칭을 자신의 세례명으로 삼는 금의 중량, 즉 1파운드라 불리는 화폐 조각에 들어 있는 양, 온스의 비례분할적 부분이다.

야만인은 그것을 불변 가치로 고수하고자 하고, 따라서 그에게 있어서 그것이 포함하고 있는 금속의 양은 변한다. 금의 가치가 100% 하락해도 그에게 있어서 파운드는 여전히 가치 척도이다. 그러나 금 2/4온스의 1파운드 등. 그에 있어서 파운드는 언제나 동일한 가치를 가지는 어떤 양의 금(철)과 같다. 그러나 이 가치가 변동하기 때문에, 파운드는 실재적인 금이나 철이 다른 상품들과의 교환에서 얼마나 많이 또는 적게 주어져야 하는가에 따라 때로는 보다 많은 양의 금이나 철과 같고 때로는 보다 적은 양의 금이나 철과 같다. 그는 자신에게 기준으로 간주되고 자신의 상상 속에서만 존속하는 과거의 가치를 현재의 가치와 비교한다. 요컨대 그는 가치가 변동하는 ¼온스의 금에 따라 계산하는 대신에 금 ¼온스가 이전에 가졌던 가치에 따라서, 즉 상상 속에서는 불변이지만 변동하는 양들로 표현되는 ¼온스의 가치에 따라서 계산한다. 한편으로는 가치 척도를 고정적인 가치로 고수하려는 노력. 다른 한편으로는 손해를 입지 않으려고 우회로를 통하는 간지. 그러나 반(半)야만인들이 외부로부터 그들에게 강요되는 화폐에 의한 가치 측정과 동화되는 이러한 우연적인 전위(轉位)를, 그들이 처음에는 이 가치 측정을 전위시키다가 다음에는 이 전위 속에 다시 적응하는 바와 같은 이 전위를 유기적·역사적 형태로 간주하거나 또는 보다 고차원의 것으로서 보다 발전된 관계들에 대치시키기조차 하는 것은 전적으로 불합리한 것이다. 이 야만인들도 어떤 양, 예컨대 철봉에서 출발한다. 그러나 이것이 전통적으로 가졌던 가치는 계산 단위로서 재빨리 고수한다 등.

근대 경제학에서 이 모든 문제는 주로 다음과 같은 두 가지 정황에 의해서 의미를 갖게 되었다. 1. 원금 가격이 주조된 금의 가격을 상회하는 것이 여러 시대에 걸쳐, 영국에서는 예를 들어 혁명 전쟁

[354] 동안에 경험되었다. 요컨대 이러한 역사적 현상은 금(귀금속)의 일정한 비례분할적 중량 부분들이 받는 명칭들, 파운드, 실링, 펜스 등이 어떤 설명 불가능한 과정에 의해서 그 명칭의 실체를 이루는 것에 맞서 자립적으로 행동한다는 것을 이론(異論)의 여지가 없을 정도로 증명하는 것처럼 보였다. 그렇지 않다면 어떻게 금 1온스가 3파운드 17실링 10½펜스에 새겨진 동일한 온스의 금보다 더 많은 가치를 가질 수 있겠는가? 또는 리브르가 ¼온스에 대한 단순한 명칭일 때 어떻게 금 1온스가 금 4리브르보다 더 많은 가치를 가질 수 있는가? 그렇지만 보다 자세히 고찰하면 파운드라는 명칭하에 유통된 주화들이 사실상은 더 이상 정상적인 금속 내용을 포함하지 않았다는 사실, 즉 예를 들어 유통하는 5파운드가 사실상은 (동일한 순도의) 금 1온스 무게밖에 나가지 않았다는 것이 발견된다. 말로는 (대략) 금 ¼온스를 대표한 주화가 실제로는 겨우 1/5만을 대표했기 때문에, 1온스 = 그러한 유통되는 5파운드였다는 것, 즉 실제로는 1파운드가 더 이상 금 1온스의 ¼이 아니라 1/5만을 표상했고 지칭했으므로, 즉 1온스의 1/5에 대한 명칭에 지나지 않았으므로 지금 가격이 주조 가격을 상회했다는 것은 매우 간단한 것이었다. 유통하는 주화들의 금속 내용이 비록 그것의 명목 척도 이하로 하락하지는 않았을지라도 이 주화들이 감가(減價)된 지폐와 동시에 유통했고, 주화의 주조나 수출은 금지되었을 때에도 동일한 현상이 발생했다. 이 경우에는 파운드의 형태로 유통되는 금 ¼온스가 지폐의 감가에 참여했다. 이는 지금으로 존재한 금은 면제된 숙명이다.* 사실은 다시 ‖33| 동일했다. 계산 명칭 파운드는 ¼온스에 대한 명칭이기를 중지했고, 이는 보다 적은 양에 대한 명칭이었다. 요컨대 예를 들어 온스는 그러한 5파운드와 같았다. 그렇다면 이는 지금 가격이 주조 가격 이

* 한 나라 안에서도 주조 비용은 주화 가격을 지금 가격 이상으로 인상시킬 수 있다.

상으로 상승했다는 의미이다. 이러한 현상 또는 이와 유사한 역사적 현상들은 모두 마찬가지로 간단하게 해결될 수 있고 모두 동일한 계열에 속하며, 따라서 관념적 척도에 동기를 제공했거나 또는 화폐가 척도로서 일정한 양이 아니라 비교점에 지나지 않게 되었다. 영국에서는 150년 전부터 이러한 경우에 관하여 100권 이상의 책이 쓰여졌다.

일정한 주화 종류가 그것의 지금 내용 이상으로 상승한다는 것은 주화에 새로운 노동이 (형태에) 추가되는 것이므로 그 자체로는 기이한 것이 아니다. 그러나 이것을 도외시할지라도 일정한 주화 종류의 가치가 그것의 지금 내용 이상으로 상승하는 경우가 생긴다. 이는 아무런 경제학적 관심도 끌지 않았으며, 또한 경제학적 연구에 동기를 제공하지도 않았다. 이러한 경우는 일정한 목적을 위해서는 금이나 은이 바로 이러한 형태로, 말하자면 영국 파운드나 스페인 달러의 형태로 필요하다는 것을 의미하는데 지나지 않는다. 물론 은행 이사들은 지폐의 가치가 하락한 것이 아니라 금의 가치가 상승했다는 것을 증명하는 데 아무런 관심도 기울이지 않았다. 후자의 문제에 관한 한 그것은 나중에 비로소 다루어질 수 있다.

2. 그러나 가치의 **관념적 척도**에 관한 이론은 18세기초에 처음으로 시작되었고 19세기 20년대에 반복되었는데, 이 경우에 문제가 되었던 것은 화폐가 척도로서, 그리고 교환 수단으로서도 기능하지 않고 불변의 등가물로서, 대자적으로 존재하는 가치로서 (세 번째 규정에서), 따라서 계약의 일반적 질료로서 기능 하는 것이었다. 두 경우에 문제가 되었던 것은 어떠한 감가된 화폐로 계약된 국채나 다른 채무들이 완전한 가치를 가지는 화폐로 상환되고 인정되어야 하는지 여부였다. 그것은 단순히 국채 채권자와 국민 대중 사이의 문제였다. 이 문제 자체는 여기에서 우리와 관계가 없다. 한편으로는 채권의 재조정을 요구하고 다른 한편으로는 지불의 재조정을 요구하는 자들은

화폐의 본위(本位)가 변화되어야 하는가 아니면 변화되지 말아야 하는가 라는 잘못된 영역에 몰두했다. 그리하여 이를 통해 화폐의 본위, 금 가격의 고정 등에 관한 조야한 이론들이 제시되었다.

(그 나라의 척도나 중량을 변경하는 것과 마찬가지로 [화폐의] 본위를 변경하기. **스튜어트**[, 110쪽.]

예를 들어 셰펠의 척도 크기가 2배로 증대되거나 축소된다고 해서 한 나라의 곡물량이 변하는 것은 아니라는 것이 첫눈에도 분명하게 나타난다. 그러나 척도가 배증된 지금도 동일한 수의 셰펠을 여전히 납부해야 한다면, 예를 들어 일정한 수의 셰펠로 곡물 지대를 납부해야 하는 차지농에게 이러한 변화는 매우 중요할 것이다.) 파운드가 표현하던 금의 비례분할적 중량 부분은 차치하고서라도 "파운드"라는 명칭을, 즉 "관념적 기준"을 고수했던 것은 — 왜냐하면 이 기준은 사실상 척도로 기능 하는 금속의 중량 부분의 계산 명칭에 지나지 않기 때문이다 — 이 경우 국채 채권자들이었다. 그러나 기이하게도 이 "관념적 기준"의 이론을 정립한 것은 그들의 반대자들이었고, 이 이론을 반박했던 것은 그들 자신이었다. 단순히 재조정을 요구하거나 또는 국채 채권자들이 실제로 선불했던 양의 금으로 환불할 것을 요구하는 대신, 그들은 감가에 대응하여 기준을 인하할 것을 요구했다. 즉 예를 들어 파운드 스털링이 금 1/5온스로 하락하면, 앞으로는 이 1/5온스가 파운드라는 명칭을 가지거나 또는 파운드가 20실링이 아니라 예컨대 21실링으로 주조될 것을 요구했던 것이다. 1온스가 이전처럼 4파운드가 아니라 이제는 = 5파운드이므로, 기준의 하락은 화폐 가치의 상승을 뜻했다. 요컨대 그들은 예를 들어 금 1온스가 감가된 5파운드로 선불한 자들은 이제 완전한 가치를 가지는 4파운드를 환불받아야 한다고 말하는 것이 아니라, 그들은 5파운드를 환불받아야 하되 앞으로는 파운드가 이전보다 1/20 적은 온스를 표현해야 한다고 말하는 것이다. 그들이 영국에서 현금 지불이 재개된 이후 이러한 요구를 제기했을 때, 계산 주화는 그것의 이전의 금속 가치에 다시 도달했다. 그러자 이 기회에 가치 척도로서의 화폐에 관한 여타의 조야한 이론들이 제기되었는데, 그 오류가 쉽게 증명될 수 있는 이 이론들을 반박하겠다는 구실 하에서 국채 채권자들의 이익이 암암리에 옹호되었다.

이러한 종류의 최초의 논전(論戰)은 로크와 라운즈 사이에서. 1688년부터 1695년까지 국가의 차입은 감가된 — 중량이 올바른 화폐는 용해되고 가벼운 화폐만이 유통되었기 때문에 감가된 — 화폐로 계약되었다. 1기니(Guinea)가 30실링까지 상승했다. 라운즈(조폐 감독관?)는 파운드 스털링을 20% 인하하고자 했다. 로크는 엘리자베스 시대의 오랜 기준을 고집했다. 1695년에 개주(改鑄),[360] 일반적 개주. 로크가 승리했다. 1기니 당 10내지 14실링으로 계약된 채무는 20실링의 비율로 상환되었다. 이것은 국가와 토지 소유자에게 똑같이 유리했다.

라운즈는 문제를 잘못된 기초 위에 세웠다. 한편에서 그는 자신의 도식이 이전 기준의 절하는 아니라고 주장했다. 다음으로 그는 지금 가격의 상승을 은을 구매하는 데 사용된 주화의 가벼움이 아니라 은의 내적 가치 탓으로 돌렸다. 그는 언제나 실체가 아니라 각인(刻印)이 통화를 만든다고 가정했다. 로크 자신은 라운즈의 도식이 절하를 포함하는지 아닌지를 자문했을 뿐, 영구 계약에 참여하고 있는 자들의 이해(Interessen)는 연구하지 않았다. 기준을 낮추는 것을 주장하는 라운즈 씨의 주요 논거는 은괴(銀塊)가 온스 당 6실링 5펜스로 상승했다(즉 1파운드 트로이[361]의 1/77인 실링으로 77펜스를 주고 매입될 수 있었다)는 것이었다. 따라서 1파운드 트로이는 77실링으로 주조되어야 한다고 생각했는데, 이는 파운드 스털링의 가치가 20% 또는 1/5 하락하는 것이었다. 로크는 그에게 77펜스가 가치 감소된 화폐로 지불되었고 이 77펜스는 무게에 있어서 기준에 맞는 화폐 62펜스를 넘지 않을 것이라고 대답했다. 그런데 이 가치 감소된 화폐로 1000파운드 스털링을 차입한 자가 1000파운드를 정상 무게로 환불해야 할 의무가 있는가? 라운즈와 로크 양자는 기준의 변화가 채무자와 채권자의 관계에 미치는 영향을 전적으로 피상적으로 설명했을 뿐이다. … 당시 영국에서 신용 제도는 아직 별로 발전하지 않았다. 지주와 정부의 이해만이 주목을 받았다. 이 당시에 상업은 거의 정지 상태에 있었으며 해적 전쟁에 의해서 황폐화되었다. … 기준의 회복은 토지 소유뿐만 아니라 국고를 위해서도 가장 유리한 것이었다. 그리고 그렇게 진행되었다(스튜어트, 앞의 책, 제1권, 178, 179쪽).

스튜어트는 전체 거래에 대하여 반어적으로 언급하고 있다.

이처럼 기준을 높임으로써, 정부는 조세에서 크게 이익을 보고 채권자들은 그의 자본과 이자에서 크게 이익을 본다. 주로 손해를 본 국민은 그들의 기준(즉 그들 자신의 가치 척도)이 절하되지는 않았기 때문에 만족했다. 그리하여 세 당사자가 모두 만족했다(앞의 책, 제2권, 156쪽).

『존 로크 전집』 4권(7판, 런던 1768년) 참조. 「이자 인하와 화폐 가치 인상에 관한 약간의 고찰」(1691년)이라는 논문뿐만 아니라 「'은화 개조를 찬성하는 에세이'에 관한 그의 최근 보고서에서 라운즈가 화폐 가치 인상을 지지하려고 제시한 논거가 각별하게 검토되고 있는 화폐 가치 인상에 관한 고찰」을 참조할 것. 두 글은 제2권에. 첫 번째 논문에는 다음과 같이 쓰여 있다.

||34| 현재 그처럼 많이 거론되고 있는 화폐의 증가는 우리 화폐의 가치 증가이거나, — 당신들은 이것을 할 수 없는데 — 우리 주화의 명목 가치의 증가이다(53쪽). 예를 들어 이전에는 ½크론(Krone)이라고 불리던

것을 1크론이라 부르자. 가치는 여전히 금속 함량에 의해서 규정된다. 어떤 주화의 은 함량의 1/20 감소가 주화의 가치를 축소시키지 않는다면, 어떤 주화의 은 함량의 19/20 감소가 주화의 가치를 하락시키지는 않을 것이다. 요컨대 이 이론에 따르면 사람들이 단 하나의 3펜스 짜리 또는 단 하나의 파딩[¼펜스 또는 헬러]을 크론이라고 부르면, 그것보다 20배 또는 60배의 은을 함유하고 있는 1크론 주화와 똑같은 만큼의 향료, 비단이나 다른 어떤 상품을 살 수 있을 것이다(54쪽). 요컨대 화폐의 증가란 보다 적은 양의 은에게 보다 많은 양의 각인과 명칭을 부여하는 것에 지나지 않는다(앞의 책). 주화의 각인은 공중에 대해 그러한 명칭하에서는 그만큼의 은이 함유되어 있다는 것을 보증하는 것이다(57쪽). 채무를 변제하고 상품을 구매하는 것은 은이지 명칭이 아니다(58쪽). 화폐의 중량과 순도에 대한 보증으로서는 주화 압인으로 족하나 그렇게 주조된 금화는 다른 상품들과 마찬가지로 자기 자신의 시세를 발견한다(66쪽). 일체의 화폐 증가는 '명목상 더 많은 화폐'를 만드는 것에 지나지 않으며, '중량과 가치에 있어서 더 많은 화폐'를 만드는 것이 아니다(73쪽).

은은 다른 것들과는 전적으로 상이한 도량이다. 인간들이 측정 단위로 사용하는 엘레나 쿼터는 구매자나 판매자나 제3자의 수중에 놓여 있을 수 있다. 그것이 누구의 것인지는 중요하지 않다. 그러나 은은 구매자의 척도일 뿐만 아니라 거래되는 사물이며, 상업에서 판매된 사물과 등가인 양만큼 존재하는 것으로서 구매자로부터 판매자로 옮겨간다. 그러므로 그것은 사용되는 상품의 가치를 측정할[362] 뿐만 아니라 이 사물과의 교환에서 동일한 가치를 가지는 것으로 나타난다. 그러나 그것은 다른 어떤 것에 의해서가 아니라 그것의 양에 의해서만 그렇게 한다(92쪽). [화폐 가치의] 증가가 어떤 조각의 비례분할적 부분에 임의로 명칭을 부여하는 것이라면, 예를 들어 이제는 1온스의 1/60이 페니라고 불려야 한다면, 증가란 어떤 임의의 증가에 의해서도 이루어질 수 있을 것이다(118쪽). 귀금속괴의 수출 필요성은 있고 주화 수출은 법에 의해 금지되어 있는 반면, 주화의 명목 가치는 임의로 상승하거나 하락한다면 자유롭게 수출될 수 있다는 귀금속괴의 이점은 그것의 가격을 주화에 비해 약간 상승시킬 것이다(119, 120쪽).

라운즈가 로크에 대해서 취했던 입장을 소액실링주의자들[2권 194] — 1819년 이후 버밍햄 학파의 애트우드와 다른 사람들 — 이 동일하게 취했는데, 라운즈는 은괴 가치가 상승했고, 따라서 계산 주화의 가치가 하락했기 때문에 (즉 은괴 가치가 상승했기 때문에 파운드라고 불리는 은괴의 비례분할적 부분의 가치가 하락했다) 은괴 가격이 상승한 것으로 설명했다. (코베트는 이 문제를 국채, 지대의 비결제로 제대로 제기했다. 그러나 모든 것을 지폐를 일체 거부하는 잘못된 이론으로 망쳐버렸다. 그는 리카도와 마찬가지로 유통 수단의 양에 의한 가격 규정이라는 잘못된 이론으로부터 출발해서 이러한 결론에 도달했는데, 리카도는 이와 반대되는 결론에 도달했다.) 이들의 모든 지혜는 다음과 같은 상투어들이다.

필(Peel) 경(卿)이 버밍햄 상업회의소와의 언쟁에서 '당신들의 파운드권은 무엇을 대표할 것인가?'라고 묻고 있다(『통화 문제. 제미니 서한』, 런던 1844년, 266쪽). (즉 금으로 지불되지 않는 파운드권.) 현재의 가치 도량은 어떻게 이해해야 하는가? … 3파운드, 17실링, 10½펜스, 이것들은 금 1온스 또는 이것의 가치를 의미하는가? 온스 자체가 아니라면 왜 사물들을 이름으로 부르지 않고, 파운드, 실링, 펜스 대신에 온스, 페니 중량, 그란[0.06G]이라고 부르지 않는가? 그러면 우리는 직접적인 물물교환으로 돌아간다.

(269쪽. 전적으로 그렇지는 않다. 그러나 3파운드 17실링 10½펜스 대신에 온스라고 부르고 실링 대신에 그만큼의 페니 중량이라고 부르면, 애트우드 씨는 무엇을 얻었겠는가? 계산의 편의상 비례분할적

부분들이 명칭을 받는다는 것 — 이것은 그밖에 금속에게 낯선 사회적 규정이 그것에게 주어진다는 것을 암시한다 —, 이것이 애트우드의 이론에 유리한 증언이 되는가, 불리한 증언이 되는가?)

> 또는 가치를? 1온스 = 3파운드 17실링 10½펜스라면, 왜 금이 상이한 시기에 5파운드 4실링이었다가 다시 3파운드 17실링 9펜스인가? … 파운드라는 명칭은 가치와 관계되지만 고정된 가치 도량과는 관계되지 않는다. … 노동은 비용의 원천이고 철에 대해서처럼 금에게도 상대적 가치를 부여한다.

(그러므로 실제로 1온스의 가치와 3파운드 17실링 10½펜스의 가치가 변동한다.)

> 따라서 한 남자의 하루 노동이나 일주일 노동을 표시하기 위해서 어떤 특수한 계산 명칭이 사용되든, 그러한 명칭은 생산된 상품의 가치를 표현한다(270쪽).

"1파운드는 이상적 단위이다"라는 말(272쪽). 이 마지막 문장은 "이상적 단위"에 관한 이러한 이론이 어떻게 화폐가 직접 노동을 대표해야 한다는 요구로 귀착되는가를 보여주기 때문에 중요하다. 그러면 예를 들어 파운드는 12일 노동에 대한 표현이다. 이 요구는 가치 규정이 구별되는 규정으로서의 화폐 규정으로 나아가서는 안 된다는 요구이거나, 가치 척도로서의 노동이 일정한 상품에 대상화된 노동을 다른 가치의 척도로 만드는 데까지 진전되어서는 안 된다는 요구이다. 여기에서 중요한 것은 이 요구가 예컨대 브레이의 경우처럼 부르주아 경제학을 부정하는 관점에서가 아니라 부르주아 경제학의 관점 내에서 이루어진다는 것이다(이는 원래 우리가 곧이어 논하고자 하는, 이 문제를 극단화시킨 그레이에게 있어서도 마찬가지이다). 프루동주의자들(예를 들어 다리몽 씨 참조)은 속물들로서 운하의 저편에서는 무엇이 쓰여지고 생각되었는지를 알 필요가 전혀 없기 때문에, 이 요구를 사실상 지금의 생산 관계들에 조응하는 요구로 제기할 뿐만 아니라 이 관계들을 총체적으로 변혁하는 요구이자 커다란 갱신으로도 제기하기에 이르렀다. 어쨌든 이러한 요구가 영국에서는 50여 년 전부터 부르주아 경제학자들의 한 분파에 의해서 제기되었다는 단순한 사실만으로도, 우리는 그것으로 무언가 새롭고 반(反)부르주아적인 것을 제시하는 척하려는 사회주의자들이 얼마나 잘못 알고 있는지 알 수 있다. 요구 자체에 대해서는 위 참조. (여기에서는 몇 가지를 그레이로부터 배울 수 있다. 덧붙여 말하자면 이 문제는 은행 제도에서 상론될 수 있다.)

[유통 수단과 자립적 가치로서의 화폐]

변하지 않는 등가물로서의, 즉 가치 자체로서의, 그리고 따라서 모든 계약의 질료로서의 화폐에 관한 한, 그것이 (금, 은에서처럼 직접적으로든, 지폐와 같이 일정량의 금, 은 등에 대한 지불 위탁으로서 간접적으로든) 나타나고 있는 재료의 가치 변화가 한 국가의 상이한 계급들 사이에서 틀림없이 커다란 혁명을 야기할 것이라는 점은 분명하다. 이러한 관계들 자체가 다양한 경제적 관계들에 관한 지식을 전제하므로, 여기에서 이것을 연구할 수 없다. ||35| 다만 다음을 예증으로서. 미대륙 발견에 따른 금은의 가치 절하가 노동자 계급과 지주 계급을 어떻게 몰락시켰고 자본가 계급(특히 산업 자본가 계급)을 어떻게 번창시켰는가는 16세기와 17세기에 잘 알려져 있다. 로마 공화국에서 구리의 가치 절상은 평민을 귀족의 노예로 만들었다.

대단히 많은 금액을 구리로 지불하도록 강제되었기 때문에, 사람들은 덩어리나 무형의 조각 형태로 이 금속을 보관하다가 무게에 따라 내주거나 받아야 했다. 이 상태의 구리는 아에스 그라베(aes grave)로서.[1권 80] 금속 화폐는 무게를 달았다. {로마인들에게 있어서 구리는 처음에 각인이 없었다. 그러다가 해외 주화의 각인이 있었다. 세르비우스(Servius) 왕이 최초로 양과 소의 그림을 각인했다(플리니우스, 『자연사』, 18권, 3장).}[363] 이 짙은 색깔의 조야한 금속을 대량으로 축장하자, 귀족들은 평민이 팔고자 하는 토지를 모두 사들이거나 장기적인 노동을 제공함으로써, 그것으로부터 해방되고자 했다. 그들은 자신을 부담스럽게 하고 그들이 아무런 비용을 들이지 않고도 획득할 수 있는 유가물을 값싸게 판매해야 했다. 이 물건을 팔아버리려는 동일한 소망을 가진 모든 사람들의 경쟁은, 로마에서 단기간에 구리 가격의 현저한 하락을 초래했다. 렉스 메네니아(Lex Menenia)[365](도시 건설 후 302년)에서 볼 수 있는 바와 같이, 도시 건설 후[364] 4세기초에 은에 대한 구리의 비율은 = 1 : 960이었다. … 로마에서 이처럼 가치 절하된 금속은 동시에 사람들이 가장 많이 찾는 거래 품목의 하나였다(그리스인들이 청동으로 예술품을 만들었기 때문에 등). … 귀금속들이 로마에서 막대한 이윤을 남기면서 구리와 교환되기 시작했다. 그처럼 유리한 거래는 매일 새로운 수입을 촉발했다. … 귀족들은 그들의 보화에서 배치하기도 어렵고 보기에도 안 좋은 이 낡은 구리더미를 점차 금은괴, 주조되지 않은 금과 은으로 대체했다. 피루스(Pyrrhus)의 패배 이후, 특히 아시아 정복 이후 … 아에스 그라베는 이미 완전히 사라졌고, 유통 욕구는 아티카(Attika)에서 온 드라크마(Drachmen) 주화와 마찬가지로 1½스크루펠(Skrupel)의 중량을 가지는 은으로 만들어진 그리스 드라크마를 빅토리아투스(Victoriatus)라는 명칭으로 도입하는 것을 필요하게 만들었고 도시 건설 후 7세기에는 렉스 클로디아(Lex Clodia)[366]가 이것으로 로마 주화를 만들었다. 이것은 대체로 구리 1파운드나 12온스의 아스(As)와 교환되었다. 그리하여 은과 구리 사이의 비율이 192 : 1이 되었는데, 이는 수출에 따라 구리 가치가 최고로 하락했던 당시보다 5배나 무거운 비율이었다. 그럼에도 불구하고 로마에서 구리는 그리스와 아시아에서보다 더 저렴했다. 화폐 재료의 교환 가치, 척도에 있어서의 이 커다란 혁명은 평민들의 운명을 잔인하게 악화시켰는데, 이들은 임대 계약에 따라 가치 하락된 구리를 받아 당시의 시세에 따라 지출하거나 투자했기 때문에 계약서 상으로는 그들이 실제로 차입한 것보다 5배가 많은 금액을 빚진 것이 되었다. 그들은 돈을 주고 예속 상태에서 벗어날 수 있는 재원을 가지고 있지 않았다. … 3,000아스가 = 소 300마리 또는 은 900스크루펠이었던 당시에 이 금액을 차입한 자는 4,500스크루펠이 있어야만 아스가 은 1½스크루펠이던 때보다 더 많이 조달할 수 있었다. … 한 평민이 그가 받은 구리의 1/5을 되돌려주면 사실상 그의 부채를 탕감하는 것이었다. 왜냐하면 지금은 1/5이 계약 체결 당시의 1과 동일한 가치를 가지기 때문이다. 구리의 가치가 은에 비해 5배 상승했던 것이다. 평민들은 채무 정정, 채무액의 새로운 산정과 당초의 채무증서표제의 변경을 요구했다. 비록 채권자들이 원금 상환을 요구하지는 않았지만 이자 지불 자체가 감당할 수 없게 되었는데, 그 까닭은 당초 12%로 합의된 이자율이 지불 수단이 너무 비싸지면서 원금의 60%로 규정된 것처럼 비싸졌기 때문이다. 채무자들은 원금과 누적된 이자를 분리하는 법을 통과시키고자 했으나 허사였다.[367] … 원로원은 인민을 극악한 종속 상태에 묶어두는 수단을 포기하는 것에 반발했다. 채무자에게 족쇄를 채우고 체형을 가할 수 있는 권리를 부여한 법적 수단으로 무장한 거의 모든 지주들은 폭동을 탄압했고 저항하는 자들에게 폭행을 가했다. 모든 지주의 주택은 감옥이었다. 마침내 전쟁들이 일어났는데, 이들 전쟁은 제한을 일시적으로 해제함으로써 채무자에게는 급료를 가져다주었고 채권자에게는 부와 권력의 새로운 원천을 개척해주었다. 이는 피루수의 패배, 타렌트(Tarent) 합병, 잠니터족(die Samniter), 루카니어족(die Lucanier)과 다른 남부 이탈리아 민족들에 대한 승리 등이 483년이나 485년에, 최초의 로마 은화인 리벨라(Libella)를 탄생시킬 때의 로마 내부 상황이다. 리벨라라고 불린 이유는 그것이 소량으로는 = 구리 12온스의 리브라(Libra)였기 때문이다(제르망 가르니에, 『화폐의 역사』 등, 2권, 파리 1819년, 제2권, 15쪽 이하).

아씨냐(*Assignaten*).[368]

국가 소유. 100프랑의 법정 지불 수단에 관한 국가 지불 명령. 이것들은 어떤 일정한 사물을 나타낸다고 한번도 참칭하지 않는다는 점에서 다른 모든 은행권과 구별된다. '국가 소유'라는 말은 몰수된 재산의 끊임없는 경매가 이루어질 때 이 재산의 가치로 구매함으로써 그 가치가 보존될 수 있을 것이라는 의미이다. 그러나 이 가치가 100프랑이라고 불릴 이유는 없다. 이 가치는 구매에 의해 획득될 재산의 상대적 질과 지출된 국가 지불 명령의 수에 좌우된다(낫소 W. 시니어, 『화폐 획득 비용에 관한 3개의 강의』 등, 런던 1830년, 78, 79쪽).

칼 대제에 의해서 도입된 계산 파운드는 실재적인 등가물 주화에 의해 대표된 적이 거의 없이 18세기말까지 그것의 명칭뿐만 아니라 수

(Sou)와 헬러(Heller)로의 분할을 유지한 반면, 실재적인 주화들은 정권이 바뀔 때뿐만 아니라 같은 정권 하에서도 명칭, 형태, 크기, 가치에 있어서 무한히 자주 변했다. 계산 파운드의 가치도 비록 커다란 변화를 겪긴 했지만 이것은 언제나 강제적이었다(제 I 권, 가르니에, 앞의 책, 76쪽). 고대인들의 모든 주화는 당초 중량(앞의 책).

화폐는 우선 보편적으로 판매 가능한 상품이거나 또는 모든 사람이 다른 상품을 획득할 목적으로 거래할 수 있게 해주는 상품이다(베일리, 『화폐와 그 변천』 등, 런던 1837년, 1쪽). 그것은 중요한 중개 상품이다(앞의 책, 2쪽). 그것은 일반적 계약 상품이거나 또는 나중에 충족되어야 하는 다수의 소유 계약이 체결되는 상품이다(3쪽). 끝으로 그것은 '가치 척도'이다. … 이제 모든 상품이 화폐와 교환되므로 A와 B의 상호 가치들은 반드시 그것들의 화폐 가치나 그것들의 가격에 의해서 표현되어야 한다. … ‖36| 이는 소재들의 상대적 중량들이 물에 비한 중량이나 그것들의 비중(比重)에 의해서 나타나는 것과 마찬가지이다(4쪽). 첫 번째 본질적인 요구는 화폐가 동일한 양이라면 하나를 다른 하나보다 선호할 이유가 없을 정도로 물리적 성질에 있어서 균일해야 한다는 것이다. … 예를 들어 곡물과 가축은 이미 이러한 이유 때문에도 화폐로 사용할 수 없다. 그 까닭은 동일한 양의 곡물과 동일한 수의 가축은 그들이 선호되는 이유가 되는 속성에 있어서 항상 일치하는 것이 아니기 때문이다(5, 6쪽). 가치의 지속성은 중개 상품이자 계약 상품으로서의 화폐에게 매우 바람직하다. 그것은 가치 척도로서의 능력에 있어서는 전혀 비본질적이다(9쪽). 화폐의 가치는 끊임없이 변동할 수 있다. 그렇지만 그것이 완전히 안정적인 것과 똑같이 훌륭한 가치 척도일 수 있다. 예를 들어 화폐의 가치가 하락했고 이러한 가치 하락이 어떤 한 상품이나 여러 상품과의 관계에서의 가치 하락을 함축한다고 가정하자. 즉 그것의 가치가 곡물 및 노동과의 관계에서 하락했다고 가정하자. 하락 이전에는 1기니가 3부셸의 밀이나 6일의 노동을 구매할 것이다. 나중에는 2부셸의 밀이나 4일의 노동만을 구매할 것이다. 두 경우에 화폐에 대한 밀과 노동의 비

율이 주어지면 이것들의 상호 비율이 도출될 수 있다. 다른 말로 하자면 우리는 1부셸의 밀이 이틀 노동과 같은 가치를 가진다는 점을 밝혀낼 수 있다. 가치 측정이 함축하는 모든 것인 이것은 하락 이전과 마찬가지로 하락 이후에도 원활하게 행해진다. 어떤 사물의 가치 척도로서의 우수함은 그것의 가치의 변동 가능성과는 전적으로 무관하다. … 사람들은 가치의 불변성을 순도나 중량의 불변성과 혼동한다. … 양에 대한 장악이 가치를 구성하므로 어떤 통일적인 상품 소재의 일정한 양은 이처럼 가치 측정 단위로 사용되어야 한다. 그리고 불변이어야 하는 것은 통일적인 질을 가지는 소재의 이 같은 일정한 양이다(11쪽).

모든 화폐 계약에서 중요한 것은 대부되는 금과 은의 양이지 가치가 아니다(103쪽).

누군가가 계약을 일정한 가치에 관한 것이라고 고집한다면, 그는 어떤 상품과의 관계에서인지를 증명해야 할 의무가 있다. 그리하여 그는 화폐 계약이 표면적으로 드러나는 것처럼 금량과 관계되는 것이 아니라 언급되지 않은 어떤 상품의 양과 관계된다고 주장하는 것이 된다.(104쪽.) 화폐가 실제로 대부되는 계약에만 이를 한정할 필요는 없다. 이는 신용으로 판매된 모든 종류의 상품, 용역, 토지나 주택의 임차료 등, 장래의 화폐 지불에 관한 모든 합의에 적용된다. 이것들은 중개 상품의 순수한 대부와 정확히 동일한 조건 속에 있다. A가 B에게 철 1톤을 12개월 동안 신용으로 10파운드에 판매한다면, 그것은 효과에 있어서 10파운드를 1년간 대부해주는 것과 똑같으며, 두 계약 당사자의 이해는 통화 변동에 의해서 동일한 방식으로 영향을 받는다(110, 111쪽).

척도 단위로서 기능해야 할 화폐 실체의 일정하고 불변적인 비례 분할적 부분들에 대해서 명칭을 부여하는 혼동 — 이 부분들에 대해 명칭을 부여하는 것을 화폐 가격의 고정과 혼동하는 것은 다른 누구보다도 정치경제학의 확신에 찬 낭만주의자인 아담 뮐러 씨에게서도 나타난다. 그는 무엇보다도 다음과 같이 말한다.

> 특히 대담한 관용을 가진 영국에서처럼(즉 그 나라에 불필요비용이 부과되고 영국 은행의 귀금속과 거래업자는 이윤을 얻는) 정부가 무상으로 주조하는 나라, 즉 정부가 화폐 가격과 금속 가격의 차액(Schlagschatz)을 취하지 않는 나라에서 주화 가격의 진정한 규정이 얼마나 중요한가는 누구나 시인한다. 그리고 요컨대 정부가 주화 가격을 시장 가격보다 훨씬 더 높게 책정하면, 즉 금 1온스에 대하여 지금처럼 3파운드 10실링 10½펜스를 지불하는 것이 아니라 금 1온스의 주화 가격을 3파운드 19실링으로 책정하면, 모든 금이 주화로 몰려들 것이고, 저곳 시장에서 보존되는 은은 이곳에서 저렴해진 금과 교환되어 새롭게 주화에 추가될 것이며, 결국 주화 제도가 무질서해질 것이다(제2권, 『정치의 요소』, 베를린 1809년, 280, 281쪽).

요컨대 뮐러 씨는 펜스와 실링이 여기에서 금 1온스의 비례분할적 부분에 대한 명칭일 뿐이라는 것을 모른다. 은화와 동화가 — 주의할 것은 이것들은 은과 구리의 금에 대한 비율에 따라 주조된 것이 아니라 동일한 명칭의 금 부분에 대한 단순한 표장으로서 발행되고, 따라서 매우 소량으로만 지불 받아야 하는 주화들이다 — 실링과 펜스라는 명칭으로 통용되기 때문에, 뮐러 씨는 금 1온스가 금화, 은화, 동화로 세분되었다고 (즉 3중의 가치 도량으로) 착각한다. 그러다가 다시 몇 걸음 더 나아가서 그는 영국에는 이중(二重) 가치 도량이 존재하지 않으며, 삼중(三重)의 가치 도량은 더더욱 존재하지 않는다는 사실을 기억해 낸다. "평범한" 경제적 관계에 관한 뮐러 씨의 애매함이 그의 "보다 고상한" 견해의 현실적 기초이다.[369]

유통되는 상품의 총 가격이 통용되는 매개 수단의 양을 규정한다는 일반 법칙으로부터 도출되는 것은, 일정한 단계의 유통 속도가 전제되어 있으면 유통 속에 던져진 가치의 일정한 증가 단계에서는 지배적인 유통 수단으로서 보다 귀중한 금속 — 특유한 가치가 보다 큰 금속, 즉 보다 적은 양에 보다 많은 노동 시간이 포함된 금속 — 이 덜 귀한 금속을 대체한다는 것이다. 요컨대 구리, 은, 금은 후자가 전자를 지배적인 유통 수단으로서 구축(驅逐)한다. 예를 들어 동일한 총 가격액이 은화보다 14배 적은 금화로 유통될 수 있다. 지배적인 유통 수단으로서의 동화나 철화(鐵貨)는 미약한 유통을 전제로 한다. 유통되는 상품과 유통 일체의 양이 증가함에 따라 보다 강력하되 보다 비싼 수송 수단과 통신 수단[23]이 덜 비싼 것을 대체하는 것과 전적으로 마찬가지이다.

다른 한편으로는 일상 생활의 소규모 소매 거래는 매우 소규모적인 교환을 필요로 한다는 것이 분명하다 — 나라가 가난하고 유통 일체가 미약할수록 소규모이다. 화폐가 단지 소멸하는 유통 수단으로서만 등장하고 실현된 가격으로서 정착되지 않는 것은 문자그대로 한편에서는 매우 적은 양의 상품, 즉 매우 적은 양의 가치가 유통되는 소매 거래에서이다. 따라서 이 거래를 위해서는 지배적인 유통 수단의 비례분할적 부분들의 표장에 지나지 않는 보조적 유통 수단이 들어온다. 따라서 그것은 예를 들어 금 가치에 대한 그 소재의 가치에 비례해서 주조되지 않는 은화와 동화이다. 여기에서 화폐는 비록 그 자체로 상대적으로 비싼 소재로 되어 있을지라도 단지 표장으로서만 등장한다. 예를 들어 금이 이 소매 거래에서 필요한 상품 분할에 등가물로서 부응하기 위해서는 매우 작은 조각으로 분할되어야 할 것이다.

따라서 이러한 보조 유통 수단은 결코 가격 실현으로서 확립될 수 없을 정도로 매우 작은 양만이 법적으로 불입(拂入)될 ‖37| 필요가 있다. 예를 들어 영국에서 구리는 6펜스 금액으로, 은은 20실링 금액

---

23) 수고에는: 유통 수단

으로. 유통 일체가 발전할수록, 유통에 들어가는 상품 가격액이 클수록, 상품의 도매 거래가 소매 거래와 더 많이 분리되고, 유통을 위한 보다 다양한 주화 종류가 필요해진다. 표장의 유통 속도는 그것의 가치 크기에 반비례한다.

구리가 화폐 유통의 모든 목적에 충분한 적이 자주 있었다는 사실은 민족들이 빈곤하고 그들의 지불이 소규모였던 사회의 초기 단계부터 알려져 있었다. 그리고 그 당시 발생했던 사소한 교환을 가능케 하기 위해서 매우 낮은 명목 가치를 가지는 주화들이 주조되었다. 로마 공화국과 스코틀랜드의 초기 단계에서 그러했다(데이비드 뷰캐넌, 『스미스 박사의 연구에서 취급된 주제에 관한 고찰』 등, 에딘버러 1814년, 3쪽).

한 나라의 일반적 부는 그의 지불 종류와 주화 상태로 매우 정확하게 측정될 수 있다. 명목 가치가 매우 낮은 주화가 사용되면서 화폐 유통에서 조야한 금속이 결정적으로 압도적인 것은 그 사회의 미개 상태를 특징 지운다(4쪽). 훗날 화폐 유통 업무는 별개의 두 분야로 분할된다. 주요한 지불은 보다 귀한 금속을 수행할 의무. 이에 반해 열등한 금속은 보다 사소한 교환에 사용하도록 하고, 그리하여 중심 통화에 순전히 보조적인 것으로 기능 한다. 한 나라에서 귀금속을 처음으로 유통에 도입하는 것과 그것을 주요 지불에서 배타적으로 사용하는 것 사이에는 큰 시차가 존재한다. 그리고 그 사이에는 부가 증대된 결과 소매업의 지불이 현저히 증대되어 이러한 지불이 큰 가치를 가지는 새로운 주화를 통해 적어도 부분적으로나마 수행되는 것이 편안할 정도가 되어야 한다. 모든 거래는 궁극적으로 소비자로부터 자본의 수익을 받으므로, 소매 거래에 동시에 적합하지 않은 주화가 주요 지불에 사용될 수는 없기 때문이다. (각주에서 보여지는 바와 같이 틀렸다.) 은은 대륙 도처에서 주요 지불에서 유지되었다. … 영국에서 은의 양은 보다 작은 지불에 필요한 것을 넘지 않는다. … 20실링에 달하는 지불은 사실상 거의 은으로 이루어지지 않았다. … 영국에서 주요 거래에 금을 배타적으로 도입한 것은 이 시기에 소매 거래에서 수익이 주로 금으로 이루어졌다는 것에 대한 명백한 증거이다. 이는 개별적인 지불이 언제나 어떤 주화를 초과하거나 동일하지 않더라도 가능하다. 금이 일반적으로 풍부하고 은이 부족하면 당연히 적은 금액에 대하여 금화가 제공되고 나머지는 은화로 청구되기 때문이다. 그러므로 금은 그렇게 소매 거래를 지원하고 소액 지불의 경우에조차 은의 사용을 경제화 함으로써 소매업자가 금을 축적하는 것을 방지할 것이다. … 영국에서 주요 지불에 있어서 금이 은을 대체한 것(1695년)과 동시에 스웨덴에서는 은이 구리를 대체했다. … 고액 거래에 사용되는 주화는 그것의 진정한 가치로만 통용될 수 있다는 것이 분명하다. … 그러나 보조 지불 수단에게는 내재적 가치가 필요하지 않다. … 구리가 지배적인 주화인 한에 있어서 로마에서는 그것의 내재적 가치에 따라서만 통용되었다. … 제1차 포에니 전쟁[1권 68]이 발발하기 5년 전에 은이 도입되었고 비로소 점차로 주요 거래에서 구리를 축출했다. 은이 도입된 지 62년 후에는 금이 도입되었으나 금이 주요 거래에서 은을 축출한 것 같지는 않았다. … 인도에서 은은 보조 통화가 아니다. 따라서 그의 내재적 가치로 통용된다. 2실링 3펜스의 은화인 루피(Rupie)는 회계 화폐이다. 그에 비해 금화인 모후르(Mohour)와 동화인 피스(Pice)는 시장에서 가치를 발견하도록 허용된다. 1루피와 통상 교환되는 피스의 수는 주화의 중량 및 가치에 따라 변동한 반면, 여기에서 24개의 ½펜스는 그 중량과 상관없이 언제나 = 1실링. 인도에서 소매업자는 아직도 그의 재화에 대해서 상당량의 동화를 받아야 한다. 따라서 그는 동화를 그것의 내재적 가치에 따라서만 받을 수 있다. 유럽의 통화들에서 구리는 그것의 중량과 순도를 검사하지 않고 그것에 고정된 가치에 따라서 통용된다(4-18쪽). 영국에서 1789년 사적 상인들에 의해서 발행된 구리의 과잉. 그리고 구리는 6펜스에 대한 법정 지불일 뿐이지만 소매업자에게 오는 길(잉여)을 발견한다. 소매업자들은 그것을 다시 유통에서 정립하고자 했다. 그러나 최종적으로는 소매업자들에게 되돌아갔다. 이 통화가 정지되자 구리는 20, 30, 50파운드의 금액으로 소매업자들에게 축적되고, 마침내 진정한 가치에 따라 판매되어야 했다(31쪽).

보조 통화에서 유통 수단 자체는 단순히 소멸하는 수단으로서, 등가물, 즉 가격을 동시에 실현하고, 자립적 가치로서 축적되는 유통 수단 곁에서 특수한 실존을 가진다. 요컨대 여기에서는 순수한 표장이다. 즉 여기에서 유통 수단은 그것이 결코 축적될 수 없게 하는 소규모 소매 거래를 위해서 절대적으로 필요한 양만큼만 발행될 수 있다. 이 양은 그것이 유통시키는 가격량을 그것의 유통 속도로 나눈 값에 의해 규정될 것이 틀림없다. 일정한 가치를 가지고 통용되는 수단의 양은 가격에 의해 결정되기 때문에 유통 자체에 의해서 필요한 것보다 더 많은 양이 인위적으로 유통에 던져지고 빠져나갈 수 없다면(여기에서는 그것이 유통 수단으로서 진정한 가치 이상일 것이기 때문에 그렇지 않다), 그것이 평가절하 될 것이라는 점은 분명하다. 왜냐하면 양이 가격을 결정하는 것이 아니라 가격이 양을 결정할 수 있기 때문이다. 즉 일정한 양만이 일정한 가치로 유통에 머물러 있을 수 있기 때문이다. 유통이 과잉량을 내보낼 수 있는 출구가 없으면, 통용되는 수단은 유통 수단으로서의 자신의 형태를 자기 자신을 위한 가치로서의 형태로 전환시킬 수 없다. — 그러면 유통 수단의 가치는 하락할 수밖에 없다. 그러나 이는 용해나 수출의 금지 등과 같은 인위적인 장애가 있는 경우를 제외하면, 통용되는 수단이 표장에 지나지 않을 경우에만, 그것의 명목 가치에 상응하는 실질 가치를 가지지 않을 경우에만, 즉 통용되는 수단의 형태에서 상품 일체로 이행하여 그것의 각인을 탈피할 수 없을 경우에만, 그것이 주화로서의 자신의 실존에 묶여 있을 경우에만 발생할 수 있다. 다른 한편으로 유통 수단 자체가 통용될 양만큼만 표장되는 한에 있어서, 화폐 표시가 유통 수단을 대표하는 한에 있어서, 화폐 표시는 — 어떤 자신의 가치를 가지지 않고 — 그것이 대표하는 화폐의 명목 가치로 통용될 수 있다는 결과가 도출된다. 그러나 그러면 동시에 조건은 유통 수단 자체가 매우 적은 양만큼만 존재하여 유통 수단이 보조적인 형태로만 유통하는 것, 즉 유통 수단이기를 한순간도 멈추지 않는 것(그것이 일부는 끊임없이 소량의 상품과의 교환에 기여하고 일부는 실재적인 유통 수단과의 환전에 기여하는 곳에서), 즉 결코 축적할 수 없다는 것이다. 또는 그것이 아무런 가치도 가지지 않아서 그것의 명목가치가 그것의 내적 가치와 결코 비교될 수 없다는 것이다. 후자의 경우에 그것은 자기 자신을 통해서 자기 밖에 실존하는 가치를 가리키는 단순한 표장으로 정립되어 있다. 다른 경우에 그것의 내적 가치가 명목 가치와 비교되는 것은 결코 있을 수 없다.

‖38| 따라서 화폐 위조는 즉시 판명된다. 반면에 화폐 가치의 완벽한 폐기가 그것의 명목 가치를 훼손하지는 않는다. 그렇지 않다면 화폐가 무가치한 종이에 의해서 대체될 수는 있으나 그것의 금속함량의 미세한 감소도 그것을 평가절하 한다는 것은 역설적으로 보일 수 있을 것이다.

무릇 유통에서 화폐의 이중적 규정은 모순된다. 그것이 소멸하는 매개인 곳에서는 단순한 유통 수단으로 기여한다. 그리고 그것이 어떤 형태로 축적되고 화폐로서의 세 번째 규정으로 전화되든, 동시에 가격의 실현으로서 기여한다. 그것은 유통 수단으로서 마모된다. 즉 그것을 고정된 양의 대상화된 노동으로 만드는 금속 함량을 포함하지 않는다. 따라서 그것이 자신의 가치에 조응하는 것은 언제나 다소 환상적이다. 예를 하나 들 것.

이미 화폐 장의 이 지점에서 양의 규정을 설명하는 것이 중요할 것이다. 그러나 여기에서 바로 이끌어내진 결론은 일상적인 공론과는 정반대 되는 것이다. 화폐가 대체될 수 있는 것은 그것의 양이 그것이 유통시키는 가격에 의해 규정되기 때문이다. 그것 자체가 — 보조적인 유통 수단에서처럼 — 가치를 가지는 한에 있어서, 그 양은 결코 등가물로서 축적될 수 없고 사실상 언제나 본래적인 유통 수단의 보조 바퀴로서만 기능 하도록 규정되어 있어야 한다. 그러나 그것이 본래적인 유통 수단 자체를 대체해야 하는 한 그것은 전혀 가치를 가져서는 안 된다. 즉 그것의 가치는 그것 밖에 실존해 있어야 한다. 유통의 변동은 거래의 규모와 수에 의해서 규정된다(『이코노미스트』[, 1847년 12월 25일]). 가격이 불변일지라도 유통은 상품 규모의 증가에 의해서 증대될 수 있다. 규모가 불변일 경우에는 상품 가격의 증가에 의해서. 양자 모두에 의해서.

가격이 통화량을 규율하지 통화량이 가격을 규율하는 것은 아니라는 명제, 또는 다른 말로 하자면 거래가 통화(유통 수단의 양)를 규율하지 통화가 거래를 규율하는 것이 아니라는 명제에서는, 물론 우리의 추론이 보여주는 바와 같이, 가격이 다른 언어로 통역된 가치일 뿐이라고 가정된다. 이것의 전제는 가치와 노동 시간에 의해서 규정된 가치이다. 따라서 이러한 법칙이 모든 시기의 가격 변동에 똑같이 적용될 수 없다는 것은 분명하다. 예를 들어 통용되는 수단이 유통과 교환으로부터 저절로 유래된 것이 아니라 약탈, 강도질 등에 의해서 유래된 고대 세계, 예컨대 로마에서

하나 이상의 도량, 가치 측정을 위한 도량을 일관되게 가질 수 있는 나라는 없다. 왜냐하면 이 도량은 통일적이고 불변적이어야 하기 때문이다. 어떤 물품도 다른 물품들에 대해서 통일적이고 불변적인 가치를 가지지 않는다. 그것이 그러한 것을 가질 수 있는 것은 자기 자신에 대해서뿐이다. 금 한 조각은 다른 것과 마찬가지로 언제나 동일한 가치, 동일한 순도, 동일한 중량을 가지며 동일한 자리에 있다. 그러나 금과 다른 물품, 예를 들어 은에 대해서는 이렇게 말할 수 없다(『이코노미스트』, [1844년 5월 11일,] 제1권, 771쪽). 파운드는 표준 품질을 가지는 금의 주어진 양 및 고정된 양과 관련된 회계용 명명에 지나지 않는다(앞의 책). 금 1온스가 3파운드 17실링 10½펜스가 아니라 5파운드의 가치를 가진다고 말하는 것은, 그것이 앞으로는 3 429/480소브린이 아니라 5소브린으로 주조되어야 한다고 말하는 것일 뿐이다. 그러므로 우리는 금의 가

치를 변화시키는 것이 아니라 중량을, 따라서 파운드 또는 소브린의 가치를 변화시킬 뿐이다. 금 1온스는 밀과 다른 상품들에 대하여 여전히 상대적으로 동일한 가치를 가질 것이다. 그러나 1파운드는 이전과 동일한 명칭을 가지기는 하지만 금 1온스의 보다 적은 부분을 대표할 것이므로, 그만큼 적은 양의 밀과 다른 상품들을 대표할 것이다. 마치 우리가 밀 1쿼터가 더 이상 8부셸이 아니라 12부셸로 나누어져야 한다고 말하는 것과 같다. 그러므로 우리가 밀의 가치를 변동시킬 수 있는 것은 아닐 것이며, 1부셸에 들어 있는 양을 변화시키고 그에 따라 이것의 가치를 변화시킬 것이다(앞의 책, 772쪽). [화폐의 가치에서] 일시적이든 항구적이든, 어떤 변화가 일어날지라도 그것의 가치는 언제나 동일한 화폐량으로 표현될 것이다. 금 1온스는 여전히 우리 화폐의 3파운드 17실링 10½펜스. 그것의 가치에 있어서의 변동은 그것이 구매할 수 있는 다른 상품들의 양의 많고 적음에 의해서 고시된다(앞의 책[, 1844년 6월 15일,] 890쪽).

예를 들어 관념적인 봉(棒)을 브라질의 관념적인 밀레아(*Milrea*)[370] (마찬가지로 지폐가 평가절하 되던 동안의 영국 파운드)와 비교할 것. 여기에서 고정되어 있는 것은 밀레아라는 명칭이다. 변동하는 것은 이 명칭이 표현하는 금이나 은의 양이다. 부에노스 아이레스에서 통화는 불환 지폐(지폐 달러)이다. 이 달러는 원래 = 4실링 6펜스 지금은 대략 3¾펜스이고 1½펜스로 낮아지기도 했다. 옷감 1엘레가 이전에는 2달러의 가치가 있었는데, 지금은 지폐의 평가절하로 인하여 명목상 28달러이다.

스코틀랜드에서 1파운드와 그 이상의 교환 수단은, 가치 도량과 혼동되어서는 안 되는데, 지폐로만 이루어져 있다고 말할 수 있다. 그리고 금은 전혀 통용되지 않는다. 그렇지만 금은 마치 아무 것도 유통되지 않는 것처럼 가치 도량인데, 그 까닭은 지폐가 저 금속의 동일하게 고정된 양으로 태환될 수 있기 때문이다. 그리고 지폐는 그렇게 태환될 수 있다는 신뢰 위에서만 통용될 수 있다([앞의 책, 1844년 10월 5일,] 1275쪽).

불신의 시대에 기니(Guinea)는 축장되었다(손턴, 48쪽).

화폐가 자립적인 가치로서 기능 하는 축장 원리는, 화폐가 나타나는 눈에 띄는 형태는 차치하고라도, 화폐 유통에 기초하는 교환에서는 하나의 계기로서 필요하다. 왜냐하면 애덤 스미스[371]가 말하듯이, 누구나 자기 자신의 상품 이외에 평균량의 "일반적 상품", 일정량의 "일반적 상품"을 필요로 하기 때문이다.

상업에 종사하는 자는 상업에서 재산을 가진다(앞의 책, 21쪽).

동일한 자본들, 또는 다른 말로 표현하자면, 동량의 축적된 노동이 상이한 양의 직접적 노동을 운동시키는 경우가 자주 있다. 그러나 이것은 사태의 본질에 아무런 영향을 미치지 않는다(토렌스, 『부의 생산에 관한 에세이』, 런던 1801년, 29-30쪽). 사회의 초기에 상품들의 상대적 가치를 규정하는 것은 생산에서 지출된 노동, 축적된 노동과 직접적 노동의 총량이다. 그러나 자산이 축적되고 자본가 계급이 다른 노동자 계급과 구별되자마자, 어떤 사업 영역을 담당하는 사람이 자기 자신의 노동을 수행하지 않고 타인에게 생계 수단과 원료를 선대해 주자마자, 상품의 교환력을 규정하는 것은 생산에서 지출된 자본 규모 또는 축적된 노동의 양이다(33, 34쪽). 두 자본이 운동시키거나 또는 그것들의 생산물이 필요로 하는 직접적인 노동의 양을 우리가 어떻게 변화시키든, 그것들이 동일한 한에 있어서 그것들의 생산물은 동일한 가치를 가진다. 그것들이 부등하다면 비록 각 자본에 지출된 총 노동량은 정확하게 동일할지라도, 그것들의 생산물은 동일한 가치를 가진다(39쪽.) 요컨대 자본가와 노동자의 이러한 분할이 이루어진 다음에 교환 가치를 규정하는 것은 분할 이전처럼 생산에서 지출된 축적된 노동과 직접적인 노동의 합계가 아니라 자본 규모, 축적된 노동의 양이다(앞의 책).

토렌스 씨의 혼동은 리카도주의자들의 추상적인 방식에 비하면 옳다. [물론 — 역자] 그 자체로서는 근본적으로 틀렸다. 첫째로 순수한 노동 시간에 의한 가치 규정은 오직 ‖39| 자본 생산, 즉 두 계급의 분할의 기초 위에서만 이루어진다. 동일한 평균 이윤율의 결과로서 가격들의 평등화는 — (이것조차 적절히 참작하라) — 가치 규정과 아무런 상관이 없고 오히려 가치를 전제로 한다. 이 부분은 리카도주의자들의 혼동을 보여주기 위해서 중요하다.

이윤으로서의 잉여 가치의 비율은 1. 잉여 가치 자체의 크기, 2. 축적된 노동에 대한 살아 있는 노동의 비율(자체로서 사용된 자본에 대한 급료로 지출된 자본의 비율)에 의해서 결정된다. 1과 2를 결정하는 두 원인을 특별히 연구할 것. 예를 들어 지대 법칙이 1에 속한다. 일단 필요 노동을 그 자체로 가정한다. 즉 노동자가 언제나 급료의 필요한 최저치를 받는다고 가정한다. 이 가정은 노임의 상승이나 하락, 또는 토지 소유의 영향에 의해서 규정되지 않을 때의 이윤 법칙들을 확정하기 위해서 필요하다. 고정된 가정들은 설명이 계속되면서 모두 불필요해진다. 그러나 처음에는 단지 가정들이 고정됨으로써, 모든 것을 혼돈 시키지 않으면서 설명이 가능하다. 그밖에 필요 노동의 기준이 상이한 시대, 상이한 나라에 따라 다를지라도, 또는 원생산물의 가격이 변화한 결과 필요 노동의 비율이 변할지라도, 또는 노동의 수요와 공급의 결과 그 규모와 비율이 변할지라도, 어떤 주어진 시기에 기준은 자본에 의해서 고정된 것으로 간주되고 취급되어야 한다는 것은 실제로 확실하다. 저 변화들을 고찰하는 것은 모두 임노동을 다루는 장에 속한다.

교환 가치는 절대적 생산비가 아니라 상대적 생산비에 의해서 결정된다. 다른 모든 사물의 생산비가 배증한 반면 금 생산비는 동일하게 머물러 있다면, 다른 모든 사물에 대하여 금은 이전보다 적은 구매력을 가진다. 그리고 그의 교환 가치는 절반만큼 하락할 것이다. 그것의 교환 가치의 이러한 감소는 그 영향에 있어서 마치 금 생산비는 절반 감소한 반면, 다른 모든 사물의 생산비는 불변인 것과 전적으로 마찬가지이다(토렌스, 앞의 책, 56, 57쪽).

이것은 가격에게 중요하다. 가치 규정에게는 절대로 그렇지 않다. 단순한 동어반복. 한 상품의 가치가 그것이 포함하는 노동량에 의해서 규정된다는 것은 다른 모든 사용 가치 형태의 동일한 노동량과도 교환된다는 뜻이다. 따라서 대상 a의 생산에 필요한 노동 시간이 배증하면, 그것의 ½만이 = 이전의 등가물 b라는 것은 분명하다. 등가가 노동 시간이나 노동량의 동일성에 의해서 결정되므로, 가치의 차이는 당연히 이것의 부등성에 의해서 결정된다. 또는 노동 시간이 가치 척도이다.

1826년 면화를 가공하는 데 사용되는 다양한 기계류는 한 사람이 150명의 노동을 수행할 수 있게 해주었다. 지금은 280,000명이 이곳에서 종사한다면, 반세기 전에는 42,000,000명이 이곳에 있어야 했을 것이다(호지스킨, 72쪽).[372] 다른 상품들에 비한 귀금속의 상대적 가치는 다른 사물들을 위해서 귀금속들이 얼마나 주어져야 하는지를 결정한다. 그리고 화폐가 판매를 실행할 도구인 한에 있어서는, 일정한 기간 동안에 행해져야 하는 판매 회수가 필요한 화폐량을 결정한다(앞의 책, 188쪽).

주화를 주조하는 관행은 원래 개인들에 의해 시작되었고, 정부가 이를 장악하고 독점하기 전까지는 개인들에 의해서 계속되었다. 러시아에서는 지금도 그러하다. (쉬토르흐 참조.)[373] (앞의 책, 195쪽 주.)

호지스킨은 낭만적인 뮐러와는 견해가 다르다.

조폐국은 개인들이 가져오는 것만을 주조한다. 아주 기이하게도 주조 노동의 대가로 아무 것도 부과하지 않는다. 그리고 화폐로 거래하는 자들에게 이익이 되도록 국민에게 과세한다(『대중적 정치경제학』 등, 런던 1827년, 194쪽).

[기계류와 이윤]

화폐에 관한 이 모든 보충 설명 다음에 — 그리고 우리는 이 장이 끝나기 전에 간혹 이것을 다시 취급해야 할 것이다 — 우리는 출발점으로 돌아간다(25쪽[이 책 3권, 47-52쪽] 참조). 제조업에서도 기계류의 개량과 이것에 의해서 이루어진 생산력 증대가 원료의 정태적 증대를 요구하는 것이 아니라 어떻게 원료를 (비례적으로) 창출하는가의 예로서.

아마 사업에서 공장 체제는 매우 새로운 것이다. 1828년 이전에는 아일랜드와 영국에서 아마 실을 손으로 꼬았다. 이 시기에 아마 방적기가 특히 리즈에 사는 피터 페어번(Peter Fairbairn) 씨의 인내로 개량되어 매우 일반적으로 사용되기에 이르렀다. 이 때부터 북(北)아일랜드의 벨페스트 및 다른 지방과 요크셔, 랭카셔, 스코틀랜드의 여러 지방에서 고급 실을 짜기 위해서 방적 공장이 널리 설립되었고, 몇 년이 지나자 손으로 실 짜는 것은 사라졌다. 20년 전에는 쓰레기로 버려지던 것에서 이제는 고급 옷감용 실이 생산되고 있다(『이코노미스트』, 1850년 8월 31일자).

모든 기계류 사용에 있어서 — 자본가가 자기 자본의 일부를 직접적인 노동 대신에 기계류에 투입하는 경우를 일단 직접적으로 주어져 있는 그대로 관찰하면 — 자본의 일부, 가변적이고 배증되는 자본 부분, 즉 생산물에서 가치가 재생산되거나 보존될 뿐인 불변 부분에 살아 있는 노동을 추가하기 위해서 살아 있는 노동과 교환되는 부분이 삭감된다. 그러나 이것은 나머지 부분을 더욱 생산적으로 만들기 위해서 발생한다. 첫 번째 경우: 기계류의 가치가 기계류가 대체하는 노동 능력의 가치와 같다. 이 경우에는 나머지 노동 능력 부분의 잉여 노동 시간이 그 수가 감소한 것과 동일한 만큼 증가하지 않는다면, 새로 생산된 가치는 증대되는 것이 아니라 감소될 것이다. 100명의 노동자 중 50명이 해고되고 기계류에 의해서 대체된다면, 이 나머지 50명이 이전의 100명과 같은 잉여 노동 시간을 창출해야 한다. 100명이 매일 1,200 노동 시간 당 200 노동 시간의 잉여 노동 시간을 노동했다면, 이제는 50명이 그만큼의 잉여 노동 시간을 창출해야 한다. 즉 100명이 2시간뿐이었다면 매일 4시간. 이 경우에 절대적 노동 시간은 감소했지만, 잉여 노동 시간 50×4 = 200은 이전의 100×2 = 200과 동일하다. 이 경우 자본에게 상황은 동일하다. 왜냐하면 자본은 잉여 노동의 생산에만 관심을 가지고 있기 때문이다. 이 경우에 가공된 원재료, 즉 그것을 위한 지출은 동일할 것이다. 노동 도구를 위한 지출은 증대되었을 것이고, 노동을 위한 지출은 감소되었을 것이다. 총생산물의 가치는 = 대상화된 노동과 잉여 노동 시간의 동일한 합일 것이므로 동일한 채로 있을 것이다. 그러한 경우는 자본에게는 전적으로 아무런 유인도 아닐 것이다. 자본이 한편에서 잉여 노동 시간으로 얻는 것을 대상화된 노동으로서, 즉 불변 가치로서 생산에 들어갈 자본 부분에서 잃을 것이다. 그렇지만 기계류가 일정한 가치를 가졌던, 즉 일정한 화폐액과 교환되었던 불완전한 노동 도구를 대체한다는 점이 숙고되어야 한다. 기계류의 비용 중에서 생산력이 덜 발전한 단계에 사용되었던 자본 부분은 공제된다. 물론 이러한 공제는 그 분야에서 이미 사업을 하고 있는 자본가가 아니라 이제 새롭게 사업을 시작하는 자본가에게 해당된다.

요컨대 예를 들어 기계가 1,200파운드(50명의 노동 능력)에 도입되고, 예컨대 생산 도구에 대한 240파운드의 과거 지출이 공제되면, 자본의 추가 지출은 960파운드, 노동자 40명의 1년 가격뿐이다. 요컨대 이 경우에 나머지 50명의 노동자가 이전에 100명이 생산하던 것과 똑같은 잉여 노동을 생산한다면, 이제는 2,160의 자본으로 200 잉여 노동 시간이 생산되는 것이다. 이전에 이것은 2,400의 자본으로 생산되었다. 노동자 수는 절반이 줄었는데, 절대적 잉여 노동은 동일해서 여전히 200 노동 시간이다. 노동 재료에 지출된 자본도 동일한 채로 남아있다. 그러나 불변 자본 부분에 대한 잉여 노동의 비율은 절대적으로 증가했다.

원료에 지출된 자본은 동일한 채로 남아있고 기계류에 지출된 자본은 증대되었지만, 노동에 지출된 자본이 감소한 것과 동일한 비율로 증대된 것이 아니므로, **자본의 총지출은 감소했다**. 잉여 노동은 동일한 채로 남아있다. 요컨대 잉여 노동은 자본에 비례해서 증가했는데, 그것은 노동자 수가 절반임에도 불구하고 동일하게 남아 있기 위해서 잉여 노동 시간이 증가해야 하는 비율로 뿐만 아니라 그 이상으로 증가했다. 즉 과거의 생산 수단에 대한 [지출]이 새로운 생산 수단의 비용에서 공제되는 비율로.

기계류가 도입된다면 — 또는 생산력이 일반적으로 증대하여 이 생산력 자체가 대상화된 노동을 자신의 토대로 가진다면, 즉 일정한 비용을 필요로 한다면, 요컨대 이전에는 노동에 지출된 자본 부분의 일부가 고정 가치로서 생산 과정에 진입하는 자본 부분의 구성 요소로 남아 있다면, 기계류의 도입은 — 잉여 노동 시간의 비율이 동일한 채로 있을 뿐만 아니라, 다시 말해 사용된 살아 있는 노동에 비례해서 증가할 뿐만 아니라 해고된 노동자의 가치에 대한 기계류의 가치 비율보다 더 큰 비율로 증가할 경우에만 발생할 수 있다. 이것은 이전의 생산 도구에 대하여 이루어졌던 전체 지출이 삭감되어야 하기 때문에 이루어질 수 있다. 이 경우에 **지출된 자본의 총액은 감소된다**. 그리고 불변 자본 부분에 비해 사용된 노동의 총액 비율이 감소했을지라도, 잉여 노동 시간은 동일한 채로 남아 있다. 따라서 잉여 노동 시간은 노동에 지출된 자본과 관련해서 필요 노동 시간에 비해서 뿐만 아니라 총자본, 자본의 총 가치에 비해서도 증가했는데, 그 까닭은 이 총 가치가 감소했기 때문이다. 또는 기계류의 가치가 이전에는 살아 있었지만 이제는 불필요해진 노동에 지출된 가치만큼 커질 수 있을 것이다. 그러나 노동자 50명이 이전의 100명만큼 뿐만 아니라 그 이상의 잉여 노동을 제공할 수 있을 정도로 나머지 자본 부분의 잉여 노동의 비율이 증대되어야 한다. 예를 들어 각 노동자가 4시간이 아니라 4¼시간을. 그러나 이 경우에는 원료 등을 위해서 더 많은 자본 부분이, 간단히 말해 더 많은 총자본이 필요하다. 이전에 2,400파운드로 매년 노동자 100명을 고용하던 자본가가 50명을 해고하고 이를 1,200파운드를 주고 산 기계로 대신한다면, 이 기계는 — 비록 자본가에게는 그것이 이전의 노동자 50명만큼의 비용을 필요로 하지만 — 보다 적은 노동자의 생산물이다. 왜냐하면 이 자본가는 그가 이 기계를 구입한 자본가에게 필요 노동뿐만 아니라 잉여 노동도 지불하기 때문이다. 또는 그 자신이 기계를 제작하도록 했다면, 일부 노동자를 필요 노동을 위해서만 사용했을 것이다. 요컨대 기계류의 경우에는 필요 노동 시간의 절대적 감소와 함께 잉여 노동의 증가. 이러한 증가는 사용된 자본의 증가뿐만 아니라 이것의 절대적 감소를 수반할 수도 있다.

자본 자신에 의해서 정립되고 자본의 총 가치에 대한 수적 비율로 측정된 것으로서의 잉여 가치가 이윤이다. 자본에 의해서 점취되고 흡수된 것으로서의 살아 있는 노동은 자본 자신의 생명력으로서, 자본의 재생산력으로서 현상한다. 게다가 그것은 자본 자신의 운동, 유통과 자본 자신의 운동에 속하는 시간, 유통 시간에 의해서 더욱 수정된다. 그리하여 비로소 자본은 전제된 가치로서의 그것이 정립된 가치로서의 자기 자신과 구별됨으로써 스스로 항구화되고 배증되는 가치로 정립된다. 자본은 생산에 완전히 진입하고 자본으로서 그것의 다양한 구성 요소들은 형식적으로만 서로 구별되며 한결같이 가치액이므로, 가치 정립은 이들에게 한결같이 내재적인 것으로 현상한다. 그밖에 노동과 교환되는 자본 부분은 다른 자본 부분들이 같이 정립되어 있는 한에 있어서만 생산적으로 작용하므로, — 그리고 이러한 생산성의 비율은 가치 크기 등, 이들 부분의 (고정 자본 등으로서의) 상이한 상호 규정에 의해서 조건 지워지므로, 잉여 가치의 정립, 이윤의 정립은 모든 자본 부분에 의해서 균등하게 규정된 것으로 현상한다. 한편으로는 노동 조건들이 자본의 객관적 구성 요소들로 정립되어 있고, 다른 한편으로는 노동 자신이 자본에 합병된 활동으로 정립되어 있기 때문에, 전체 노동 과정이 자본 자신의 과정으로 현상하고 잉여 가치의 정립은 자본의 산물로 현상하므로, 이 산물의 크기는 자본이 노동자로 하여금 행하도록 강제하는 잉여 노동에 의해서 측정되지 않고 자본이 노동에게 부여하는 증대된 생산성으로 측정된다. 이윤은 자본의 본래적인 산물이다. 그러한 한에 있어서 자본은 이제 부의 원천으로 정립된다. 그러나 자본이 사용 가치를 창출하는 한에 있어서 그것은 사용 가치들을 생산하지만 가치에 의해서 규정된 사용 가치들을 생산한다.

가치가 생산물을 창출한다(세이).[374]

이에 따르면 자본은 소비를 위해서 생산한다. 자본이 노동의 지속적인 갱신을 통해 항구화되는 한에 있어서, 자본은 그것의 보존에 의해서 좌우되는 생산을 위해 전제된 영원한 가치로 현상한다. 끊임없이 새롭게 노동과 교환되는 한, 자본은 노동 기금으로 현상한다. 물론 노동자는 대상적인 노동 조건들 없이는 생산할 수 없다. ||41| 이 조건들이 이제는 노동자로부터 분리되어 자본에 속해 있고 노동자에게 자립적으로 맞서 있다. 이제 노동자는 그의 노동 자체가 사전에 자본에 의해서 점취되는 한에서만 그것들에 대해 노동 조건들로서 관계할 수 있다. 자본의 관점에서 보면 객관적인 노동 조건들은 노동자를 위해서 필요한 것으로 현상하지 않는다. 오히려 필요 조건으로 나타나는 것은 노동 조건들이 노동자에 대하여 자립적인 것으로 실존

한다는 것. — 노동 조건들로부터 노동자의 분리, 자본가에 의한 노동 조건들의 소유, 그리고 노동자는 자신의 생산력을 자본에게 양도하고 반대로 자본은 노동자를 추상적인 노동 능력으로, 즉 노동 능력 자체를 지배하는 힘으로, 부를 자신에게 맞서서 자본에서 재생산하는 단순한 능력으로 획득함으로써만 이러한 분리의 지양을 이룰 수 있다는 것.

요컨대 모든 자본 부분, (노임과 원료 등에 지출된) 유동 부분뿐만 아니라 고정 자본에 지출된 부분도 동시에 이윤을 낳는다. 이제 자본은 유동 자본의 형태나 고정 자본의 형태로 스스로 재생산된다. 우리가 앞에서 유통을 고찰하면서 살펴본 것처럼 자본의 가치는 이 두 가지 형태 중 어느 것으로 전제되어 있느냐에 따라 상이한 형태로 환류한다. 그리고 이윤을 생산하는 자본의 관점에서 보면 가치는 단순히 환류하는 것이 아니라 자본의 가치와 이윤, 즉 그 자신이면서 증식되는 것으로서의 가치가 환류한다. 그러므로 이 두 형태에서 자본은 이윤을 가져다주는 것으로서 상이한 형태로 정립되어 있을 것이다. 유동 자본은 자신의 교환 가치의 담지자로서의 사용 가치와 함께 완전히 생산에 진입하고 그렇게 화폐와 교환된다. 즉 유동 자본은 — 비록 매번 그것의 일부만이 유통에 들어갈지라도 완전히 판매되는 것이다. 그러나 한차례의 회전에서 유동 자본은 생산물로서 완전히 소비로 (이 소비가 개인적인 소비이든 아니면 그 자체가 다시 생산적으로 소비되든) 이행했고 가치로서 전적으로 재생산되었다. 이 가치는 이제 이윤으로 현상하는 잉여 가치를 포함한다. 유동 자본이 교환 가치로 실현되기 위해서 사용 가치로서 양도된다. 요컨대 이것은 이윤을 남기는 판매이다. 이에 반해 우리는 고정 자본은 수년 동안 여러 차례의 유동 자본의 순환이 경과하면서 일부분씩 환류하며, 그것도 그것이 (당시에는 직접적인 생산 행위에서) 소모되는 만큼만 환류하고 교환 가치로서 유통에 진입하며 교환 가치로서 환류한다는 것을 보았다. 그러나 교환 가치의 진입뿐만 아니라 환류도 이제는 자본 가치 뿐만 아니라 이윤의 진입과 환류로 정립되어 있기 때문에, 자본의 비례분할적 부분에 이윤의 비례분할적 부분이 조응한다.

자본가는 그가 선불하는 모든 자본 부분에 대하여 동일한 이득을 기대한다(맬더스,『정치경제학의 원리』, 제2판, 런던, 1836년, 268쪽).

아마도 부와 가치는 전자의 생산을 위해서 후자가 필요하다는 점에서 가장 밀접하게 연결되어 있다(앞의 책, 301쪽).

{고정 자본은 (목면 공장들에서) 대개 유동 자본과 4 : 1의 비율이므로, 어떤 공장주가 50,000파운드를 가지고 있다면 40,000파운드는 그의 공장 설립과 기계류 장치에 지출하고(목면, 석탄 등), 10,000파운드는 원료 매입과 임금 지불에 지출한다(낫소 W. 시니어,『공장법에 관한 서한집』 외, 1837년, 11, 12쪽) 고정 자본은 부단한 마모, 마멸뿐만 아니라 지속적인 기계 개량도 겪는다(앞의 책).

현행법 하에서는 18세 미만의 사람을 고용하고 있는 어떤 공장도 매일 11½시간 이상, 즉 5일 동안은 12시간, 토요일에는 9시간 이상 노동할 수 없다. 이제 그러한 공장에서는 순 이윤 전체가 마지막 시간에서 도출된다는 것이 다음과 같은 분석에서 나타난다. 즉 어떤 공장주가 100,000파운드를, 공장 건물과 기계류에 80,000파운드, 원료와 노임에 20,000파운드를 투자한다고 하자. 자본이 1년에 한번 회전하고 총소득이 15%라고 전제하면, 이 공장의 연간 소득, 그의 상품은 두 달보다 약간 더 긴 기간 동안에 20,000파운드의 유동 자본이 화폐에서 상품으로 끊임없이 전환되고 상품에서 화폐로 끊임없이 재전환됨으로써 재생산되어 115,000파운드의 가치가 있어야 한다(실제로는 잉여 노동이 먼저 상품으로 전환·재전환되고 그리고 나서 다시 필요 노동 등으로 전환·재전환된다). 이 115,000파운드 중에서 23단위의 반시간 노동은 각각 2/115

또는 1/23을 생산한다. 115,000파운드의 전체를 구성하는 23/23 중에서 20/23, 즉 115,000파운드 중에서 100,000파운드는 자본을 대체할 뿐이고, 1/23 또는 5,000파운드는 공장과 기계류의 마멸을 대체한다. 나머지 2/23, 즉 매일 매일의 23단위의 반시간 중에서 마지막 2반시간이 10%의 순 이윤을 생산한다. 따라서 (동일한 가격에서) 공장이 11½시간이 아니라 13시간 노동을 유지할 수 있다면, 약 2,600파운드의 유동 자본을 추가해서 순 이윤은 2배 이상 증가할 수 있을 것이다[11, 12쪽].

(즉 2,600파운드는 고정 자본이 비례적으로 더 사용되거나 노동 일체에 대한 지불이 이루어지지 않고도 가공될 것이다. 총 이윤과 순 이윤은 = 자본가를 위해서 공짜로 가공되는 재료이다. 그리고 저 엉터리 씨가 잘못 전제하듯이 잉여 노동이 = 1/12일 또는 시니어가 말하듯이 2/23뿐이라면 한시간 추가는 당연히 = 100%이다.)

다른 한편으로 (동일한 가격에서) 노동 시간이 매일 하루에 1시간씩 단축된다면 순 이윤은 파괴될 것이다. 1½시간 단축되면 총 이윤도. 유동 자본은 대체되었을 것이나 고정 자본의 계속되는 마모를 보상할 기금은 없을 것이다(12, 13쪽).

(시니어 씨의 수치들은 틀렸지만 그의 예시는 우리의 이론을 위해서 중요하다.)

유동 자본에 대한 고정 자본의 비율은 두 가지 이유 때문에 끊임없이 증가한다. 1. 생산 노동을 갈수록 많이 기계에 맡기는 기계 개량 경향. 2. 수송 수단의 개량과 그 결과로 공장주에게 보유되어 있으면서 가공을 기다리는 원료 재고의 감소. 석탄과 목면이 뱃길로 오던 과거에는 공급의 불안정성과 불규칙성이 공장주로 하여금 2, 3개월 동안 사용할 재고를 준비해두도록 강요했다. 오늘날에는 기차가 매주 또는 매일 항구나 탄광으로부터 직접 공장주에게 공급해준다. 이러한 상황에서 나는 몇 년 후면 유동 자본에 비해 고정 자본이 6배 또는 7배 또는 10배까지 될 것이고, 그 결과 큰 비중을 차지하는 고정 자본이 이윤을 가져다줄 수 있도록 만드는 유일한 수단이 노동 시간 연장이므로 노동 시간을 연장할 근거가 더욱 강해질 것이라고 확신한다. 어떤 농부가 가래를 내려놓으면 그것은 이 기간 동안에 18펜스의 자본을 무용지물로 만드는 것이라고 애쉬워스 씨가 나에게 말했다. 우리 직원 중에 한 명이 공장을 떠나면 그는 100,000파운드[375]가 소요된 자본을 무용지물로 만든다(13, 14쪽).}

(이것은 자본의 지배하에서는 기계류의 사용이 노동을 단축시키는 것이 아니라 연장시킨다는 사실에 대한 대단히 멋진 증거이다. 단축되는 것은 필요 노동 시간이지 자본가를 위해 필요한 노동 시간은 아니다. 고정 자본은 그것이 생산에서 사용되지 않는 한 가치하락 되므로, 그것의 증가는 노동을 영구적으로 만드는 경향과 결부되어 있다. 시니어가 강조한 다른 사항에 관해 보자면, 가격이 불변이라면 ‖42| 고정 자본에 비한 유동 자본의 감소는 그가 가정한 만큼 클 것이다. 그러나 예를 들어 목면이 평균 계산에 따를 때 그것의 평균 가격 이하로 하락했다면, 공장주는 그의 가처분 자본이 허용하는 것보다 더 많은 재고를 매입할 것이고, 그 반대의 경우에는 반대일 것이다. 이와는 반대로 생산이 균등하고 어떤 특별한 상황이 현저한 수요 증가를 예측하도록 하지 않는 석탄의 경우에는 시니어 씨의 언급이 옳다. 우리는 수송(따라서 통신 수단) 자체가 생산물을 시장에 가져가는 것이거나 이를 상품으로 전환시키는 것인 한에 있어서, 이것이 유통을 규정하는 것은 아니라는 것을 보았다. 왜냐하면 이 같은 측면에서 볼 때 이 수단들 자체가 생산 국면에 포함되어 있기 때문이다. 그러나 그것들이 1. 환수(Return)를 규정하고, 2. 자본이 화폐 형태로부터 생산 조건 형태로 재전환되는 것을 규정하는 한에 있어서 그것들은 유통을 규정한다. 자본가는 원료 및 생산 보조 재료의

공급이 신속하고 부단할수록 이것들의 재고를 적게 구매해도 된다. 요컨대 자본가는 그럴수록 동일한 유동 자본을 죽은 자본으로 놓아 두는 대신에 자주 이러한 형태로 회전시키거나 재생산할 수 있다. 그러나 다른 한편으로 시스몽디가 이미 언급한 바와 같이 그것은 소매 상인이 더욱 빨리 자신의 재고를 갱신할 수 있도록, 즉 상품을 재고로 보유하는 것을 보다 덜 필요하게 하는 방향으로 작용하는데, 그 까닭은 그가 언제라도 공급을 갱신할 수 있기 때문이다. 이 모든 것이 보여주는 바는 생산이 발전함에 따라 저장(Hoarden)이라는 의미에서의 축적이 어떻게 감소하는가 이다. 그러나 이것은 고정 자본의 형태로만 증가하는 반면, 연속적인 동시적 노동은 그 규칙성, 집중도, 규모에 있어서 증가한다. 수송 수단의 전측면성과 속도는 유동 자본에 관한 한, 지나간 노동의 필요성을 (농업을 제외하고는) 갈수록 동시적이고 상호의존적이며 분화된 생산의 필요성으로 전환시킨다. 이러한 언급은 축적에 관한 절에서 중요한 의미를 갖는다.)}

우리의 목면 공장들은 처음에는 24시간 내내 가동되었다. 기계류를 청소하고 수리하는 어려움뿐만 아니라 두 배의 감독관, 회계원 등을 고용해야 할 필요성 때문에 생긴 책임 분담은 이러한 관행을 거의 종식시켰다. 그러나 홉하우스법(Hobhouse Act)[376]이 주당 노동 시간을 69시간으로 단축시킬 때까지 우리 공장들은 일반적으로 매주 70내지 80시간 노동했다(앞의 책, 15쪽).

베인즈(Baines)에 따르면 100,000파운드 미만으로는 일급 면방적 공장을 건설하고 기계류를 설치하며 증기 기관과 가스 설비를 장치할 수 없다. 100마력 짜리 증기 기관 한 대가 50,000개의 방추를 돌리고, 이는 하루에 62,500마일의 고급 면화실을 생산할 수 있다. 이러한 공장에서는 1,000명의 인간이 기계류 없는 250,000명만큼 실을 짠다(S. 레잉, 『국가적 난관』 외, 런던, 1844년, 75쪽).[377]

이윤이 하락하면 유동 자본은 어느 정도 고정 자본으로 전환되는 경향을 갖는다. 이자가 5%이면 자본은 새로운 도로, 운하, 철도를 건설하는 노동이 적절히 높은 이윤율을 가져다줄 때까지 이것들을 건설하는 데 투입되지 않을 것이다. 그러나 이자가 4%나 3%에 지나지 않는다면, 자본은 비례적으로 낮은 이윤율밖에 달성할 수 없을지라도, 그러한 개선에 투하될 것이다. 중요한 개선을 관철하기 위한 주식회사들은 이윤율 하락의 자연스러운 후손이다. 이윤율 하락은 또한 개별 인간들로 하여금 자본을 건물과 기계류의 형태로 고정시키도록 자극한다(홉킨스, Th., 『영국의 과거 40년』 외, 런던, 1834년, 232쪽).

맥컬록은 목면 매뉴팩처에 관계하는 사람들의 수와 소득을 다음과 같이 추정하고 있다.

833,000	방직공, 방적공, 표백공 등	
	1인당 연 24파운드	20,000,000파운드
111,000	가구사, 기계공, 기계 제작공 등	
	1인당 연 30파운드	3,333,000파운드
	이윤, 감독, 석탄, 기계 재료	6,667,000파운드
944,000		30,000,000파운드

6⅔백만 파운드 중에서 1인당 연 30파운드씩을 주고 66,666명을 고용할 2백만 파운드는 석탄, 철, 기타 원료, 기계류 및 여타 지출을 위한 것이다. 그러면 총 피고용인 수는 1,010,666명이 된다. 여기에다가 노동하는 사람에게 의존하는 아동과 노인이 절반 또는 505,330명이 추가된다. 그러면 총수는 1,515,996명이 되는데, 이들의 생계는 임금으로 충당된다. 여기에다 간접적으로든 간접적으로든 4⅔백만의 이윤 등으로 부양되는 자들이 추가된다(홉킨스, 앞의 책, 336, 337쪽).

요컨대 이러한 계산에 따르면 833,000명이 직접 생산에 참여하고 있다. 176,666명[378]은 기계류와 그 기계류 사용에 필요한 도구의 생산에 참여하고 있다. 그러나 후자는 1인당 30파운드로 계산되었다. 이 숫자를 833,000명의 노동의 질과 동일한 질을 가지는 노동으로 환원하여 1인당 24파운드로 계산하면 5,333,000파운드, 약 222,208명의 노동자가 될 것이다. 그러면 기계류와 도구 생산에 고용된 인구는 목면 제품 생산에 고용된 3¾명당 1명이 된다. 4명당 1명도 안 된다.[24] 그러나 4명당 1명이라고 하자. 이제 이 나머지 4명이 이전의 5명만큼만, 즉 각자가 잉여 노동 시간을 ¼만큼만 더 노동한다면 자본에게는 아무런 이윤도 없다. 나머지 4명은 이전의 5명보다 더 많은 잉여 노동을 제공해야 한다. 또는 기계류에 사용된 노동자 수는 기계에 의해 추방된 노동자 수보다 적어야 한다. 기계류는 그것이 기계류에[25] 고용된 노동자들의 잉여 노동 시간을 증대시키는 데 비례해서만 자본에게 이익이 된다(잉여 노동 시간을 단축하는 한에서가 아니다. 그것이 필요 노동 시간에 대한 잉여 노동 시간의 비율을 감소시켜[379] 전자가, 동시적인 노동일이 동일한 채로 있다면, 상대적으로 감소할 뿐만 아니라 절대적으로도 감소하는 한에 있어서만 이다).

절대적 노동 시간[26]의 증대는 동시적인 노동일이 동일하거나 증가하는 것을 전제로 한다. 즉 분업 등에 의한 생산력의 증대. 두 가지 경우에 노동 시간의 합계는 동일하거나 증가할 것이다. 기계류의 사용과 더불어 상대적 잉여 노동 시간은 필요 노동 시간에 비해서, 따라서 노동 시간의 합계에 비해서 증가할 뿐만 아니라 필요 노동 시간에 대한 비율도 증가하는 데 반해, 합계 노동은 (잉여 노동 시간에 비해) 감소한다. 즉 동시적인 노동일의 수는 감소한다.

글래스고우의 어떤 공장주는 사이먼즈의 『국내외 수공업 및 수공업자』(에딘버러, 1839년)에서 다음과 같이 진술한 바 있다. (여기에서

---

24) '1명보다 약간 더 많다'라고 하는 것이 옳을 것이다.
25) '기계류 사용 하에서'라고 하는 것이 옳을 것이다.
26) '잉여 노동 시간'이라고 하는 것이 옳을 것이다.

우리는 고정 자본과 유동 자본, 즉 임금 등에 지출되는 자본의 관계에 관한 예를 알기 위해 여러 개의 사례를 제시하겠다.)

||43| 글래스고우:

글래스고우에서 일반적으로 생산되는 것과 같은, 양질의 면직물이나 내의 옷감을 방직하기에 적합한 500대의 직조기가 있는 기계식 방직 공장을 설립하기 위한 비용	약 18,000파운드
연간 생산물, 예를 들어 6실링 씩 24야드 짜리 15,000개	45,000파운드
다음의 비용들	
고정된 자본과 기계류 가치의 감가상각을 위한 이자	1,800파운드
증기력, 기름, 수지(獸脂) 등, 기계 운전, 도구 등	2,000파운드
면사와 아마	32,000파운드
노동자 임금 7,500파운드	7,500파운드
예상 이윤 1,700파운드	1,700파운드
	45,000파운드

(233쪽).

요컨대 기계류에 대한 이자가 5%라고 가정하면, 총 이윤은 1,700 +900 = 2,600이다. 그러나 노임으로 지출된 자본은 7,500에 지나지 않는다. 노임에 대한 이윤의 비율은 = 26 : 75 = 5 1/5 : 15. 즉 34 ⅔%.

적절한 평균 품질을 가지는 40호의 생산에 적합한 수동 방적기를 갖춘 면방적 공장을 설립하기 위한 예상 비용	23,000파운드
특허가 있는 자동 기계일 경우에는 추가로 2,000파운드	
목면 상품의 경상 가격과 면사를 판매할 수 있을 고정 가격으로 계산한 연간 생산물	25,000
이를 위한 비용은 다음과 같다	

고정 투하된 자본에 대한 이자, 기계류 가치의 10% 감가상각 예정액	2,300
목면	14,000
증기력, 기름, 수지(獸脂), 도구 수선과 기계류 수리를 위한 일반적 지출	1,800
노동자 임금	5,400
이윤	1,500
	25,000파운드. (234쪽).

(30,000에 대한 5%는 1,500이므로 가처분 자본은 7,000파운드로 가정된다.)[380]

공장의 생산 결과는 주당 10,000파운드(앞의 책, 234쪽).

요컨대 여기에서 이윤은 = 1,150 + 1,500 = 2,650. 2,650 : 5400 (노임) = 1 : 2 2/53 = 49 8/108%.

24호의 적절한 품질을 생산하기에 적합하고, 증기로 추동되는 10,000대의 방적기를 갖춘 면방적 공장을 위한 비용	20,000파운드
생산물의 현재 가치에서 출발할 때 연간 수량에 소요되는 비용	23,000파운드
고정 투하된 자본에 대한 이자, 기계류 가치의 10% 마모	2,000
목면	13,300
증기력, 기름, 수지(獸脂), 가스, 기계 수선 등	2,500
노동자 임금	3,800
이윤	1,400
	23,000(235쪽).

요컨대 총 이윤 = 2,400. 임금 3,800. 2,400 : 3,800 = 24 : 38 = 12 : 19 = 63 3/19%.

[illegible] — £15,000
[illegible] — £45,000
[illegible]
[illegible] — 1800
[illegible] — 2000
[illegible] — 38,000
[illegible] — 7,500
[illegible] — 1,700
45,000.

[illegible] — £. 23,000.
[illegible] — 25,000
[illegible] — [illegible]
Cotton — 14,000
[illegible] — [illegible]
[illegible] — [illegible]
Profit — [illegible]
[illegible] — 7500
27,000 £.

[illegible] = 2650 ; [illegible]
= $49 \frac{5}{[illegible]}$ P.C. [illegible]

Cost of [illegible] mill of 12,000 [illegible] — [illegible]000 £.
[illegible] — 23,000 £.
[illegible] — 2000
Cotton — 73,300
[illegible] — 2,000
[illegible] — 3800
Profit — 2400
26000.

[illegible] = 2400 ; [illegible] 3800 ; 2400 : 3800 = [illegible] ; = $63 \frac{3}{19}$ P.C.

[illegible]

노트 VII권의 43쪽

첫 번째는 34 2/3%. 두 번째 경우에는 49 8/108%. 그리고 마지막 경우에는 63 3/19%. 첫 번째 경우에는 노임이 생산물의 총 가격의 1/6이고 두 번째 경우에는 1/5이상이며 마지막 경우에는 1/6미만이다. 그러나 첫 번째 경우에 자본 가치에 대한 급료의 비율은 = 1 : 4 8/15이다. 두 번째 경우에는 1 : 5 15/27이고 세 번째 경우에는 1 : 7 7/19. 이윤의 백분비가 동일하게 유지되려면 기계류와 유동 자본에 지출된 부분(이것이 합쳐서 첫 번째 경우에는 34,000이고, 두 번째 경우에는 30,0000이며, 세 번째 경우에는 28,000)에 대한 급료로 지출된 자본 부분의 전체 비율이 감소하는 것과 동일한 비율로 이윤은 급료로 지출된 부분에 대하여 당연히 증가해야 한다.

잉여 노동에 비한 총 노동, 즉 동시적인 노동일의 수와 곱한 노동일의 절대적인 감소는 이중적으로 나타날 수 있다. 처음 기술된 형태에서는 지금까지 고용된 노동자의 일부가 고정 자본(기계류)을 사용한 결과 해고되는 것으로. 또는 생산성은 증가하고, 그것도 새로 도입된 기계류의 "가치" 때문에 감소하는 것보다 (물론) 더 큰 비율로 증가하지만, 기계류의 도입이 사용된 노동일의 증대를 감소시키는 것으로. 고정 자본이 가치를 가지는 한에 있어서 그것은 노동 생산성을 증대시키는 것이 아니라 감소시킨다.

과도하게 많은 일손은 공장주들이 임금율을 인하하는 것을 가능케 해준다. 그러나 현저한 인하는 그들에게 가로놓일 파업, 연장된 노동 중단, 기타 다양한 장애들에 의한 엄청난 손실을 직접적으로 야기할 것이 분명하므로, 공장주들은 생산은 3배 증대시킬 수 있지만 새로운 노동자는 필요로 하지 않는 보다 더딘 기계적 개량 과정을 선호한다(가스켈, 『수공업자와 기계류』, 런던 1836, 314쪽).

개량은 노동자들을 완전히 구축하지는 않을지라도, 현재는 10명이나 20명의 노동자를 필요로 하는 양의 생산을 한 명이 처리하거나 감독할 수 있는 상태로 옮겨놓는다(앞의 책, 315쪽). 250명이나 70년 전에는 300명이 생산할 수 있었을 만큼의 실을 한 사람이 생산할 수 있게 해주고, 이전에는 100명의 노동자와 100명의 소년이 인쇄할 수 있었을 만큼의 생산물을 한 명의 노동자와 한 명의 소년이 인쇄할 수 있게 해주는 기계들이 고안되었다. 방적 공장에 있는 15만 명의 노동자는 물레를 가진 4천만 명이 생산할 수 있었을 만큼의 실을 생산한다(앞의 책, 316쪽).

||44| **노동은 자본을 위한 직접적인 시장이거나 자본을 위한 영역이라고 말할 수 있다.** 어떤 주어진 나라나 세계에서 어떤 일정한 순간에 어떤 자본량이 투자되어 주어진 이윤율보다 적지 않은 이윤율을 가져다 줄 수 있는가는 원칙적으로 이러한 자본 투자를 통해 당시에 존재하는 인간 상품 수가 수행하도록 유도될 수 있는 노동량에 좌우되는 것 같다(『**수요의 본질에 관한 법칙들의 연구**』 외, 런던 1821년, 20쪽). (맬더스의 『**정치경제학의 원리**』 외[381]를 비판하는 어떤 리카도주의자에 의해서.)

[소외]

노동 생산력의 발전과 더불어 살아 있는 노동에 비해 노동의 대상적 조건들, 대상화된 노동이 증가해야 한다는 사실 — 이는 원래 동어반복적인 명제이다. 왜냐하면 노동 생산력의 증가는 보다 많은 생산물을 창출하기 위해서 보다 적은 직접적인 노동을 필요로 하기 때문이다. 요컨대 사회적 부가 갈수록 노동 자체에 의해 창출된 노동 조건들로 표현된다는 것, 자본의 관점에서 보면 사회적 활동의 한 계기 — 대상적 노동 — 가 다른 계기인 주체적 노동, 즉 살아 있는 노동의 거대한 신체가 되는 방식이 아니라, 살아 있는 노동에 대하여 노동의 객체적 조건들이 그것들의 범위 자체에 의해서 표현된다는 것, 그것이 갈수록 거대한 자립성을 띠게 되고 사회적 부가 거대한 분량의 낯설고 지배적인 노동 권력으로 마주 서는 것으로 표현된다는 것 이외에 다른 뜻이 있을 수 없기 때문이다. 여기서 강조점은 **대상화됨**(*Vergegenständlichtsein*)이 아니라 **소외됨**, 외화됨, 양도됨 — 노동자가 아니라 인격화된 생산 조건, 즉 자본에 속하는 것, 사회적 노동 자체를 자체의 계기들 중의 하나로 마주 서게 한 거대한 대상화된 권력에 속하는 것이라는 데 있다. 자본과 노동의 관점에서 볼 때 활동의 이러한 대상적 신체의 산출이 직접적인 노동 능력에 대립하여 이루어지는 한에 있어서 — 이러한 대상화 과정이 사실상 노동의 관점에서 볼 때 외화 과정으로 나타나고, 또는 자본의 관점에서 볼 때 타인 노동의 점취로 나타나는 한에 있어서 —, 이러한 왜곡과 전도(顚倒)는 **단순히 여겨진** 것, 즉 단순히 노동자들과 자본가들의 상상 속에만 실존하는 것이 아니라 **실재적인** 것이다. 그러나 이러한 전도 과정이 단순히 **역사적인** 필연성, 일정한 역사적 출발점, 또는 토대에서 볼 때 생산력 발전을 위한 필연성이지 결코 생산의 **절대적인** 필연성이 아니라는 것은 명백하다. 오히려 사라지는 필연성이고 이 과정의 (내재적인) 결과와 목적은 그 과정 형태와 마찬가지로 그것의 토대 자체를 지양한다. 부르주아 경제학자들은 사회의 일정한 역사적 발전 단계에 대한 표상들에 사로잡혀 있어서, 그들에게 노동의 사회적 권력의 **대상화**의 필연성은 살아 있는 노동에 대한 이 권력의 **소외**의 필연성과 불가분한 것으로 나타난다. 그러나 단순한 **개별적인** 노동이거나 또는 단순히 내적으로나 외적으로 일반적인 노동으로서의 살아 있는 노동의 직접적인 성격이 지양됨과 더불어, 개인들의 활동을 직접적으로 일반적이거나 **사회적인** 활동으로 정립함과 더불어, 이러한 소외 형태는 생산의 대상적 계기들로부터 벗어난다. 그러므로 대상적 계기들은 개인들을 개별자들이되 사회적인 개별자들로서 재생산되게 하는 소유로서, 다시 말해 유기적인 사회적 신체로서 정립한다. 개인들의 생명의 재생산에서, 이들의 생산적 생활 과정에서 그렇게 존재할 조건들은 역사적인 경제 과정 자체에 의해서 비로소 정립되었다. 객관적인 조건들뿐만 아니라 주체적인 조건들도 그러한데, 이들은 동일한 조건들의 상이한 두 가지 형태들일 뿐이다.

노동자의 무산상태(無産狀態)와 대상화된 노동에 의한 살아 있는 노동의 소유 또는 자본에 의한 타인 노동의 점취 — 양자는 반대되는 두 극(極)에서 동일한 관계를 표현할 뿐인데 — 는 부르주아적 생산 양식의 기본 조건들일 뿐 결코 이 생산 양식에 무차별적인 우연들이 아니다. 이러한 분배 양식들은 생산 관계들 자체인데, 다만 분배의 관점에서 본 것일 뿐이다. 따라서 예를 들어 존 스튜어트 밀(『정치경제학의 원리』, 2판, 런던 1849년, 제1권, 240쪽.)[382]이 다음과 같이 말한 것은 지극히 불합리하다.

> 부를 생산하는 법칙들과 조건들은 물리학적 진리들과 같은 성격을 가진다. … 부의 분배와 관련해서는 그렇지 않다. 이는 오직 인간 제도의 문제일 뿐이다(239, 240쪽).

부를 생산하는 "법칙들과 조건들"과 "부를 분배하는" 법칙들은 상이한 형태 하에서의 동일한 법칙들이며, 양자는 변동하고 동일한 역사적 과정을 거친다. 전적으로 하나의 역사적 과정의 계기들일 뿐이다. 예컨대 농노제의 해체로부터 탄생해 온 자유 노동이나 임노동에서 출발하면, 기계들이 살아 있는 노동에 대립하여 이 노동에 낯선 소유이자 적대적인 권력으로 **등장**할 수 있다는 것, 즉 기계들이 살아 있는 노동에게[383] 자본으로서 마주 등장해야 한다는 것을 이해하는 데 결코 특별한 통찰력이 요구되는 것은 아니다. 그러나 기계들이 연합된 노동자들의 소유가 되어도 사회적 생산의 중개인(Agent)이기를 중단하지는 않을 것이라는 것도 마찬가지로 통찰하기 어렵지 않다. 그러나 첫 번째 경우에는 마찬가지로 기계들의 분배, 즉 기계들이 노동자에게 **속하지 않는다**는 것이 임노동에 기초한 생산 양식의 조건이다. 두 번째 경우에는 변화된 분배가 **변화된** 생산 기반, 즉 사회적 과정에 의해 비로소 등장한 새로운 생산 기반으로부터 출발할 것이다.

[기타]

페루인들의 비유적인 언어를 빌자면, 금은 "태양이 흘린 눈물이다." (프리스코트)[384] 유럽인들에게 익숙한 공구나 기계를 사용하지 않고서는 (페루에서) 사람들이 할 수 있는 일은 별로 없었을 것이다. 그러나 하나의 공동의 지휘 아래 대중이 행동하면서 그들이 결실을 맺은 것 등은 지치지 않는 끈기에 의해서 가능했다(앞의 책[, 127쪽]).

{(물물교환과 동양적 토지 소유가 더 많던) 멕시코인들에게서 나타나는 바에 의하면, 화폐는

다양한 가치들의 규율된 유통이다. 이 유통은 금가루가 묻혀진 투명한 펜과 T자 모양으로 가공된 주석 조각과 정해진 수만큼의 견과류가 들어 있는 카카오 봉투로 이루어져 있었다. 순교자 베드로(Petrus Martyr)가 말하기를, '오, 인류에게 달콤하고 유용한 음료수를 허락해주고, 그 소유자가 탐욕이라는 위험한 전염병에 걸리지 않게 해주는 축복의 금이여.'(프리스코트)[385] 에쉬베게(Eschwege)(1823)는 80년 동안의 다이아몬드 채굴량의 총 가치가 브라질에서 18개월 동안 수확된 설탕이나 커피의 양을 거의 넘지 않는 금액이라고 추정한다(메리베일). 최초의(영국인)(북미)이주민들은 마을 주변의 개간된 토지를 공동으로 경작했다. … 이러한 관습은 버지니아에서 1619년까지 지배적이었다 등(메리베일, 제1권, 91-92쪽). (노트, 52쪽.)[386]

(의회는 1593년 필립 II세에게 다음과 같이 청원했다. '발라돌리드 의회 Die Cortès von Valadolid 는 1548년에 폐하께 초, 잔, 장식품, 칼과 여타 유사한 물품들과 같이 인간 생명에 무용한 상품들을, 마치 스페인인들이 인디언인 것처럼, 금과 교환하기 위해서 밖에서 왕국 내로 수입하는 것을 더 이상 허용하지 말 것을 간곡히 청하나이다.'(셈페레. [275-296쪽]).)

인구 밀도가 높은 식민지들에서 미숙련 노동자는 비록 자유로울지라도 당연히 자본가에게 종속되어 있다. 인구 밀도가 낮은 식민지들에서는 이러한 자연적 종속의 결여가 인위적인 제약들로 대체되어야 한다(메리베일, 314, 제II권, 『식민화에 관한 강의』 등, 런던 1842년).}

‖45| 로마 화폐 아에스 그라베[1권 80] 구리 1파운드(구리와 저울로 구매하기). 이것이 아스(as). 485년에 a.U.c. 은 데나르(*deniers*) = 10as(파운드 당 이 데나르는 40. 510년에는 [a.u.c.] 파운드 당 75데나르. 1데나르 = 10as이나 4온스의 10as). 513년에는 1as가 2온스로 줄어든다. 데나리우스(denarius)는 아직도 = 10as이나 은 1파운드의 1/84에 지나지 않는다. 1/84이라는 마지막 수치는 공화국 말기까지 유지되었지만 537년에는 데나르가 1온스의 16as였고 665년에는 ½온스의 16as에 지나지 않았다. … 공화국 485년 은 데나리우스 = 1프랑 63. 510년에는 = 87상팀(centimes). 513-707년에는 = 78상팀. 갈바(Galba)에서 안토닌스(Antonins)까지는 1프랑(듀로 드 라 말레, 제1권 [15-16쪽, 448쪽, 450쪽]). 최초의 은 데나리우스 시대에는 은 1파운드 : 구리 1파운드 = 400 : 1. 제2차 포에니 전쟁[1권 68] 초에는 = 112 : 1(앞의 책, 제1권, 76-77, 81-82쪽).

이탈리아 남부의 그리스 식민지들은 그리스와 아시아로부터 직접 은을 받거나 또는 티루스(Tyrus)와 카르타고(Carthago)를 통해서 은을 받아 이것으로 기원전 6세기와 5세기부터 주화를 주조했다. 이러한 인접성에도 불구하고 로마인들은 정치적인 이유 때문에 금은의 사용을 금지했다. 국민과 원로원은 그처럼 가벼운 유통 수단은 노예의 집중과 증가, 오랜 관습과 농업의 몰락을 초래할 것이라고 느꼈다(앞의 책, 64, 65쪽).

바로(Varro)에 따르면 노예는 말할 줄 아는 도구이고, 동물은 반벙어리 도구이며 쟁기는 벙어리 도구이다(앞의 책, 253, 254쪽).

(로마에서 도시인의 하루 소비는 2 프랑스 프랑보다 약간 많았고, 농민의 하루 소비는 3프랑이었다. 파리 사람은 빵을 0.93 소비했고 곡물이 주식(主食)인 20개 행정 구역에서 농부는 1.70을 소비했다(앞의 책). 곡물이 주식인 (현재의) 이탈리아에서는 1파운드 8온스. 왜 로마인들이 상대적으로 많이 먹었는가? 원래 그들은 날 곡식을 그대로 먹거나 물에 불려 먹었다. 나중에 곡식을 볶아 먹을 생각을 하게 되었다. 나중에 곡식을 제분하는 기술을 갖추게 되었는데, 처음에는 밀가루로 만든 반죽을 날로 먹었다. 곡식을 빻기 위해서 사람들은 절구를 이용하거나 돌 두 개를 이용하여 하나를 다른 하나에 부딪히거나 [맞대고] 돌렸다. … 로마 병정은 이 날반죽을 며칠 분씩 준비했다. 그러다가 사람들은 곡식을 정화하는 풍구를 발명했고 곡식과 겨를 분리하는 수단도 발명했다. 마침내 효모를 첨가해서 처음에는 빵을 날로 먹었으나 구우면 산화를 방지할 수 있다는 사실을 우연히 알게 되었고 훨씬 오래 저장하게 되었다. 로마에는 580년 페르세우스(Perseus)와의 전쟁이 끝난 후에야 비로소 제빵업자가 생겼다(앞의 책, 279쪽). 서기 이전에 로마인들은 풍차를 알지 못했다(앞의 책, 280쪽).)

파르망띠에(Parmentier)는 프랑스에서 루이 XIV세 이래 제분 기술이 크게 발전했다는 것을 증명하였고, 동시에 과거의 제분량(製粉量)과 새로운 제분량의 차이는 동일한 곡물로 공급된 빵의 ½에 달했다는 것을 증명했다. 파리 주민 1인당 연간 곡물 소비량이 처음에는 4제스터(Sester), 다음에는 3제스터, 그러다가 2제스터, 마침내는 1⅓제스터로 계산되었다. 이를 통해 로마인들의 일일 소비량과 우리들의 일일 소비량 사이의 엄청난 불비례가 쉽게 설명된다. 즉 제분(製粉) 과정과 제빵에 있어서의 불완전성 때문이었다(앞의 책, 281쪽).

농업법은 능동적 시민들의 토지 점유를 제한하는 것이었다.[387] 점유 제한은 고대 공화국의 존재와 복지의 기반을 이루었다(앞의 책, 256쪽).

국가 수입은 국유지, 현물 납부, 부역 노동과 상품 수출입 시 지불되거나 몇몇 식품의 판매에 대하여 부과되는 몇 가지 화폐 조세로 이루어져 있었다. 이러한 규율은 거의 아무런 변동이 없이 오트만 제국에서도 존재했다. 실라스(Syllas) 독재 시대와 7세기말, 697년에조차 로마 공화국은 연간 4천만 프랑밖에 수입을 얻지 못했다. … 1780년 터키 술탄의 수입은 피아스터(Piaster) 주화로 3500만 피아스터 또는 7천만 프랑에 지나지 않았다. … 로마인들과 터키인들은 수입의 대부분을 사전에 현물로 징수했다. 로마인들은 곡물의 1/10, 과일의 1/5을 조세로 징수하였고, 터키인들은 생산물에 따라 ½에서 1/10까지 다양했다. … 로마 왕국은 독립적인 도시 공동체들의 방대한 집적에 지나지 않았기 때문에 대부분의 국가 채무와 비용은 지방이 담당해야 할 몫이었다(402-405쪽).

(아우구스투스와 네로 시대의 로마는 외곽 도시를 제외하면 주민이 266,684명이었다. 기독교 시대의 4세기에 외곽 도시 주민이 12만이었고, 아우렐리아누스 장벽 Aurelianische Mauer 에 382,695명이어서 합계 502,695명이었고, 병사가 3만 명, 외국인이 3만 명이었다고 가정하면 대략적인 합은 562,000명이다. 칼V세 이래 약 반세기 동안 유럽 일부와 신세계 절반의 수도인 마드리드는 로마와 많은 유사점을 지녔다. 마드리드의 인구도 그 정치적 의미에 비례하여 증가하지 않았다(앞의 책, 405, 406쪽).)[388]

당시 로마인들의 사회 상태는 프랑스와 영국보다 러시아나 오트만 제국에 훨씬 근접했다. 상업이나 산업은 거의 없었고 극단적인 궁핍이 방대한 부와 병존했다(앞의 책, 214쪽).

(사치는 수도와 로마 총독의 소재지에서만.)

로마의 이탈리아는 카르타고의 파괴에서부터 콘스탄티노플의 건설 때까지 그리스 및 동양과 나란히 존재했고, 18세기 동안 스페인이 유럽과 달리 처해있던 상황과 동일한 상황에 놓여 있었다. 알베로니(Alberoni)가 말하는 것처럼 '스페인은 유럽에서 입이 몸에서 차지하는 지위와 동일한 위치를 가진다. 모든 것이 이곳을 지나가지만 그곳에 남는 것은 아무 것도 없다.'(앞의 책, 399-400쪽.)

원래 로마에서 고리대업자는 자유인이었다. 12동판법(303a.U.c.)이 연리를 1%로 고정시켰다(니부르 Niebuhr 는 10%라고 한다). 이 법은 금방 위반되었다. 두일리우스(Duilius)(398a.U.c.)가 다시 이자를 1%로, 자본의 1/12의 이자율로 인하했다. 408년에는 ½%로 인하되었다. 413년에는 이자를 받고 대부하는 것이 호민관 게누치우스(Genucius)가 선동한 주민 투표에 의해서 완전히 금지되었다. 시민들에게 산업이나 도소매업이 금지된 공화국에서 돈 거래가 금지된다는 것은 놀라운 일이 아니다(앞의 책, 제2권, 260, 261쪽). 카르타고 점령[1권 68] 때까지 300년간 이러한 상태가 지속되었다. 12%였다가 이제는 6%가 일반적인 연리.(앞의 책, 261쪽.) 유스티니아누스(Justinianus)는 이자율을 4%로 고정시켰다. 트라얀(Trajan) 때에는 법정 이자율이 5%였다. 기원전 146년 이집트에서 상업 이자는 12%였다(앞의 책, 263쪽).[389]

‖46| 봉건적 토지 소유의 비자발적 양도[390]는 고리대업 및 화폐와 더불어 발전한다.

모든 사물을 구입하고 따라서 토지 소유자에게 화폐를 빌려주는 채권자에게 총애의 대상인 화폐의 도입은 대부금에 대한 법적인 양도의 필요성을 야기한다(존 델림플, 『영국의 봉건적 재산권 총사』, 제4판, 런던 1759년, 124쪽).

중세 유럽에서

금 지불은 몇몇 상업 물품에 대해서만 일상적이었고 귀중품의 경우에 가장 많았다. 상인권(Kaufmännischen Kreises) 밖에서 금 지불은 유력자들의 선물, 고액 수수료, 무거운 벌금형, 토지 구매에서 가장 많이 나타났다. 주조되지 않은 금은 파운드나 마르크(½파운드)로 무게를 다는 것이 일반적이었다. … 8온스 = 1마르크. 그러므로 1온스 = 2로트(Lot) 또는 3카라트(Karat). 십자군 원정 때까지 주조된 금에 관해서는 비잔틴의 솔리디(Solidi), 이태리의 타리(Tari), 아랍의 마우라보티니(Maurabotini)(훗날 마라베디 Maravedi) 밖에 알려져 있지 않았다(휠만, 『중세의 도시 제도』, 제1부, 본 1826년, 402-404쪽).

프랑크 왕국의 법령에서는 솔리디도 단순한 계산 주화로서, 벌금으로 납부되어야 하는 농산물의 가치가 표현되는 수단이었다. 예를 들어 작센에서 솔리디는 보통 가을에 입수될 수 있는 바와 같은 1년 생 송아지를 뜻했다. 라인 강변의 법률에 따르면 한 마리의 건강한 소는 1솔리두스를 대신했다. … 12데나르 = 1 금 솔리두스(405, 406쪽) 4 타리 = 1비잔틴 솔리두스 … 그러다가 13세기부터는 유럽에서 다양한 금화가 주조되었다. (시칠리, 브룬두시움, 메시나에서 황제 프리드리히 II세의) 아우구스탈레스(*Augustales*), (1252년 플로렌스의) 플로렌티니(*Florentini*) 또는 플로레니(*Floreni*). (1285년부터 베네치아의) … 두카텐(Dukaten) 또는 체히넨(Zechinen)(앞의 책, 408-411쪽).

헝가리, 독일, 네덜란드에서는 14세기부터 더 많은 금화가 주조되었다. 독일에서는 그냥 굴덴(Gulden)이라 불렸다(앞의 책, 413쪽).

은으로 지불하는 경우에는 무게 달기, 대부분 마르크에 따르는 것이 모든 거액 지불에 있어서 지배적인 관행. 그러한 지불에서는 주화도 거의 순은(純銀)이었기 때문에, 즉 무게가 중요했기 때문에 주조된 은도 무게를 달았다. 따라서 파운드(리브르, 리라){주의할 것: 멕시코에는 화폐는 있지만 무게가 없다. 페루에는 무게는 있지만 화폐가 없다.}[391]와 마르크라는 명칭은 상상의 주화이거나 계산 주화이기도 하고 실제로 은화로 이행하기도 했다. 은화로는 데나르나 크로이처(Kreuzer). 독일에서는 이 데나르가 이미 9세기부터 페니게(페니히)라고 불렸다. 원래는 펜딩(Pending), 펜팅(Penthing), 펜팅크(Pfentinc)였고 낡은 형태로는 퓐딩(Pfünding)이었는데, 이는 '전(全)중량의'라는 뜻이었다. 요컨대 전중량의 데나르, 줄여서 퓐딩에(Pfündinge). 12세기초부터 프랑스, 독일, 네덜란드, 영국에는 데나르에 대한 다른 명칭. 십자가 대신 그려진 별을 따서 쉬테른링에(*Sternlinge*), 쉬털링에(*Sterlinge*), 쉬탈링에(*Starlinge*). 데나르 쉬털링에 = 페니게 쉬털링에. 14세기 네덜란드 스털링에는 파운드 당 320개, 운치아(Unzia) 당 20개였다. 독일 쉴드링에(Schildlinge), 쉴링에(Schillinge)에는 은−솔리디. 중세 초기에 은 솔리디는 실재 주화가 아니라 12데나르의 포괄이었다. 금 1솔리두스 = 12데나르 또는 쉬털링에. 왜냐하면 이것이 금과 은의 평균적인 비율이었기 때문이다. 보조 주화로서는 오볼리(Oboli), ½페니게, 헬브링에(Hälblinge) … 가 유통되었다. 소규모 영업이 점점 증가함에 따라 갈수록 많은 상업 도시들과 소영주들이 그들의 지방 주화, 대부분 보조 주화를 주조할 권리를 얻어냈다. 구리를 섞었고, 이는 갈수록 확산되었다. … 딕페니게(Dickpfennige), 그로스 데나르(Gros deniers), 그로시(Grossi), 그로쉔(Groschen), 그로텐(Groten)이 13세기 중반 이전에는 우선 투르(Tours)에서 주조되었다. 이 그로쉔은 원래 이중(二重) 페니게(Doppelpfennige)(415-433쪽).

교황들이 거의 모든 기독교 나라들에 교회세를 부과했다는 사실이 처음에는 영업 활동이 이루어지는 유럽에서 전체 화폐 제도가 발전하는 데 적지 않게 기여했고, 그러다가 결과적으로 (이자를 금지하는) 교회 계명(誡命)을 우회하려는 많은 시도들이 등장하는 데 기여했다.[392] 교황은 교구(教區)들로부터 채권액을 회수하고 여타 수수료를 징수하기 위해서 전당포를 이용했다. 전당포가 교황의 보호를 받는 주요 고리대업자이자 전당포업자. 이미 12세기 중반부터 알려져 있다. 특히 시에나(Siena)에서. '공공 찬탈자.' 이들은 영국에서 자신을 '로마 승정(僧正)의 화폐 거래업자'라고 불렀다. 바젤 등지의 몇몇 주교는 주교 반지, 비단 의복, 모든 교회 집기를 유태인들에게 저당 잡히고 이자를 지불했다. 그러나 성직자들 자신도 플로렌스, 시에나 등의 도시들에서 온 토스카나 풍(諷)의 화폐 거래 업자들에게 일정 비율의 이윤을 받고 교회 집기를 저당 잡힘으로써 고리대업을 영위했다 등(앞의 노트, 39쪽 참조).[393]

화폐는 **일반적 등가물, 일반적 구매력**이므로, 모든 것을 구매할 수 있고 모든 것을 화폐로 전환할 수 있다. 그러나 모든 것은 양도됨으로써만, 점유자가 그것을 양도함으로써만 화폐로 전환될 수 있다. 그러므로 모든 것은 양도될 수 있거나 또는 개인에게 무차별적이고 외적인 것이다. 요컨대 소위 **양도 불가능한 영원한** 소유물과 이것에 조응하는 부동의 소유 관계, 고정적인 소유 관계는 화폐 앞에서 무너진다. 나아가 화폐 자신은 유통에만 존재하고 마침내는 순전히 개인적인 향유로 해소될 수 있는 향유 등과 — 가치들과 — 다시 교환되므로, 모든 것은 그것이 개인을 위한 것인 한에서만 가치를 지닌다. 그러므로 사물들의 자립적인 가치가 타인을 위한 사물들의 단순한 존재에, 사물들의 상대성에, 사물들의 교환 가능성에 있는 경우를 제외하고, 사물들의 자립적 가치, 모든 사물에 대한 관계의 절대적 가치는 해소된다. 모든 것이 이기적인 향유에 희생된다. 그 까닭은 모든 것이 화폐를 받고 양도될 수 있듯이 모든 것은 화폐를 가지고 취득될 수 있기 때문이다. 모든 것은 "현금"을 주면 얻을 수 있는데, 이것 자체는 외적으로 존재하는 것으로서 사기, 폭력 등을 통해 개인에 의해서 취득될 수 있다. 요컨대 모든 것은 모두에 의해서 점취될 수 있다. 그리고 한 개인이 어떤 것을 점취할 수 있는지 없는지는 그가 점유하고 있는 화폐에 좌우되므로 결국 우연에 좌우된다. 그러므로 즉자적 개인은 모든 것의 주인으로 정립되어 있다. 가치 자체는 화폐에 대하여 상대적이므로 절대적 가치란 없다. 모든 것이 화폐를 받고 양도될 수 있기 때문에 양도 불가능한 것은 없다. 모든 것이 화폐로 점취될 수 있기 때문에 지고한 것, 신성한 것 등은 없다. 신 앞에서는 모두가 평등하듯이, 화폐 앞에서 "어떤 인간에 의해서도 점유"될 수 없고 "평가될 수도 없으며, 저당 잡히거나 양도될 수도 없는" 사물들, "인간들의 거래"로부터 해방된 "신성하고" "경건한 사물들"[394]은 존재하지 않는다. 중세에는 로마 교회 자체가 화폐의 주요 선전자였지 않은가.

고리대를 금지하는 교회법은 이미 모든 의미를 상실했기 때문에, 1425년 마르틴(Martin)은 그 명칭도 폐지했다(휠만, 앞의 책, 제2부, 본 1827년, 55쪽).

중세에는 어떤 나라에도 일반적인 이자율이 없었다. 처음에 성직자들은 엄격했다. 대부금을 보호하는 데 있어서의 사법 기관의 불안. 그럴수록 개별적인 경우에 있어서 높은 이자율. ‖47| 환전업은 아직 미숙했기 때문에 적은 화폐 유통, 대부분의 화폐 지불을 현금으로 수행할 필요성. 따라서 이자를 바라보는 시각과 고리대 개념에 있어서 매우 상이. 처음에 칼 대제 시대에는 100%를 받으면 고리를 취하는 것으로 간주되었다. 보덴(Boden) 호수변의 린다우(Lindau)에서 1344년 토착 시민들은 216⅔%를 받았다. 취리히에서는 의회가 법정 이자율을 43⅓%로 정했다. 12-14세기 이탈리아에서는 일상적인 이자율이 20%를 넘지 않았지만 때로는 40%가 지불되었다. 베로나(Verona)는 12½%를 법정 이자율로 정했다. 프리드리히 II세는 그의 칙령에서 이것을 10%로 정했지만 이는 유태인에게만 적용되었고, 기독교인들에 대해서는 아무런 언급도 하려고 하지 않았다. 독일의 라인 지방에서는 이미 13세기에 일상적인 이자율(앞의 책, 55-57쪽).

상품 소비가 생산 과정의 일부인 곳에서는 생산적 소비(뉴먼 등, 노트 XVII, 10쪽).[395] 이들 경우에 있어서는 동일한 가치가 새로운 형태로 존재하므로 가치의 소비는 이루어지지 않는다는 것을 알 수 있다(앞의 책). 나아가 소비는 … 개인의 다양한 용도를 위한 개인적 소득의 점취(앞의 책, 297쪽).

모든 시대에 화폐를 위해서 판매하는 것이 오늘날 화폐를 주고 구매하는 것처럼 용이해져야 한다. 그리고 생산은 결코 막히지 않는 꾸준한 수요의 원천이 될 것이다(존 그레이, 『사회 체제』 등, 에딘버러 1831년, 16쪽). 토지, 자본, 노동 다음으로 요구되는 생산의 네 번째 필요 조건은 직접적인 교환 능력이다(앞의 책, 18쪽). 사회에 사는 인간들에게 교환 능력은 로빈슨 크루소의 생산 능력만큼 중요하다(앞의 책, 21쪽).

세이에 따르면 신용은 단지 자본의 위치를 옮길 뿐이지 결코 그것을 창출하지 않는다. 이는 한 자본가가 한 산업가에게 제공하는 대부의 경우에만 타당하지 생산자들이 상호 선불하는 신용의 경우에는 타당하지 않다. 한 생산자가 다른 생산자에게 선불하는 것은 자본이 아니다. 이것은 생산물, 상품이다. 이 생산물, 상품은 대여자의 수중에서도 활동하는 자본, 즉 노동 도구가 될 수 있을 것이고 실제로 그렇게 된다. 그러나 그것이 판매될 생산물로서 점유자의 수중에 놓여 있을 때 그것은 어디에서도 활동하지 않고 있다. … 생산물(산출물), 상품, 노동 수단과 생산적 자본은 구분되어야 한다. 어떤 생산물이 그 생산자의 수중에 머물러 있다면, 그것은 상품, 또는 굳이 달리 말하자면 활동하지 않는 자본, 즉 효력이 없는 자본이다. 그것은 그것을 점유한 산업가에게 어떤 이득을 제공하기는커녕 오히려 부담, 끊임없는 곤경, 불필요 비용, 손실의 원인이 된다. 어떤 상품이든 오래 활동하지 않고 방치되어 있으면 겪게 되는 마모나 손실을 계산하지 않더라도, 보관, 보수, 감시, 지대 등을 위한 비용. … 이 산업가가 한 상품을 다른 한 상품에 적합한 노동 형태를 위해 사용할 수 있는 다른 산업가에게 외상으로 판매하면, 후자에게 이 상품은 원래처럼 효력 없는 상품에서 활동적인 자본이 된다. 따라서 생산적 자본이 한편에서 감소하지 않고도 다른 한편에서는 증가할 것이다. 다음의 경우는 더 낫다. 자신의 상품을 신용으로 공급하는 판매자가 어음을 받고 이것을 곧장 양도할 수 있다면, 그것을 통해 그 자신은 원료와 노동도구를 갱신하고 다시 노동을 시작할 수 있는 재원을 마련하게 되는 것이 분명하지 않은가? 따라서 여기에서는 생산적 자본의 이중적 증대, 다른 말로 하자면 양측의 권력 획득이 있게 된다(샤를르 꼬뀔롱, 『산업 은행과 신용』, 제31권, 1842년, 799-800쪽).

판매하기로 되어 있는 상품량이 전부 신속하게, 지체 없고 방해 없이 효력 없는 생산물의 상태에서 활동적인 자본으로 옮겨갈 수 있다고 가정하면, 이것은 이 나라에서 그 얼마나 새로운 활동인가! … 이 신속한 변환은 다름 아닌 신용이 실현하는 선행(善行)이다. 이것은 유통의 활동이다. 이렇게 해서 신용은 산업가들의 사업을 10배 증대시킬 수 있다. 어떤 주어진 시간대 동안에 도매업자나 생산자가 그들의 원료와 산출물을 한번이 아니라 10번 갱신하는 것이다. 신용이 이를 실행하는 것은 모두의 구매력을 제고함을 통해서 이다. 신용은 지금 지불할 수 있는 사람들의 구매력을 보류시키지 않는다. 오히려 그것은 이 구매력을 장차 지불할 것이라는 것을 생활 상태나 도덕을 통해서 보증할 수 있는 모두에게 제공한다. 신용은 노동을 통해서 생산물을 유용하게 만들 수 있는 모두에게 이러한 구매력을 제공한다. 요컨대 신용은 한 나라가 점유하고 있는 가치액을 증대시키는 것은 아닐지라도, 적어도 활동적인 가치[액]을 증대시키는 역할을 담당한다. 여기에 직접적인 효과. 이것으로부터 생산력의 증대가 발생하고, 따라서 가치액 등의 증대도 발생한다(앞의 책).

임대하는 것은 어떤 사물을 제한된 시간 동안 조건부로 판매하는 것, 또는 그 사물의 사용을 판매하는 것이다(Th. 코베, 『개인의 부의 원인과 방식에 관한 탐구』 등, 런던 1841년, 81쪽).

자본이 생산 노동에서 겪는 변환들. 자본이 생산적이 되려면 소비되어야 한다(S. P. 뉴먼, 『정치경제학의 요소』, 앤도버 · 뉴욕 1835년, 80쪽).

경기 순환은 … 지출이 이루어지는 시간부터 이윤을 받는 시간까지의 전체 생산 경과이다. 농업에서는 파종기가 시작이고 수확기가 끝이다(81쪽).

고정 자본과 유동 자본의 차이는 매 경기 순환 동안에 전자는 부분적으로, 후자는 전적으로 소비된다는 데 있다(앞의 책). **상이한 사용처들로 배분된 자본.**[396](앞의 책.) 이는 경쟁 이론에 속한다.

교환 수단. 미발전된 나라들에서는 어떤 특정한 상품이 공동체의 부에서 더 큰 비중을 차지하거나 어떤 이유로든 다른 상품보다 자주 교환 대상이 되면 유통 수단으로 사용되는 것이 통상적이다. 그래서 유목 민족들에게서는 소가, 뉴펀드랜드(Neufundland)에서는 말린 생선이, 서인도제도에서는 설탕이, 버지니아에서는 담배가 교환 수단이다. 귀금속들은 다음과 같은 장점을 가진다. a) 세계 모든 지역에서 질의 균등성. b) 미세한 조각으로 분할될 수 있고 정확한 배분이 가능하다는 점. c) 희소성과 어려운 획득 가능성. d) 쉽게 각인될 가능성(앞의 책, 100쪽).

자본이 그 자체로 재생산되는 실체 — 타고난 속성에 의해서 영구화되고 증대되는 가치 — 라는 표상은 프라이스 박사로 하여금 연금술사의 환상을 훨씬 능가하는 엉터리 착상에 이르게 했는데, 피트(Pitt)는 이 착상을 진지하게 믿었고 상환기금에 관한 자신의 법칙들에서(로더데일[397] 참조) 금융 지혜의 지주(支柱)로 삼았다. 다음은 프라이스의 저서에서 몇 가지 발췌한 것이다.

||48| 복리를 낳는 화폐는 처음에는 천천히 증가한다. 그러나 증가율은 갈수록 가속화되므로 얼마 지나지 않아 매우 급속해져서 상상을 초월한다. 우리 구세주가 탄생할 때 5%의 복리로 대여된 1페니는 이미 모두 순금으로 된 1억 5천만개의 지구에 함유되어 있는 것보다 더 큰 금

액으로 증가했을 것이다. 그러나 단리로 투자되었다면 이 1페니는 동일 한 시간 동안에 7실링 5펜스로 증가했을 것이다. 지금까지 우리 정부는 전자의 경로가 아니라 후자의 경로를 통해 재정(財政)을 개선하는 것을 선호했다(리차드 프라이스, 『국채에 관한 공개적 호소』, 런던 1772년, 제2판, 18, 19쪽).

(그의 해학[398]은 정부는 단리로 빌려서 이 빌린 돈을 복리로 대여해주어야 한다고 주장하는 데 있다.) 그의 『상환 지불에 관한 고찰』 등(런던 1772년)에서는 더욱 가관이다.

우리 구세주가 탄생할 때 6%의 복리로 대여된 1실링은 토성의 궤도와 같은 지름을 가지는 구슬로 만들면 태양계 전체를 포괄할 수 있는 것보다 더 많은 금액으로 증가했을 것이다(앞의 책, XIII쪽 각주). 그러므로 국가는 결코 곤경에 처할 필요가 없다. 왜냐하면 극소한 저축으로도 국가는 그의 이해관계가 필요로 하는 짧은 시간 동안에 큰 빚을 갚을 수 있기 때문이다(XIII-XIV쪽).

대담한 프라이스는 단지 수치를 기하학적으로 누진시켰을 때 생기는 방대한 규모에 눈이 멀었다. 그는 자본을 노동의 재생산 조건과는 상관없이 자동으로 움직이는 사물, 단순히 자기 증대되는 수치로 간주했기 때문에 위와 같은 공식에서 자본의 증가 법칙을 발견했다고 믿을 수 있었다. 피트는 1792년 상환기금으로 할당된 금액을 증대시킬 것을 제안하는 한 연설에서 프라이스 박사의 현혹을 매우 진지하게 받아들인다($S = C(1+i)^n$).[399]

맥컬록은 그의 『상업 사전』(1847년)에서 금속 화폐의 속성을 다음과 같이 제시하고 있다.

재료가 다음과 같아야 한다. 1. 아주 작은 부분으로 분할될 수 있어야 한다. 2. 마모되지 않고 무한한 기간 동안 보존될 수 있어야 한다. 3. 적은 양으로 고액을 표현하면서 쉽게 이동될 수 있어야 한다. 4. 동일한 명목 가치를 가지는 어떤 주화에 비해서도 크기와 양이 언제나 동일한 화폐여야 한다. 5. 그것의 가치가 비교적 영속적이어야 한다(865쪽).[400]

『신용의 무상성. Fr. 바스티아와 M. 프루동의 토론』(파리 1850년)에 실린 프루동 씨와 바스티아 씨의 논쟁은 전체적으로 자신에게는 대여가 판매와는 전혀 다른 것으로 현상한다는 프루동 씨의 대담한 해학을 둘러싼 것이다. 이자부 대여는

판매하는 대상에 대한 소유를 양도하지 않으면서 동일한 대상을 끊임없이 새롭게 판매하고, 그 대가로 끊임없이 새롭게 가격을 받는 능력이다(『인민의 소리』의 편집인의 한 사람인 슈베(Cheve)의 첫 번째 편지에서, 9쪽).[401]

여기에서 자본의 재생산이 현상하는 상이한 형태가 그를 자본의 이러한 재생산이 — 이 자본이 가격을 되받고, 새롭게 이윤을 남기면서, 즉 언제나 구매와 판매에서 새롭게 실현되는 이윤을 남기면서 노동과 교환되든 말든 — 자본 개념을 구성한다는 것에 대하여 잘못 생각하게 만들었다. 그를 혼란에 빠뜨린 것은 "대상"이 구매와 판매에서처럼 소유자를 변경하지 않는다는 점, 즉 고정 자본을 가지고 있으면서 이자를 받고 대여된 자본에 고유한 재생산 형태이다. 슈베가 말하는 주택 임대료에 있어서 자본은 직접적으로 고정 자본의 형태이다. 유동 자본을 전체 과정에서 고찰하면, 동일한 대상(예를 들어 일정한 설탕 1파운드)이 언제나 새롭게 판매되는 것이 아니라 동일한 가치가 언제나 새롭게 재생산되고, 양도는 실체가 아니라 형태와 관계될 뿐이라는 것이 드러난다. 그러한 이의를 제기할 능력이 있는

사람들이 정치경제학의 일차적인 기본 개념들을 아직 이해하지 못했다는 것은 자명하다. 프루동은 이윤, 따라서 이자도 어떻게 가치 교환 법칙으로부터 발생할 수 있는가를 이해하지 못한다. 따라서 "주택", 화폐 등은 "자본"이 아니라 "상품으로서 … 자기 비용 가격으로" 교환되어야 한다(44쪽). 이 대담한 청년은 가치 법칙에 따라 가치가 노동과 교환되는 것에 모든 것이 달려 있다는 점, 즉 이자를 지양하기 위해서는 자본 자체를, 교환 가치에 기초한 생산 양식을, 그러므로 임노동도 지양해야 한다는 점을 이해하지 못한다. 대부와 판매의 차이조차 발견하지 못하는 프루동 씨의 무능력.

> 사실 모자를 판매하는 모자 제작자는 … 그 대가로 가치를 받을 뿐, 그 이상도 그 이하도 받지 않는다. 그러나 대부 자본가는 … 그의 자본을 고스란히 되돌려 받을 뿐만 아니라 자본보다 더 많이, 그가 교환에 내던지는 것보다 더 많이 받는다. 그는 자본 이외에 이자를 받는 것이다(69쪽).

요컨대 프루동 씨가 말하는 모자 제작자들은 자신의 비용 가격에서 이윤도 이자도 계산해 넣지 않는다. 프루동 씨는 모자 제작자들이 그들 상품의 가치를 받을 때 그 가치의 일부는 노동과의 교환에서 등가물 없이 점취한 것이므로 그들에게 비용으로 소요된 것보다 더 많이 받는다는 것을 이해하지 못한다. 여기에 위에서 언급된 그의 거창한 문장이 있다.

> 상업에서는 자본의 이윤이 상품 가격을 구성하는 노동자의 임금에 추가되므로, 노동자가 자기 자신의 생산물을 되사는 것은 불가능하다. 이자의 지배하에서, 자신의 노동으로 살아간다는 것은 모순을 포함하는 원리이다(105쪽).

대담한 프루동은 서한 IX(144-152쪽)에서 유통 수단으로서의 화폐를 자본과 혼동하고, 따라서 프랑스에 존재하는 "자본"이 160%를 (즉 프랑스에서 유통되는 … 현금액인 … 10억의 자본에 대하여 국채, 저당권 등으로 16억의 연간 이자를) 낳는다고 결론짓는다. 프루동이 자본 일체와 자본의 재생산에 대해서 얼마나 잘못 이해하고 있는가는, 그가 뒤에서 화폐 자본에, 즉 자본으로 대부된 화폐에 특유하다고 말하는 다음과 같은 점에서 나타난다.

> 이자의 축적을 통해 화폐 자본은 교환이 진행됨에 따라 끊임없이 자신의 원천으로 되돌아오기 때문에, 재분배(Wiederverteilung)는 끊임없이 동일한 손에 의해서 수행되고 언제나 동일한 사람에게 이익을 가져다준다는 결론이 도출된다(154쪽). **모든 노동은 잉여를 공급해야 한다**(200쪽).

(모든 것은 판매되어야 하고 아무 것도 대여되어서는 안 된다. 이 단순한 해학. 상품들의 교환이 어떻게 자본과 노동 사이의 교환에 기초하는지를 보지 못하고, 후자에서 이윤과 이자를 보지 못하는 무능력. 프[루동]은 가장 단순하고 가장 추상적인 교환 형태를 고수하고자 한다.)

프루동 씨의 다음과 같은 그럴듯한 예시.

> 가치는 비율에 지나지 않고 모든 생산물은 반드시 서로 관계를 가져야 하므로, 사회적 관점에서 볼 때 생산물들은 언제나 가치이고 확실한 가치라는 사실이 도출된다. 자본과 생산물의 차이는 사회에 실존하지 않는다. 이 차이는 전적으로 주관적이며 단지 개인들에게만 존재한다(250쪽).

자본의 대립적인 본성과 자본을 위한 무소유 노동자의 필요성이 예를 들어 인구론의 아버지인 J. 타운센드 씨와 같은 영국 경제학자

들에 의해서 순진하게 표현되었는데, 맬더스(그는 뻔뻔스러운 표절자로서 예를 들어 지대론은 앤더슨이라는 차지농에게서 차용한 것이다)는 이 인구론을 기만적으로 점취함으로써 위대한 사람이 되었다. 타운센드가 ‖49| 말하기를,

> 빈민들이 어느 정도 경솔해서 공동체내의 가장 굴종적이고 가장 더러우며 가장 비천한 기능을 수행하기 위해서 항상 끊임없이 존재한다는 것은 자연 법칙인 것 같다. 그러므로 인간 행복 기금이 부단히 증대된다. 이에 따라 고상한 사람들이 혹사당하지 않고 보다 명망 높은 직업 등에 안정되게 종사할 수 있다(『빈민법에 대한 논고』, 1817년 판, 39쪽).

> 법에 의한 노동 강제는 너무나 많은 소요, 폭력 사태, 소란을 수반하고 악의(惡意) 등을 낳는 데 반해, 기아는 근면하고 노동하라는 부단한 무언의 평화적 압력일 뿐만 아니라 그것의 자연스러운 동인으로서 가장 효율적인 노력을 이끌어낸다(15쪽).

(사실 이것은 노예의 노동과 자유로운 노동자의 노동 중 어떤 노동이 더 생산적인가라는 질문에 대한 답변이다. 자본의 생산 양식은 자유로운 노동을 전제하므로, A. 스미스라면 이러한 질문을 제기하지 않을 것이다. 다른 한편 이와 마찬가지로 자본과 노동의 발전된 관계에 의해서 A. 스미스가 생산적 노동들과 비생산적 노동들을 구분한 것은 정당화된다. 이에 반해 브로엄(Brougham) 경(卿)의 진부한 농담과 세이, 쉬토르흐, 맥컬록과 다른 모든 사람들이 제기하는 진지한 이의(異議)들은 이러한 구별에 아무런 영향도 끼치지 못한다. A. 스미스에게 부족한 것은 다만 그가 노동의 대상화를 손에 잡히는 대상에 고정된 노동으로 너무 조야하게 파악한다는 점이다. 그러나 이것은 그에게 있어서 부차적인 문제이며 표현상의 미숙일 뿐이다.)

갈리아니에게 있어서도 노동자는 자연 법칙에 의해서 주어져 있

는 것으로 발견된다. 1750년 갈[리아니]는 저서를 간행했다.

신은 가장 유용한 활동들을 수행하는 인간들을 확실하게 창조한다(『화폐』, 제3권, 『이탈리아 정치경제학의 고전. 근대편, 밀라노 1803년, 78쪽).

그러나 그는 이미 올바른 가치 개념도 가지고 있다.

오직 노고만이 사물에 가치를 부여한다(74쪽)

물론 노동은 질적으로도 구별되는데, 이는 노동이 상이한 생산 영역들에 지출되는 한에 있어서 뿐만 아니라 다소 집중적으로 지출되는 한에 있어서 등이다. 이러한 상이성의 조정이 일어나고 모든 노동이 단순한 비숙련 노동으로 환원되는 방식은 물론 여기에서는 아직 탐구될 수 없다. 이러한 환원이 모든 노동 종류의 생산물들의 가치로서의 정립에 의해 사실상 완료되었다는 것으로 충분하다. 가치로서 생산물들은 일정한 비율의 등가물이다. 보다 높은 종류의 노동 자체는 단순 노동으로 평가된다. 이것은 예를 들어 캘리포니아의 금이 단순 노동의 생산물이라는 점이 고려되면 바로 분명해진다. 그렇지만 어떤 종류의 노동이든 이러한 금으로 지불된다. 요컨대 질적인 차이가 지양되고, 보다 높은 종류의 노동 생산물은 사실상 단순 노동의 양으로 환원된다. 요컨대 상이한 노동의 질의 이러한 산정이 여기에서는 전적으로 무차별적이며 결코 원칙을 손상시키지 않는다.

금속들은 가치를 지니고 있기 때문에 화폐로 사용된다. 그것들은 화폐로 사용되기 때문에 가치가 없어진다(앞의 책, 95쪽). 화폐로 하여금 많이 또는 적게 나타나도록 하는 것은 화폐가 운동하는 속도이지 금속의 양이 아니다(99쪽). 화폐는 관념적 측면과 실질적 측면이라는 두 가지

> 측면을 가진다. 그것은 또한 사물들에 가치를 부여할 목적과 이 사물들을 구매할 목적이라는 두 가지 상이한 목적에 사용된다. 가치 부여를 위해서는 실질적 화폐와 마찬가지로 관념적 화폐도 적합하다. 아마도 후자가 더욱 적합할 것이다. … 화폐의 다른 사용 목적은 바로 화폐에 의해서 가치가 부여된 사물들의 구매이다. … 가격과 합의의 가치는 관념적 화폐로 표현되고 실질적으로 움직인다(112쪽 이하). 금속들은 자체 내에서만 모든 요인이 양이라는 단 하나의 요인으로 환원된다는 특징을 가지고 있다. 자연은 그것들에게, 그것들의 내적 소질에 있어서든 외적 소질에 있어서든, 아무런 다른 속성들을 부여하지 않았다(126, 127쪽).

이는 매우 중요한 언급이다. 가치는 공동의 실체를 전제로 하고, 모든 차이, 모든 비율은 단순히 양적인 것으로 환원된다. 이는 가치의 자연적 실체로 등장하는 귀금속들에게서 그러하다.

> 화폐는 … 모든 사물이 생활 욕구들에 대하여 가지는 비율 규칙과 마찬가지로 전적으로 사물들의 가격만을 결정한다(152쪽). 동일한 관념적 화폐가 지불의 기초이다. 즉 모든 사물은 화폐를 매개로 하여 계약에 의해 약속되고 체결되며 가치 차원에서 상쇄된다. 오늘날 실존하는 모든 관념적 화폐는 각 나라의 가장 오래된 화폐였다. 그리고 이 모든 것이 한때 실질적이었던 데에는 동종의 인과적 연관이 있다. 그리고 그것이 실질적이었기 때문에 사람들은 그것으로 계산했다(153쪽).

(이것은 관념적 화폐에 관한 어콰트[358] 등의 형식적인 설명이기도 하다. 원래 철봉은 흑인들 등에게 실질적 화폐였고 그러다가 나중에 관념적 화폐로 전환되었다. 그러나 흑인들은 동시에 철봉의 이전 가치를 유지하고자 했다. 상업에서 그들에게 드러나는 바와 같이, 철 가치만이 금 등과 교환되므로 관념적 철봉이 자신의 가치를 유지하기 위해서는 변동하는 실재의 철량을 표현하는데, 이는 이 사람들의

추상력에는 명예로운 힘든 계산이다.) (캐슬러프는 1810년 지금(地金) 위원회[1권 34]에 의해서 야기된 논쟁에서 이와 비슷한 혼란스러운 개념들을 제시했다.) 갈리아니의 그럴듯한 문장.

그것들의 진전에서는 (사물들이) 가지지 않는 저 무한성을 운동에서는 가진다(156쪽).

사용 가치에 대해서 갈리아니는 그럴듯하게 말한다.

가격은 비율이다. … 사물들의 가격은 그것과 우리 욕구 사이의 비율이고, … 아직 고정된 척도가 없다. 아마도 사람들은 척도를 발견할 것이다. 그렇지만 나는 이러한 척도가 인간 자신이라고 생각한다([159,] 162쪽).

스페인은 가장 크고 가장 부유한 대국이었던 당시에 실질적이고 아주 작은 마라베디스(Maravedis)로 계산했다(172, 173쪽). 원래 그(인간)가 유일하고 실재적인 부이다(188쪽).

부는 두 인간의 관계이다(221쪽). 한 사물의 가격, 또는 다른 사물에 대한 그것의 비율이 모든 사물에 대하여 비례적으로 변한다면, 그것은 오직 한 사물의 가치만 변한 것이지 다른 모든 사물의 가치가 변한 것은 아니라는 징조이다(154쪽).

(자본을 보존하고 수선하는 비용도 감안되어야 한다.)

생산비가 다른 목적을 충족시키듯이 지폐량의 무조건적인 제한은 단 한 가지의 유용한 목적을 충족시킬 것이다(업다이크, 300쪽).

화폐 재료에 있어서의 단순한 양적 차이.

(차입의 경우) 화폐는 현물로만 환불되는데, 이는 이 수단을 다른 모든 기계류와 구별짓고, … 이 수단이 기여하는 바의 성격을 보여주며, … 그것의 기능의 독특성을 증명해주는 사실이다(267쪽).

화폐를 보유하고 있으면 우리는 소망하는 대상에 이르기 위해 한 가지 교환만을 하면 되는 데 반해, 다른 잉여 생산물로는 두 가지 교환을 해야 한다. 그러나 그 중 전자(화폐 조달)가 후자보다 훨씬 더 어렵다(287, 288쪽).

은행가는 부자에게 대출해주지 빈자에게는 결코 대출해주지 않거나 드물게 대출한다는 점에서 … 과거의 고리대업자와 구별된다. 따라서 그는 보다 적은 위험을 안으면서 값싼 조건으로 대부할 수 있다. 이러한 두 가지 이유 때문에 그는 고리대업자를 겨냥한 인민들의 증오를 받지 않는다(뉴먼, F. W., 『정치경제학 강의』, 런던 1851년, 44쪽).

‖50| 모든 사람[402]은 비밀리에 자신의 화폐를 땅 속에 매우 깊이 숨기고 파묻는데, 특히 거의 모든 상업을 장악하고 모든 화폐를 수중에 넣고 있는 회교도가 아닌 이교도들은 그들이 평생 동안 숨기는 금은이 사후에 그들에게 쓸모가 있을 것이라는 믿음에 사로잡혀 있었다(프랑소아 베르니에, 제1권, 『대몽골 제국을 기술하기 위한 여정』 등, 파리 1830년, 312-314쪽).

자연 상태에서의 질료는 언제나 가치가 박탈되어 있다. 노동을 통해서 질료는 비로소 교환 가치를 획득하며 부의 요소가 된다(맥컬록, 『정치경제학의 기원에 관한 논의』 등, 프레보스트 옮김, 제네바 · 파리 1825년, 57쪽).

교환에서 상품들은 상호 척도(쉬토르흐. 장 바티스테 세이가 발행하고 주석을 붙인 『정치경제학 과정』, 파리 1823년, 제1권, 81쪽). 러시아와 중국의 무역에서는 은이 모든 상품을 [평가하는] 데 사용된다. 그럼에도 불구하고 이 무역은 교환을 통해서 이루어진다(88쪽). 노동이 부의 가치의 원천이 아니듯이 그것은 척도도 아니다(앞의 책, 123쪽). 스미스는 사물을 산출시킨 동일한 원인이 그 사물의 가치 원천이자 도량이라는 확신에 매료되었다(124쪽).

이자는 자본의 사용에 대하여 지불하는 가격이다(336쪽). 현금은 직접적인 가치를 가질 것이 틀림없으나 그것은 인위적인 욕구에 의거해서이다. 그것의 질료는 인간의 실존을 위해서 불가결한 것이어서는 안 된다. 그 까닭은 현금으로 사용되는 전체량은 전혀 개인적으로 사용될 수 없고 끊임없이 유통되어야 하기 때문이다(제Ⅱ권, 113, 114쪽).

화폐는 모든 것을 대체한다(133쪽).

T. V. 『국가 수입의 본질에 관한 고찰』(파리 1824년).[403]

재생산에 의한 소비는 그것을 행한 자에게 환불되기 때문에, 본래적인 지출이 아니라 투하이다(54쪽). 민족들이 그들의 절약이나 그들의 절제를 통해서, 즉 그들이 자발적으로 빈곤에 처해짐으로써 부유해진다는 이 견해에는 명백한 모순이 있는 것이 아닌가?(176쪽)

러시아에서 가죽과 모피가 화폐로 기능하던 당시에는, 그처럼 광범하고 수명이 짧은 현금 유통에 따르는 불편함 때문에 이 현금을 작은 동전 조각으로 대체하려는 발상이 생겼다. 그에 따라 이 동전 조각은 가죽과 모피로 지불될 수 있는 징표가 되었다. … 그들은 이러한 사용 방법을 1700년까지 온존시켰고, (즉 나중에는 은화 코펙 Kopeken의 소액 단위를 나타냈다) 적어도 칼루가(Kaluga) 시(市)와 그 주변에서는 표트르 Ⅰ

세 때(1700년)까지 소액의 동전을 받고 가죽과 모피를 인도하도록 명령되었다(79쪽).[404]

복리의 경이로움에 대한 암시는 17세기의 위대한 고리대업 타도자인 조시아 차일드(『상업론』 등(영어판은 1699년에 출간), 암스테르담・베를린 1754년)에서 이미 발견된다(115-117쪽).

언제나 상품은 실제로 그것을 생산한 노동보다 더 많은 노동량과 교환된다. 그리고 이 잉여가 이윤을 형성한다(맥컬록, 『정치경제학의 원리』, 런던 1825년, 221쪽).

여기서 맥컬록 씨가 리카도의 원리를 얼마나 잘 이해했는지가 드러난다. 그는 실재 가치와 교환 가치를 구분한다. 전자는 그것을 점유하거나 생산하는 데 지출된 노동량. 후자는 일정한 노동량이나 상품량의 구매력(221쪽).

인간은 자신의 활동에 의해서 생성된 모든 기계와 마찬가지로 노동의 생산물이다. 그리고 우리의 생각에 모든 경제 연구에서 인간은 바로 이러한 관점에서 고찰되어야 할 것 같다(앞의 책, 115쪽). 실제로 임금은 노동자의 근면이 창출한 생산물의 일부로 구성되어 있다(295쪽). 자본의 이윤은 단지 집적된 노동의 임금에 대한 다른 명칭일 뿐이다(291쪽).

자본의 주기적인 폐기가 시장에서 모든 이자율에 필요한 실존 조건이 되어버렸다. 그리고 이러한 관점에서 고찰하면 우리가 통상적으로 커다란 불안과 염려를 가지고 대하는 끔찍한 재난들이란, 지나치게 증가하고 부풀려진 부의 자연적이고 필연적인 교정, 즉 현재와 같은 구조를 가지는 우리 사회가 때때로 그 실존을 위협하면서 반복되는 과잉에서 벗어나서 다시 건강하고 유용한 상태로 되돌아갈 수 있도록 해주는 치유제에 지나지 않을 것이다(존 풀라턴, 『통화 규제에 관하여』 등, 런던 1844년, 165쪽). 화폐 — 일반적 구매력(찰머스, [164쪽]).

자본은 … 생산에 사용된 용역들과 상품들. 화폐는 가치 척도, 교환 수단, 일반적 등가물. 보다 실재적으로는 자본을 획득하기 위한 수단. 이전에 신용으로 획득된 자본의 대가를 지불할 유일한 수단. 기본적으로는 등가 가치를 자본으로 보존하기 위한 보증. 상업은 화폐라는 수단에 의한 자본과 자본의 교환이다. 그리고 계약이 이 수단으로 체결되었기 때문에 화폐를 통해서만 계약을 이행할 수 있고 채무로부터 벗어날 수 있다. 판매에서 일종의 자본은 그 대가로 어떤 종류의 자본을 통해서든 특유한 등가 가치를 획득하기 위해서 화폐로 제공된다. 이자 — 화폐 차입의 대가로 주어지는 보상. 자본을 구매할 목적으로 화폐가 차입된다면, 지불된 보상은 그 자본으로 획득할 수 있는 자본(원료, 노동, 상품 등)의 사용에 대한 보상이다. 화폐가 채무를 변제할 의도로, 즉 이전에 획득되고 사용된(화폐로 변제하기 위해 계약이 맺어진) 자본의 대가를 지불할 의도로 차입된다면, 건네진 보상은 화폐 자체의 사용에 대한 것이다. 그리고 이 점에서 이자와 할인료는 동일하다. 할인료만이 화폐 자체에 대한 보상, 신용 화폐의 실질 화폐로의 전환에 대한 보상. 양호한 어음은 할인 비용만큼 공제되어 은행권과 동일한 자본 처분권을 가져다준다. 그 액면 가치가 임금과 소액 지불에 더 적합한 화폐에 이르기 위해서, 또는 지불 기한이 도래한 채무를 상환하기 위해서, 또는 통상적인 5%보다 낮은 할인율로 현금을 가질 수 있다면 어음은 그 이익을 위해서도 할인된다. 그렇지만 할인하는 주목적은 기본적으로 법정 지불 수단의 공급과 수요에 좌우된다. … 이자율은 주로 자본의 수요와 공급에 좌우되고, 할인율은 화폐의 수요와 공급에 전적으로 좌우된다(1858년 3월 13일, 『이코[노미스트]』, 편집자에게 보내는 편지).[357]

‖51| K. 아른트 씨는, "견세"(犬稅)[405]를 추론하는 곳에서 아주 적절하게 다음과 같은 흥미로운 사실을 발견했다.

자연적인 재화 산출 과정에서는 — 전적으로 개척된 나라들에서는 — 이자율을 어느 정도 규율하도록 되어 있는 것처럼 보이는 하나의 현상만이 존재할 뿐이다. — 이는 유럽의 숲 속에 있는 목재 펄프가 매년 어린 가지에 의해서 증가하는 비율이다 — 이 어린 가지는 그것의 교환 가치와는 상관없이 백 분의 3내지 4의 비율로 성장한다(『자연에 부합하는 국민 경제』 등, 하나우 1845년, 124, 125쪽).

이것은 숲에 기원을 둔 이자율이라고 명명될 만하다.

잔여 가치 또는 잉여는 어떤 부문에서든 투하된 자본의 가치에 비례한다(리카도).[406]

이자에서는 두 가지가 고찰되어야 한다. 첫째로, 이윤의 이자와 이윤으로의 분할. (영국인들은 양자의 통일로서의 이윤을 총 이윤이라고 부른다. 이 차이는 화폐 자본가 계급이 산업 자본가 계급에 맞서자마자 감지되고 명백해진다. 둘째로, 자본 자체가 상품이 되거나 또는 상품(화폐)이 자본으로 판매된다. 예를 들어 자본이 다른 모든 상품과 마찬가지로 그것의 가격을 수요와 공급에 맞춘다는 것이다. 요컨대 수요와 공급이 이자율을 규정한다. 여기에서는 자본 자체가 유통에 들어간다.

화폐 자본가와 산업 자본가는 이윤이 두 가지의 수입 영역으로 분할될 능력이 있기 때문에만 두 개의 특수한 계급을 이룬다. 두 종류의 자본가는 이 사실을 표현할 뿐이다. 그러나 두 특수한 자본가 계급이 그 위에서 성장할 수 있기 위해서는 이윤의 분할이 존재해야 한다. 즉, 이윤이 두 가지 특수한 수입 형태로 분할되어야 한다.

이자 형태는 이윤 형태보다 오래되었다. 인도의 일반적인 농민에게 있어서 이자 수준은 결코 이윤 수준을 예시하지 않는다. 오히려 이윤과 노임 자체의 일부가 고리대업자에 의해서 점취된다. 이 이자를 영국의 화폐 시장에서 지배적인 이자, 영국 자본가가 지불하는 이자와 비교하고, 이로부터 영국의 "노동 비율"(생산물에서의 노동 지분)이 인도에서보다 얼마나 높은가라는 결론을 이끌어내는 것은 캐리 씨의 역사적인 감각에 전적으로 어울리는 작업이다.[407] 그는 예를 들어 영국 더비셔(Derbyshire)에서 자본가로부터 재료와 도구를 선대(대여)받는 수직공이 지불하는 이자를 [인도 농민의 그것과 — 역자] 비교해야 했을 것이다. 여기에서 그는 이자가 매우 높아 모든 항목을 결제하고 나면, 즉 노동자가 자본가에게 선대(先貸)를 상환할 뿐만 아니라 자기 자신의 노동까지도 공짜로 추가하고 나면, 노동자는 결국 채무자가 된다는 것을 발견했을 것이다. 역사적으로는 자본이 자립적인 노동자 곁에서 더 이상 나타나지 않은 다음에 비로소 산업 이윤 형태가 등장한다. 따라서 처음에는 이윤이 이자에 의해서 규정되는 것으로 나타난다. 그러나 부르주아 경제에서는 이자가 이윤에 의해서 규정되고 이윤의 일부를 이룬다. 요컨대 이윤은 그 중 일부가 이자로 떨어져나갈 수 있을 정도로 커야 한다. 역사적으로는 반대. 초과 이윤의 일부가 이윤으로서 자립할 수 있도록 이자가 억제되어야 한다. 임금과 이윤 사이에는 자연적인 관계가 있다 — 필요 노동과 잉여 노동. 그러나 이윤과 이자 사이에는 이 두 가지 상이한 수입 형태에 의해 정돈되는 두 계급 사이의 경쟁에 의해서 결정되는 관계 이외에 다른 관계가 있는가? 그러나 이러한 경쟁과 두 계급이 실존하기 위해서는 이미 잉여 가치가 이윤과 이자로 분할되어 있어야 한다. 자본 일반을 고찰하는 것은 단순한 추상이 아니다. 내가 한 나라의 총자본을 예컨대 총 임금 노동(또는 토지 소유)과 구별하면서 고찰하거나, 또는 자본을 다른 계급과 구별되는 한 계급의 일반적인 경제적 토대로 고찰한다면, 나는 자본 일반을 고찰하는 것이다. 이는 예를 들어 내가 인간을 생리학적으로 동물과 구별해서 고찰하는 것과 마찬가지이다. 이윤과 이자의 실질적인 차이는 산업 자본가 계급의 화폐 자본가 계급에 대한 차이로 실존한다. 그러나 그러한 두 계급이 마주 설 수 있기 위해서는, 다시 말해 이들의 이중 실존은 자본에 의해 정립된 잉여 가치의 분할을 전제로 한다.

(정치경제학은 부, 또는 차라리 부 생산의 특유한 사회적 형태를 다룬다. 부의 소재는, 그것이 노동처럼 주체적인 것이든 자연적 욕구나 사회적 욕구의 충족을 위한 대상처럼 객체적인 것이든, 처음에는 모든 생산 시기에 공통적인 것으로 나타난다. 따라서 이 소재는 처음에는 전적으로 정치경제학의 고찰에서 제외되어 있다가, 소재가 형태 관계들에 의해서 수정되거나 또는 형태 관계들을 수정하는 것으로 나타나면서, 비로소 고찰의 영역에 포함되는 단순한 전제로 나타난다. 이에 대해서 일반적으로 말해지곤 하는 것은 정치경제학의 최초의 시도들에서 역사적인 가치를 가졌던 추상들에 국한되는데, 이 시도들에서 형태는 소재로부터 아직은 힘겹게 추출되었고 상당한 노력을 통해 정치경제학의 고찰 대상으로 고정되었다. 이 추상들은 나중에 따분한 상투어가 되는데, 이것들이 과학을 참칭(僭稱)하면서 등장할수록 더욱 역겹게 되었다. 이는 무엇보다도 독일 경제학자들이 "재화"라는 범주에 대하여 수다를 떨곤 하던 것에서 나타난다.)

중요한 것은 이자와 이윤 양자가 **자본**의 관계들을 표현한다는 것이다. 특수한 형태로서 이자 낳는 자본은 노동에 마주 서는 것이 아니라 이윤 낳는 자본에 마주선다. 한편으로는 노동자가 아직 자립적으로 나타나지만, 즉 임노동자로서 나타나지 않지만, 다른 한편으로 노동자의 대상적 조건들은 노동자 곁에서 자립적인 실존을 가지는, 즉 특수한 고리대업자 계급의 소유를 이루는 관계는 — 다소간 교환에 기초하는 모든 생산 양식에서는 — 특수하고 제한된 농업 자산 형태나 영업 자산 형태와 대립되는 상인 자산이나 화폐 자산의 발전과 더불어 필연적으로 발전된다. 이러한 상업 자산 자체의 발전은 교환 가치의 발전으로 간주될 수 있으며, 따라서 그 분야에서 유통과

화폐 관계들의 발전으로 간주될 수 있다. 물론 이 관계는 우리에게 한편으로는 노동자들의 경제적 현존으로부터 — 점점 더 유통에서 유래하고 유통에 좌우되는 — 노동 조건들이 자립화되고 분리되는 것을 보여준다. 다른 한편으로 노동자의 경제적 현존은 아직 자본의 과정에 포섭되지 않았다. 따라서 생산 양식은 아직 본질적으로 변하지 않는다. 부르주아 경제 내에서 이 관계가 반복되는 곳이 있다면 — 그것은 낙후된 산업 부문들이거나 ‖52| 근대적 생산 양식 속에서 몰락하지 않으려고 저항하는 부문들이다. 이들 부문에서는 자본과 노동의 관계가 새로운 생산력 발전의 토대와 새로운 역사적 형태들의 맹아를 품지 않은 채 아직도 증오스러운 노동 착취가 이루어지고 있다. 여기에서 자본은 여전히 생산 양식 자체에서 소재적으로 — 수공업적 기업에서든 소규모 농업에서든 — 개별적인 노동자나 노동자 가족에게 포섭되어 나타난다. 자본의 생산 양식이 없이 자본에 의한 착취가 이루어지는 것이다. 이자율은 매우 높게 나타나는데, 왜냐하면 그것이 이윤과 노임의 일부를 포함하고 있기 때문이다. 자본이 아직 생산을 장악하지 않은, 즉 형식적으로만 자본인 이러한 고리대업 형태는 전(前)부르주아적 생산 양식을 지배적인 것으로 전제한다. 그러나 이 형태는 부르주아 경제 자체 내에서는 부차적인 부문들에서 다시 재생산된다.

이자의 두 번째 역사적 형태는 소비하는 부에게 자본을 대부하는 것. 토지 소유자의 수입이(간혹 토지도) 축적되고 고리대업자의 수중에서 자본화됨으로써, 이것들은 역사적으로 자본의 등장 계기로서 중요하게 나타난다. 이것은 유동 자본이나 화폐 형태의 자본이 토지 소유자로부터 독립적인 계급에 집중되는 하나의 과정이다.

실현된 자본 형태뿐만 아니라 자본의 실현된 잉여 가치 형태가 화폐이다. 요컨대 이윤은 (이자 뿐만 아니라) 화폐로 표현된다. 가치가 화폐로 실현되고 측정되기 때문이다.

화폐로 지불할 필요성은 — 상품 등의 구매를 위한 화폐의 필요성뿐만 아니라 — 교환 관계와 화폐 유통이 이루어지는 곳에서는 어디에서나 발전된다. 교환은 결코 동시적일 필요가 없다. 화폐가 존재하기 때문에 일부는 자신의 상품을 양도하고 다른 일부는 자신의 지불을 나중에 행할 가능성이 생겨난다. 이러한 목적을 위한 (나중에는 대부와 할인에서 발전된) 화폐 욕구가 이자의 역사적인 주요 원천이다. 그러나 이 원천은 여기에서는 아직 논외이다. 신용 관계에서 비로소 고찰될 것이다.

판매(G—W)와 구매(W—G)의 차이.

내가 판매한다면 나는 1. 상품에 이윤을 붙여서 그 이윤을 획득한다. 2. 일반적 대표와 태환성을 가지는 상품 즉 화폐를 얻는데, 화폐는 언제나 판매될 수 있기 때문에 나는 언제나 화폐로 다른 상품을 지휘할 수 있다. 화폐의 보다 높은 판매 가능성은 바로 상품의 적은 판매 가능성의 결과이거나 그것의 자연적 귀결이다. 구매에서는 다르다. 그가 다시 판매하거나 고객에게 공급하기 위해서 구매한다면, 이전에는 아마도 그렇게 보였다고 할지라도 보다 높은 가격을 받고 판매할 것이라는 절대적인 보장은 없다. 그러나 모두가 다시 판매하기 위해서 구매하는 것은 아니며, 자신의 사용이나 [자신의] 소비를 위해서 구매한다 등(Th. 코베, 『개인들의 부의 원인과 양식에 관한 연구』, 런던 1841년, 117쪽 이하).

『이코노미스트』, [1858년] 4월 10일자.

제임스 윌슨 씨의 질의에 대한 의회의 답변은, 1857년에는 4,859,000파운드 스털링 가치의 금이 주화로 주조되었는데, 이 중 364,000파운드가 10실링 짜리였다는 것을 보여준다. 그 해의 은화는 373,000파운드 스털링에 달했는데, 여기에 사용된 금속의 비용은 363,000파운드 스털링이었다. 1857년 12월 31일까지 10년 동안 주조된 주화의 총액은 금화

55,239,000파운드, 은화 2,434,000파운드였다. 작년에 동전의 가치는 6,720파운드에 달했다 — 구리의 가치는 3,492파운드였다. 이 중 3,136파운드가 1펜스 짜리이고 2,464파운드가 ½펜스 짜리였으며 1,120파운드는 ¼펜스 짜리였다. 지난 10년 동안 동전의 총 가치는 141,477파운드였는데, 이 동전에 필요한 구리는 73,503파운드를 주고 구입되었다.

토마스 컬페퍼(1641년), 조시아 차일드(1670년), 패터슨(1694년), 로크(1700년)에 따르면, 부는 금은 이자세 자체의 강제된 감축에 좌우된다. 영국에서는 거의 2세기 동안 지켜졌다(가닐, [76-77쪽]).

흄이 로크와는 반대로 이윤율에 의한 이자율의 규정을 설명했을 때, 그는 이미 훨씬 발전된 자본을 목격하고 있었다. 18세기 말 경에 고리대업을 옹호하는 글을 쓰던 벤덤은 더욱 그러했다. (헨리 VIII세부터 앤 여왕까지 법에 의한 이자 인하.)

어떤 나라에든 1. 생산하는 계급[408]과 2. 자본에 대한 이자로 먹고사는 화폐 자본가 계급(존 스튜어트 밀, 『정치경제학의 몇 가지 미해결 문제』, 런던 1844년, 110쪽).

전당포 이자가 그처럼 과도한 것은 같은 달에 자주 전환하고 결제하기 때문이고, 다른 물품을 빼내면서 작은 차액을 받기 위해서 한 물품을 저당 잡히기 때문이다. 런던에는 240명의 허가된 전당포 업자가 있고 지방에는 약 1,450명이 있다. 사용되는 자본은 약 100만으로 추정된다. 1년에 적어도 3번 회전하며 매번 평균 33½%의 이윤을 가져다준다. 그리하여 영국의 하층 계급은 저당 잡힌 물품의 회수 기한이 지났기 때문에 상실하는 것은 차치하고라도, 매년 100만의 일시적인 선불을 위해서 100만을 지불한다(존 디벨 터키트, 『노동 인구의 과거와 현재 상태의 역사』 등, 제 1권, 런던 1846년, 114쪽).

예를 들어 도자기 제작, 유리 제작 등과 같은 특정한 노동은 대규모로 만 수행될 수 있다. 따라서 결코 수공업인 적이 없다. 이미 13, 14세기에 사람들은 방직과 같은 몇 가지 노동을 대규모로 수행했다(포페).[409]

오래 전에는 모든 공장이 수공업이었고, 상인은 단지 수공업의 도매상과 운송업자였다. 직물 매뉴팩처와 공구 매뉴팩처에서는 이것이 가장 엄격하게 지켜졌다. 그러나 상인들은 많은 지역에서 점차로 장인(匠人)을 자처하기 시작했다. 그리고 (물론 나이든 장인의 동업조합에 대한 선입관, 전통, 그리고 도제에 대한 이전의 관계는 없이) 일당을 주고 도제를 노동시키기 시작했다(포페, 제I권, 『기술사』, 괴팅엔 1807-1811년, 70, 71쪽).

이것이 영국에서 본래적인 공업이 조합으로 조직되지 않은 도시들에서 정착되고 번영한 주된 이유이다.

상업 자본이나 상인 자산으로 등장하는 것과 같은 화폐가 자본의 첫 번째 형태, 다시 말해 오직 유통(교환)에서 유래하여 유통에서 보존되고 재생산되며 증대되는 가치의 첫 번째 형태이고, 따라서 교환가치는 이 운동과 활동의 배타적인 목적이다. 이것은 판매하기 위해서 구매하는 것과 구매하기 위해서 판매하는 두 가지 운동이지만, ‖53| G—W—W—G형태가 지배적이다. 화폐와 화폐의 증대가 작업의 배타적인 목적으로 나타난다. 상인은 자기 자신의 욕구를 위해서, 상품의 사용 가치 때문에 상품을 구매하지도 않고, 예컨대 합의된 계약을 화폐로 지불하거나 자신의 욕구를 위한 다른 상품을 구하기 위해서 상품을 판매하는 것도 아니다. 그의 직접적인 목적은 가치의 증대이며, 그것도 화폐라는 직접적인 형태로의 증대이다. 첫째로 상업자산은 교환 수단으로서의 화폐, 매개적 유통 운동으로서의 화폐이다. 상업 자산은 상품을 화폐와 교환하고 화폐를 상품과 교환하며, 그 반대의 경우에는 반대이다. 마찬가지로 여기에서는 화폐가 자기

목적으로서 나타난다. 그렇다고 해서 금속으로 실존하는 것은 아니다. 여기에서 그것은 상품과 화폐라는 두 가지 형태로의 가치의 살아 있는 전환이다. 가치가 취하는 일정한 사용 가치 형태에 대한 가치의 무차별성이면서 동시에 이 모든 형태로의 가치의 변형이지만, 이 형태들은 일종의 변장으로 나타날 뿐이다. 그리하여 상업 행위가 유통 운동들을 총괄하고, 따라서 화폐가 상인 자산으로서, 한편으로는 자본의 첫 번째 실존이고 역사적으로도 그렇게 나타난다면, 다른 한편으로 이 형태는 가치 개념에 직접적으로 모순되는 것으로 나타난다. 싸게 구매해서 비싸게 판매하는 것이 상업의 법칙이다. 요컨대 상업은 등가물 교환이 아닌데, 그것은 이러한 등가물 교환으로는 오히려 특수한 사업 영역으로서 정립되지 못했을 것이다.

그렇지만 상인 자산으로서의 화폐는 단지 — 매우 다양한 사회 형태들과 사회적 생산력의 매우 다양한 발전 단계에서 나타나는 바와 같이 — 상인 자산이 지배하지 않는 극단들과 그것이 창출하지 않는 전제들 사이에서 움직이는 매개적 운동이다.

A. 스미스, 제2권, 1.Ⅲ(가르니에 판).

> 전적으로 문명화된 사회에 있어서 중요한 상업은 도시 주민과 농촌 주민 사이에 이루어지는 상업이다. … 원료품과 제조된 생산물의 교환이다.… 직접적이든 화폐의 매개에 의해서든(403쪽).

상업은 언제나 총괄된다. 처음에 생산은 소규모.

> 도시는 농촌 주민들이 그들의 원료품을 완제품과 교환하기 위해서 찾아가는 박람회 또는 상설 시장과 같다. 이 상업은 도시 주민들에게 노동에 필요한 원료뿐만 아니라 생계에 필요한 수단도 조달해준다. 도시 주민들이 농촌 주민들에게 판매하는 완수된 노동량이 필연적으로 그들이

구매하는 원료와 생활 수단의 양을 결정한다(408[, 409]쪽).

“생계 및 향유의 수단”이 주목적인 한에 있어서는 사용 가치가 지배한다. 가치가 교환에 의해서만 보존되고 증대된다는 것은 가치 개념에 내재해 있다. 그러나 실존하는 가치는 우선 화폐이다.

> 절대적으로 필요한 것을 초과하는 것을 목적으로 삼는 이 산업은, 대체로 토지 경작자들에 의해서 도시가 수립될 수 있기 오래 전에 도시들에서 정착했다(452쪽).

> 도시의 주민들은 궁극적으로 농촌으로부터 그들의 생계 수단과 그들의 산업에 필요한 모든 수단 및 원료를 받지만, 해변이나 항해가 가능한 강변 가까이 놓인 도시의 주민들은 — 그들 자신의 산업 생산물과의 교환을 통해서 받거나 또는 그들이 먼 나라들 사이에서 서로서로 짐꾼 노릇을 하고 그 나라들의 생산물들을 교환하는 것을 통해 세계의 오지(奧地)로부터도 받는다. 따라서 도시 근교의 농촌뿐만 아니라 그들이 거래하는 모든 나라가 가난할지라도 그 도시는 부유해질 수 있다. 이 나라들을 하나씩 살펴보면 생계 수단과 사업 수단의 매우 작은 부분밖에 공급하지 않을지 모르지만, 이들을 전체로 보면 대량의 생계 수단과 매우 다양한 고용을 제공해줄 수 있다([452,] 453쪽).

(이탈리아 도시들 — 베네치아, 제노아, 피사 — 은 유럽에서 가장 먼저 상업을 통해 부흥했다. 십자군 전쟁 동안에 부분적으로는 인간 수송을 통해서, 그리고 언제나 그들에게 공급되어야 했던 생활 수단의 수송을 통해서. 이 공화국들은 마치 군대의 생필품 보급관과 같았다.)(앞의 책.)

상인 자산은 끊임없이 교환에 묶여 있고, 교환 가치 때문에 교환하는 것으로서 사실상 살아 있는 화폐이다.

상업 도시 주민들은 보다 부유한 나라들로부터 가격이 높은 정교한 물품과 사치품을 수입하여 대토지 소유자들의 허영심을 부추기는데, 이들은 자신의 토지의 원료를 대량으로 지불하면서 열심히 저 물품들을 구매하였다. 그래서 그 당시 유럽 대부분의 상업은 한 나라의 원료가 산업이 발전한 나라의 매뉴팩처 생산물과 교환되는 것이었다([454,] 455쪽).

이러한 취향이 대체로 현저한 수요를 창출하기에 충분해지자, 상인들은 수송비를 절약하기 위해서 그들의 나라에 유사한 매뉴팩처를 건설하고자 했다. 이것이 원격지 판매를 위한 최초의 매뉴팩처의 기원이다(앞의 책).

대외 무역에서 유래하는 사치품 매뉴팩처는 상인들에 의해서 정착된다(456쪽). (외국 원료를 가공한다). 애덤 스미스는 "조야한 가내 공업의 계속적인 개량에 의해서 자연적으로 저절로 생겨난" 두 번째 종류에 대해서 논하고 있다. 국내 원료의 가공(459쪽).

고대의 상업 민족들은 세상의 인터문디엔(Intermundien; 상이한 세상들 사이의 중간 지대)[410]에 있는 에피쿠로스 신들이나 또는 차라리 폴란드 사회의 틈새에 있는 유태인들과 같았다. 자립적이고 대규모로 발전된 자립적인 상업 민족들이나 도시들은 대부분 생산하는 민족들의 야만성에 의거한 운송업을 수행했는데, 그들은 이 민족들 사이에서 화폐의 역할을 담당했다(중개자).

부르주아 사회의 전(前)단계들에서는 상업이 공업을 지배한다. 근대 사회에서는 반대이다.

상업은 상업이 영위되는 공동체들에게 당연히 다소간 반작용한다. 상업은 생계를 생산물의 직접적인 사용보다 판매에 갈수록 종속시킴으로써 점점 더 생산을 교환 가치에 복속시키고 직접적인 사용 가치를 뒷전으로 밀어 넣는다. 그것은 낡은 관계들을 해체한다. 이를 통

해 화폐 유통을 증대시킨다. 처음에는 단지 생산 잉여만을 포괄한다. 점차 생산 자체에 영향을 미친다. 그렇지만 해체 작용은 상업이 영위되는 생산하는 공동체들의 성격에 크게 좌우된다. 예를 들어 [상업은] 고대 인도 공동체와 아시아적 관계 일체를 거의 동요시키지 못했다. 교환에서의 사기는 ‖54| 그것이 자립적으로 나타나는 바와 같이 상업의 토대이다.

그러나 자본은 상업이 생산 자체를 장악하고 상인이 생산자가 되거나 또는 생산자가 단순한 상인이 되는 곳에서 비로소 등장한다. 중세의 동업조합 제도, 카스트 제도 등은 그것의 반대. 그러나 적합한 형태로의 자본의 등장은 상업 자본과 동일한 것을 전제하므로, 더 이상 다소간의 화폐에 의해서 매개되면서 사용을 위해서 생산되는 것이 아니라 상업을 위해서 생산된다.

자립적인 경제적 형태이자 상업 도시를 위한 기반으로서의 상업 자산은 매우 상이한 경제 발전 단계에 놓여 있는 민족들 사이에서 실존하고 있고 또 실존했다. 그리고 상업 도시 자체(예를 들어 고대 아시아, 그리스, 이탈리아 등, 중세 도시)에서는 생산이 동업조합 등의 형태로 존속할 수 있다.

스튜어트는 다음과 같이 말한다.

> 상업은 개인들이나 상인이라고 불릴 수 있는 인간 집단들의 사회의 부나 노동이 등가물을 받고 교환될 수 있도록 도움을 주는 활동인데, 이 등가물은 공업이 중단되거나 소비에 장애가 발생하지 않고 모든 욕구들을 충족시키기에 적합하다. 공업은 상업의 수단들을 통해 모든 욕구들을 충족시키기에 적합한 등가물에 도달하기 위해서 자유로운 인간의 의미 깊은 노동을 지망하는 것을 의미한다(제1권, 166쪽).

> 욕구가 단순하고 수적으로 적은 상태에 있는 한 수공업자는 그의 모

든 노동 생산물을 분배하기에 충분한 시간을 지니고 있다. 욕구가 다양해지면 인간들은 더 열심히 노동해야 한다. 시간이 귀해지고, 그 결과 상업이 도입된다. … 수공업자와 소비자 사이의 중개자로서의 상인(171쪽).

소수의 수중에 (생산물이) 집적되는 것이 상업의 도입이다(앞의 책). 소비자는 다시 판매하기 위해서 구매하는 것이 아니다. 상인은 단지 이윤을 노리고 구매하고 판매한다(174쪽). (즉 가치를 위해서.) 사업 형태 중에서 가장 단순한 것은 생활필수품의 교환에 의해서 수행된다. (차지농의 잉여 식량과 자유로운 노동자 사이에서. 진보는 주로 화폐 도입 덕택.)(176쪽)

서로간의 욕구가 물물교환에 의해서 충족되는 한, 화폐가 자리잡을 기회는 없다. 이것은 가장 단순한 조합. 욕구가 다양해지면 물물교환을 영위하는 것이 어려워진다. 그래서 화폐가 도입된다. 이것이 모든 사물의 일반적 가격이다. 매우 적합한 등가물이 [무언가를] 필요로 하는 자들의 수중에. 구매 활동은 첫 번째 활동보다 복잡하다. 요컨대 1. 물물교환. 2. 판매. 3. 상업 ….

상인이 개입해야 한다. 이전에는 욕구라 불리던 것이 이제는 소비자에 의해서 대표된다. 공업은 공장주에 의해서, 화폐는 상인에 의해서 대표된다. 상인은 화폐를 신용으로 대체함으로써 화폐를 대표한다. 그리고 화폐가 물물교환을 용이하게 하기 위해서 발명되었듯이, 상인은 신용을 통해 화폐 이용에 비한 개량을. 이 매매 활동이 이제는 상업이다. 상인은 모든 수송 문제와 욕구를 욕구에 적응시키거나 화폐에 적응시키는 노력에서 모두 해방시켜준다. 상인은 소비자, 공장주, 화폐를 번갈아 가면서 대표한다. 상인은 소비자에 대하여 공장주 전체를 대표하고, 공장주에 대해서 소비자 전체를 대표하며, 그리고 두 계급에 대해서는 그의 신용이 화폐 사용을 대체한다(177, 178쪽).

상인은 아마도 필요 때문이 아니라 이윤의 관점에서 구매하고 판매한다(201쪽).

산업가는 비로소 자신의 사용을 위해서가 아니라 타인을 위해서 생산한다. 이 재화들은 그가 교환하는 순간에 비로소 유용해지기 시작한다. 요컨대 이 재화들이 상업이나 교환의 기술(Kunst)을 필요하게 만든다. 그것들은 단지 그것들의 교환 가능한 가치 때문에 평가될 뿐이다(시스몽디, 『정치경제학 연구』, 제II권, 브뤼셀 1838년, 161쪽). 상업은 사물들, 부로부터 유용성이라는 본원적인 성격을 박탈한다. 상업이 사태 전체를 환원하는 곳은 사용 가치와 교환 가치의 대립이다(162쪽). 처음에는 효용이 모든 가치의 진정한 척도이다. 그러면 상업은 가부장적 사회 상태로 실존한다. 그러나 상업이 사회를 완전히 흡수한 것은 아니다. 상업은 그것의 실존이 기초하고 있는 것으로가 아니라 각자의 잉여 생산으로 수행된다(162, 163쪽). 이에 반해 우리의 경제적 진보의 성격은 상업이 매년 생산되는 부의 총체의 분배에 의해서 부담된다는 것이다. 따라서 교환 가능한 가치만이 존재하도록 하기 위해서, 상업은 유용한 가치를 가지는 자신의 성격을 절대적으로 억제한다(163쪽).

상업이 도입되기 전 생산량의 증대는 부의 직접적인 증대였다. 당시 이 유용한 사물의 획득을 중개하던 노동의 양은 거의 중요하지 않았다. 그리고 실제로 요구된 사물은 그것을 조달하는 데 아무런 노동을 필요로 하지 않을지라도 그 자체의 유용성을 잃지 않았다. 곡물과 아마포는 그것들이 하늘에서 떨어진다고 할지라도, 그것들의 소유자들에게 덜 필요하지는 않을 것이다. 이것은 부, 향유와 유용성에 대한 의심할 나위 없이 올바른 평가이다. 그러나 인간이 … 자신의 생계를 그가 할 수 있는 교환에 종속시키거나 또는 상업에 종속시키는 순간부터, 그들은 다른 평가, 교환 가치, 즉 유용성으로부터 결과되는 것이 아니라 사회 전체의 욕구와 이 욕구를 충족시키는 데 충분한 노동량 사이의 비율에서 야기되는 가치, 또는 장차 이 욕구를 충족시킬 수 있을 노동량에 집착하도록 강요되었다(앞의 책, 266쪽). 사람들이 현금이라는 제도로 측정하고자 했던 가치들에 대한 평가에서 유용성 개념은 완전히 무시되었다. 유일하게 고찰된 것은 서로 교환되는 두 개의 사물을 조달하기 위해 필요했던 노동이다(267쪽).

이자에 관해서 길바트는 『은행업의 역사와 원리』(런던 1834년)에서 말하기를,

이윤을 얻을 의도로 화폐를 차입하는 자가 이윤의 일부를 대부자에게 주어야 한다는 것은 자연적 정의(正義)의 자명한 원리이다. 그 사람은 대개 상업 교류를 매개로 해서 이윤을 얻는다. 그러나 중세에 인구는 순전히 농업적. 그리고 봉건 정부 하에서처럼 여기에서는 상업 교류가 적을 수밖에 없고 따라서 이윤도 적을 수밖에 없었다. 따라서 중세에 고리대법은 정당하다. 그밖에 농업 국가에서는 불행을 당해 곤궁에 처할 경우를 제외하고는 돈을 빌릴 필요가 거의 없었다(163쪽).

헨리 Ⅷ세는 이자를 10%로, 자곱 Ⅰ세는 8%로, 찰스 Ⅱ세는 6%로, 앤 여왕은 5%로 제한했다(164, 165쪽). 그 당시 대부자는 합법적이지는 않았지만 실질적인 독점가들이었다. 따라서 다른 독점가들과 마찬가지로 이들을 제한에 묶어둘 필요가 있었다(165쪽). 현재는 이윤율이 이자율을 규율한다. 그 당시에는 이자율이 이윤율을 규율했다. 화폐 대부자가 높은 이자율로 상인을 부담 지우면, 상인은 높은 이윤율을 자신의 상품에 붙여야 했고, 따라서 거액의 화폐를 구매자의 주머니에서 꺼내서 화폐 대부자의 주머니에 넣어야 했다. 상품에 붙여진 이 추가 가격은 공중으로 하여금 그 상품을 구매할 능력과 의향을 감소시켰다(앞의 책, 165쪽).

불변의 등가물의 지배하에서는 상업 등이 불가능할 것이다(업다이크, 『정치경제학 논고』, 뉴욕 1851년, 67쪽).

이 수단(즉 지폐)의 무조건적인 제한은 다른 수단(금속 화폐)에 있어서 생산비가 충족시키는 유일한 목적을 충족시킬 것이다(앞의 책, 300쪽).

이자.

귀금속의 고정 금액이 감소한다고 해서, 그것을 사용하기 위한 화폐량이 감소되어야 하는 것은 아니다. 왜냐하면 자본이 차입자에게 적은 가치를 가지게 되면 이자율도 그와 동일한 만큼 지불하기 쉬워질 것이기 때문이다. 캘리포니아에서 이자율은 불안한 상태 때문에 월 3%, 연 36%였다. 비생산적 지출을 위한 인도 군주들의 차입이 이루어지는 힌두스탄에서는, 대부자의 자본 손실을 평균적으로 상쇄하기 위해서, 공업 활동을 통해 획득될 수 있을 이윤율과는 아무런 관계도 없는 30%로 이자가 매우 높다(『이코노미스트』, 1853년 1월 22일). (대부자는 짧은 시간에 자본을 대체하기에 충분할 정도로, 또는 적어도 그의 모든 대부 거래의 평균에서와 마찬가지로, 특별한 경우들에서의 손실을 다른 경우들에서의 명백히 과도한 이윤으로 상쇄할 정도로 높게 산정한다(앞의 책).)

이자율은 1. 이윤율, 2. 총 이윤이 대부자와 차입자에게 분배되는 비율에 좌우된다(앞의 책).

귀금속의 과잉이나 희소, 일반적인 가격의 높낮이 수준은, 다만 차입자와 대부자 사이의 교환뿐만 아니라 다른 모든 종류의 교환들을 수행하기 위해 요구될 화폐량이 많으냐 적으냐를 결정할 뿐이다. … 차이는 대부된 자본을 대표하고 이전하려면 더 많은 화폐액이 필요할 것이라는 점뿐이다. … 어떤 자본의 사용을 위해서 지불된 금액과 자본 자체 사이의 비율은 화폐로 측정된 이자율을 표현한다(앞의 책).

이중 통화. 과거에 금과 은이 법정 통화였던 나라들에서는 지금까지

거의 은만이 통용되었는데, 그 까닭은 1800년부터 1850년까지 은에 대한 금 가격의 등귀 경향이 있었기 때문이다. 금이 은에 비해 약간 상승해서 프랑스에서는 1802년에 결정된 은에 대한 비율에 할증이 붙었다. 미국과 인도에서도 그러했다. (후자에서는 이제 네덜란드 등에서처럼 은본위제도) … 미국의 유통이 처음에는 영향을 받았다. 캘리포니아로부터 대량의 금이 유입된 것, 유럽에서 은의 할증, 대대적인 은화 선적과 금에 의한 [은화의] 대체. 미국 정부는 금화를 1달러와 같은 소액으로 주조했다. 프랑스에서는 은에 의한 금의 대체(『이코노미스트』, 1851년 11월 15일).

'가치 척도'를 마음대로 정하고, 가능한 수준까지 현재 화폐가 그 척도의 어떤 확정된 부분을 나타내도록 하면, 양자는 상호 관계에서 그 보유자의 임의에 따라서 태환될 수 있는 한에 있어서만 어떤 고정적이고 지속적인 가치를 가질 수 있다(『이코노미스트』, [1847년 10월 9일]).

어떤 주화가 할증을 지휘할 수 있는 유일한 가능성은, 모두가 그것을 법정 지불 수단으로 받도록 강요하는 반면, 아무도 그것을 지불하도록 강요하지 않는 것이다(『이코노미스트』, [1851년 1월 18일]).

어떤 나라도 하나보다 많은 척도를(가치 척도로서 복수의 척도를) 일관되게 가질 수는 없다. 그 까닭은 이 척도가 통일적이고 불변이어야 하기 때문이다. 어떤 물품도 다른 물품에 대하여 통일적이고 불변적인 가치를 가지지 않는다. 그러한 가치는 자신에 대해서만 가질 수 있다. 어떤 금 조각은 언제나 정확하게 동일한 순도와 동일한 무게, 동일한 장소에서 동일한 가치를 가지는 다른 조각과 동일한 가치를 가진다. 그러나 금과 다른 어떤 물품, 예를 들어 은에 대해서는 이렇게 말할 수 없다(『이코노미스트』, 1844년 [5월 11일]).

영국의 파운드 스털링은 그의 당초 가치의 ⅓보다 약간 적고 독일의 플로린(Florin)은 = 1/6, 연방 이전의 스코틀랜드는 그것의 파운드를 1/36로 인하했으며, 프랑스 프랑은 = 1/74, 스페인 마라데비(Maradevi)는 1/1000보다 적고 포르투갈의 레이(Reis)는 더욱 낮다(모리슨, 13쪽).[411]

1819년 법령[412] 이전에는 은행권 유통 이외에 귀금속괴 가격을 결정하는 원인이 존재하고 있었다. 1. 다소간의 결함이 없는 주화 상태. 유통되는 주화가 그것의 중량 척도에 미달하면, 수출 수요를 야기하는 사소한 교환 변동도 귀금속괴의 가격을 적어도 화폐 가치 하락만큼 인상시킨다. 2. 주화의 용해와 수출은 금지하면서도 귀금속괴의 거래는 허용하는 형법. 이는 집중적인 수출 수요가 있을 때에는 지폐가 완전히 태환될 수 있는 시기에도 주화 가격에 비해 귀금속괴의 가격을 변화시킬 여지를 낳는다. 은행 이사들이 현금 지불의 재개를 준비하려는 희망에서 금을 주화 가격보다 훨씬 높은 가격으로 받아들였기 때문에 1783, 1792, 1795, 1796 … 1816년에 귀금속괴의 가격은 주화 가격 이상으로 상승했다(풀라턴).[413]

1온스의 금도 유통하지 않으면서도 금이 도량이 될 수 있다(『이코노미스트』).[414]

조지 Ⅲ세(1774년)하에서 은은 25파운드에 대한 법정 지불 수단이었다. 은행도 법적으로 금으로 더 많이 지불했다(모리슨). 리버풀(Liverpool) 경(卿)에 의해서 (19세기초) 은과 구리가 순전히 대표적인 주화로 만들어졌다(앞의 책).[415]

화폐의 도량에 관한 어콰트의 어처구니없는 말.

금의 가치는 자기 자신에 의해서 측정되어야 한다. 어떤 소재가 어떻게 자기 자신의 가치를 다른 사물로 나타내는 척도일 수 있는가? 금의 가치는 자기 자신의 중량에 의해서, 이 중량의 잘못된 명명 하에서 확인되어야 한다 — 1온스는 몇 파운드이고 일부의 파운드의 가치가 있어야 한다. 그것은 바로 — 척도를 위조하는 것이지 도량을 확립하는 것이 아니다!(『유사어』, [104-105쪽]).

‖56| 애덤 스미스는 노동을 **실재적인 가치 척도로**, 화폐를 **명목적인 가치 척도로** 명명한다. 전자를 본원적인 것으로 제시한다.[416]

화폐의 가치. 존 스튜어트 밀.

판매된 재화들의 양과 이 재화의 판매 및 재판매의 수가 주어져 있으면, 화폐의 가치는 각각의 화폐가 이 과정에서 주인을 바꾸는 회수와 더불어 화폐의 양에 좌우된다.

유통되는 화폐의 양 = 유통 속도를 표현하는 수치로 나눈 판매되는 모든 상품의 화폐 가치.

상품과 거래 금액이 주어져 있다면, 화폐의 가치는 유통 속도를 곱한 그것의 양에 반비례한다.

그러나 이 모든 명제들은 "실제로 유통되고 실제로 상품과 교환되는 화폐의 양에 관한 것"으로만 이해해야 한다.

필요한 화폐량은 부분적으로는 그것의 생산비에 의해서, 부분적으로는 그것의 유통 속도에 의해서 규정된다. 유통 속도가 주어져 있으면 생산비가 규정적이다. 생산비가 주어져 있으면 화폐량은 유통 속도에 좌우된다.[417]

화폐는 그것이 상품인 곳에서는 그 자체로 등가물을 가지지 않는다.

따라서 모든 것을 격하시킨다. 15세기초 프랑스에서는 헌납된 교회 주전자(제단 주전자)조차 유태인에게 저당 잡혔다(오지에, [95쪽]).

화폐는 직접적인 소비 대상이 아니다.

현금은 소비 대상이 되지 않고 언제나 거래 상품으로 남아 있을 뿐 결코 식품이 되지 않는다. 화폐는 사회를 위해서만 직접적인 내적 가치를 가지고, 각 개인을 위해서는 교환 가능한 가치를 가진다. 따라서 그것의 재료는 가치를 가져야 하지만, 인위적인 욕구에 기초한 가치를 가지면 인간 실존을 위해서 불가결해서는 안 된다. 왜냐하면 현금으로 사용되는 양 전체는 결코 개인적으로 사용될 수 없고 언제나 유통되어야 하기 때문이다(쉬토르흐).[418]

||57| 존 그레이, 『사회 체제. 교환 원리에 관한 논고』(에딘버러 1831년).

모든 시대에 화폐를 받고 판매하는 것이 화폐를 주고 구매하는 것과 마찬가지로 용이해져야 한다. 그러면 생산은 한결같고 결코 막히지 않는 수요 원천이 될 것이다(16쪽). 현재 생산을 제한하는 것은 산출될 수 있는 양이 아니라 이윤을 위해서 판매할 수 있는 양이다(59쪽).

화폐는 단지 그 보유자가 현존하는 국부에 일정한 가치를 기여했다거나 이 가치를 기여한 자로부터 그가 이 가치에 대한 권리를 획득했다는 수령증, 즉 증거여야 한다. … 화폐는 비축된 부의 실존에 대한 이전 가능하고 분할 가능하며 모조 불가능한 간편한 증거 이상도 이하도 아니어야 한다(63, 64쪽).

사전에 평가 가치를 받은 생산물을 은행에 예치했다가 필요할 때 다시 인출하는데, 이 때 일반적인 합의에 의해서 규정되는 것은 어떤 종류의 소유를 제안된 국립 은행에 예치한 자는 그가 예치한 것과 동일한 사물을 인출하도록 강요되는 것이 아니라, 어느 것에 들어 있든 동일한 가치를 이 국립 은행에서 꺼낼 수 있다는 것이다. … 제안된 국립 은행가는 어떤 종류의 귀중품이든 받아서 관리해야 하며, 그 대신에 어떤 종류의 귀중품이든 다시 되돌려주어야 한다(앞의 책, 68쪽).

그레이는 말하기를,

화폐가 그것이 대표하는 것과 동일한 가치를 가진다면, 그것은 대표이기를 중지한다. 화폐의 중요한 요구 조건의 하나는 그것의 보유자가 언제든 그것을 받은 것과 동일한 장소에서 그것을 지불용으로 제시하도록 강제되어야 한다는 것이다. 그러나 화폐가 화폐를 주고받을 수 있는 것과 동일한 내적 가치를 가진다면 그럴 필요는 없다(74쪽)

자본의 가치 감소는 국민적 우려의 대상을 이룬다([115,] 116쪽). 어떤 나라의 사업이든 국가 자본의 기초 위에서 수행되어야 할 것이다(171쪽). 모든 토지는 국가 소유로 전환되어야 한다(298쪽).

존 그레이, 『화폐의 본성과 사용에 관한 강론』(에딘버러 1848년).

인간은 전체로서 그들의 근면이나 생산 능력을 고갈시키는 향락 수단을 제외하고, 그들의 물질적 향락 수단을 제한 받아서는 안 된다. 반면에 우리는 원리적으로 잘못되고 실천적으로 오래 갈 수 없는 화폐 제도를 채택하였다. 그에 따라 우리의 물질적 향유 수단의 가치를 제한하는 데, 즉 지구상에서 인간의 노력을 통해서 증대시키기에 가장 적합하지 않은 것에 속하는 상품과 이윤을 남기면서 교환될 수 있는 양으로 정확하게 제한하는 데 동의했다(29쪽). 좋은 체제를 위해서 필요한 것은 1. 공급과 수요의 자연스러운 연결이 회복될 수 있게 작동할 은행 제도, 2. 실존하는 허구가 아니라 진정한 척도이다(108쪽).

(이 책에서는 현재의 생산 양식을 유지하는 가운데 교환 은행에 관한 구상을 더 많이 자세하게 개진하고 있다.)

도량 화폐로 지불될 최소 노동 가격이 있어야 한다(160쪽). 예를 들어 법적으로 지불될 수 있는 60-72시간의 주당 최저 임금율을 도량 화폐의 20실링 또는 1파운드라고 부르자(161쪽). 우리가 우리의 공상적인 가치 척도인 금을 유지하고, 그리하여 나라의 생산력을 억눌러야 하는가, 아니면 자연적 가치 척도인 노동을 이용해서 나라의 생산력을 해방시킬 것인가?(169쪽) 최저 임금 수준이 일단 확정되면 … 그것은 영원히 동일한 수준에 머물러 있어야 한다(174쪽). 금과 은이 시장에서 버터, 달걀, 옷감, 칼리코(Kaliko) 곁에 그것들에 적절한 자리를 차지하도록 하면, 귀금속의 가치는 다이아몬드의 가치처럼 우리의 관심을 별로 끌지 않을 것이다 등(182쪽). 교환 수단으로 사용되는 금과 은에 대해서는 이의를 제기할 수 없으나 가치 척도로서만 사용되는 것에 대해서는 그렇지 않다. … 머지 않아 사람들은 런던, 에딘버러 또는 더블린에서 100파운드의 도량 지폐와 교환해서 몇 온스의 금이나 은을 받을 수 있을지를 알게 될 것이다(188쪽).

이자.

연금 생활자 계급이 증가함에 따라 자본 분배자도 증가한다. 왜냐하면 그들은 동일하기 때문이다. 단지 이 원인 때문에 역사가 오래된 나라들에서 이자는 하락하는 경향을 가져야 했다(램지, 202쪽).

어느 시대에나 귀금속의 생산은 그 가치가 일찍이 변제한 것보다 더 많은 비용이 들었다(제이콥, 『귀금속 생산과 소비에 관한 역사적 고찰』, II권, 런던 1831년, 101쪽).[419]

화폐의 가치.

모든 사물의 가치는, 생산자로부터 소비자에 이르기까지 그것들을 대상으로 하는 구매 회수로 나누면 = 이것들을 구매하기 위해 사용된 탈러 가치를 이들 탈러가 동일한 시간대 동안에 이전한 경우의 수로 나눈 값. (시스몽디, 『정치경제학의 새로운 원리』 등.)[420]

가장 형식적인 잘못된 가격 이론은 제임스 밀에서 나타난다(빠리소의 번역본, 『정치경제학의 요소』에 따라 인용).
밀의 주요 부분들은 다음과 같다.

화폐 가치 = 사람들이 화폐를 다른 물품과 교환하는 비율, 또는 일정한 양의 다른 물품과 교환하면서 주는 화폐의 양(128쪽). 이 비율은 한 나라에 실존하는 화폐의 총량에 의해서 규정된다. 한편에는 한 나라의 모든 상품이 통합되어 있고, 다른 한편에는 모든 화폐가 통합되어 있다고 가정하면, 양편이 교환될 때 화폐의 가치, 즉 화폐와 교환되는 상품의 양이 화폐 자체의 양에 좌우된다는 것은 분명하다(앞의 책). 이 경우는 실재적인 상황과 전적으로 동일하다. 한 나라의 총 상품량은 총 화폐량과 한꺼번에 교환되는 것이 아니라 일부분씩 교환되고 간혹 연중 여러 차례에 걸쳐 매우 적은 부분만이 교환된다. 오늘 이 교환에 기여한 동일한 화폐가 내일은 다른 교환에 기여할 수 있다. 일부 화폐는 많은 수의 교환에 사용되고, 다른 일부의 화폐는 소수의 교환에 사용되며, 또 다른 일부는 축장되어 교환에 기여하지 않는다. 이러한 변화 하에서는 모두가 동수의 교환을 수행했을 때 각각의 화폐가 사용되었을 교환의 수에 의거한 평균율이 존재할 것이다. 이 비율을 임의의 수, 예를 들어 10으로 고정시키자. 국내에 있는 각 화폐가 10번의 구매에 기여했다면, 그것은 총 화폐 수가 10배 증가하고 각 화폐가 한 번의 구입에 기여한 것과 똑같다. 이 경우 모든 상품의 가치는 모든 화폐 가치의 10배와 같다 등(129, 130쪽). 각 화폐가 1년에 10번의 구매에 기여하는 대신 총 화폐량이 10배 증가하고 각 화폐가 한 번의 교환에 기여한다면, 이 화폐량 일체의 증가 자체는 이 화폐 가치의 비례적인 감소를 야기할 것이다. 화폐와 교환될 수 있는 모든 상품의 양이 동일하게 남아 있다고 가정했기 때문에 총 화폐량의 가치는 그 양이 증가한 후에도 이전보다 커지지 않았다. 1/10이 증가했다고 가정하면, 각 부분 예를 들어 1온스의 가치는 1/10 감소할 것이 틀림없다(130, 131쪽). 요컨대 총 화폐량의 증가나 감소가 얼마이든 다른 사물들의 양이 동일하게 남아 있다면, 이 총량과 각 부분은 서로 비례적인 감소나 증가를 겪는다. 이 명제가 절대적으로 옳다는 것은 분명하다. 화폐 가치가 증가나 감소를 겪고 화폐와 교환될 수 있는 상품량과 유통 운동이 동일하게 머물러 있을 때마다, 이 변동은 화폐의 비례적인 감소나 증가를 원인으로 하며, 다른 어떤 원인 탓으로 돌릴 수 없다. 화폐량은 동일하게 남아 있는 반면 상품량이 감소하면, 그것은 마치 총 화폐량이 증가한 것과 마찬가지이고, 그 반대의 경우에는 반대이다. 유사한 변동은 유통 운동에 있어서의 변화의 결과이다. 구매 회수 일체의 증가는 총 화폐량의 증가와 동일한 결과를 낳는다. 이 회수의 감소는 정반대되는 효과를 낳는다(131, 312쪽).

생산자들이 소비하거나 화폐와 교환되지 않는 생산물과 같이, 연간 생산물의 일부가 전혀 교환되지 않았다면 이 일부는 계산되어서는 안 되는데, 그 까닭은 화폐와 교환되지 않는 것은 동일한 상태의 화폐와 관련하여 존재하지 않는 것이나 마찬가지이기 때문이다(132, 133쪽). 화폐의 증가나 감소가 자유롭게 일어날 수 있을 때마다 이 양은 금속의 가치에 의해서 규율된다. … 그러나 금과 은은 상품, 즉 생산물이다. … 다른 모든 생산물과 마찬가지로 생산비가 금은의 가치를 규율한다(137쪽).

이러한 추론의 우둔함은 명백하다.

1. 상품량과 유통 속도가 동일하게 남아 있을지라도, 더 많은 양의 금이나 은이 동일한 상품량과 교환된다고 가정하는 것은, (가치, 즉 금과 은에 포함된 노동량이 변하지 않았다면) 바로 그것이 증명하고

자 하는 것, 즉 상품 가격이 유통되는 수단의 양에 의해서 규정되지 그 역은 아니라는 것을 가정하는 것이다.

2. 존 스튜어트 밀은 유통에 던져지지 않은 상품이 화폐에게는 실존하지 않는다는 것을 인정한다. 유통에 던져지지 않은 화폐가 상품에게는 실존하지 않는다는 것도 마찬가지로 분명하다. 그러므로 화폐 가치 일체와 유통에 들어가는 화폐량 사이에는 고정된 관계가 존재하지 않는다. 실제로 유통에 들어 있는 화폐량을 그 회전수로 나누면 화폐 가치와 일치한다는 것은, 화폐로 표현된 상품 가치는 상품 가격이라는 것을 단순히 동어반복적으로 고쳐 쓰는 것이다. 유통에 들어 있는 화폐는 그것이 유통시키는 상품의 가치를 표현하기 때문에 — 따라서 이 상품의 가치는 유통하는 화폐의 양에 의해서 규정된다.

3. 밀이 가지는 견해의 혼란스러움은 화폐 가치가 "유통 운동의 모든 변동"에 따라 감소하거나 증가한다는 것에서 분명하게 드러난다. 1파운드 스털링이 하루에 한 번 회전하든 10번 회전하든, 매 번의 교환에서 화폐는 상품의 등가물을 표현하고 동일한 가치와 상품으로 교환된다. 그 자신의 가치는 모든 교환에서 동일하게 남아 있으며, 유통이 느리거나 빠르다고 변하는 것은 아니다. 유통되는 화폐의 양은 변한다. 그러나 상품의 가치도 화폐의 가치도 변하지 않는다.

> 옷감 한 조각이 5파운드 가치가 있다고 말하는 것은 그것이 표준 금 616,370그란(Gran)의 가치를 가진다고 말하는 것이다. 위에서 거론한 이유는 다음과 같이 고쳐 쓸 수 있다. '상품 가치가 몇 온스의 금으로 평가되고, 이 나라에서 금량이 감소했기 때문에 가격은 하락해야 한다.'(허바드, 『통화와 나라』, 런던 1843년, 44쪽)

4. 밀은 우선 이론에서 한 나라에 있는 화폐의 전량(全量)이 이 나

라에 있는 상품의 전량과 한꺼번에 교환된다고 가정한다. 그리고나서는 이것이 실재 사정이라고 말하고, 그것도 현실에서는 정반대 현상이 일어나고 일부 화폐가 일부 상품과 교환될 뿐이고 최소한의 지불은 즉석 거래에 대한 결제에 의해서 마련된다는 주요 이유 때문이라고 말한다. 이로부터 하루에 이루어진 거래, 또는 구매의 총량은 이 날 유통되는 화폐와는 전혀 무관하다는 결론이 도출되고, 일정한 날에 유통되는 화폐량은 매 번의 화폐 유보량과는 전적으로 무관한 지난 거래량의 원인이 아니라 결과라는 결론이 도출된다.

5. 끝으로 밀 자신도 화폐 유통이 자유로우면, 그리고 우리는 이것만을 논하고 있는데, 화폐 가치는 그것의 생산비, 즉 밀 자신에 따르면 화폐에 포함된 노동 시간에 의해서 규정된다는 점을 시인하고 있다.

||59| **화폐 역사.** 리카도의 소책자 『영국 은행의 이윤 관찰과 경제적이고 안전한 통화에 관한 제안』(런던 1816년)에는 그가 자신의 전체 견해를 내팽개치는 문단이 나타난다. 즉 다음과 같이 씌어있다.

> 유통 중인 은행권 액수는 … 이 나라의 유통에 필요한 액수에 좌우되고, 이 액수는 도량의 가치, 지불 액수, 이 지불을 실행하기 위해서 사용된 경제에 의해서 규율된다(앞의 책, 17, 18쪽).[421]

루이 XIV, XV, XVI세 치하의 프랑스에서는 농민에게 부과한 통치세 가운데 여전히 현물세가 있었다(오지에).[422]

가격과 유통 수단의 양.

단순한 가격 상승은 추가 화폐를 위한 수요를 창출하는 데 충분하지 않다. 이는 생산과 소비가 동시에 증가할 경우에만 가능하다. 예를 들어 곡물 가격이 상승하되 공급이 감소하면, 동일한 화폐량으로 규율될 수 있다. … 그러나 가격 상승이 수요 증가, 새로운 시장, 생산 규모 증대, 한 마디로 말해서, 가격과 전반적인 사업 수의 증가의 결과라면, 화폐의 개입은 수적으로 증가하고 규모에 있어서도 확대될 필요가 있다(풀라턴).[423]

상업이 화폐를 지배하지 화폐가 상업을 지배하는 것은 아니다. 상업 종사자는 나머지 상품들의 [가격] 변동에 따라야 한다(다브낭).[424]

봉건 왕 치하에서는 인민에 의해서 대량이 구매되는 소수의 물품들의 가격이 하락하여, 노동자의 일상적인 욕구를 실현하기 위한 지불에 부응하기에 충분할 정도로 금화나 은화가 소액이지 못했다. … 따라서 유통 중인 화폐는 고대 로마에서처럼 가치가 적은 금속들인 구리, 주석, 철뿐이었다(제이콥[, 제1권, 301-302쪽]).

제이콥은 금세기에 유럽에 있는 금과 은의 ⅔가 주화가 아니라 다른 대상들, 도구들, 장식들로 되어 있다고 가정한다. (다른 곳에서 그는 유럽과 미국에서 이렇게 사용된 귀금속이 4억 파운드 스털링이라고 산정한다.) [제이콥, 제2권, 212-213, 356쪽.]

가격과 유통 수단의 양. 로크, 『스펙테이터』(1711년 10월 19일), 흄, 몽테스큐[345] — 이들의 이론은 다음과 같은 세 가지 명제에 기초한다.

1. 한 나라에 있는 화폐량에 비한 상품 가격. 2. 한 나라의 주화와 유통되는 화폐는 그 나라의 모든 노동과 상품의 대표자들이므로, 대표가 많을수록 대표되는 많은 사물량은 동일한 양의 대표자에게 할당되고, 대표가 적을수록 적은 사물량이 동일한 양의 대표자에게 할당된다. 3. 상

품들이 증가하면 그것들은 저렴해진다. 화폐가 증가하면 상품들의 가치는 상승한다(스튜어트).

표(얇은 동전이나 은화. 모조 화폐)는 진정한 가치를 가지는 화폐에 대립(앞의 책).[425]

화폐의 해체 작용.

화폐는 소유물(주택, 다른 자본)을 무수한 조각으로 절단하고, 교환을 통해 한 조각씩 소비하는 수단(브레이).[426]

(화폐가 없으면 교환될 수 없고 멀리할 수 없는 대상들이 대량.)

움직일 수 없고 변하지 않는 사물들이 움직여 상업에서 교환을 위해 만들어진 사물로서 인간에게 왔을 때, 화폐는 이 사물들에게 평가와 가치를 주는 규칙과 척도로 사용되었다(『자유 무역』, 런던 1622년).[427]

주화. 은 표와 구리 표는 파운드 스털링의 단편적인 대표자들이다. (재무상의 최근 답변에서 그러했다.)
교환 가치. 프랑스와 비달은 (마찬가지로 로더데일) (그리고 어떤 점에서는 리카도도) 다음과 같이 말하고 있다.

진정한 사회적 가치, 그것은 사용 가치이거나 소비 가치이다. 교환 가치는 다만 사회의 각 구성원의 다른 구성원에 비한 상대적 부를 특징 지울 뿐이다(『부의 재분배』 등, 파리 1846년, 70쪽).

다른 한편 교환 가치는 가치의 사회적 형태를 표현하는 데 반해, 사용 가치는 가치의 경제적 형태가 아니라 인간 일체를 위한 생산물

의 존재를 표현할 뿐이다.[428]

{이윤이 잉여 가치보다 적을 수 있다는 사실, 즉 자본 자체가 엄격한 의미에서 증식되지 않으면서도 이윤을 남기고 교환될 수 있다는 사실로부터 도출되는 결론은, 개인 자본가뿐만 아니라 국가들도 서로 균등하게 이익을 얻지 못하면서도 끊임없이 증대되는 규모로 서로 교환할 수 있다는 사실이다. 한 나라는 교환에서 아무 것도 주지 않으면서 다른 나라의 잉여의 일부를 계속 점취할 수 있다. 다만 여기에서 척도는 자본가와 노동자 사이의 교환에서와는 다르다.}

화폐로서, 세 번째 규정에서의 화폐. (대자적으로 존재하는 가치, 등가물 등.) 이 규정에서 화폐가 어떤 중요한 역할을 수행하는가는 — 그것의 직접적인 형태에 있어서조차 — 공황, 흉작 등의 시기에, 간단히 말해 한 나라가 다른 나라와 갑자기 정산을 해야 할 때마다 드러난다. 이 때에는 직접적인 금속 형태에 있어서의 화폐가 유일한 절대적 **지불 수단**으로서, 즉 유일한 **대응 가치**(Gegenwert)이자 받아들여질 수 있는 등가물로서 나타난다. 이는 다른 모든 상품의 운동과 정면으로 모순되는 운동에서도 나타난다. 상품들은 가장 저렴한 나라에서 가장 비싼 나라로 운송된다. 이와는 반대로 화폐는 그것의 특유한 본성이 드러나는 모든 시기에, 즉 화폐가 다른 모든 상품과 대립해서 대자적인 가치, 절대적인 등가물, 부의 일반적 형태로서 필요해지는 모든 시기에, 다시 말해 금은이라는 일정한 형태로 요구되는 모든 시기에, — 그리고 그러한 계기들은 일반적 공황이든 곡물 공황이든 다소간 모든 공황의 계기들이다 — 금은은 그것들이 가장 비싼 나라에서 — 즉 모든 상품 가격이 상대적으로 가장 많이 하락한 나라에서 — 가장 저렴한 나라로, 즉 상품 가격이 상대적으로 보다 높은 나라로 송금된다.

교환 경제에서 드문 예외이고 특별히 언급될 만한 사실은 … (금을 똑같이 유통 수단으로 사용하는 두 나라 사이의 금의) 중개 무역 경로는 언제나 그 금속이 매순간 가장 비싼 나라에서 가장 싼 나라로 간다는 것인데, 이 때 국내 시장에서 금속의 시장 가격이 최고 한도까지 상승하고 해외 시장에서 할증이 하락하는 것은 교환의 정체에 따른 금 유출 경향의 틀림없는 결과이다(풀라턴, 『통화 규율에 관하여』 등, 제2판, 런던 1845년).

‖60| 교환이 공동체가 끝나고 화폐가 교환 자체에 의해서 산출된 척도, 교환 수단, 일반적 등가물로서 내부 교류에서가 아니라 상이한 공동체들, 민족들 사이에서 그것의 특유한 중요성을 획득하는 곳에서 시작되듯이, 화폐가 16세기에, 부르주아 사회의 유아기에 국가들과 초기 정치경제학의 배타적인 관심을 끌었던 것은 전적으로 ― 국제 채무 변제를 위한 ― 국제적 지불 수단으로서 이다. 화폐(금은)가 이 세 번째 형태로 국제 교류에서 수행한 중요한 역할은 1825년, 1839년, 1847년, 1857년에 화폐 공황이 규칙적으로 이어진 후 비로소 완전히 분명해졌고 경제학자들에 의해서 다시 인정되었다. 여기에서 경제학자들은 화폐가 유통 수단으로서가 아니라 자본으로서 필요해진다고 주장함으로써 곤경에서 벗어난다. 이것은 옳다. 다만 잊어서는 안될 것은 자본은 금은이라는 일정한 형태로 요구되지 다른 어떤 상품의 형태로 요구되는 것이 아니라는 점이다. 금은은 대자적으로 존재하는 가치로서, 자립적인 등가물로서 화폐이기 때문에 절대적인 국제적 지불 수단의 역할에서 등장한다.

그것은 유통 수단의 문제가 아니라 자본의 문제이다.

(실존하는 특수한 형태에 무차별적인 자본이 아니라 특유한 화폐 형태의 가치가 요구되기 때문에, 이것은 통화의 문제도 자본의 문제

도 아니고 화폐의 문제이다.)

> 화폐 문제에 관한 기존의 여건 하에서 … 금은괴의 흐름을 한 나라로부터 다른 나라로 유도할 수 있는 (즉 금은괴의 유출을 촉발하는) 이 모든 상이한 원인들은 단 하나의 제목, 즉 국제 수지 상태와, 자본을 자유화하기 위해서 한 나라로부터 다른 나라로 끊임없이 이전할 필요성이(그러나 주의하라! 화폐 형태의 자본이다) 빈발한다는 점으로 요약될 수 있다. 예를 들어 흉작. 이 자본이 상품으로 이전되는지 현금으로 이전되는지는 거래의 본질과 전혀 관계가 없다. (매우 본질적으로 관계가 있다!)

나아가 전비(戰費) 지출. (이자에서 더 많은 이익을 얻기 위해 유출하는 자본 이전의 경우는 여기에서 논외이다. 풀라턴 씨가 인용하는 수입된 외국 재화의 잉여량의 경우도 물론 이 잉여 수입이 공황과 동시적으로 발생하면 여기에 속하지만 마찬가지로 논외.) (풀라턴, 앞의 책, 130, 132쪽.)

> 금은 그것이 다른 어떤 형태의 유가 증권이나 자본보다 편리하고 정시에 많은 이윤을 남기면서 지불을 수행하는 경우에만 이 자본 이전에 유리하다. {그러나 금은괴가 대량 유출되는 경우에는 유리한 것이 절대로 문제되지 않는다.}[132쪽]

(풀라턴 씨는 금이나 다른 형태의 자본의 이전을 임의의 사태로 다루고 있는 데 반해, 여기에서 바로 문제가 되는 것은 국내에서 청구서가 법정 화폐로 결제되어야 하지 다른 대용물로 결제되어서는 안되는 것처럼 국제 무역에서도 금이 이전되어야 하는 경우들이다.)

> 금은은 … 언제나 정확하고 신속하게 희망지로 운송될 수 있다. 그리고 사람들은 그것들이 도착하면 금액을 차, 커피, 설탕이나 인디고로 보

낼 때의 위험을 감수하지 않아도 거의 정확하게 필요한 금액을 실현한다고 믿을 수 있다. 금은은 그것들이 일반적으로 화폐로 사용되고 있다는 정황 때문에 다른 어떤 종류의 상품보다 그러한 목적을 위해 무한한 이점을 지니고 있다. 채무는 대외 채무이든 국내 채무이든 계약상 일상적으로 차, 커피, 설탕이나 인디고로 지불될 수 없고 주화로 지불되어야 한다. 방금 언급된 주화로든 아니면, 조폐국이나 운송되는 나라의 시장에 의해서 즉각적으로 이러한 주화로 전환될 수 있는 괴로든, 화폐 송금은 수요 부족이나 가격 변동 때문에 실패할 위험이 없이 이러한 목적을 달성할 수 있는 가장 안전하고 직접적이며 정확한 수단을 발송인에게 제공해주어야 한다(132, 133쪽).

요컨대 그는 바로 화폐가 되기 위한 그것의 속성, 즉 일반적 계약상품, 가치 도량, 동시에 임의로 유통 수단으로 전환될 가능성을 열거하고 있다. 영국인들은 유통 수단으로서의 화폐에 대하여 통화(*currency*)라는 좋은 표현을 가지고 있고(주화는 그 자체가 다시 특수한 유통 수단이기 때문에 적합하지 않다), 세 번째 속성의 화폐에 대해서는 화폐(*money*)라는 표현을 사용하고 있다. 그러나 영국인들은 세 번째 속성을 특별히 발전시키지는 않았기 때문에, 이 화폐를 자본으로 선언하지만 다시 이 일정한 자본 형태로서의 화폐를 자본 일체와 실제로 구별하도록 강제된다.

리카도는 금은이 대외 수지를 결제하면서 수행하는 기능들의 제한된 범위에 관해 겉보기에 매우 기묘하고 급진적인 견해를 품고 있었다. 리카도 씨는 제한법[429]에서 발생한 논쟁의 한가운데에서 자신의 생을 보냈고 환율과 금 가격의 모든 큰 변동을 영국 은행의 과도한 발행의 결과로 간주하는 데 오랫동안 익숙해져 있었기 때문에 불리한 상업 지불 수지와 같은 것이 실존할 수 있다는 것을 시인할 의향이 한 때 없었던 것 같았다. … 그리고 그는 현금 지불이 재개되고 유통 수단의 금속 본위가 회복되면 수출을 위한 유출은 완전히 중단될 것이라고만 생각할 정도로 금의 이러한 결제 기능에 사소한 의미를 부여했다(리카도의 『영국 은행에 관한 1819년 경 상원 위원회에서의 증언』, 186쪽 참조).[430]

그러나 영국에서 지폐가 금을 완전히 추방한 1800년부터 우리 상인들은 금을 실제로 사용하지 않았다. 왜냐하면 영국이 해군력의 우위를 통해 달성한 완벽한 식민지 무역 독점과 더불어 유럽 대륙에서의 불안한 정세, 침략군의 부단한 이동에 의한 공업과 국내 진보에 있어서의 장애에 따른 수입 매뉴팩처 상품 소비의 증가로 인해서, 교통이 통하고 있는 동안에는 영국에서 대륙으로의 상품 수출이 대륙으로부터의 상품 수입을 계속 현저히 초과했기 때문이다. 그리고 베를린과 밀라노의 조례[431]에 의해서 이 교통이 단절된 후에는 무역업이 너무 사소해져 환율에 어떤 식으로든 영향을 미칠 수 없었다. 환율을 혼란시키는 데 대단히 기여했고 지난 전쟁 기간 동안에 금속괴 가격을 상승시킨 것은 외국의 군비 지출과 보조금이지 상업의 필요가 아니었다. 따라서 이 시기의 탁월한 경제학자들은 대외 무역 수지의 민감성이 어느 정도인지를 실제로 평가할 기회를 거의 또는 전혀 갖지 못했다. (전쟁과 과잉 발행으로 금속괴의 국제적 이전이 중지될 것이라고 믿었다.) 리카도 씨가 1825년과 1839년의 유출을 경험했더라면, 그가 자신의 견해를 수정할 이유를 발견했을 것이라는 점은 의심할 나위가 없다(앞의 책, 133-136쪽).

‖61| 가격은 상품들의 화폐 가치이다(허바드[, 33쪽]).

화폐는 그것이 측정하는 것과 언제나 교환될 수 있는 속성을 가진다. 그리고 교환 목적에 필요한 양은 교환되는 재산의 양에 따라서 당연히 변동되어야 한다(보상끼, 『금속 통화, 지폐, 신용 통화』 등, 런던 1842년, 100쪽).

나는 금이 언제나 하나의 시장을 가질 수 있고, 또 다른 상품들이 언제나 금을 구매할 수는 없는 반면, 금은 언제나 다른 모든 상품을 구매할 수 있을 정도로 일반적인 수요가 있는 상품이라는 점을 시인할 의향이 있다. 세계의 시장들은 양과 종류에 있어서 수입국의 일상적인 수요를 초과하는 다른 어떤 품목의 수출이 초래할 것보다 비상시에 적은 희생을 가져다줄 상품으로서의 금에게 더 많이 열려 있다(튜크, 『통화 원리 연구』 등, 제2판, 런던 1844년, 10쪽).

귀금속들은 다른 어떤 상품보다 일반적으로 더 많이 수요되고 시장 가격 변동이 심하지 않으므로, 매우 현저한 양만큼 사용할 수 있어야 하고 국제 수지를 결제하기 위해 가장 적합한 수단으로 투입되어야 한다(13쪽).

(풀라턴에 따를 때 금속괴 가격이 주화 가격 이상으로 상승한 원인들.)

주화들은 사용되면서 그것들의 중량이 표준 중량보다 3-4%까지 감소할 정도로 마모된다. 형법은 주화의 용해와 수출을 금지한 데 반해 주화를 주조하는 데 사용되는 금속의 거래는 완전히 자유로웠다. 그렇지만 이 원인들 자체는 환율이 불리할 때에만 작용했다. 그러나 [금괴의 시장 가격은] 환율이 영국에 유리했던 1816-1821년 사이에는 계속해서 금괴의 은행 가격까지 하락했다. 환율이 불리하면 주화 용해자에게 사용에 따른 마모와 용해에 대한 형사 처벌을 보상해 줄 수 있을 비율 이상으로는 결코 상승하지 않았다(풀라턴, 그의 저서 8, 9쪽도 참조). 1819년부터 현재까지 금의 시장 가격은 — 이 다사다난한 시기에 화폐가 겪은 온갖 변동에도 불구하고 — 결코 온스 당 78실링 이상으로 상승하지도 않았고 77실링 6펜스 이하로 하락하지도 않았다. 그것은 온스 당 6펜스의 변동폭이다. 그러나 이 같은 변동폭조차 지금은 불가능할 것이다. 왜냐하면 온스 당 1½펜스 또는 주화 가격의 1/6%와 같은 사소한 가격 상승도, 단지 주화의 새로운 마모 때문에 발생했기 때문이고, 77실링 6펜스로 하락한 것은 은행이 어느 시점에는 이 가격을 최고 구매 가격으로 고정시키는 것을 옳다고 간주하는 정황에 전적으로 기인하기 때문이다. 그렇지만 이러한 정황들은 더 이상 존재하지 않는다. 수년 전부터 은행의 관행은 그에게 들어오는 모든 주화용 금을 77실링 9펜스로 계산하기 때문이다. (즉 주화가 공짜로 가져다주는 1½펜스의 주조비를 은행이 챙기기 때문이다.) 그리고 소브린의 새로운 주조가 끝나자마자, 주화가 새롭게 마모될 때까지는 은행이 계산한 77실링 9펜스와 조폐국의 가격인 77실링 10½펜스의 사소한 격차를 초과할 장래의 변동이 우리 시장에서의 금괴 가격에서 발생하는 것은 효과적으로 봉쇄될 수 있을 것이다(앞의 책, 9, 10쪽).

도량 및 등가물로서의 화폐와 유통 수단으로서의 화폐 사이의 모순. 후자에 있어서는 마모, 금속 중량의 손실. 이미 가르니에도 다음과 같이 언급한 바 있다.

약간 마모된 탈러가 아주 새로운 탈러보다 약간 적게 통용되는 것으로 평가된다면, 유통은 끊임없이 방해되고 모든 지불은 분쟁을 야기할 것이다.

(축적에 상용될 재료는 당연히 광물계에서 구해지고 선택된다. 가르니에[, 24, 27쪽].)

주화들이 사물의 본성 상 조금씩 영원히, 전적으로 정상적이고 불가피한 마모의 결과 가치 감소를 겪는 것은 명백하므로(주화의 모든 회복이 무수한 "위조 주화"[432]와 "감량 주화"[433]를 만들도록 하는 자극은 말하지 않더라도), 언제라도, 단 하루라도, 가벼운 주화를 완전히 유통에서 배제하는 것은 물리적으로 불가능하다(『통화 이론 검토』 등, 영국의 어떤 은행가, 에딘버러 1845년[, 69-70쪽]).

이것은 유통되고 있는 가벼운 금에 관해 방금 전에 『타임즈』[1권 105]에 보내진 편지의 선언이 끼친 영향에 관한 주석으로서 1844년 12월에 쓰여졌다. (요컨대 애로점은 다음과 같다. 가벼운 금이 거부되면 모든 표준이 불안해진다. 가벼운 금이 받아들여지면 사기 행각의 문을 활짝 열어놓게 되고 동일한 결과가 초래된다.) 여기에서 그는 위에서 언급된 선언과 관련하여 다음과 같이 쓰고 있다.

그것의 인상은 기본적으로 유통되는 금화 전체를 불안하고 불법적인 화폐 거래 수단으로 비방하는 것이었다(앞의 책, 68, 69쪽).

영국법에 따르면 금 소브린이 0.774그란 이상 감량되면 유통 수단으로서 더 이상 통용되어서는 안 된다. 은화에는 그러한 법이 없다(모리슨, 『이 나라에서 채택된 금속 통화 제도에 관한 고찰』, 런던 1837년, 54쪽).

통화의 가치는 그것의 양에 좌우된다는 통화주의자들[434]의 주장(풀라턴, 13쪽).[435] 통화의 가치가 주어져 있고 다른 한편으로는 가격과 거래량이(유통 속도도 마찬가지로) 주어져 있다면, 물론 일정한 양만이 유통될 수 있다. 가격, 거래량, 유통 속도가 주어져 있다면, 이 양은 오직 통화의 가치에 의해서만 좌우된다. 이 가치와 유통 속도가 주어져 있다면, 이 양은 오직 가격과 거래량에 좌우된다. 양은 이렇게 규정되는 것으로 발견된다. 따라서 대표 화폐 — 단순한 가치 표장 — 가 유통되면, 어느 정도의 양이 유통될 수 있을지는 그것이 표상하는 표준에 좌우된다. 이러한 사실로부터 단순한 양이 그것의 가치를 규정한다는 잘못된 결론이 도출되었다. 예를 들어 파운드를 대표하는 쪽지는 실링을 대표하는 쪽지와 같은 양만큼 유통될 수 없다.

‖62| 이윤을 가져다주는 자본은 실재적 자본이고, 재생산되면서 동시에 배증되는 것으로서 정립된 가치, 변하지 않는 전제로서 정립

된 가치, 자신에 의해서 정립된 잉여 가치에 의해서 자기 자신과 구별되는 가치이다. 이자를 가져다주는 자본은 다시 이윤을 가져다주는 자본의 순전한 추상 형태이다.

자본이 (일정한 생산력 발전 단계가 전제되어 있으면) 그것의 가치에 상응하는 이윤을 가져다주는 것으로 정립됨으로써, 상품 또는 화폐 형태(이제 우리가 자립화된 가치, 또는 실현된 자본이라고도 말할 수 있는 것으로서 상품에 조응하는 형태)로 정립된 상품은 자본으로서 유통에 들어갈 수 있다. 자본이 자본으로서 상품이 될 수 있다. 이 경우에 자본은 이자를 바라고 대부된 자본이다. 그것의 유통 — 또는 그것이 거치는 교환의 — 형태는 지금까지 고찰된 것과는 특유하게 상이한 것으로 나타난다. 우리는 자본이 어떻게 상품 규정에서 뿐만 아니라 화폐 규정에 있어서도 정립되는지를 살펴보았다. 그러나 이는 양자가 자본이 번갈아 가면서 실현되는, 자본 순환의 계기들로 나타나는 한에서만 발생한다. 양자는 자본이 소멸하면서 끊임없이 재산출되는 실존 방식, 자본의 생활 과정의 계기들일 뿐이다. 그러나 자본으로서의 자본은 스스로 유통의 계기가 되지 않았다. 상품으로서의 자본 자체. 상품이 자본으로서 판매되지도 않았고 화폐가 자본으로서 판매되지도 않았다. 한마디로 말해 상품도 화폐도 — 그리고 원래 우리는 단지 후자를 적합한 형태로 간주해야 한다 — 이윤을 가져다주는 가치로서 유통에 들어가지 않았다.

맥라렌[436]은 다음과 같이 말한다.

튜크, 풀라턴, 윌슨은 상품으로서의 화폐가 내적 가치를 가지며, 공급될 당시의 재화량에 의해서 뿐만 아니라 이 가치에 의해서도 재화들과 교환된다는 견해를 가지고 있다. 그리고 스미스 박사와 마찬가지로 그들은 금은괴의 수출이 국제 채무를 상환하고, 갑작스러운 수요가 있는 곡물과 같은 소비재에 대한 지불을 위해서 통화 상태와 전혀 상관없이 이루어지며, 이 괴들은 국내 유통을 형성하지 않고 가격에도 영향을 미치지 않으며, 이 같은 목적을 위해서 유보되었던 기금에서 빼내진다고 가정한다. 어려움은 그들이 주장하는 이 금은괴가 어떤 방식으로 이 같은 목적을 위해서 유보되었고 가격에 영향을 미치지 않으며 수요 공급 법칙을 벗어날 수 있을지, 그리고 그것들이 활동하지는 않지만 구매를 수행하기 위한 것으로 알려져 있는 화폐 형태임에도 불구하고 이 목적에 사용되지도 않을 뿐만 아니라 단순히 그렇게 사용될 가능성을 통해서 가격에 영향을 미치지도 않을 수 있는지를 설명하는 데 있다.

이에 대한 답변은 문제가 되는 귀금속 재고는 과잉 자본이지 과잉 소득이 아니며, 따라서 공급도 증가한다는 조건하에서가 아니라면 소비재 수요를 증가시키는 데 사용될 수 없다는 것이다. 사용처를 찾는 자본은 공동체 구매력의 순수한 추가가 아니다. 그것은 유통 수단에 들어갈 수 없다. 그것이 수요를 통해서 가격을 인상시키는 속성이 있다면, 그것은 또한 상응하는 공급을 통해서 가격을 인하시키는 경향도 있다. 자본을 위한 담보 형태에 있는 화폐는 단순한 구매력이 아니다 — 그것은 판매하기 위해서만 구매하며, 마침내는 국내에서 유통 수단을 증대시키기 위해 지출되기보다는 차라리 외국 소비재와 교환되어 외국으로 나간다. 자본을 위한 담보 형태의 화폐는 상품의 재생산을 목적으로 삼고 있기 때문에, 상품과 마주 서기 위해서는 결코 시장에 나가지 않는다. 결국에는 소비를 대표하는 화폐만이 가격에 영향을 미칠 수 있다(『이코노미스트』, 1858년 5월 15일).

리카도 씨는 가격이 각각 유통 수단과 상품의 상대적 양에 좌우되고, 가격이 통화의 가치 감소에 의해서만, 즉 상품에 비해 화폐가 너무 과잉이기 때문에만 상승한다고 주장했다. 즉 가격은 유통 수단량이 감소하거나 또는 화폐가 유통시키는 일반 상품의 재고가 상대적으로 증가한 결과로 하락한다고 주장했다. 리카도 씨에 따르면, 한 나라의 모든 금괴와 금화는 통화로 간주되어야 하고, 상품이 증가하면 통화는 평가절하되고 상품보다 금괴를 수출하는 것이 이익이 된다. 다른 한편에서 유통 수단은 감소하지 않는데, 흉작이나 다른 재난이 대규모 상품 파괴를 야기하면, 갑작스러운 상품 시장의 축소보다는 예상된 상품 시장에 비례하여 그 양이 결정되는 통화는 다시 괴잉이 되거나 '평가절하되고,' 그리하여 수출에 의해서 감소되어야 그것의 가치를 회복할 수 있다. 오버스톤 경의 이론에 뿌리를 두고 있는 유통에 관한 이러한 견해에 따르면, 유통수단이나 통화의 공급은 언제나 양적으로 무한히 증가할 수 있으며, 그처럼 증가함에 따라 가치가 하락한다. 그리고 과잉 부분을 수출함으로써만 적절한 가치를 회복할 수 있다. 따라서 리카도 학파는 귀금속의 수출에 의해서 야기된 간극을 메울 수 있고, 그리하여 가격의 '자연스러운' 하락을 저지할 수 있을 지폐 발행을 경제적 가격 법칙의 침해로, 순수한 금속 통화를 필연적으로 규율하는 원리에서의 일탈로 간주한다(앞의 책).

||63| 1. 가치[437]

이 절은 이후에 다시 설명할 것.

부르주아적 부가 나타나는 첫 번째 범주는 **상품** 범주이다. 상품 자체는 두 가지 규정의 통일로 현상한다. 상품은 **사용 가치**, 즉 어떤 인간 욕구 체계의 충족 대상이다. 이것은 상품의 소재적 측면으로서 매우 다양한 생산 시대에 공통적일 수 있고, 따라서 그것에 대한 고찰은 정치경제학의 저편에 놓여 있다. 사용 가치는 그것이 근대적 생산 관계들에 의해서 수정되거나 그 자신이 이 생산 관계들을 수정하면서 개입하자마자 정치경제학의 영역에 속하게 된다. 일반적으로 예의상 이에 관해 언급되곤 하는 것은 부르주아적 생산의 사회적 형태들이 질료로부터 어렵사리 적출되고 대단한 노력을 들이면서 자립적인 고찰 대상들로서 확립되던 과학의 초기에 역사적 가치를 가졌던 상투어들에 지나지 않는다. 그러나 사실상 상품의 사용 가치는 주어져 있는 전제 — 일정한 경제적 관계가 나타나는 소재적 토대이다. 사용 가치를 비로소 상품으로 각인하는 것은 이 일정한 관계이다. 예를 들어 밀은 그것이 노예에 의해서 경작되었든, 농노에 의해서 경작되었든, 아니면 자유로운 노동자에 의해서 경작되었든 동일한 사용 가치를 갖는다. 밀이 하늘에서 떨어진다고 해서 자신의 사용 가치를 잃는 것은 아닐 것이다. 그렇다면 사용 가치는 어떻게 상품으로 전환되는가? 교환 가치의 담지자. 사용 가치와 교환 가치는 상품에서 직접 통일되어 있지만 마찬가지로 직접 분열되기도 한다. 교환 가치는 사용 가치에 의해서 규정되지 않는 것으로 현상할 뿐만 아니라 상품은 오히려 그것의 보유자가 그것에 대하여 사용 가치로서 관계하지 않는 한에서만 비로소 상품이 되고 교환 가치로서 실현된다. 그것이 사용 가치로서 점취되는 것은 그것의 양도, 다른 상품과의 교환에 의해서만 이다. 양도에 의한 점취는 사회적 생산 체제의 기본 형태인데, 이 체제의 가장 단순하고 추상적인 표현으로 나타나는 것이 교환 가치이다. 전제되는 것은 상품의 사용 가치이지만 그것의 소유자를 위한 것이 아니라 사회 일체를 위한 사용 가치이다. {어린이들이 부모와 교환 관계에 있고 부모에게 식비와 숙박비를 지불하는 맨체스터 공장 노동자 가족이 가족의 전통적인 경제적 조직은 아니듯이, 근대적인 사적 교환 체제 일체도 사회들의 자생적인 경제가 아니다. 교환은 한 공동체 내의 개인들 사이에서 시작되지 않고 공동체들이 멈추는 곳에서 — 공동체들의 경계에서, 상이한 공동체들의 접촉점에서 시작된다. 최근에 공동체 소유가 특수한 슬라브적 진기(珍奇)로서 재발견되었다.[438] 그러나 사실은 인도가 그러한 경제적 공동체의 다양한 형태들의 견본을 우리에게 제공해준다. 이것은 다소 해체되기는 했지만 아직 완벽하게 판별될 수 있다. 그리고 보다 철저한 역사 연구는 공동체 소유를 모든 문화 민족의 출발점으로 재발견한다. 사적 교환에 기초한 생산 체제는 일단 이러한 자생적 공산주의의 역사적 해체이다. 그렇지만 교환 가치가 생산을 철저하게 지배하고 있는 근대적 세계와, 이미 해체된 공동 소유를 기반으로 하는 사회 구성체들 사이에는 다시 수많은 경제 체제가 놓여 있다. [……] [439]

《끝》

독일어 판 편집자 주

[330] S는 잉여 가치를, Z는 잉여 가치가 생산되는 시간대를, p는 생산 국면을, c는 p에 상응하는 유통 시간을, U는 한차례의 생산 국면과 한 차례의 유통 시간으로 이루어지는 자본의 회전을 뜻한다. 11

[331] 영원한 것이 아닌 자본의 이 관점에서 고찰하면 — 스피노자가 『윤리학』 제2부 명제44 주석 2와 제5부 명제 22-36에서 사용한 "영원성의 관점에서"라는 표현을 빗대어 말한 것. 12

[332] 애덤 스미스는 자본들의 축적과 경쟁에 의한 이윤 감소에 관한 이러한 견해를 그의 저서 『국부론』 제1책에서 개진하고 있다. 이에 대한 리카도의 반박은 그의 저서 『정치경제학과 과세의 원리』, 21장에 실려 있다. 19, 22

[333] 조지 램지, 『부의 분배에 관한 에세이』(에딘버러, 런던 1836년), 179-180쪽. 맑스가 가리키는 것은 그의 1851년 런던 초록 노트 IX이다. 뒤이은 문장에서 맑스는 램지 저작의 146-176쪽에 개괄된 사고를 서술하고 있다. 20

[334] 에드워드 기번 웨이크필드, 『식민화 방식에 관한 견해』(런던 1849년), 76, 79, 91쪽. 22

[335] 데이비드 리카도, 『정치경제학과 과세의 원리』(제1권, 런던 1821년), 125쪽. 24

[336] 존 스튜어트 밀, 『정치경제학의 원리 … 』(제1권, 런던 1848년), 25-26쪽 및 239-240쪽. 28

[337] 시스몽디, 『정치경제학의 새로운 원리』(제2판, 제1권, 파리 1827년), 90쪽. 맑스가 가리키는 것은 그의 전래되지 않은 초록 노트이다. 28

[338] 여기에서 a는 투하된 총자본을, c는 불변 자본을, v는 가변 자본을, m은 잉여 가치를 나타낸다. 33

[339] 도제법(*Law of apprenticeship*) — 도제 기간에 관한 1563년 법규(「엘리

자베스 5세 법규」, cap. 4)는 "사전에 최소한 7년의 도제 기간을 거치지 않고서는 장차 누구도 이 시점에 영국에서 행해지는 어떤 상업, 영업, 고용도 수행할 수 없다."고 규정했다. 이 법규는 1814년 조지 III세의 법규 54호, cap. 96에 의해서 완전히 폐지되었다. 42, 60

[340] 첫 번째 경우에 필요 노동 시간 대 잉여 노동 시간의 비율은 10/80 또는 1/8이고, 두 번째 경우에는 20/70 또는 2/7이다. 맑스는 원료 증가 비율을 이것에 맞추어 구성해서 180 : 411 3/7 = 1/8 : 2/7로 하고 있다. 46

[341] 맑스는 노동 생산성의 향상에 의한 상대적 잉여 가치 증대를 첫 번째 형태로, 더 많은 인구의 노동자로의 전환에 의한 절대적 잉여 가치의 증가를 두 번째 형태로 간주하고 있다. 48

[342] 럼포드의 저서 『정치, 경제, 철학 에세이』(제1권, 런던 1796년)를 가리키는데, 여기에는 노동자의 값비싼 정상 식사를 대용식으로 대신하기 위한 온갖 조리법이 제안되고 있다(『맑스-엥겔스 전집』 23권, 628쪽 참조). 49

[343] 맑스가 가리키는 것은 그의 1851년 런던 초록 노트 VIII이다. 52

[344] 스미스의 『국부론』(제1권, 런던 1835년) 64쪽 각주에 실린 웨이크필드의 주석을 뜻한다. 53

[345] 여기에서 맑스는 스튜어트의 『 … 연구』(제1권, 더블린 1770년), 398-399쪽에 따라 최초의 화폐 수량론자들을 열거하고 있다. 다음 저술들이 그것이다. 존 로크, 「금리 하락 및 화폐 가치 상승의 결과에 관한 고찰」(런던 1692년. 1711년 10월 19일자 『스펙테이터』지(런던)에 실린 "T."로만 표기된 익명의 사설 「정복과 인구에 관하여」. 샤를르 드 몽테스큐, 『법의 정신』(쥬네브 1748년). 데이비드 흄, 『정치 담론』(에딘버러 1752년). 55, 176

[346] 맑스가 가리키는 것은 그의 1851년 런던 초록 노트 VIII이다. 56

[347] 제임스 스튜어트, 『 … 연구』(제1권, 더블린 1770년), 403-405쪽. 맑스가 가리키는 것은 그의 1851년 런던 초록 노트 VIII이다. 56

[348] 제임스 스튜어트, 『 … 연구』(제1권, 더블린 1770년) 102쪽. 57

[349] 맑스가 가리키는 것은 그의 1851년 런던 초록 노트 VIII이다. 59

[350] 존 디벨 터키트, 『노동 인구의 과거와 현재 상태의 역사』(제1권, 런던

1846년) 157쪽. 맑스가 가리키는 것은 그의 1851년 초록 노트 IX인데, 여기에서 그는 12쪽에서 1740년, 1750년, 1788년, 1796년, 1806년, 1820년, 1827년에 관한 터키트의 수치를 인용하고 있다. 62

[351] 존 디벨 터키트, 『… 역사』(제1권, 런던 1846년) 175쪽 참조. 62

[352] 터키트의 저술 제1권은 322쪽으로 끝나고, 제2권은 323쪽부터 시작하고 있다. 63

[353] 맑스가 가리키는 것은 그의 1851년 런던 초록 노트 IX이다. 65

[354] 프랑스가 영국과 그 동맹국에 맞서 싸운 1793년의 혁명 전쟁을 뜻한다. 65, 81

[355] 맑스가 뜻하는 것은 「II. 화폐에 관한 장」(이 책, 1권 86-232쪽 참조)이다. 68

[356] 이들 가격 수치를 위해서 맑스는 1858년 2월 6일부터 3월 6일 사이의 『이코노미스트』(런던)에 실린 「주간 가격 동향」의 「커머셜 타임즈」란을 이용하고 있다. 71

[357] 「저금리는 지속될 것인가? 『이코노미스트』 편집자에게 보낸 편지」의 필자는 해머 스텐펠드이다. 73, 150

[358] 1857년 11월 25일자 『자유 언론』(런던)에 실린 데이비드 어콰트의 사설 「통화」를 뜻한다. 19세기 중반에는 베르베리 지방이 아프리카 북서부 지역으로 이해되었다. 75, 145

[359] 1858년 3월 13일자 『이코노미스트』(런던)에 실린 「커머셜 타임즈」. 「주간 가격 동향」 참조. 76

[360] 펄그레이브의 「정치경제학 사전」(제3권, 런던 1926년)에 따르면 중량이 부족한 은화의 이러한 개주(改鑄)는 1696년에 실시되었다. 84

[361] 트로이(*Troy*) — 귀금속과 보석의 순(純)중량에 관한 영국과 북미 체계의 명칭. 84

[362] 수고에는 "measures"가 아니라 "reassumes"이라고 잘못 쓰여 있다. 이 인용문을 따온 1851년 런던 초록 노트에는 "measures"라고 제대로 쓰여 있다. 그러나 이 단어가 아주 뚜렷하게 쓰여 있는 것은 아니다. 맑스는 실수로 "reassumes"라고 옮겨 쓴 다음에 밑줄을 그었는데, 아마도 이 단어가 약간 기이하다고 생각했기 때문일 것이다. 86

[363] 플리니우스, 『자연사』, XVIII, 3, 12. 맑스는 이 문장을 『… 화폐의 역

사』(제2권, 파리 1819년), 7쪽에서 재인용하고 있는데, 여기에는 플리니우스 저서의 책(lib.18)과 장(cap.3)만이 기재되어 있다. 90

[364] 〔로마〕 도시 설립 후(*post u[rbem] c[onditam]*) — 고대 로마의 연대에 붙던 추가 표현. 전하는 바에 따르면 로마는 기원전 753년에 설립되었다. 90

[365] 렉스 메네니아(*Lex Sextia Menenia*) — 로마 총독 티투스 메네니우스 아그리파 라나투스(Titus Menenius Agrippa Lanatus)가 기원전 452년에 제정한 벌금형과 보석금에 관한 법령. 90

[366] 렉스 클로디아(*Lex Clodia de victoriatis*) — 로마 정치가 마르쿠스 마르셀리우스 클로디우스(Marcus Marcellus Clodius)가 기원전 104년경에 제정한 로마 은화에 관한 법령. 91

[367] 수고에는 "조정에 의해서"라고 쓰여 있다. 이 발췌문을 따온 1851년 런던 초록 노트에는 프랑스어 "Vainement"에 해당되는 "허사였다"라고 올바르게 쓰여 있다. 맑스는 이 단어를 "조정"(Vergleich)이라고 읽고 여기에 전치사 "의해서"(Durch)를 붙였다. 92

[368] 아씨냐(*Assignaten*) — 1790년 국민 의회가 국채를 상환하기 위해서 발행한 프랑스 지폐. 이것이 처음에는 흡수된 성직자 봉록의 가치만큼만 발행되었으나, 나중에는 왕과 이주민의 재산만큼도 발행되었다. 92

[369] 아담 하인리히 뮐러는 그의 저서 『정치의 요소 …』(제2권, 베를린 1809년), 190쪽에서 자신의 "결과들"의 "보다 높은 안전성"을 "규정되지 않은 규정성"을 가지는 "평범한 산술"과 대비하고 있다. 95

[370] 밀레아(*Milrea*) — 브라질의 불환 지폐. 이에 관한 언급을 맑스는 1844년 9월 28일자 『이코노미스트』(런던)에 실린 사설 「불환 통화가 우리 무역에 미치는 영향」에서 따왔다. 102

[371] 애덤 스미스, 『국부론』(제1권, 런던 1835년), 85쪽. 103

[372] 토마스 호지스킨, 『대중적 정치경제학 … 』(런던 1827년), 85쪽. 호지스킨이 1826년 6월 『계간 리뷰』(런던)의 한 사설을 인용하고 있기 때문에 맑스는 1826이라는 연도를 삽입했다. 105

[373] 앙리 쉬토르흐, 『정치경제학 과정 … 』(제1권, 파리 1823년), 128-129쪽. 105

[374] 장-바티스테 세이, 『실용적 정치경제학』(3판, 브뤼셀 1836년), 243쪽.

111
[375] 시니어의 『공장법에 관한 서한집 … 』(런던 1837년) 14쪽에는 100파운드라고 되어 있다. 아마도 맑스는 이를 오자로 추측하면서 이를 100,000파운드로 정정했을 것이다. 115
[376] 홉하우스 법(*Hobhouse Act*) — 존 캠 홉하우스(John Cam Hobhouse)가 제출한 1831년 공장법. 이 법은 모든 공장에서 18세 미만의 사람들은 매일 최장 12시간 노동하고 토요일에는 9시간만 노동해야 한다고 확정했다. 116
[377] 맑스는 이 각주를 그의 1851년 런던 초록 노트 XI, 75쪽에서 재인용하고 있다. 레잉이 제시한 출처는 다음과 같다. 에드워드 베인즈, 『영국 면화 매뉴팩처사』(런던 1835년). 존 램지 맥컬록, 『대영 제국의 통계 계정』(제2권, 런던 1837년). 116
[378] 수고에는 176, 666이라고 쓰여 있지만 111,000명의 피고용인과 66,666명의 고용인의 합은 177,666명이다. 117
[379] 이 경우에 m/v은 증가하므로 증대된다고 해야 할 것이다. 118
[380] 여기에서 맑스는 다음과 같이 계산하고 있다. 순(順) 이윤이 1,500파운드, 즉 투하된 총자본의 5%라는 전제하에서 총자본은 30,000파운드이다. 여기에서 23,000파운드의 고정 자본을 빼면 유동 자본으로 7,000파운드가 남는다. 노임에서 출발하는 비슷한 절차를 맑스는 뒤이은 본문에서 34,000파운드가 발생되는 I의 경우와 28,000파운드가 결과로서 나타나는 II의 경우에 투하된 고정 자본의 크기를 규정하기 위해 이용하고 있다. 120
[381] 맬더스의 저술 『정치경제학의 … 원리』(런던 1820년)을 뜻한다. 123
[382] 여기에서 맑스는 제2판이라고 말하고 있지만 쪽수는 존 스튜어트 밀, 『정치경제학의 원리 … 』(제1권, 런던 1848년)의 초판에 따라 표시하고 있다. 2판에서는 인용된 부분이 245쪽과 246쪽에 있다. 문장 내용은 두 판에서 동일하다. 125
[383] 수고에는 [노동에게가 아니라 — 옮긴이] 노동들에게(ihnen)로 되어 있다. 아마도 맑스가 이 말로 의미한 바는 "노동자들에 대하여"인 것 같은데, 그가 실제로 논하는 바는 살아 있는 노동에 관해서 이다. 126
[384] 윌리엄 히클링 프리스코트, 『페루 정복사. 잉카 문명에 관한 예비적

평가와 더불어 … 』(4판, 제1권, 런던 1850년), 92쪽. 127

[385] 윌리엄 히클링 프리스코트, 『멕시코 정복사. 고대 멕시코 문명에 관한 예비적 평가와 함께 … 』(제5판, 제1권, 런던 1850년), 92쪽. 각주에서 프리스코트는 이 감탄문의 라틴어 원문을 순교자 베드로(Petrus Martyr), 『1530년에 완성된 10개의 새로운 체계에 관하여』(De orbe novo, Decades, Compluti 1530)(decas 5, caput 4)라는 출처와 함께 밝히고 있다. 127

[386] 허만 메리베일, 『식민화와 식민지에 관한 강론』(제1권, 런던 1841년), 52쪽과 91-92쪽. 맑스가 가리키는 것은 그의 1851년 런던 초록 노트 XIV권이다. 127

[387] 이 문장으로써 맑스는 듀로 드 라 말레의 『로마의 정치경제학』(제2권, 파리 1840년)으로부터 발췌를 시작하고 있다. 129

[388] 듀로 드 라 말레, 『로마의 정치경제학』(제2권, 파리 1840년), 405, 406쪽. 130

[389] 듀로 드 라 말레, 『로마의 정치경제학』(제2권, 파리 1840년), 260, 261, 263쪽. 131

[390] 비자발적 양도(*involuntary alienation*) — 다음에 인용되는 존 델림플의 저서의 93쪽에 있는 중간 제목. 131

[391] 윌리엄 히클링 프리스코트, 『페루 정복사 … 』(제4판, 제1권, 런던 1850년), 146-147쪽 참조. 132

[392] 칼 디트리히 휠만, 『중세의 도시 제도』(제2권, 본 1827년), 39쪽. 133

[393] 칼 디트리히 휠만, 『중세의 도시 제도』(제2권, 본 1827년), 42-43, 45, 38-39, 36-37쪽. 맑스가 가리키는 것은 그의 1851-52년 런던 초록 노트 XVII권이다. 134

[394] "어떤 인간에 의해서도 점유"될 수 없는 "신성하고" "경건한 사물들" — 『시민법 전집』 II권, 1,7. 135

[395] 사무엘 필립스 뉴먼, 『정치경제학의 제요소』(앤도버 · 뉴욕 1835년), 296쪽. 맑스가 가리키는 것은 그의 1851-1852년 런던 초록 노트 XVII권이다. 135

[396] 상이한 사용처들에 배분된 자본 — 뉴먼의 책, 82쪽에 있는 제목. 138

[397] 로더데일, 『공공 부의 본질과 기원에 관한 연구』(파리 1808년),

173-205쪽. 여기에서 로더데일은 국채 상환 기금(1786년과 1792년)을 조성하기 위한 영국 수상 윌리엄 피트(2세)의 조치들을 논했다. 이 조치들은 본문에서 계속 논의될 리차드 프라이스 박사의 복리 계산에서 출발했다(『맑스-엥겔스 전집』 12권, 447-449쪽도 참조). 138

[398] 로버트 해밀튼, 『대영 제국 국채의 성장과 발전, 상환과 현 상태 및 관리에 관한 연구』(2판, 에딘버러 1814년), 133쪽 참조. 139

[399] $S = C(1+i)^n$ — 복리 계산을 위한 일반 공식. C는 투자 자본을 뜻하고 i는 100으로 나눈 퍼센트를 뜻하며, n은 연수를 S는 이자가 불어난 최종 자본액을 뜻한다. 139

[400] 금속 화폐의 속성들에 관한 이들 인용문을 따온 맑스의 1851년 런던 초록 노트를 보면 그가 다음 판을 이용했다는 것을 알 수 있다. 존 램지 맥컬록, 『상업 및 상업 항해에 관한 실무・이론・역사 사전』(런던 1841년). 140

[401] 『신용의 무상성』이 "프레데릭 바스티아 씨와 프루동 씨의 논쟁"이라는 부제를 달고 있지만, 이 책은 당시 프루동주의자인 슈베 앙 바스티아에게 보낸 편지로 시작하고 있다(제1권 독일어 판 편집자 주 114 참조). 140

[402] 이 단어로 맑스는 17세기 인도 대(大)무굴 제국 황제의 다양한 신민층(臣民層)에 관한 베르니에의 서술을 요약하고 있다. 147

[403] 1824년에 단행본으로 간행된 앙리 쉬토르흐의 저서 『국가 수입의 본질에 관한 고찰』은 1852년 그의 『정치경제학 과정 … 』의 제5권으로 발간되었다. 여기서 맑스는 1824년 판에서 인용하고 있다. 148

[404] 앙리 쉬토르흐, 『정치경제학 과정 … 』(제4권, 파리 1823년), 79쪽. 149

[405] 칼 아른트는 그의 저서 『자연에 부합한 국민 경제』(하나우 1845년), 88항에서 견세(犬稅)의 합목적성과 정당성을 논증하고 있다. 150

[406] 데이비드 리카도, 『원리에 관하여 … 』(3판, 런던 1821년), 84쪽. 151

[407] 헨리 찰스 캐리, 『프랑스, 영국, 미국의 신용 제도』(런던, 필라델피아 1838년), 2쪽과 9쪽 주. 152

[408] 밀(Mill)은 여기에서 생산 영역의 자본가들을 생산하는 계급으로 이해한다. 156

[409] 요한 하인리히 모리츠 포페, 『과학 회복부터 18세기말까지의 기술사』(제1권, 괴팅엔 1807년), 32쪽. 157

[410] 그리스 철학자 에피쿠로스의 견해에 따르면 신들은 인터문디엔에 생존하며, 우주의 발전이나 인간 생활에 어떤 영향도 미치지 않는다. 160

[411] 윌리엄 햄슨 모리슨, 『이 나라에서 채택된 금속 통화 제도에 관한 관찰』(런던 1837년), 13쪽. 167

[412] 은행권의 금으로의 강제 교환의 갱신에 관한 법을 뜻한다(1권 독일어판 편집자주 [39] 참조). 167

[413] 존 풀라턴, 『통화 규율에 관하여』(2판, 런던 1845년), 7-9쪽. 167

[414] 맑스는 자신의 요약하고 주석을 다는 1851년 런던 초록 노트 「완성된 화폐 제도」 48쪽에서 1847년 『이코노미스트』(런던) 발췌문들 사이에 다음과 같이 쓰고 있다. "금은 1그램도 유통되지 않고 은행권이 태환될 수 없음에도 불구하고 척도일 수 있다." 이 언급은 1844년 10월 5일자 『이코노미스트』의 한 구절에 대한 것이다(이 책, 101-102쪽 참조). 167

[415] 윌리엄 햄슨 모리슨, 『… 고찰』(런던 1837년, 12, 14-15쪽). 167

[416] 애덤 스미스, 『국부론』(제1권, 런던 1835년), 100쪽. 168

[417] 존 스튜어트 밀, 『정치경제학의 원리 … 』(제2권, 런던 1848년), 17, 17-18, 20, 30쪽. 168

[418] 앙리 쉬토르흐, 『정치경제학 과정 … 』(제2권, 파리 1823년), 109, 113-114쪽. 169

[419] 윌리엄 제이콥스의 저서 제2권을 뜻한다 171

[420] 시스몽디, 『정치경제학의 새로운 원리 … 』(2판, 제2권, 파리 1827년), 120쪽 주. 172

[421] 데이비드 리카도, 『경제적이고 안전한 통화를 위한 제안 … 』(런던 1816년), 91쪽. 맑스가 가리키는 것은 전래되지 않은 초록 노트이다. 175

[422] 마리 오지에, 『공공 신용 … 』(파리 1842년), 128-129쪽. 175

[423] 존 풀라턴, 『통화 규율에 관하여』(2판, 런던 1845년), 102-104쪽. 176

[424] 찰스 다비넌트의 익명의 저술 『공공 수입과 영국 무역에 관한 담론』

제2부(런던 1698년), 16쪽을 뜻한다. 176

[425] 제임스 스튜어트, 『… 연구』(제1권, 더블린 1770년), 398-399쪽과 제2권(더블린 1770년), 307쪽. 177

[426] 존 프랜시스 브레이, 『노동의 해악과 노동의 치유』(리즈 1839년), 140-141쪽. 맑스가 그의 1851년 런던 초록 노트 「완성된 화폐 제도」 3쪽에서 따온 이 인용문 바로 다음에 다음과 같은 언급이 이어지고 있다. "요컨대 화폐의 파괴적·해체적 작용. 화폐가 없으면 교환 불가능하고, 따라서 양도될 수 없는 대량의 대상들. 순수한 물물교환이 이 부분의 부에게는 보존적." 177

[427] 에드워드 미셀든의 익명의 저술 『자유 무역』(런던 1622년), 21쪽을 뜻한다. 178

[428] 존 풀라턴, 『통화 규율에 관하여 …』(2판, 런던 1845년), 119-120쪽. 178

[429] 1797년 5월의 은행 제한법을 뜻한다(제1권 독일어 판 편집자 주 [39] 참조). 181

[430] 풀라턴의 저서 『통화 규율에 관하여 …』, 134쪽 주에 있는 리카도 인용문과 쪽수 표기는 부정확하다. 여기에서 지칭된 "상원 위원회 보고서는 영국 은행의 상태를 조사할 비밀 위원회를 임명했다."에서 풀라턴이 인용한 부분들은 185쪽과 187쪽에 있다. 질의와 그에 대한 리카도의 답변 내용은 185쪽에서 다음과 같이 나타난다. "9. 파리, 페트로그라드와 대륙의 다른 지역에서 행한 이들 조작[즉 지난해 말 무렵의 … 통화 시장에서의 조작들]의 결과가 사람들로 하여금 저 지역들에서 벌어지는 조작을 지원할 목적으로 이 나라[영국의]로부터 송금하도록 유도한 것은 아닐까? — 물론이다. 그러나 저 송금이 귀금속의 형태로 이루어져야 하는지 상품 형태로 이루어져야 하는지는 이들의 상대적 가치에 달려 있다. 금이 선호된다면, 그것은 귀금속의 가치가 대륙에서의 저 사업에 의해서 영향을 받았다는 것을 나에게 증명해주는 것이다." 182

[431] 베를린에서 1806년 11월 21일, 밀라노에서 1807년 12월 17일 제정된 소위 대륙봉쇄(大陸封鎖)에 관한 나폴레옹 칙령을 뜻한다. 나폴레옹 I세가 선포한 대륙봉쇄는 유럽 대륙 나라들로 하여금 영국과 무역하

는 것을 금지했다. 이 칙령은 나폴레옹이 1813년 러시아에서 패할 때까지 적용되었다. 182

[432] **위조 주화**(*Pluggers*) — 위조된 주화, 즉 구멍을 뚫어 납과 여타의 비(卑)금속을 채워 넣은 은화. 184

[433] **감량 주화**(*sweaters*) — 금화를 흔들어서 (예를 들어 가죽 주머니에서) 가볍게 만든다는 표현에서 유래. 184

[434] **통화 원리**(*currency principle*) — 19세기 2사분기에 영국에서 널리 퍼졌던, 리카도의 화폐수량설에서 출발하는 화폐 이론 — 의 추종자들을 뜻한다. 이 이론의 옹호자들 — 사무엘 존스 로이드, 배론 오버스톤, 로버트 토렌스, 조지 와드 노먼, 윌리엄 클레이, 조지 아버스노트 등 — 은 금속 유통의 추상적 법칙들을 은행권 발행에까지 확장하려 했다. 이들은 금속 화폐 이외에 은행권도 "통화"(유통 수단)에 포함시킨다. 이들은 은행권의 완벽한 금 태환에 의해서 안정적인 화폐 유통을 이룰 수 있다고 믿었다. 발행은 귀금속 수출입에 맞추어 규율되어야 한다고 했다. 이 이론에 의거하려는 영국 정부의 시도들(1844년과 1845년의 은행법들)은 거의 성공하지 못했고, 단지 이 이론이 학문적으로 근거가 없고 실용적 목표를 위해서도 부적합하다는 것을 입증했을 뿐이다(『맑스-엥겔스 전집』 25권, 432-433, 462쪽 참조.). 185

[435] 풀라턴의 이 말은 "통화 원리" 옹호자들의 주요 명제의 하나를 표현하는 것이었다. 185

[436] 맑스가 인용하는 것은 1858년 5월 15일자 『이코노미스트』(런던)에 실린 맥라렌의 저서 『통화의 역사 스케치 …』(런던 1855년)에 대한 서평이다. 이 서평은 맑스가 엥겔스에게 보낸 1858년 5월 31일자 편지에서도 언급되고 있다(『맑스-엥겔스 전집』 29권, 329-330쪽). 186

[437] 「화폐에 관한 장」의 본문에서 이미 맑스는 "교환 가치에 관한 절"(이 책, 1권 180쪽 참조)이나 "교환 가치 자체에 대해 논할 장"(이 책, 1권 192쪽 참조)을 "화폐에 관한 장"에 앞서는 저술 부분으로 언급했다. 나중에 『자본론』에서 맑스는 제1장을 「상품」이라고 명명했다. 189

[438] 맑스가 관계하는 것은 아우구스트 학스타우젠(August Haxthausens)의 저서 『러시아의 내부 상황, 국민 생활, 특히 농촌 설비에 관한 연구』(제1, 2권, 하노버 1847년, 제3권 베를린 1852년)이다. 학스타우젠

은 19세기 40년대에 러시아 여행 후 이 책을 저술했고, 이 책에서 농업 관계들에 있는 토지 공동 소유의 잔재에 관해 묘사하고 있다. 190

[439] 여기에서 수고가 중단되었다. 190

■ 한국어 판 역자 후기

『정치경제학 비판 요강』의 의의

김호균(명지대학교 지식정보학부)

흔히 정치경제학이라 불리는 맑스의 '정치경제학 비판'에는 40여 년에 걸친 정치경제학 연구 성과가 집대성되어 있다. 맑스는 이 연구 성과를 일거에 공표하지 못하고, 10여 년의 세월을 보내면서 그 구성은 물론 내용을 달리하면서 발표했다. 오랜 세월에도 불구하고 연구 성과 중 맑스의 최종적인 교열을 거친 것은 『자본론』 1권뿐이고 여타 저술들은 초고 상태에 있던 것을 엥겔스나 여타 추종자들이 편집하여 발행했다. '정치경제학 비판'에 관한 맑스의 저술 중에서 『정치경제학 비판 요강』(이하 '요강')은 초고 상태에 있던 것을 구소련의 《맑스-레닌주의 연구소》가 발굴하여 출간한 책이다. 이 『요강』이 맑스의 정치경제학 발전에서 차지하는 위치에 대해서는 70년대부터 활발한 연구들이 이루어졌다. 이들 연구에서는 흔히 『자본론』의 준비 작업으로 평가되는 『요강』과 『자본론』 사이의 연속성과 단절성의 측면이 주로 부각되었다. 이 후기에서는 『요강』이 갖는 독특한 의의를 몇 가지로 정리해보기로 한다.

1) '정치경제학 비판'의 서술 체계

『요강』에서 맑스는 자신의 '정치경제학 비판'의 서술 체계를 처음으로 제시하고 있다. 즉 "추상적인 것에서 구체적인 것으로 상승"하는 "과학적으로 올바른 방법"이란 "노동, 분업, 욕구, 교환 가치와 같은 단순한 것으로부터 국가, 민족들의 교환, 세계 시장까지 상승"(이 책, Ⅰ권 71쪽)하는 것이다. 이를 좀더 구체적으로 살펴보면, "1. 다소 모든 사회 형태에 속하지만 위에서 진술한 의미에서 일반적인 추상적 규정들. 2. 부르주아 사회의 내부 구조를 구성하고 기본 계급들이 기초하는 범주들. 자본, 임노동, 토지 소유. 이들의 상호 관계. 도시와 농촌. 3대 사회 계급. 이들 사이의 교환. 유통, 신용 제도(민간). 3. 국가 형태에서 부르주아 사회의 집약. 자신에 대한 관계에서 고찰. '비생산적' 계급들. 조세. 국채. 공공 신용. 인구, 식민지들. 이민. 4. 생산의 국제적 관계. 국제 분업. 국제 교환. 수출입. 환율. 5. 세계 시장과 공황"(이 책, Ⅰ권 80쪽)이다. 제1부에서는 자본주의 생산 양식뿐만 아니라 전(前)자본주의 생산 양식에도 속하지만 자본주의 생산 양식의 본질인 자본 관계를 이해하기 위해서 필요한 규정들, 즉 상품, 화폐에 관한 설명이 우선적으로 이루어져야 함을 밝히고 있다. 그 이유는 "임노동, 자본 등. 이 요소들은 교환, 분업, 가격 등을 전제한다. … 임노동, 가치, 화폐, 가격 등이 없는 자본은 아무 것도 아니기"(『맑스-엥겔스 전집』 4권, 32쪽) 때문이다. 맑스는 자본 관계에 대한 규명이 있은 다음에는 이로부터 파생되는 생산 관계에 대한 규명을 계획하고 있었다. 제3부에서는 경제적 관계들의 "집약"으로서의 국가에 대한 논의가 계획되고 있다. 제4부에서 국가들 사이의 경제 관계로서 현상하는 국제 교환에 대한 설명에 이어, 마지막으로 제5부에서 가장 구체적인 경제 관계로서 세계 시장론을 서술하기로 계획하고 있었다. 그러나 주지하는 바와 같이 맑스는 사실상 제2부까지의 저작만을 남겼을 뿐, — 단편적인 언급을 제외한다면 — 제3부부터의 내용에 대해서는 체계적인 저술을 남겨 놓지 않았다. 이러한 '정치경제학 비판'의 서술 체계에 대해서는 그 동안 많은 논란이 있어 왔다. 5단계 서술 체계 자체를 부정하는 주장도 있을 뿐만 아니라

5단계의 서술 체계를 인정하는 학자들 사이에서도 각 단계 사이의 관계에 대해서 논란이 있다. 예컨대 S. 아민과 같은 학자는 세계 시장론이 계획은 되었으나 나중에 "포기"되었다고 주장하고 있다. 그러나 그는 이를 입증할 만한 아무런 근거도 제시하고 있지 못하므로 설득력이 약하다. 결국 『요강』에서 처음 제시된 맑스의 5단계 서술 체계는 마지막까지 유지되었고, 세계 시장론은 "만약의 속편"(『맑스-엥겔스 전집』 25권, 120쪽)을 위해 계획되어 있었던 것으로 보아야 한다.

맑스는 처음부터 자본주의를 세계 시장을 유통 영역으로 가지는 생산 양식으로 파악했다. "각 국민 내부에서 공업과 상업의 관계들은 다른 민족들과의 교류에 의해 지배되고 세계 시장과의 관계에 의해서 조건"(『맑스-엥겔스 전집』 6권, 149쪽)지워지므로 "가치에 기초하는 생산 양식을 갖는, 더욱이 자본주의적으로 조직된 국민을 단지 국민적 욕구를 위해 노동하는 전체로서 고찰하는 것은 … 잘못된 추상이다."(『맑스-엥겔스 전집』 25권, 859쪽) 이처럼 세계 시장이 자본주의 생산 양식의 유일하게 유효한 유통 영역이기 때문에, 모든 개별 자본가는 세계 시장에서의 경쟁이라는 조건하에서 생산할 수밖에 없다. "산업 자본가는 끊임없이 세계 시장을 목전에 두고 있으며, 그 자신의 비용 가격을 고향의 시장 가격뿐만 아니라 전세계의 시장 가격과 비교하고 있고 또 비교해야 한다."(『맑스-엥겔스 전집』 26.3권, 462쪽) 개별 자본가는 국제 경쟁에 노출되어 있을 뿐만 아니라 세계 시장에서도 국내에서와 동일한 법칙에 따라서 운동한다. 결국 '정치경제학 비판'에서는 세계 시장이 자본의 유일하게 현실적인 경제적 운동 공간이다. 그럼에도 불구하고 '정치경제학 비판'에서 국민 국가가 서술의 기초가 되고 있는 데에는 두 가지 이유, 즉 역사적인 이유와 방법론적인 이유가 있다. 우선 역사적으로 볼 때 19세기에는 "산업 자본의 유통 과정을 특징짓는 것이 시장의 세계 시장으로서의 현존"(『맑스-엥겔스 전집』 24권, 114쪽)이라고 할 정도로 유통은 국제화되었으나, 생산은 아직 국제화되지 못하고 국민 국가적 공간에서 영위되었기 때문이다. 당시에 생산을 국제화하기 위해서 생산 수단을 한 나라에서 다른 나라로 이동하는 것은 매우 어려웠던 것이다. 그렇기 때문에 "상이한 나라들에서 이윤율의 상이함"(『맑스-엥겔스 전집』 25권, 186쪽)이 나타날 수 있었던 것이다.

이러한 역사적 이유보다도 더 중요한 것은 방법론적인 이유이다. 즉 자본의 일반적 본성을 파악하는 경우에는 국제 관계가 추상될 수 있다는 것은 "연구 대상을 순수하게, 방해하는 주변 여건이 없이 파악하기 위해서 우리는 전체 상업 세계를 한 국민으로 보아야 하며, 자본주의적 생산이 도처에 정착되었고 모든 산업 영역을 장악했다고 전제해야"(『맑스-엥겔스 전집』 23권, 607쪽 주; 『맑스-엥겔스 전집』 24권, 466쪽도 참조) 하기 때문이다.

세계 시장 형태가 "가장 발전된 형태"임에도 불구하고 '정치경제학 비판'에서는 이처럼 국민 국가가 서술의 출발점이 되었다. 여기에서 제기되는 또 다른 서술 방법론상의 의문은 왜 '정치경제학 비판'의 서술 계획에서 대외 무역과 세계 시장이 구분되어 각각 별책으로 다루어질 예정이었는지 이다. 그 이유는 '정치경제학 비판'에서 대외 무역이 국민 국가를 방법론적 공간으로 하는 추상적 서술에서 구체적인 세계 시장론으로 나아가기 위한 중간 단계를 이루기 때문이다. 여러 차례 지적되고 있는 바와 같이 국제 관계는 그 자체가 규정적인 관계가 아니라 생산에 의해서 규정되는 관계이므로, 우선 자본주의 생산 양식이 국제 관계가 없는 국민적 공간에서 고찰되었다. 현실에 있어서 한 국민은 국가에 의해서 영토적으로 다른 국민과 경계 지워지는 경제적 공간이다. 물론 이 국민은 다른 국민과 국제 관계를 맺는다. 이 국제 관계의 주요 형태가 대외 무역이다. 따라서 대외 무역은 '정치경제학 비판' 서술에서 추상에서 구체로 상승하는 하나의 중간 단계이다. 또는 대외 무역에 관한 책은 "수많은 규정과 관계를 가지는 풍부한 총체"(이 책, Ⅰ권 70-71쪽)로서의 세계 시장에 관한 책의 전(前)단계를 나타낸다. 대외 무역에 관한 책에서는 처음 4권의 책에 비해서는 구체적인 관계가 서술될 수 있지만, 세계 시장에 관한 책에 비해서는 추상적인 관계가 서술될 수 있었을 것이다. 따라서 대외 무역에 관한 책에서도 연구의 영토적 공간은 국민 국가가 될 것이다. 다만 이 국민 국가는 국제 관계를 맺는 국민 국가가 될 것이다. 반면에 세계 시장에 관한 책에서는 국민 국가적인 범주는 지양될 것이다. 그리하여 제4권에서는 자본의 세계 시장 운동이 세부적으로 논의되고, 제5권에서는 자본의 세계 시장 운동이 총체적으로 논의되었을 것이다.

2) 『요강』의 서술 방법 — 추상에서 구체로의 상승

맑스는 자본주의 사회 구성체에 관한 5단계 서술에서뿐만 아니라 자본 이론의 서술에서도 추상에서 구체로 상승하는 방법을 적용하고 있다. 『요강』에서 이는 다음과 같이 6단계로 구분되어 나타나고 있다. 『요강』에서 첫 번째 추상 차원은 "자본의 첫 번째 개념"(이 책, Ⅰ권 250쪽), "자본의 단순 개념"(이 책, Ⅰ권, 327쪽, 342쪽)으로 규정되어 있다. 이 개념들은 자본 관계의 본질을 규명하기에 앞서 논리적, 역사적으로 필요한 전(前)단계로서 아직 고유하게 자본주의적인 것은 포함되어 있지 않은 추상적 개념이다. 그렇다고 해서 이 개념이 자본주의와 무관한 것은 아니며, 오히려 자본주의 생산 양식의 표층에서 관찰되는 자본을 포착할 수 있는 개념이다. 화폐와 구별되는 이 "자본의 첫 번째 개념"은 일단 "유통 속에서 유통에 의해서 보존되고 영구화되는 교환 가치의 규정"(이 책, Ⅰ권, 261쪽)이다. 즉 "자본의 단순 개념"은 유통 과정에서 증식되는 자본이다. 그러나 자본 개념에게는 이러한 규정만으로는 부족하다. 그 까닭은 이 규정 속에 포함된 G — W — G′(G + ΔG) 공식은 “양적인 차이가 있는 경우, 적은 화폐를 더 많은 화폐와 교환하는 경우, 산 것보다 비싸게 파는 경우를 제외하고는 아무런 의미가 없기”(이 책, I권 190쪽 이하) 때문이다. “자본의 단순 개념”에서 자본은 “양적인 운동 이외의 어떤 운동도 할 수 없다.”(이 책, I권 271쪽)는 규정이다. 따라서 “자본의 단순 개념”에서 자본은 “생산물과 화폐 또는 좀더 나은 표현을 사용하자면, 생산과 유통의 **직접적인 통일**”(이 책, I권 342쪽. 강조는 인용자)로서 규정된 자본이다.

그런데 이러한 자본의 단순 개념은 중대한 모순을 안고 있다. 그것은 유통을 통해서 잉여 가치를 점취하는 것이 개별 자본에게는 가능하지만 사회적 총자본에게는 불가능하다는 사실이다. “모두가 10% 비싸게 판매한다면, 이는 이들 모두가 생산비로 판매하는 것이나 마찬가지라는 것은 경험적으로도 분명하다. 그렇다면 잉여 가치는 순전히 명목적이고 인위적이며 형식적일 것이며 단순한 상투어일 것이다.”(이 책, I권 323쪽) 사회적 총자본의 관점에서 볼 때, 등가물이 교환되는 유통에서는 잉여 가치가 발생할 수 없고, 잉여 가치는 유통에 전제되어 있어야 한다. 즉 잉여 가치는 유통에 선행하는 생산 과정에서 유래해야 한다. 따라서 “자본과 노동 사이의 교환은 그것이 노동자 쪽에서 보면 단순 교환일지라도 자본가 쪽에서 보면 비(非)교환이어야 한다. 자본가는 그가 준 것보다 더 많은 가치를 받아야 한다. 자본 쪽에서 볼 때 교환은 외견상의 교환이어야 한다. 즉 교환이라는 경제적 형태 규정과는 다른 경제적 형태 규정에 속해야 한다.”(이 책, I권 329쪽) 이 관계는 등가를 전제로 하는 교환 관계가 아니라 착취 관계이다. 이처럼 잉여 가치의 원천이 생산 과정에서 임노동자의 잉여 노동이라는 사실이 확인됨으로써, “자본 자체”(이 책, II권, 295쪽 이하), “자본 일체”(이 책, I권, 308쪽, 360쪽), “즉자적 자본”(이 책, II권 251쪽) 개념이 규정된다. 이것이 두 번째 추상 차원이다. 이는 직접적 생산 과정을 통해 잉여 가치를 점취하기 위해 투하되는 자본의 규정이다. "자본 자체는 그것이 한꺼번에 무한한 잉여 가치를 정립할 수 없기 때문에 일정한 잉여 가치를 창출한다. 그러나 그것은 더 많은 잉여 가치를 창출하려는 끊임없는 운동이다."(이 책, I권 344쪽) 잉여 가치의 창출을 위해 투하된 이 "자본 자체"는 유통 과정과는 경제적으로 아무런 관계도 없다. "경제적으로 고찰하면 유통 시간은 — 그것이 **자본가 자체의 시간**을 빼앗는 한에서 — 자본가가 그의 정부(情婦)와 보내는 시간만큼이나 우리와 상관이 없다."(이 책, II권 295쪽) "**자본 자체**는 자신의 생산 시간 이외의 어떤 노동 시간도 가지지 않는다."(이 책, II권, 296쪽. 강조는 인용자)

두 번째 추상 차원에서 일단 배제되었던 유통 과정이 고찰되는 곳이 세 번째 추상 차원이다. 생산 과정에서 보존되었을 뿐만 아니라 증대된 자본은 상품이기 때문에 유통 과정을 거치면서 실현되어야 한다. 따라서 "자본 자체는 … 유통에 들어가고 상품이 되는 것이다."(이 책, I권 326쪽) 이 세 번째 추상 차원은 "자본의 개념"(이 책, II권, 272쪽, 294쪽 등), "자본 일반"(이 책, I권 316쪽; II권 325쪽 등), "자본의 일반적 개념"(이 책, II권, 315쪽) 등으로 규정된다. 이 세 번째 추상 차원에서 자본은 생산 과정과 유통 과정을 거치는 자본, 생산과 유통의 통일이다. "유통은 자본의 개념에 속한다."(이 책, II권 300쪽) 여기에서 강조되어야 할 사실은 이러한 통일이 첫 번째 추상 차원의 "자본의 단순 개념"에서처럼 직접적인 통일은 아니라 이제 달성되어야 하는 통일이라는 점이다. "자본의 일반적 개념이 고찰되는 여기에서 중요한 것은 **생산과 증식의 이 통일이 직접적인 것이 아니라 조건들, 그것도 외적인 조건들과 결부되어 있는 과정으로만 나타난다는 것이다.**"(이 책, II권 17쪽) 이 "외적인 조건들"이 바로 "끊임없이 확대된 유통 영역의 생산"(이 책, II권 18쪽)이다.

갈수록 많은 유통 지점을 창출하는 자본의 경향이 바로 여기에서 도출된다. "자본 일반"에서는 자본이 생산과 유통의 통일로 나타나기 때문에 직접적인 생산 과정에서 점취된 잉여 가치와 잉여 가치율은 이제 총자본과 연관 지어지면서 이윤과 이윤율로 형태 전환된다. 다만 이 이윤은 개별 자본가가 실현하는 이윤이 아니라 "계급으로서의 자본가들의 이윤"(이 책, II권 358쪽)이다. 1970-80년대에 "자본의 일반적 개념"을 둘러싸고 전개된 논쟁에서 이 개념에 경쟁과 평균 이윤(율) 범주가 포함되는지도 중요한 쟁점의 하나였다. 지금까지 살펴본 바로는 "자본 일반"에는 아직 평균 이윤, 평균 이윤율 개념은 포함되어 있지 않다. — 경쟁 범주도 마찬가지로 "자본의 일반적 개념"에는 포함되지 않는다. 경쟁은 여섯 번째 추상 차원인 "수많은 자본들"에 속하는 범주임이 뒤에서 밝혀질 것이다.

생산과 유통의 통일인 "자본 일반"은 유통이 수많은 자본을 전제로 한다는 모순에 직면한다. "가치가 자본의 기초를 이루므로, 즉 자본은 반드시 **대응 가치**(Gegenwert)와의 교환에 의해서만 실존하므로, 그는 반드시 자기 자신으로부터 반발한다. 따라서 그가 교환하는 타인 자본들이 없는 **보편 자본**(Universalkapital)이란 — 그리고 지금의 관점에서 보면 자본은 임노동이나 자기 이외의 어느 것과도 마주 서 있지 않다 — 불가능한 것이다. 자본들의 상호 반발은 이미 실현된 교환 가치로서의 자본에 내재한다."(이 책, II권 35-36쪽) 이처럼 유통을 위해서 복수로 존재해야 하는 자본이 네 번째 추상 차원의 자본 개념으로 "현실 속에서의 자본"(이 책, II권 359쪽), "실제적 자본으로서의 자본, 수많은 자본들의 상호 작용으로서의 자본"(이 책, II권 25쪽), "자본의 내적 본성"(이 책, II권 25쪽), "자본의 본성"(이 책, II권 186쪽)으로 규정되는 자본이다. "자본의 본성은 자본이 유통의 다양한 국면들을 통과하고, 그것도 한 개념이 다른 개념으로 순식간에, 일순간에 전환되는 표상에서가 아니라 시간적으로 떨어져 있는 상태들로서 통과한다."(이 책, Ⅱ권 186쪽) 요컨대 "현실 속에서의 자본"은 상이한 영역들에서 활동하는 수많은 자본들로 존재한다. 이 수많은 자본들의 잉여 가치율이 동일하다고 할지라도 그들이 만약 각각 자신들에 의해서 창출된 이윤을 실현한다면, 그들의 유기적 구성과 회전 시간에 따라 상이한 이윤율을 실현하는 결과가 나타날 것이다. 이 상이한 이윤율들이 잉여 가치의 부문간 이전, 자본의 부문간 경쟁을 통해 하나의 평균 이윤율로 경향적으로 균등화된다.

다섯 번째 추상 차원인 "관계들의 총체성에서 정립된 자본"(이 책, Ⅰ권 279쪽)은 임노동과 자본뿐만 아니라 토지 소유, 그것도 자본에 의해 지배되는 근대적 토지 소유도 포함한다. "스스로 자기 생산하는 것(물질적으로 공업 등에 의해 가격을 정립하고 생산력을 발전시키는 것)으로서 뿐만 아니라 동시에 가치의 창조자로서의 자본은 자본과는 특유하게 구별되는 가치 또는 부의 형태를 정립해야 한다. 이것이 **지대**이다. 그것은 자본 자신과, 자기 자신의 생산과 구별되는 가치로서의 자본의 유일한 가치 창출이다. 자본은 그 본성에 있어서 뿐만 아니라 역사적으로도 근대적 토지 소유, 지대의 **창조자**이다. … 자본은 — 한 측면에 비추어 살펴보면 — 근대적 농업의 창조자이다. 따라서 지대—자본—임노동(이 추론 형태는 임노동—자본—지대로 달리 파악될 수도 있다. 그러나 자본이 언제나 활동하는 중간자로서 나타나야 한다)이라는 하나의 과정으로서 나타나는 근대적 토지 소유의 경제적 관계들에서 근대 사회의 내적 구성, 또는 자본이 그것의 관계들의 총체성에서 정립되어 있다."(이 책, Ⅰ권 279쪽) 역사적으로 토지 소유는 자본 이전에 나타났지만 자본주의 생산 양식에서 토지 소유는 자본에 종속적인 형태로 존재한다. 따라서 토지 소유는 자본에 관한 이론적 고찰이 이루어진 다음에 설명되어야 한다. "지대는 자본이 없이는 이해될 수 없다. 그러나 자본은 지대 없이도 이해될 수 있을 것이다."(이 책, Ⅰ권 78-79쪽) 그러나 지대론은 『요강』의 서술 대상에 속하지 않는다. "지대와 이윤이 어떻게 연관되는지는 지대 자체를 고찰하면서 비로소 규명될 것이지 여기에 속하지 않는다."(이 책, Ⅲ권 22쪽)

마지막으로 여섯 번째 추상 차원에서는 "자본의 내적 본성"이 경쟁에서 "외적인 필연성"으로서 관철되는 과정이 서술될 계획이었다. "자본의 내적 본성"의 결과인 평균 이윤율의 형성에서 경쟁이 수행하는 역할은 "강제"(이 책, Ⅱ권 318쪽)로서의 역할이다. "자본의 본성에 속하는 것이 경쟁에 의해서만 외적인 필연성으로서 실제적으로 표출되는데, 이 경쟁은 수많은 자본들이 자본의 내재적 규정들을 서로에게 강제하고 자신에게 강제하는 것에 지나지 않는다."(이 책, Ⅱ권 318쪽) 『요강』에서도 경쟁에 관해서는 수많은 언급이 있지만 경쟁이 『요강』의 서술 대상에 속하는 것은 아니다. "이와 동일한 법칙[이윤율 하락 법칙 — 인용자]이 수많은 자본들의 상호 관계, 즉 경쟁에서는 어떻게 다르게 표현되는가도 마찬가지로 다른 편에 속한다."(이 책, Ⅲ권 18쪽)

추상에서 구체로 상승하는 '정치경제학 비판'의 서술 방법을 이와 같이 정리할 때, 『요강』에서는 네 번째 추상 차원까지 서술되고 있고 나머지 차원은 별도의 저술을 위해 보류되었던 것으로 판단할 수 있다.

3) 『요강』의 출발 범주

이 책에서 「바스티아와 캐리」에 관한 장과 「정치경제학 비판 요강 서설」을 제외한 『요강』 본론에서 맑스는 서술을 화폐론으로 시작하고 있다. 비록 화폐론이 제2장으로 구성되어 있고 제1장은 "가치"에 관한 설명으로 이루어지고 있지만, 맑스가 『요강』의 집필을 화폐론으로 시작한 데에는 여러 가지 이유가 있다. 우선 이론적으로는 『요강』을 집필할 당시 맑스의 가치론 내지 상품 이론이 아직 충분히 다

들어지지 않았다는 사실이 작용했다. 이것은 우선 『요강』 이후의 저술인 『정치경제학 비판』과 『자본론』에서는 "가치"가 아니라 "상품"이 출발 범주로 설정되고 있다는 점에서 드러난다. 동시에 『요강』에서는 맑스가 가치, 교환 가치, 사용 가치의 개념 사용에서 안정되어 있지 못했다는 사실도 이러한 해석을 뒷받침해주고 있다. 그 예로 맑스는 다음과 같은 의문을 제기하고 있다. "**가치**는 사용 가치와 교환 가치의 통일로서 파악되어야 하지 않을까? 즉자대자적으로 가치 자체는 **특수한** 형태들로서의 사용 가치와 교환 가치에 대하여 일반자가 아닐까?"(이 책, I 권 268쪽 주) 이처럼 『요강』에서는 아직 가치와 교환 가치의 개념적 구분이 이루어지지 않고 있다. 반면에 『요강』이 집필된 다음해인 1859년에 출판을 목표로 집필된 『정치경제학 비판을 위하여』에서부터는 가치와 교환 가치의 개념적 구분이 뚜렷하게 이루어지고 있다. 즉 "가치의 현상 형태"가 교환 가치로 규정되고 있는 것이다.

다음으로 맑스가 화폐론으로 『요강』을 시작한 데에는 실천적인 이유도 크게 작용했다. 즉 1848년 혁명 이후 맑스는 경제 이론에 대한 연구에 몰두했지만 자본주의에 필연적인 공황과 더불어 혁명적 상황이 도래할 것으로 예측하고 있었다. 그가 예측한대로 1857년 공황이 도래하자 맑스는 자신의 학문적 입장을 정리해서 노동자들을 가능한 한 빨리 이론적·이념적으로 무장시키기 위해 자신의 경제 이론을 정리하기 시작했다. 여기에서 맑스가 염두에 두었던 것은 당시 노동 운동에서 가장 큰 영향력을 발휘하고 있던 프루동주의에 대한 비판이었다. 따라서 맑스는 그가 이미 『철학의 빈곤』에서 시작한 프루동주의에 대한 비판을 『요강』에서 계속하고 있는 것이다. 그 이유는 "사회적 생산의 현실적·역사적 발전을 설명하려는 비판적이고 유물론적인 사회주의로 나아가기 위해서는 알지 못하는 사이에 프루동이 그 마지막 화신이 되었던 경제학에서의 저 이데올로기와 단호히 결별할 필요가 있었기"(『맑스-엥겔스 전집』 19권, 229쪽) 때문이다. 즉 화폐를 "노동 화폐"나 "시간 전표"로 대체하면 자본주의의 적대적 모순을 제거하고 사회주의로 이행할 수 있다는 프루동의 사회주의 관념이 이론적으로 반박되어야 했기 때문이다. 이를 위해서 맑스는 다음과 같은 의문을 제기했다. "유통 수단 — 유통 조직 — 의 변화에 의해 기존의 생산 관계와 그에 조응하는 분배 관계가 변혁될 수 있는가", 나아가 "기존의 생산 관계와 그에 기초한 사회적 관계들을 침해하지 않고 그러한 유통의 변환이 실행될 수 있는가"(이 책, Ⅰ권 96쪽).

맑스가 '정치경제학 비판'을 서술하기 위한 출발 범주를 발견한 것은 『요강』의 마지막 부분을 집필하던 무렵이다. "부르주아적 부가 나타나는 첫 번째 범주는 상품 범주이다."(이 책, Ⅲ권 189쪽) 이에 따라 1859년에 간행된 『정치경제학 비판을 위하여』에서는 비로소 제1장의 제목이 "상품"으로 명명되었다.

4) "시간 전표" 사회주의 비판

맑스가 『요강』을 프루동의 화폐 개념 내지 사회주의관에 대한 비판에서 시작했던 이유 가운데 하나가 실천적인 관심이었다는 사실은 앞에서 지적하였다. 맑스가 화폐를 폐지하고 이를 "시간 전표"로 대체하면 자본주의의 적대적 모순이 해결될 수 있는 것으로 보는 프루동의 주장이 안고 있는 논리적인 모순을 지적하는 내용은 구(舊)소련형 사회주의 계획 경제의 몰락과 관련하여 중요한 시사점을 준다.

"시간 전표"의 발행을 위해서는 은행의 존재가 전제되어야 하는데, 이 경우 은행은 상품을 생산비로 구매하는 것이 된다. 그리하여 은행은 모든 상품의 구매자, "일반적 구매자"(이 책, Ⅰ권 134쪽)가 된다. 그런데 각 상품의 판매자는 자신의 상품을 양도한 대가로 받은 "시간 전표"를 다른 상품과 교환하여 소비해야 하기 때문에 결국 은행은 모든 상품의 "일반적 판매자"(이 책, I권 134쪽)가 된다. 결국 은행이 "일반적 구매자이자 판매자"(이 책, I권 135쪽)가 된다. 이 경우 은행은 이처럼 교환을 중개하는 역할뿐만 아니라 상품의 사회적 생산 시간과 노동 시간의 부문간 분배도 결정하는 역할도 수행해야 한다. 즉 은행이 "모든 상품의 교환 가치, 즉 이들에 물질화 된 노동 시간을 신빙성 있게 확정"하고 "일정량의 생산물이 산출되어야 하는 시간을 결정해야 하며, 생산자들로 하여금 그들의 노동이 동일하게 생산적이 되는 조건에 놓이도록 해야 하며, 다양한 생산 부문들에 투하될 노동 시간량도 결정해야 할 것이다. 후자가 필요한 것은 교환 가치를 실현하고 은행의 화폐를 실제로 태환(兌換)될 수 있도록 하기 위해서는 교환자들의 욕구가 충족될 수 있는 비율로 일반적 생산이 보장되어야 할 것이기 때문이다."(이 책, I권 135쪽) 이처럼 은행이 개별 상품의 평균 생산 시간뿐 아니라 각 생산 부문에 투하될 노동 시간마저 결정한다면 그 귀결은 은행이 결국 "일반적 생산자"(이 책, I권 135쪽)가 된다는 사실이다. 은행이 "시간 전표"를 발행해서 교환 과정을 장악하면 그것은 필연적으로 생산 과정의 장악을 의미하는데, 은행이 이처럼 경제에서 전권(全權)을 행사하기 위해서는 "생산 수단의 공동성"(이 책, I권 136쪽)이 전제되어야 한다. 결국 프루동주의자들이 주장하는 "시간 전표" 사회주의에서 은행은 "전제적(專帝的) 생산 정부 겸 분배 관리자이거나 또는 공동으로 노동하는 사회를 위해서 회계를 맡은 관청"(이 책, I권 136쪽)의 지위를 점하게 된다. 프루동주의의 사회주의관에 대한 이와 같은 비판은 구소련형의 사회주의 계획 경제에 대한 비판으로 원용될 수 있을 것이다. 즉 프루동주의의 사회주의관에 대한 맑스의 논리적 비판의 연결고리의 순서를 뒤집으면 소련형 사회주의 계획 경제가 프루동주의의 사회주의와 동일한 기초 위에 서 있음을 알 수 있다. 소련형 사회주의 계획 경제에서는 생산 수단의 공동 소유에 기초하고 있었기 때문에 생산자가 아닌 국가가 생산, 분배, 교환에 대하여 전권을 가지게 되었고, 소비는 형식적으로 계산 화폐 기능을 담당하는 화폐에 의해 매개되었다. 따라서 프루동주의의 사회주의가 자본주의를 지양한 사회주의가 아니었듯이, 소련형의 사회주의 계획 경제도 자본주의에 대한 대안이 될 수 없었다. 자본주의에 대한 대안으로서의 사회주의의 본질에 대해서는 많은 논란이 있을 수 있겠지만, 『요강』에서 제시되고 있는 프루동주의의 사회주의에 대한 비판은 일단 공동 소유에 기초한 사회주의는 전제(專制)로 귀결될 수밖에 없으므로 대안이 될 수 없다는 결론을 내릴 수 있을 것이다.

5) 『요강』의 노동 개념

자본주의에서 필요 노동 시간의 단축을 목표로 진행되는 생산력의 발전은 살아 있는 노동이 생산 과정에서 차지하는 역할과 지위의 변화를 수반한다. 『요강』에서는 대공업의 발전에 따른 노동의 성격 변화가 예견되고 있다. 즉 대공업이 자본주의에서 지배적인 생산력으로 발전함에 따라 직접적인 노동은 생산 과정에서 점차 사라지고 과학적 노동에 의해 대체될 것으로 예견되고 있는 것이다. "노동 시간이 … 자본에 의해서 유일한 가치 규정적 요소로서 정립되는 데 비례하여 생산 — 사용 가치의 창출 — 의 규정적인 원칙으로서의 직접적인 노동과 그것의 양은 사라지고, 양적으로 보다 적은 비율로 낮아질 뿐만 아니라 질적으로도, 비록 필수적이지만, 한편으로는 일반적인 과학적 노동, 자연 과학의 기술적 응용에 비해서 부차적인 계기로서 나타나고 총생산에서의 사회적 구조로부터 유래하는 — (비록 역사적 산물이지만) 사회적 노동의 천부적 재질로서 현상하는 — 일반적 생산력에 [비해서]도 부차적인 계기로서 나타난다."(이 책, Ⅱ권 374쪽) 이 "일반적인 과학적 노동"은 "자연 과학의 기술적 응용"으로서, 이 노동을 수행하는 인간은 "더 이상 생산 과정에 포함되어 있는 것으로 나타나지 않고", "생산 과정의 주(主)행위자가 아니라 생산 과정 옆에 서서" "생산 과정 자체에 감시자와 규율자로서 관계한다."(이 책, II권 380쪽) 그리하여 이제 "생산과 부의 커다란 지주(支柱)로 나타나는 것은 인간 스스로 수행하는 직접적인 노동도 아니고, 그가 노동하는 시간도 아니며, 그 자신의 일반적인 생산력의 점취, 그의 자연 이해, 사회적 형체로서의 그의 현존에 의한 자연 지배 — 한마디로 말해 사회적 개인의 발전이다."(이 책, II권 381쪽) — 덧붙여 말하자면 맑스는 미래 사회의 노동 개념으로서 이 일반적 노동 개념을 『자본론』에서도 유지하고 있다. "일반적 노동은 모든 과학적 노동, 모든 발견, 모든 발명이다. 그것은 일부는 살아 있는 자와의 협업에 의해서, 일부는 선조(先祖)들의 노동의 이용에 의해서 조건 지어진다."(『맑스-엥겔스 전집』 25권, 114쪽) — 일반적 노동이 지배적이 되면 노동 생산물은 "일반적 노동의 대상화"(이 책, II권 385쪽)가 된다. 이와 같은 맑스의 노동관은 과학 기술 혁명의 전개와 더불어 지식 노동이 확산되고 있는 오늘날 더욱 현실성이 있는 예견으로 평가될 수 있을 것이다. 이와 같이 살아있는 노동이 생산 과정에 직접 참여하는 범위가 줄어들면서 비로소 '정치경제학 비판'에서 전망되고 있는 '노동의 지양'에 관한 명제의 실현 가능성이 보이게 된다.

역사 유물론에서 보는 노동은 — 일부 논자들이 주장하듯이 — 결코 신성한 인간 활동이 아니다. 그것은 변증법적으로 파악되고 있다. 노동은 인간의 생존을 위해서 필요한 활동이지만 다른 한편으로는 인간에게 고통을 가져다주는 활동이다. 이런 의미에서 『요강』에서는 애덤 스미스의 노동관과 푸리에의 노동관이 동시에 비판되고 있다. 즉 노동을 "저주"로 받아들이는 애덤 스미스는 물론 자유 노동을 "단순한 재미, 단순한 오락"으로 이해하는 푸리에를 동시에 비판하면서, 맑스는 정상적인 인간에게는 "휴식"에 대한 욕구뿐만 아니라 "정상적인 양의 노동"에 대한 욕구도 존재한다는 사실을 강조하는 한편, 작곡과 같이 실제로 자유로운 노동도 "동시에 대단한 진지함, 강도 높은 노력"(이 책, Ⅱ권 266쪽)이라는 사실도 부각시키고 있다. 물론 애덤 스미스가 바라본 노동은 역사적으로 노예 노동, 농노 노동, 임노동의 형태로 나타난 "강제 노동"과 노동이 인간의 생존을 위해서는 초역사적으로 필요하다는 "외적인 자연필연성"으로서 파악될 경우에는 타당하다. 그러나 노동은 동시에 목적의 성격도 가지는 바, 노동을 통해 인간은 "자아 실현"(이 책, Ⅱ권 266쪽)을 이룰 수 있기 때문이다. 다른 한편으로, 더 이상 소외된 노동이 아닌 자유로운 개인의 노동도 "단순한 재미"만은 아니다. 정상적인 인간이 "정상적인 양의 노동"을 필요로 한다고 했을 때, 이 노동은 육체적인 긴장뿐 아니라 정신적인 긴장도 요구하는 노동인 것이다.

자본주의 생산 양식에서의 임노동은 노예 노동이나 농노 노동과 마찬가지로 "강제 노동"으로서 소외된 노동이다. 그러나 자본주의 생산 양식은 생산력의 발전에 의해 노동이 강제 노동의 성격을 벗고 자유로운 노동, 자아 실현으로서의 노동으로 전환될 수 있는 물적 토대를 마련한다. "부의 일반적 형태의 부단한 추구로서의 자본은 노동을 자연적 필요의 경계 이상으로 몰아 부치고, 그리하여 소비에서와 마찬가지로 자신의 생산에 있어서도 전(全)측면적이며, 따라서 그의 노동은 더 이상 노동으로 나타나지 않고 자연적 욕구가 역사적으로 창조된 욕구로 대체되었기 때문에 자연필연성이 그것의 직접적인 형태로는 사라지게 되는 활동 자체의 완벽한 발전으로 나타나게 되는 풍부한 개성의 발전을 위한 물질적 요소들을 창출한다."(이 책, Ⅰ권 334쪽)

자본주의 생산 양식에서 생산력의 발전은 필요 노동 시간의 단축을 통한 잉여 노동 시간의 연장을 목적으로 한다. 이러한 필요 노동 시간의 단축에 기초해서 비로소 "노동의 제거" 또는 "노동의 지양"(K. Marx, Über F. Lists Buch "Das nationale System der politischen Ökonomie", in: *K. Marx- Fr. Engels Kritik der bürgerlichen Ökonomie. Neues Manuskript von Marx und Rede von Engels über F. List*, Westberlin 1972, 25쪽)에 관한 전망이 비로소 열릴 수 있다. "노동의 지양"에 관한 명제는 노동이 "일반적 자연 법칙"(『맑스-엥겔스 전집』 16권, 193쪽) 또는 "모든 사회 형태와는 무관한, 인간의 실존 조건, 인간과 자연 사이의 소재 대사, 즉 인간 생활을 매개하는 영원한 자연필연성"(『맑스-엥겔스 전집』 23권, 57쪽)이라는 '정치경제학 비판'의 다른 명제와 모순되는 것처럼 보인다. 그러나 두 명제는 모순되는 것이 아니며 변증법적으로 통일될 수 있다. 자본주의 생산 양식에서 지출되는 노동은 비록 소외된 노동이지만 노동자의 자기 실현의 계기도 동시에 포함하고 있다. 이는 자본주의에서 실업자의 자기 상실감이 취업자의 소외보다 훨씬 더 심각하다는 점에서 분명해진다. 다만 임노동에서는 자기 실현의 계기보다는 소외의 계기가 훨씬 더 큰 데, 그 이유는 생산 수단이 노동자의 소유가 아니고 생산물이 노동자에게 귀속되지 않기 때문만이 아니라 노동 시간이 길기 때문이기도 하다. 그러므로 노동의 소외가 극복되기 위해서는 생산 수단과 생산물이 노동자의 소유가 되어야 할 뿐 아니라 노동 시간도 단축되어야 한다. 노동 시간이 "사회의 필요 노동 시간의 최소한으로 단축"되면 노동은 더 이상 소외된 노동이 아니라 인간의 "첫 번째 생활 욕구"(『맑스-엥겔스 전집』 19권, 21쪽)가 된다. 이때 비로소 노동은 "영원한 자연필연성"으로서 계속 수행되기는 하지만 소외된 노동은 더 이상 아니다. 이런 의미에서 맑스는 『자본론』에서 "자유의 왕국"에 대하여 서술하고 있다. "자유의 왕국은 사실 곤궁과 외적인 합목적성에 의해 규정된 노동이 중지되는 곳에서 비로소 시작된다. … 진정한 자유의 왕국은 … 자신의 기초로서 저 필연의 왕국 위에서만 번창할 수 있다. 노동일의 단축은 그 기본 조건이다."(『맑스-엥겔스 전집』 25권, 828쪽) 그렇기 때문에 이미 자본주의에서도 “노동일의 제한은 그것이 없이는 개선과 해방을 위한 다른 모든 노력이 실패할 수밖에 없는 전제 조건이다.”(『맑스-엥겔스 전집』 16권, 192쪽)

이러한 필요 노동 시간의 단축에 기초한 ‘노동의 지양’은 미래 사회에서 개인의 전측면적 발전을 위한 출발점이 된다. “개성의 자유로운 발전, 따라서 잉여 노동을 정립하기 위한 필요 노동 시간의 단축이 아니라 사회의 필요 노동 시간의 최소한으로의 단축 일체, 그리고 이에는 모든 개인들을 위해 자유롭게 된 시간과 창출된 수단에 의한 개인들의 예술적, 과학적 교양 등이 조응한다.”(이 책, Ⅱ권 381쪽) 필요 노동 시간을 단축함으로써 연장된 여가 시간은 자본과 노동의 모순이 해소된 사회에서는 개인의 “자아 실현”을 위한 시간으로 활용될 수 있다.

6) 변증법적 서술 방법의 한계에 대하여

맑스는 『요강』을 서술하면서 역사적 방법이 아닌 논리적 방법을 택하고 있다. “부르주아 경제의 법칙들을 설명하기 위해서 생산 관계들의 실제 역사를 기술할 필요는 없다.”(이 책, Ⅱ권 84쪽) “경제적 범주들을 그들이 역사적으로 규정적이었던 순서에 따라 위치 지우는 것은 실행할 수 없고 또 잘못된 것이다.”(이 책, Ⅰ권 79쪽) 그 이유는 자본주의 생산 양식의 내적 구조를 밝혀내고 그 운동 법칙을 규명하기 위해서는 자본주의 생산 양식의 다양한 범주들 사이의 내적 연관을 밝혀야 하기 때문이다. “경제적 관계들이 다양한 사회 형태들의 순위에서 역사적으로 차지하는 관계가 문제되는 것이 아니다. … 근대 부르주아 사회 내부에서의 그들의 구조가 문제이다.”(이 책, Ⅰ권 79쪽) 그런데 이처럼 자본주의 생산 양식의 운동 법칙을 규명하기 위해서 논리적 방법을 사용하면 역사적 발전 순서와는 정반대의 순서가 나타날 수 있다. 역사적으로 본다면 자본에 선행하는 범주일지라도, 자본주의 생산 양식의 내적 구조를 밝히는 『요강』에서는 자본에 비해 나중에 설명될 수 있는 것이다. 예를 들어 고대나 중세에도 자본은 존재하고 있었지만 이 당시에는 자본조차 "토지 소유적 성격"(이 책, Ⅰ권 78쪽)을 가진다. 그 이유는 이 시대에는 자본이 아니라 토지 소유가 "다른 모든 생산에 서열을 지정해주기"(같은 곳) 때문이다. 그러나 자본주의 생산 양식에서는 그 반대이다. 즉 여기에서 "농업은 갈수록 하나의 단순한 산업 영역이 되고 자본에 의해 전적으로 지배된다. 지대도 마찬가지다. 토지 소유가 지배하는 모든 형태에서는 자연 관계가 아직 지배적이다. 자본이 지배하는 형태들에서는 사회적으로, 역사적으로 창출된 요소가 지배적이다. 자본이 없이 지대는 이해될 수 없다. 그러나 자본은 지대가 없어도 이해될 수 있을 것이다. 자본은 부르주아 사회의 모든 것을 지배하는 경제적 권력이다. 자본이 출발점과 종착점을 이루어야 하며, 토지 소유에 앞서서 설명되어야 한다."(이 책, Ⅰ권 79쪽)

이처럼 『요강』의 서술에서 논리적 방법을 채택하면서도, 맑스는 그 방법의 한계에 대해서도 직시하고 있었다. 즉 그는 "겉보기에는 마치 개념 규정과 이 개념들의 변증법에만 관련되는 듯한 관념론적 서술 방식을 나중에 교정할 필요가 있을 것"(이 책, Ⅰ권 131쪽)이며, 논리적 서술 방법인 "우리의 방법은 역사적 고찰이 개입해야 하는 … 지점들을 보여준다."(이 책, Ⅱ권 83-84쪽)고 지적하고 있다. 그 실례가 "생산물(또는 행위)이 상품이 되고 상품은 교환 가치가, 교환 가치는 화폐가 된다"(이 책, Ⅰ권 131쪽)는 서술 체계라는 사실도 아울러 명시하고 있다. 그렇지만 특히 역사적 서술에 의해 논리적 방법의 한계가 보충되어야 하는 부분은 자본가 계급과 임노동자 계급의 등장 과정을 서술하는 [자본의 시초 축적] 부분이다. 즉 자본 관계, 자본에 의한 임노동의 지배 예속 관계는 변증법적·논리적 서술 방법에 의해서는 설명될 수 없는, 역사적으로 형성되는 관계이다. "노동이 자본, 또는 자본으로서의 객체적 노동 조건들에 대하여 관계하는 것은 노동자가 소유자이거나 소유자가 노동하는 다양한 형태들을 해체하는 **역사적 과정**을 전제로 한다."(이 책, Ⅱ권 114쪽 이하. 강조는 인용자) 다시 말하자면 논리적 서술 방법을 따를 때 "자본이 화폐에서 출발하고 따라서 화폐 형태로 존재하는 자산에서 출발한다는 것은 자본 개념에, 자본의 등장에 속하는 것이다. 자본이 유통에서 유래하는 것으로서, 유통의 **산물**로서 현상하는 것도 마찬가지로 자본 개념에 속하는 것이다."(이 책, Ⅱ권 133쪽) 역사적으로 이 화폐와 유통은 "상인 자산과 고리대금 자산"(같은 곳)으로 실존했다. 그러나 "이들 자산은 노동이 역사적 과정에 의해 자신의 객체적 실존 조건들로부터 분리되자마자 비로소 자유 노동을 구매할 조건들을 발견"(같은 곳)하게 되고 자유 노동에 적대적인 자본으로 발전할 수 있게 되는 것이다.

상인 자본과 고리대 자본이 대량으로 축적되어 있다고 할지라도, 자유로운 임노동자 계급이 형성되지 않는 한 자본주의 생산 양식은 수립될 수 없다. 이러한 임노동자 계급의 형성은 생산 수단과 생활 수단의 소유자들이 이들 수단에서 분리되는 과정으로서 논리적이 아니라 역사적인 과정을 전제로 해서만 이루어진다. "자본의 **시초 형성**은 화폐 자산으로 실존하는 가치가 낡은 생산 양식의 역사적 해체 과정에 의해서 한편으로는 객체적 노동 조건들을 구매하고, 다른 한편으로는 자유롭게 된 노동자들로부터 살아 있는 노동 자체를 돈을 주고 매입할 수 있게 됨으로써 이루어지는 것이다. … 그것들의 분리는 역사적 과정, 해체 과정이고 화폐가 자본으로 전환되는 능력을 주는 것이 바로 **이 과정**이다."(이 책, Ⅱ권 136쪽)

지금까지 논의된 내용은 『요강』의 독일어 판 편집자 서문에서는 강조되고 있지 않지만 옮긴이의 입장에서 볼 때 주목할만하다고 생각되는 부분이다. 이들 내용 자체는 논란의 여지가 있는 부분도 있지만 이 책이 가지는 의의를 평가하기 위해서는 반드시 논의되어야 할 부분들이다.

『요강』은 『자본론』에 비해서 헤겔 철학적 표현이 훨씬 많이 사용되고 있기 때문에 이해하기 어렵다는 평가를 받고 있다. 또한 아직 "자기 이해"를 위한 초고를 벗어나지 못하고 있기 때문에 더욱 난해하기도 하다. 이러한 사실은 군데군데 눈에 띠고 있는 서술 체계에 대한 설명 — "여기에 속하지 않는다", "뒤에서 곧 상술할 것" 등 — 이나 문제제기, 보론 등의 서술 형식에서만이 아니라, 가치 개념이 아직 정비되지 않았고 다양한 추상 차원에서 사용된 개념이 통일되지 않았다는 점과 같은 서술 내용에서도 확인될 수 있다.

이 책의 번역에 이용한 원본은 베를린 디이츠(Dietz) 출판사에서 1987년에 출판된 『맑스-엥겔스 전집』 제42권이다. 이 책은 이미 수년 전에 번역이 완료되어 있었으나 여러 가지 사정으로 즉시 출간되지 못하고 지체되었다. 어려운 여건에서도 출판을 맡아준 백의 출판사 유환옥 사장께 감사를 드린다. 또한 어려운 책을 맡아 편집과 교열의 힘든 일을 성실하게 다해준 편집부 신희영 씨의 노고에 충심으로 감사드린다. 혹시 있을 수 있는 번역상의 오류나 어색함은 전적으로 옮긴이의 책임이다. 여건이 허락하는 대로 고칠 것을 약속하며, 이 책이 관심 있는 분들에게 도움이 되기를 진심으로 기원한다.

새 천년 첫해 3월

옮긴이 씀

『정치경제학 비판 요강』의 영어판 서문에 부쳐*

마틴 니콜라우스*

이 책 『정치경제학 비판 요강』(이하 '요강')은 맑스가 1857-1858년 사이, 주로 자신의 입장을 분명히 할 목적으로 쓴 일곱 권의 초고 형태로 된 노트들이다. 이 초고는 아직도 밝혀지지 않은 여러 사정들로

---

* 이 글은 마틴 니콜라우스가 1973년 칼 맑스의 『정치경제학 비판 요강』을 영어로 번역한 이후 붙인 서문이다. 이 글의 원문은 『그룬트리세 — 정치경제학 비판의 기초』(*Grundrisse — Foundations of the Critique of Political Economy*, Vintage Books, New York, 1973), 7-63쪽에 실려 있다. 원래 영어 판 서문에는 소제목이 없이 일련번호만 붙여져 있는데, 이것을 우리말로 옮기면서 역자와 편집자가 핵심 내용을 고려하여 임의로 소제목을 붙였다. 영어 판 서문 원문에서 각주에 제시된 책과 자료들의 목록은 본문 중의 괄호로 묶었으며, 기타 내용과 관련된 부연설명은 그대로 각주로 처리하였다. 또한 영어 판 서문에서 이 책 『정치경제학 비판 요강』의 본문에서 인용한 페이지 수는 애초 영문판을 기준으로 매겨져 있었으나, 이를 옮기면서는 한국어 판 번역본을 참고로 재조정하였다. 마지막으로 이 글의 번역에는 정철수(서강대학교 정치외교학과 대학원 석사, 논문으로는 「후기 제솝의 슘페터주의 근로국가에 대한 연구」)와 이 현님(서강대학교 정치외교학과 대학원 재학 중)이 수고해 주었다. 서문의 1절과 2절 및 5절은 이 현이, 3절과 4절은 정철수가 각각 번역하였다.

* 칼 맑스의 『정치경제학 비판 요강』의 영역자이자 이 서문의 저자인 마틴 니콜라우스는 1941년 서독에서 태어나 1953년까지 미국과 캐나다 등지에서 수학하였다. 1967년 브랜디(Brandeis)에서 박사 학위를 받고, 1967-68년 사이 사이먼 프레이저(Simon Fraser) 대학에서 사회학을 강의한 바 있다. 잡지 『베트남 리포트』(*Viet Report*)의 공동 발행자이자 편집 위원으로 활동하였고, 『신좌파 평론』(*New Left Review*)과 『월간 평론』(*Monthly Review*) 등의 진보적 잡지에 활발하게 글을 기고하였다.

인해 잊혀져 있다가 1953년에서야 비로소 독일어 원전 형태로 출간되었다.[1] 이 책 『요강』은 20세기에 인쇄되어 처음 모습을 드러낸 맑스의 많은 저서들 중 그 중요도에 있어 오직 『잉여 가치 학설사』와 『1844년의 경제학-철학 수고』(일명 '파리 수고')에 비교될 수 있으며, 특히 경제 사상의 형성 및 발전과 관련해 의심의 여지없이 가장 중요한 새로운 발전들을 보여준다. 맑스는 이 초고를 공산주의의 이론적 토대에 대한 최초의 과학적 작업으로 간주했다. 이 초고는 그 전기적(biographical)이고 역사적인 가치 외에도, 정치와 역사에 관한 새롭고 풍부한 자료를 제공하고 있으며, 특히 맑스의 정치경제학 비판 계획의 완전하고 유일한 틀을 보여준다. 이 초고는 맑스의 헤겔 철학에 대한 전복(overthrow)과 발전이라고 할 수 있는 핵심적 요소들을 포함하고 있으며, 『자본론』의 내적 논리에 대한 새로운 사실을 던져준다. 따라서 이 수고는 맑스의 방법론 연구를 위해 더 없이 귀중한 원전으로서의 가치를 갖는다. 다시 말해 『요강』은 기존에 받아들여진 맑스에 관한 모든 진지한 해석들에 대한 중요한 도전이자 검증이라고 할 수 있다.

---

1) 이 수고의 한정본이 《맑스-엥겔스-레닌 연구소》에 의해 편집되어 1939년과 1941년에 각각 두 권으로 모스크바의 외래어문헌 출판사(Foreign Language Publishers)에서 출간되었다. 첫 번째 권은 여기에 번역된 서론과 일곱 권의 노트를, 두 번째 권은 맑스가 리카도로부터 발췌 인용한 1851년의 노트에서 선별된 몇몇 단편들과 「바스티아와 캐리」에 관한 미완성 수고 그리고 여러 방면의 관련 자료들을 포함한다. 이 번역의 기초가 된 책은 독일의 디츠 출판사에서 1953년에 발간한 것으로, 앞의 동일한 판본에서 삽화와 모사들을 제외한 두 권의 사진 인쇄로 된 복제본이다. 이 책이 이후 『요강』으로 표기된다. 로스돌스키(Rosdolsky, R.)는 1939년과 1941년 판의 세 권내지 네 권 정도의 복사본만이 "서구 세계"로 들어왔음을 말하고 있다(로스돌스키, 『맑스의 자본론의 형성』(*Zur Entstehungsgeschichte des Marxschen Kapital. Der Rohentwurf des Kapital* 2권, Fankfrut and Vienna, 1968, 7쪽의 각주 참조).

1. 『정치경제학 비판 요강』의 집필

맑스의 생애에서 『요강』은 『공산당 선언』(1848, 이하 '선언')과 1867년에 출간된 『자본론』 1권의 중간에 위치한다. 맑스가 10여 년에 걸친 경제학 연구를 종합하고, 이것을 토대로 논문을 쓰게 된 계기는 1857년의 갑작스런 경제 위기 때문이었다. 그러나 그것은 하나의 계기였을 뿐 실질적 원인은 1848-1850년에 촉발된 혁명들, 더 정확히 말해 이 혁명들의 실패였다.

사실상 유럽 대륙의 모든 민족 국가와 왕국들에서 일어난 일련의 폭동과 내란의 와중에, 공산주의라는 '유령'은 『선언』에서 말한 대로 정치 무대에 응집성 있는 실체로서 그 최초의 모습을 들어냈으며, 피로 짓밟힌 곳이면 어느 곳에나 존재하고 있었다. 그리고는 또다시 런던과 뉴욕의 외국인 강제 거주 지역(foreign-speaking ghettoes)의 피난민들이 편집하고 구독한 조야한 잡지들 속에서 병 속에 갇힌 유령과 같은 신세로 모습을 드러냈다. 이때 이미 맑스와 엥겔스는 민주적 급진 좌파 세력 내에서 가장 분명하고 단호한 목소리로, 그리고 대부분의 진보적 노동자 기구와 공산주의자 동맹의 지도적 대변인으로서 프러시아와 프랑스 및 벨기에 정부 등에 악평이 나 있었다. 각국에서 공식적으로 추방되거나 입국이 금지되거나 혹은 구속 영장이 발부된 상태에서 맑스와 엥겔스는 런던으로 이주하였고, 그곳에서 약 2년 동안 망명자 공동체의 모든 독일인처럼 새로운 혁명의 신호탄이 될 총파업을 기다리면서 몸을 숨기고 있어야 했다. 그러나 혁명 운동 세력들의 활동이 정부의 계속되는 탄압으로 인해 점차 수그러들기 시작하자 가장 먼저 타격을 입은 것은 이들 망명자들이었다. 1850년 7월에 있었던 파리 노동자 폭동의 패배 이후, 맑스와 엥겔스는 즉각 예측 가능한 미래에 혁명이란 불가능하게 되었다는 것, 조속한 시일 내에 귀국 또한 생각할 수 없게 되었다는 것, 따라서 공산주의자 동맹은 혁명 이론의 교육, 연구 그리고 발전 등의 작업에 우선 순위를 두고 이것이 이루어질 수 있도록 그 임무를 재조정할 필요가 있다는 것 등의 테제들을 발전시킨다. 물론 이것은 추방자들의 달아오른 열기에 찬물을 끼얹는 것이나 마찬가지였다. 맑스와 엥겔스가 비록 근소한 표차로 공산주의자 동맹의 런던 중앙 위원회 위원의 지위를 확보하고 정당하게(*de jure*) 런던 위원회의 대표자 자격을 유지할 수 있었지만, 망명자들 대부분은 그들에게 반대하는 입장에 서 있었으며, 심지어 노동자들조차 그들에 대해 적대적이었다. 맑스는 "나는 우리 집단내 구성원이 가능한 한 가장 적은 수, 기껏해야 12명이면 족하다고 생각합니다."라고 말했을 정도였다. 그리고 나서 맑스와 엥겔스는 반혁명 세력들, 반(半)프롤레타리아들 그리고 비실천적 식자들의 비웃음을 받으며 — 이들은 민첩하게 자신들의 복합적 이해 관계에 따라 맑스와 엥겔스를 비웃었다 — 조직적이고 실천적인 정치 활동의 무대에서 물러난다. 이후 영국에서 10년 넘게 체류하는 동안, 엥겔스는 맨체스터에서 생활비를 벌고, 맑스는 대영 박물관 서가에서 처음부터 새롭게 자신의 경제학 연구를 시작한다(『맑스-엥겔스 전집』 8권, 591쪽, 598-9쪽). 따라서 이후 1850년대 유럽 전역을 옭아묶었던 혁명 시기에 독일 민중들은 맑스와 엥겔스에게서 그 어떠한 소식도 듣지 못하게 되었다. 그리고 1852년에 공산주의자 동맹은 해체되기에 이른다.

맑스가 정치 무대에서 자신의 연구 무대로 물러난 것은 이번이 두 번째였다. 그 첫 번째 기간(1843-1847년) 동안 맑스는 다양한 부분에 관심을 가졌다. 그는 물질적 이해 관계에 관한 의문들에 적절히 대답할 수 있는 방법을 찾는 것, 프랑스의 사회주의와 공산주의 이론에 친숙해지는 것, 그리고 헤겔 철학과 관련해 제기되는 '의혹의 폭풍'(storm of doubts)에 대항하는 것 등에 많은 관심을 기울였다. 그러나 맑스는 이번에는 처음부터 한가지 문제에 분명한 초점을 맞추었다(「정치경제학비판 서문」, 『맑스-엥겔스 전집』 13권, 8쪽). 특히

1848년 혁명의 성격과 그 패배의 원인에 대한 맑스와 엥겔스의 종합과 분석은 이 초고가 추구하는 목적을 분명히 보여준다. 당시의 혁명 진영은 두 개의 주요 계급, 즉 노동자 계급과 중·하층 계급 또는 쁘띠부르주아지로 이루어져 있었다. 그러나 당시 노동자 계급은 전반적으로 정치 경험이 부족하였고, 그로 인한 지도력의 한계로 인해 쁘띠부르주아지가 혁명 운동을 선동하고 지도할 수밖에 없었다. 이것이 당시의 혁명 운동이 실패할 수밖에 없었던 중요한 원인이었다. 내전 기간 내내 독일 남부에서 투쟁했던 엥겔스는 이러한 맥락에서 다음과 같이 쓰고 있다. "모든 혁명 지역에서 형성된 지방 정부의 대다수가 인민의 일부만을 대표했다. 따라서 이 정부가 이룩해낸 성과란 독일의 쁘띠부르주아지가 할 수 있는 것이 무엇인지에 대한 적절한 측정 수단으로 받아들여 질 수 있을 것이다. 다시 말해, 우리가 알고 있는 바와 같이 그들은 자신들의 손아귀에 맡겨졌던 모든 운동을 폐기 처분하는 것 외에 그 어떠한 일도 할 수 없었다."(「독일에서의 혁명과 반혁명」, 『맑스-엥겔스 전집』 8권, 99쪽)는 것이다. 이것이 혁명의 실패라는 피의 대가로 얻어진 교훈이었다. 더 심각했던 것은 노동자 계급의 봉기가 군대에 의해 좌절된 후 정치적 부패가 노골화되었다는 점이다.

이러한 상황에서 하나의 새로운 정치 조류가 등장하게 된다. 이 정치 조류는 "… 프롤레타리아의 사회적 욕구였던 혁명적 목적은 실패했으며, 결국 그것은 민주적 성향에 굴복했다. 또한 쁘띠부르주아지의 민주적 호소는 단순한 정치적 형태들을 벗어나 이제 그들의 사회주의적 목적이 세상의 전면에 등장했다."(「루이 보나빠르뜨의 브뤼메르 18일」, 『맑스-엥겔스 전집』 8권, 141쪽)고 주장하면서, 자신을 '사회민주주의'(social-democracy)라고 불렀다. 프롤레타리아의 혁명적 요구가 약화되면 될수록 전체 소규모 부르주아지는 점점 더 자신을 '사회주의자'나 '좌익'(red)이라고 불렀으며, 자신들의 모든 요구,

조치, 연설 및 진부한 말 등에 이러한 인상을 낙인찍으려고 하였다. 그러나 그들은 노동자들이 "… 전처럼 임금 노동자들로 남아 있어야 하며, 오직 민주적인 쁘띠부르주아지만이 더 많은 임금과 더 안전한 생활을 바랄 수 있다고 말한다. 따라서 그들은 자신의 구성원들에게 일자리를 제공할 수 있는 국가를 소유하고, 그 복지 수단을 통해 이것을 달성하고자 했다. 간략히 말해 그들은 얼마 안 되는 분배 몫(doles)으로 노동자를 매수하려 했으며, 그들의 생계 조건을 일시적으로만 유지할 수 있게 만듦으로써, 노동자들의 혁명적 권력이 와해되기를 바랐던 것이다."(『맑스-엥겔스 전집』 7권, 247쪽) 이것이 그들의 핵심 주장이자 본질이었다. 따라서 맑스는 이 세력은 결국 실패할 수밖에 없으며, 노동자 계급이 다시 혁명 진영의 지도적 위치에 오를 수밖에 없음을 밝히는 것을 연구의 가장 우선적인 목적으로 삼았다.

『요강』에서 맑스는 이미 정치경제학 연구 분야에서는 정평이 나 있던 영국의 학자 리카도와, 자칭 사회주의자였던 프랑스 인 프루동을 자신의 원칙과 이론의 적대자로 선택한다. 리카도는 약 35세의 젊은 나이에 죽었지만, 그의 저작들에 나타난 수많은 오류에도 불구하고 당시 상당한 명성을 얻고 있었다. 리카도는 영국의 제조업자들과 산업 자본가들이 토지 귀족들의 정치경제적 권력 행사로 인해 여전히 곤란에 처해 있을 때인 19세기 초반 10여 년에 걸친 성숙기의 험난했던 시기에 그들의 유능한 선생이자 이론적 지지자로서의 역할을 담당하였다. 리카도가 산업 자본가들 사이에서 명성을 얻게 된 가장 직접적인 계기는 곡물 가격을 둘러싼 논쟁이었다. 토지 귀족들은 해외에서 값싼 곡물을 수입하는 것을 막고 국내의 곡물 가격을 높게 책정하기 위해 연합하였다. 그런데 노동 계급의 주식인 빵의 원료로 사용될 곡물의 가격이 높게 책정된다면, 임금 상승은 필연적일 수밖에 없었다. 이것에 반대한 리카도는, 이 경우 토지 소유자의 지대가 갖는 이점으로 인해 자본가의 이윤 침식이 불가피하다고 주장하였다. 1843-1844년, 산업 자본가들은 드디어 토지 귀족들의 의회 장악을 분쇄하고 곡물 수입에 반대하는 금지 법안을 폐지시키는 데 성공을 거둔다. 물론 그것은 수십 년에 걸친 투쟁의 결과였다. 동시에 이 사건은 그 자신이 부유한 주식 중개인이기도 했던 리카도에게 있어서 1823년의 사후에나 성취한 승리였다. 그러나 이후 리카도의 이름에 의해 추진된 영국 산업의 승승장구는, 그 자신의 예언처럼 리카도를 영국 경제학자들 중 가장 저명한 반열에 올려놓았다.

프루동(1809-1865)은 맑스보다 10년 연배로, 1840년대 중반 경 맑스에게 많은 정치적 조언을 해준 사람들 가운데 한 사람이었다. 통제조업자의 아들이자 그 자신이 노동자이기도 했던 프루동은 경제적인 궁핍 속에서도 독학으로 공부를 하였다. 그는 책을 사보기 위해 초라한 단칸방에서 끼니를 굶어야 했다. 맑스는 1845년에 프루동의 저서를 "프랑스 프롤레타리아에 대한 하나의 과학적 선언"이라고 말했는데, 실제로 그것은 여러 방면의 "비판적 비판"(Critical Critic)(「신성 가족」, 『맑스-엥겔스 전집』 2권, 43쪽)의 문학적 술책과는 상당히 달랐던 것이 사실이다. 또한 맑스는 프루동이 정치적 협잡꾼과 온갖 종류의 입신출세주의자들과 연관되어 있고 또한 그 지지자였다는 사실을 알고 있었음에도 불구하고, 노동 운동에 대한 그의 진심에서 우러나오는 개인적 헌신에 특별한 존경심을 가지고 있었다. 그러나 이미 『요강』을 쓰기 시작하기 전부터 맑스는 프루동의 사상이 그 형식(예를 들어 "소유는 도둑질이다"와 같은)에 있어서 제아무리 파격적일지라도, 결국 그것은 순전히 비과학적이고 비혁명적인 관념들의 수박 겉핥기 식 변용(cosmetic alteration)일 뿐이라고 결론짓는다. 즉 맑스는 프루동의 그러한 관념들이 노동 계급의 정치적 발전을 되는 대로 방기해 버린 책임을 지니고 있다고 보았던 것이다. 맑스는 『철학의 빈곤』(1847)에서 프루동의 이론들을 비판하기 시작했지만, 프루동이 점차 성장해 가는 노동 운동의 지도자로 부각되고, 1848년 유럽에서 혁명 운동이 촉발되자, 이러한 비판의 결론을 맺을 만한 시간적 여유를 갖지 못했다. 사실상 『요강』이 씌어지던 시기에 프루동은 세계적으로는 아니지만 프랑스 전역에서 이미 의심할 여지없는 사회주의의 지도적 대변인으로 군림하고 있었다.

1850년대에 들어서면서 맑스는 참으로 비참한 생활을 견뎌내지 않으면 안 되었다. 그 10년 동안 맑스의 수입원이라고는 『뉴욕 데일리 트리뷴』(*New York Daily Tribune*)과 『뉴아메리칸 백과사전』(*New American Cyclopedia*) 등에 기고하여 받는, 그것도 삼류작가가 받는 원고료도 채 안 되는 돈이 전부였다. 게다가 우연히도 그 돈은 항상 늦게야 도착했다. 맑스의 가족은 런던의 가장 가난한 구역 중 한 곳에서 살았으며, 집 앞에는 항상 채권자와 지주의 대리인들이 문전성시(門前成市)를 이루었다. 어느 날 맑스는 자신이 외출할 수 없게 되었음을 알게 된다. 그 이유는 생계를 위해 자신의 신발과 코트를 전당포에 맡겼기 때문이었다. 그러나 가족과 그 자신의 계속되는 병고로 빚은 계속해서 늘어만 갔고, 맑스는 한때 "결코 어느 누구도, 특히 돈이 전적으로 궁한 상태에서 '화폐 일반'에 관해 글을 쓴 사람은 없었을 걸세."라고 적고 있다(「서한」, 『맑스-엥겔스 전집』 29권, 385쪽)[2]. 오직 엥겔스만이 몇 번이고 자신의 면화 공장에서 나오는 돈을 전용해 맑스의 가족이 생계를 꾸려나갈 수 있도록 도왔을 뿐이다.

맑스의 경제학 연구와 관련하여 1850년에서 1857년 사이의 행적은 아직까지 완전하게 알려져 있지 않다. 1850년 9월과 1853년 8월 사이에 그는 상품, 화폐, 자본, 임노동, 토지 소유, 국제 무역, 기술사와 투자, 신용, 인구론, 국가 경제사, 관습 및 풍습의 역사, 문학, 세계시장, 식민지주의 그리고 그 외 여러 문제들에 대해 주석을 단 27권

---

2) 여기에 덧붙여 맑스는 다음과 같이 쓰고 있다. "이 주제를 연구한 대부분의 저자들은 의심할 여지없이 자신들의 연구 주제를 풍부하게 가지고 있었을 걸세."

의 노트를 작성하였다. 1851년 3월과 4월 사이에 그는 그 규모가 알려져 있지는 않으나 「화폐 체제 총론」(*Das Vollendete Geldsystem*)이라는 제목을 단 수고를 쓰는데, 이 수고는 현존하긴 하지만 아직까지 출판되지 않았다.[3] 맑스가 1851년 4월에서 5월 사이에 리카도로부터 발췌 인용한 노트들은, 그가 잉여 가치의 원천이 생산 과정에 내재해 있다는 사실을 정확히 파악했다는 것을 증명해 주지만, 가치론과 임금론에 있어서는 아직 그 핵심을 밝혀내지 못하고 있음을 보여준다.[4] 1853년 내내 맑스는 경제학 연구에 전념할 수 없었다. 왜냐하면 그는 독일에서 벌어졌던 공산주의자 동맹 회원에 대한 재판을 비판하는 팜플렛을 써야 했고, 예정대로 경제학과 관련한 출판 작업을 위해 독일의 출판업자와 많은 시간을 보내야 했기 때문이다(「서한」, 『맑스-엥겔스 전집』 8권, 560쪽). 대략 1854년 11월부터 1855년 1월까지 그는 환율의 여러 이론들에 대한 수고를 썼는데, 「화폐론, 신용론, 공황」(*Geldwesen, Kreditwesen, Krisen*)이라는 제목을 붙인 이 수고에 대해서 맑스는 '대단히 풍부한 내용'을 담고 있다고 기술하고 있다. 그러나 이 수고 역시 1851년의 화폐 체제에 대한 수고와 마찬가지로 현존하기는 하지만 출판되지 못했다.[5] 1855년과 1856년에도 맑스는 경제학을 연구할 시간적 여유를 갖지 못했다. 그는 어네스트 존스

---

3) 여기에는 "1851년 3월-4월의 미간행 수고"라고 적혀 있다.

4) 예를 들어 다음의 구절을 참고할 것. "잉여란 비록 그것이 교환 영역에서 실현될지라도, 교환에서 나오는 것은 아니다. 즉 어떤 종류의 생산물을 생산하는 데 20일의 노동일이 소비되는데, 그 대가로 노동자는 오직 10일치의 생산물만을 받는다는 것이 이 사실을 증명한다. 노동의 생산력이 증대함에 따라, 임금의 가치는 그것에 비례해 감소한다." 이러한 점은 분명 맑스가 리카도의 이윤론을 넘어선 것이라고 할 수 있으나, 아직 그의 가치론과 임금론의 틀 안에 머무는 것이다.

5) "1854년 말-1855년 초의 미간행 수고"라 적혀 있다. 그리고 편집자 주에는 "대단히 풍부한 내용, 비판적으로 간추려지고 평가된 사실적 자료"라고 적혀 있으며, 날짜도 1854년 11월에서 1855년 1월이라고 추정하고 있다. 따라서 이들 수고도 모스크바 《맑스-엥겔스-레닌 연구소》가 소장하고 있음이 분명하다.

(Ernest Jones)와 함께 차티스트 운동의 기관지인 『인민 일보』(*People's Paper*)를 공동으로 발행하고 기타 언론에 기고할 기사 원고를 집필하면서, 그리고 마지막으로 가정 내의 비참한 상황들을 감내하면서 바쁜 나날을 보냈다. 1857년에 경제 위기가 닥쳐서야 맑스는 다시 경제학 연구에 전념하게 된다. 맑스는 『요강』의 「서문」을 1857년 8월 마지막 주에 쓰기 시작해 9월 중순경에 끝냈으며, 같은 해 10월부터 간헐적으로 첫 번째 노트를 쓰기 시작해서, 다음 해 3월 중순경까지 5월말에 추가된 몇몇 페이지를 제외한 전체 작업을 거의 마무리한다.

2. 『정치경제학 비판 요강』의 구성과 전개

이 수고의 본문은 「화폐에 관한 장」과 「자본에 관한 장」이라는 두 개의 핵심 부분과 「서문」 및 「바스티아와 캐리」에 관한 단편으로 이루어진 부수적인 논문으로 구성되어 있다. 그러나 마지막 두 논문과 중심 논문간의 관계는 불분명하다. 시기적으로 볼 때 결코 마무리되었다고 볼 수 없는 「바스티와와 캐리」에 관한 단편이 먼저 씌어졌다. 이 단편은 1857년 7월에 「서문」보다 먼저 씌어지긴 했지만, 그것이 『요강』과는 독립적으로 씌어진 논문인지 아니면 그것의 준비 논문인지에 대해서는 명확하게 알 수 없다. 따라서 이 단편은 좀더 복잡한 성격을 띠고 있는데, 우선 그것은 중심 논문에 대한 서문 대용으로 읽힐 수 있으며, 또는 「자본에 관한 장」의 755쪽(이 책, Ⅲ권 23쪽)에 대한 계속되는 논의로 볼 수도 있다. 다시 말해 우리는 맑스가 거기에 뭔가 유용한 해설을 덧붙이고자 했던 것으로 볼 수 있고, 동시에 그것을 하나의 완성된 독립 논문으로 볼 수도 있다.

「서문」에는 조금 다른 차원의 문제가 나타난다. 이 문제는 「화폐에 관한 장」에서 시작되는 노트, 즉 일곱 권의 노트와는 관련이 없는 다른 노트에서 나타나고 있는데, 그것은 집필하는 동안 생길 수 있는 몇 주간의 공백기가 지난 뒤에 나타나는 문제점이다. 다시 말해 이 문제점은 서문과 「화폐에 관한 장」 사이에 명백한 연속성이 없다는 점이다. 물론 「바스티아와 캐리」에 대한 단편과는 달리 「서문」과 본문은 내용상 유기적으로 구성되어 있다. 그러나 사실상 어려움은 더 심오한 곳에 놓여있다. 우선 맑스 자신도 어느 정도 고려했겠지만, 본문 내용을 고찰해 볼 때 이 「서문」이 전적으로 유효한 출발점이 될 수 있는가 하는 문제가 제기된다. 또한 본문의 중심 내용을 집필하는 과정에서 애초 「서문」에서 표명했던 몇몇 관점들이 부적합하다는 것을 맑스 자신이 이후의 교정 과정에서 얼마만큼 고려했는가 하는 문제가 제기된다. 사실상 맑스는 1859년에 「화폐에 관한 장」의 출판을 준비하는 동안, 「자본에 관한 장」을 쓸 계획을 구상하면서 현재의 「서문」 전체를 내버리고 본문의 내용에 맞는 새로운 서문을 쓰려고 하였다. 이러한 의문들과 그 같은 결정을 내린 이유가 무엇인지에 대해서는 다음 3절에서 다루고, 여기서는 본문의 전체적인 구성과 그 특징을 간략하게 고찰해 보고자 한다.

우선 본문의 핵심 부분을 두 개의 장(두 번째 장이 첫 번째 장보다 몇 배나 길다)으로 나눈 데에는 중요한 의미가 있다. 이것은 비록 화폐와 자본이 서로 긴밀하게 연관되어 있을지라도, 양자가 각각 독립적으로 고찰될 수 있는 실체라는 것을 나타낸다. 물론 모든 경제학자가 이러한 구분에 동의하지는 않을 것이다. 그러나 맑스가 이러한 논의를 구체적으로 발전시킴에 따라, 본문의 중심이 되는 두 장의 제목이기도 한 이 두 범주가 저술 전체에 걸쳐 첫번째 적대 요소라는 사실이 밝혀진다. '화폐'는 단지 종이나 금속 조각으로서가 아니라 일정한 규칙이나 법칙에 기초하는, 그리고 특정한 정치 유형과 문화, 심지어는 개성을 포함하는 전반적인 사회 관계 체제로서의 의미를 갖는다. '자본'도 유사한 사회 관계 체제의 일부로 간주될 수 있다. 그러나 그 체제는 전체적으로 적대적인 법칙에 기초하며, 대립적인 정치와 문화 등을 초래하는 토대가 된다. 따라서 단순화시켜 말한다면, 전반적으로 자본주의 경제는 이 두 가지 범주의 내적 긴장에 의해서, 그리고 그것의 구성력(constituent forces)에 의해 추진되기도 하고 제약되기도 하는 것처럼 보일 수 있다.

이제 이러한 논점을 좀 더 구체적으로 논해 보고자 한다. 우선 가장 먼저 제기되는 문제는 「화폐에 관한 장」의 논의 구조가 일관되지 못하다는 점이다. 이것은 부분적으로 맑스가 화폐의 역사와 금·은 등의 금속 야금술의 역사에 흥미를 가지고 있어서 반복적으로 원래의 논의 주제에서 이탈하고 있기 때문인데, 확실히 이 점은 서술의 연속성에 많은 손상을 주고 있다. 물론 논의 구조의 비일관성이라는 문제의 주된 이유는 맑스가 어떤 편지에 쓴 것처럼, 자신의 이론을 체계적으로 발전시키기 위해 경제학 연구의 결과들을 종합하고, 동시에 진행 중인 경제 위기와 관련한 팜플렛을 쓰고자 했던 상충되는 목적에서 기인한다(1857년 12월 18일 「엥겔스에게 보낸 편지」, 『맑스-엥겔스 전집』 29권, 232쪽). 「화폐에 관한 장」은 무엇보다 이러한 중심적인 동기에서 출발해 점차적으로, 그러나 적절하고 예리하게 체계적인 이론 전개로 나아가고 있다. 이러한 체계적인 이론 전개는 가격과 가치의 구분처럼 초기 이론 발전의 상당 부분이 할애되는 지점에서 제기된 비판들에 대해 이론적 해명이 필요했기 때문에 가능했던 것이다. 맑스는 이후에 수고를 교정하는 과정에서 모든 것이 가격과 가치 안에 뒤죽박죽 되어 있다고 불평하였는데, 이 때 그는 특히 이 「화폐에 관한 장」을 염두에 두고 있었던 것 같다.

이 장의 서두는 프루동주의자인 다리몽이 이끄는 은행 '개혁'에 대한 논평으로 시작한다. 다리몽의 은행 '개혁'안은 프랑스 밖으로 금이 유출되면, 그것이 국내의 '화폐' 부족 현상을 유발하고 결과적으로 이자율이 상승한다는 믿음에 기초하고 있었다. 이러한 상황이 지속되면 '인민들' — 소기업인, 농부들 — 은 돈을 대부 받을 만한 여유가 없게 되고, 결국 산업은 마비될 수밖에 없다는 것이다. 다리몽에 의하면 이러한 문제의 해결책은 금본위제도(金本位制度)를 없애고, 은행들이 수요에 맞춰 신용 대부를 할 수 있게 하며, 이자율을 없애는 것이다. 이것이 프루동주의자들이 내걸었던 '자유 신용'의 기본 내용이다. 이에 대해 맑스는 금 유출의 원인에 대한 다리몽의 분석이 갖는 한계를 폭로하고, 화폐와 신용간의 차이를 지적한 후, 그 제안의 이면에 있는 사고 자체의 진부함을 비판한다. 또한 그는 다리몽의 '급진적'이고 '사회주의적'인 면모, 특히 그 제안을, 천박한 부르주아 경제학과 결합된 부르주아적 몽상 — 인쇄되는 순간 변질되어 버릴 연금술 — 이라며 가차없이 비판한다. 맑스가 수고를 쓰던 시기에 다리몽은 프랑스 내에서 가장 열정적이고 유명한 급진주의자 중 한 사람이었다. 그러나 몇 년 후 그는 보나빠르뜨 정권에 가담해 훈장을 받았다가 반동주의자로서 죽음을 맞이해야 했다.

맑스에게는 프루동주의자들의 사회 개혁안 중 두 번째 국면이 중요한 이론적 의문들을 제공하였다. 그 계획은 모든 악의 근원으로 여겨졌던 현행 화폐 체제를 폐지하고, 그 대신 노동 시간에 기초한 통화 체제를 설립하는 것이었다. 일명 '노동 화폐'라고 불린 이 구상은 19세기 공상적 사회주의자 사이에서 커다란 인기를 누리고 있었다. 맑스는 프루동에 의해 제안된 이 논란의 여지가 많은 관념이 50년 전에 이미 두 명의 영국인 정치경제학자 브레이와 그레이(이 책, III권 88-89쪽)에 의해서 구상된 것임을 보여준다. 물론 오늘날 이 노동 화폐 도식은 별로 큰 의미를 지니지 못한다. 동시에 이것에 대한 맑스의 평가 역시, 비록 그 평가가 출판된 맑스의 저작들 중 가장 체계적일지라도, 별다른 관심을 얻고 있지는 못하다. 그러나 맑스는 그것의 일반적인 전제들을 분명히 하는 가운데 화폐에 대한 자신의 입장과 논리를 세울 수 있었다. 맑스는 어떤 상품의 가치란 그것의 생산에 투여된 노동 시간에 의해 결정된다는 노동 화폐론자들의 견해에

동의한다. 그러나 맑스는 그들이 이것이 평균적으로만(이 책, I권 115쪽) 그리고 필연적이지 않은 예외적인 특정한 상황에서만 들어맞는다는 사실을 간과하고 있다고 비판한다. 화폐는 자신과 관련된 여러 항목들을 평균화하여 공통의 척도 또는 기준이 되는 기능을 수행한다. 물론 이것도 화폐의 여러 가지 기능들 중 하나일 뿐이다. 따라서 화폐는 여러 가지 항목 자체와 분명히 구분될 필요가 있다. 만약 누군가가 개별 노동자의 상이한 노동 시간을 평균할 수 있는 수단을 제거하려고 하면서, 동시에 노동 시간에 의한 가치 결정의 원리를 고수하려고 한다면, 그것은 한 사람의 한 시간 전표는 다른 사람의 두 시간 전표와 같거나, 아니면 다른 사람의 30분 전표와 동일하게 되는 등의 결과에 직면하게 될 것이다. 물론 그렇게 된다면 시간 전표의 액면가는 단지 공염불에 불과한 것이 되고, 통화 체계는 혼란과 혼동으로 인해 붕괴되고 말 것이다(이 책, I권 117쪽). 여기서 예외적인 비개인적 노동 시간에 기초한 화폐 — 화폐가 금이나 은 또는 종이로 되었든, 아니면 다른 어떤 것으로 되어 있든 그 형태와는 상관없이 — 나 노동 시간에 의한 가치 결정의 원리 중 하나는 모두 이론이 아니라 현실 속에서 부정되고 말 것이다. 노동 시간에 의한 가치 결정을 유지하면서 동시에 노동 화폐가 기능 할 수 있는 유일한 방법은, 노동 화폐를 발행하는 은행, 즉 "생산의 교환"(이 책, I권 136쪽)이 모든 상품의 일반적인 구매자이자 일반적인 판매자가 되도록 하는 것이다. 반면 노동 시간에 의한 가치 결정이 더 이상 유지될 수 없게 되어 이제 어떤 종류의 화폐도 필요 없게 된다면, 노동 화폐에 대한 수요가 제기될 수 있는 토양은 더 이상 존재할 수 없게 된다(이 책, I권 155쪽).

맑스는 노동 화폐 구상의 근거인 "'시간 전표'가 의지하는 잘못된 관념들이 … 오히려 우리에게 프루동의 일반 이론과 연관된 유통론이 지닌 비밀의 심층을 통찰할 수 있게 한다는 점"에서, 이를 밝혀내기 위해 곧바로 논의의 쟁점으로 나아가지 않고, 일종의 '우회로'를 선택하고 있다. 물론 그 '비밀'이란 앞에서 본 프루동의 가치 결정에 관한 이론에 놓여 있다. 따라서 「화폐에 관한 장」의 논의가 계속 전개됨에 따라 맑스의 우회는 오히려 중심적인 노선이 되며, 그의 이론 안에 감추어진 본질이 『요강』에서 상세하게 밝혀지게 된다. 물론 이 수고가 전반적으로 다루고 있는 주요 문제는 가치 결정의 문제다. 이 문제가 화폐와 자본에 관해 논하는 두 장의 기본 틀 안에서 주축을 형성한다. 그것의 다양한 모습과 다양한 추상화 수준 그리고 단순성과 복잡성의 정도를 구별하면서, 이 문제를 탐구하는 것이 본문 내용 전반(全般)을 구성하는 것이다. 그리고 이러한 의문들에 기초해 프루동의 사회주의론뿐만 아니라, 그의 정신적 지지자인 리카도 등의 고전적 부르주아 정치경제학에 내재한 이론상의 비밀이 낱낱이 파헤쳐지는 것이다. 「화폐에 관한 장」에서 가치 이론은 기존의 정치경제학에 의해서 밝혀진 화폐의 다양한 기능들(예를 들어 유통 수단, 가치 척도, 가치 축장 수단 등)과의 연관 속에서 발전되며, 다시 이 기능들은 단순 유통 체제를 형성하는 다양한 관계들 안으로 도입된다.

그러나 화폐 이론의 협소한 기술적 측면만이 부각됨에 따라, 그와 함께 유통 또한 큰 흥미를 끌지 못했다. 따라서 이 두 수준의 연구도 맑스가 출간을 위해 준비했던 『정치경제학 비판을 위하여』나 『자본론』 같은 후기 저서에서만큼 진척되지 못했다. 이 수고에서 사용된 맑스의 용어법 또한 리카도 학파의 그것을 완전히 벗어난 것이 아니었고, 심지어 그것을 명확히 분석하지도 못했다. 이러한 측면은 두 번째 장에서도 몇 가지 사례로 나타난다.[6] 화폐 이론의 기본 요소들,

6) 특히 이 두 번째 장에서, 한편의 고정 자본 대 유동 자본의 측면과, 다른 한 측면에서 불변 자본 대 가변 자본의 차이는 이후 『자본론』(특히 『자본론』 2권, 213-14쪽, 218-219쪽. 이하 『자본론』에서의 인용은 International Publishers 판에 의거한다)에서만큼 상세하게 진행되지 못했다. 이러한 엄밀성의 부족은 기계 장치를 '고정 자본'으로 간주한 『요강』(이 책, III권 379-382쪽)의 몇몇 문

즉 '상징'(symbol)으로서 화폐의 역할에 대한 견해는 후기에 출판된 저서들의 관점에서 볼 때 부정확하게 형성되어 있다(로스돌스키, 『맑스의 자본론의 형성』 1권, 142-3쪽). 맑스 자신도 말하고 있듯이, 그 표현 방법은 관념론적이라는 결점을 가지고 있다. (이 점은 다시 고려될 것이다.) 결과적으로 보통 경제학 교과서들의 표제에서나 제기될 수 있는 의문들과 관련되어 있는 맑스의 가치 및 화폐 이론의 특별한 모습들은 『요강』 이후 맑스가 출간을 목적으로 준비한 저작들에서 더 잘 연구되었다. 그러나 이 수고의 상대적 강점은 보통의 경제학 저술들이 모험을 하지 않는 영역을 건드렸다는 점이다. 물론 맑스는 화폐의 새로운 기능들을 발견할 수는 없었다. 오히려 그의 공헌은 정치경제학 저술들에서 논의된 화폐의 평범한 정의들을 사회적, 정치적, 법률적 조건 및 기타 전제 조건들의 측면에서 밝혔다는 것이다. 따라서 그 첫 번째 공헌은 맑스가 가치와 화폐를 사회 관계들로 다루었다는 점이다. 『요강』에 나타난 맑스의 두 번째 공헌은 그가 화폐의 기능들간 및 그 기능들 내부에서 상호 모순을 드러내고 있는, 즉 상호 교차하는 화폐의 차별적 기능들을 다루었다는 점이다. 그리고 마지막으로 이 사회적 관계들을 역사적 관점에서 하나의 기원을 가지고, 목적을 함축하는 것으로 다루었다는 점이다. 맑스가 화폐와 가치를 사회 관계로서 그리고 특별한 역사적 맥락 안에서 법률적, 심리적 관계로서 설명한 것은 『요강』에서 가장 직접적인 가치를 지닌 문구들이다(이 책, Ⅰ권 137-147쪽, 153-154쪽, 210-218쪽, 231-232쪽).

따라서 맑스가 「화폐에 관한 장」에서 구축한 단순 유통 체제는

구들에서도 나타난다. 즉, 기계 장치가 고정 자본 대신 불변 자본으로 고려된다면, 그때 그것이 이윤율에 미치는 효과는 직접적으로 이윤율 증가의 제한으로 고려되기 때문이다. 이 점을 로스돌스키, 앞의 책, 2권, 418-25쪽과 비교해 보라.

상품의 화폐로의 전환(transformation)과 그 반대의 메커니즘을 넘어서 있다. (주어진 상황에서 이 전환을 방해하는 것 또한 이 메커니즘이다.) 이 체제는 자본주의 사회의 경제적 토대와 그것의 상부 구조 모두를 기본 요소로 삼는다. 그것은 모든 사람이 자신의 노동 생산물을 소유한다는 특별한 점취 법칙을 지니며, 모든 사람이 소유자인 동시에 노동자라는 특별한 계급 구조를 갖는다. 여기에서 화폐는 비사회적인 개인들을 연결하는 사회적 결속이며, 사회적 사물(thing)이다. 그리고 그것은 이 개인들이 분노했을 때, 인근 세계 시장을 휘어잡는 이질적인 전제 군주다. (이러한 설명은 「자본에 관한 장」의 처음 몇 페이지에서 계속된다.)

이 단순 유통 영역 내에서 개인들 사이의 관계는 자유와 평등의 관계다. 평등하다는 것은 상품 교환이 평균적으로 등가 교환에 기초하기 때문인데, 이 과정을 통해서 교환된 생산물은 총 노동 시간과 동일한 그 체현물이다. 자유롭다는 것은 교환 상대자가 서로 상품의 소유자로 생각되고 인정된다는 점 때문이며, 또한 강제적으로 다른 사람의 상품을 빼앗을 수 없기 때문이다. 교환에 참가하고 그로부터 빠져나가는 것은 전적으로 개인의 자유로운 선택에 맡겨져 있다. 그리고 이 영역에서 개인 A와 개인 B는 오직 구매자와 판매자로만 구별된다. 따라서 매매가 이루어지는 즉시 그들은 자신들의 역할을 바꿀 수 있고, 심지어는 이러한 차이를 포기할 수도 있으며, 마지막으로 A와 B가 동일한 개인이 될 수도 있다.

그러면 자유와 평등의 낙원으로 표상되는 이 영역의 실제 모습은 무엇일까? 우선 하나의 전체로서 이 영역을 구성하는 각각의 요소들은 역사적 토대를 갖고 있지 못하다. 그 한 예로 맑스는 자본주의적 생산 과정의 역사적 기원으로 기능공들과 자유 농민들 — 자신이 소유자이면서 동시에 노동자인 — 이 지배적으로 나타났던 자본주의 역사의 초기 단계를 제시한다. 그러나 그 당시에는 등가 교환 법칙이나 세계 시장을 염두에 둔 상업 활동 등은 결코 단순 유통 영역이 가정하고 있는 정도의 수준까지 발전할 수 없었다. 동시에 이 영역은 발전된 자본주의 경제 영역 안에서 발전한 것도 아니다. 그것이 발전된 자본주의로부터 등가 교환 법칙과 세계 시장을 추상하지만, 계급의 부재(이 영역에서 개인은 소유자와 판매자로 만난다)는 그것을 발전된 자본주의 이미지(image)로 제시하는 것을 전적으로 거부한다.

따라서 맑스가 구축한 교환 영역은 이중적인 착시 현상(optical illusion)을 가지고 있다. 그것의 각 측면은 보기에 따라 일면 진실일 수 있지만, 한 면을 보게 되면 다른 면은 우리의 시야에서 사라져야 한다. 따라서 맑스가 정확히 지적한 것처럼, 실질적 전체로서 그 전모를 파악하는 것은 불가능하다.

첫째로 유통 영역은 전반적으로 자본주의 생산 관계의 한 측면으로 그 관계가 발전한 형태다. 등가물이 등가물로서 교환되고, 동등한 사람들은 평등하며, 사람들은 자유로운 소유자인 한에서, 사실상 이들은 그 전(全)체제의 일부분으로서 존재한다. 추측컨대 이 영역은 자유 경쟁의 영역인 시장이라 할 수 있다. 여기에 개별 소유자들을 위한 '모든 **자유와 평등**의 생산적, 실질적 기초'가 놓여 있다. '순수 이념으로서' 자유와 평등은 이 교환 영역에서 보편화된 관계들의 '관념화된(idealized) 표현들'일 뿐이다.

개별 소유자들의 자유와 평등을 틀 지우는 법률적, 정치적, 사회적 관계들은 단지 시장을 토대로 하는 상부 구조이다(이 책, Ⅰ권 240쪽). 여기에서 상품이 최종 소비자에 의해 구매되는 지점에서는 왕이든, 백만장자든, 프롤레타리아든 모두 형식적으로 평등하다. 각각의 사람들은 식료품 시장의 금전 등록기 앞에서 자신의 차례가 오기를 줄서서 기다려야만 한다. 즉 처음 온 사람이 맨 먼저 이용할 수 있다(이 책, Ⅰ권 248쪽). 그들 사이의 계급적 구별은 '구매자' 또는 '소비자'의 역할에 따라 구분될 뿐이다. 계산대의 맞은편에서 상품들은

'생산자'에 의해 생산된 것으로 스스로를 나타내며, 노동자와 자본가를 단일한 존재로 결합시키는 역할을 한다. 물론 '생산자'와 '소비자'가 하나이며 동일하다는 것을 '보여주는 것'은 어려운 일이 아니다.

다른 한편 이 영역의 역사적 준거점은 어디이며, 그것은 언제 전체 사회로서 인식될 수 있는가? 그 준거점은 완전히 발전한 자본주의 단계 속에서가 아닌, 중세 길드와 자유민들 속에서 아직 그 밑바닥에 위치한 자본주의적 생산의 원시적 단계에서 찾을 수 있다. 따라서 이 유통 영역을 사회 전반으로 그리거나 전체를 이 부분으로 환원하려는 시도는 그것의 실질적 전제 조건이라 할 수 있는 생산을 원시적 단계로 퇴행시키는 것일 뿐이다. 더구나 이런 측면에서 고려한다면 등가 교환 법칙과 더불어 그것의 부르주아적 상부 구조인 자유와 평등도 중요한 진전을 보지 못할 것이다.

이러한 정신적 구성물(mental construct) 내의 모순들은 맑스가 살던 시대, 특히 프루동주의자들에 의해 사회 발전의 최고 단계로 묘사되고, 가장 사회주의적인 색채를 띠는 것으로 유형화된 급진적 부르주아 민주주의 이데올로기 내의 모순일 뿐이다. 그들은 부르주아적 자유와 평등을 더 완전하게 만들고, 그것들을 충분하고 완전하게 실현하기를 희망했다. 그리고 이 과정에서 화폐의 폭력성과 시장의 타락성을 매도하고 이에 대해 폭언을 퍼부어 댔다. 그러나 그들은 자신들이 완전하게 만들고자 하는 이 시장이 부르주아적 자유와 평등의 실질적 토대임을 알지 못했다. 따라서 부르주아지 사이에서도 단지 부르주아 급진파들, 즉 정치경제학자들만이, 그것도 부르주아적 자유와 시장 사이의 실질적 관계가 무엇인지를 이해하는 한에서만 이 특별한 문제를 직시할 수 있었다. 맑스 역시 처음에는 이러한 부류의 사람이었다.

그러나 (그가 이후 다시 이 주제에 대해 언급하고 있는 것처럼) 정치경제학자들은 개인들이 시장에서 그리고 시장에 의해 자유롭게 된다는 것을 가정할 때 스스로 근본적인 오류를 범하고 만다. 다시 말해 "자유 경쟁에서 자유롭게 정립되는 것은 개인이 아니라 자본이다."(이 책, II권 316-317쪽) "실제로 자유 경쟁이 무엇인가에 대한 설명은 중간 계급의 예언자들에 의한 그것의 찬미나 사회주의자들에 의한 그것의 저주에 대한 유일하게 합리적인 답변이다."(이 책, II권 318쪽)

그렇다면 도대체 자유 경쟁이란 무엇인가? 우선 무엇보다 먼저, "현재의 전체로서의 부르주아 사회 내에서 이러한 가격 설정과 그것의 유통 등은 **표층**의 과정들로 나타난다. 그 이면의 **심층**에서는 이처럼 분명한 개인의 평등과 자유가 사라지는 전적으로 상이한 과정이 진행된다."(이 책, I권 243쪽)

이 지점에서 맑스는 자신의 논의를 표층에서 심층으로, 즉 교환 과정에서 생산 지점에서 일어날 수 있는 '전적으로 상이한 과정들'에 대한 분석으로 의식적으로 옮기고 있다. 이제 우리는 약 200여 쪽 이상 계속되었던 화폐와 화폐 유통이라는 단순하고 제한된 세계 — 모든 것이 다른 모든 것과 동등한 곳 — 에서 시작하여 마침내 자본의 세계 —적대적인 계급 대립이 나타나는 곳 — 로 진입하게 된다.

이러한 논의의 이동은 우선 274쪽(이 책, I권의 277쪽)에서 시작되는 짧은 단락에서 핵심적인 논점을 정리하고 이후의 연구 방법을 확정짓기 위한 기본적인 방향을 확보하는 것으로 시작된다. 여기에서 핵심은 더 이상 일반적으로 상품의 교환 과정에서 무엇이 일어나는가가 아니라, 상품이 교환되었을 때 발생하는 것이 구체적으로 '노동' 그 자체라는 점이다. 이것은 결정적인 논점이다. 여기서 우리는 두 개의 과정을 볼 수 있다. 첫 번째 과정은 일반적인 교환 과정으로서, 노동자는 하나의 상품처럼 자본가에게 자신의 '노동'을 판다. 이 과정에서 자본가는 노동자에게 그의 가격, 즉 임금을 제공한다. 다른 상품 교환과 마찬가지로 구매자는 판매자에게 상품의 교환 가치의 등가물, 즉 화폐를 주고 상품의 판매자로부터 상품 그 자체의 물리적 성질, 즉 사용 가치를 얻는다. 상품이 일단 교환되면 그것은 이 신성한 교환의 영역을 벗어난다는 것이 정치경제학의 일반적인 상식이다. 즉 구매자가 자신이 구매한 상품의 사용 가치를 가지고 무엇을 하든 그것은 그 사람의 사적 소관일 뿐 경제와는 아무런 관련성이 없다는 것이다. 만약 내가 빵 한 덩어리를 사서 그것을 먹어치우는 대신, 얇게 조각 내 그것으로 벽을 도배할 생각을 갖는다고 하더라도, 그것은 전적으로 나의 소관일 뿐 적어도 정치경제학자는 이에 대해 어떠한 의문도 제기하지 않을 것이다. 정치경제학은 '노동'의 구매 자체에 별다른 관심을 기울이지 않았지만, 맑스는 그렇지 않았다. 그에게 자본주의적 생산 과정 내에서 '노동'이라는 상품의 구매와 판매는 비경제적인 사안이 아니었다. 왜냐하면 그 구매자인 자본가에게 '노동'의 사용 가치는 분명히 **교환 가치**를 창조하고, 상품, 즉 판매될 수 있는 물품을 창조하는 것이기 때문이다. 따라서 그가 구입한 '노동'의 자본가적 소비가 바로 그 두 번째 과정이다. 이것은 "교환과는 질적으로 상이한 과정이다. 이것을 일종의 교환으로 본다면 그것은 잘못 사용된 용례일 뿐이다. 다시 말해 이것은 직접적으로 적대적 교환(과정)으로서, 일반적인 교환 과정과는 본질적으로 상이한 범주에 속한다."(이 책, I권 278쪽) 직접적으로 대립적인 이 과정은 착취 과정 또는 노동자의 노동 시간으로부터 잉여 생산물을 추출하는 과정이다. 이 과정이 자본주의적 축적의 원천이다.

맑스는 이처럼 '본질적으로 상이한 범주'를 발견한 것과 함께 중요한 새로운 정식을 제시하고 있다. 애덤 스미스나 리카도 그리고 그 외의 정치경제학 부류에 속한 대부분의 사람들에게 일반적이었던 것처럼, 맑스는 노동자가 자본가에게 판매하는 상품을 **'노동'**이라고 말했다. 물론 지금 이 표현은 적절치 못한 것으로 밝혀졌다. 다른 상품과 달리, 이 특별한 상품은 "하나의 생산물로 구체화되지 않는다. 그리고 노동자 자신과 전적으로 분리되어 존재할 수도 없다. 그것은 실제로 존재하는 것이 아니라 오직 잠재성 속에서 노동자의 능력(Fähigkeit)으로 존재할 뿐이다." 따라서 이 상품을 '노동'이라고 부르는 것은 적절치 못하며, 오히려 "노동력"이나 "노동 능력"이라고 불러야 한다(이 책, Ⅰ권 287쪽, 295-96쪽, 312쪽, 331쪽, 343쪽 등). 이것은 출간된 저서들 가운데에서 맑스가 이후에 표준이 될 용어를 최초로 사용한 사례이다. (이 문제는 이 서문의 다음 4절에서 더 자세하게 다룰 것이다.)

이제 맑스는 몇 가지 전제를 분명히 한 후, 그렇다면 잉여 가치는 어디에서 나오는가 하는 의문점에 관해 상론하기 시작한다. 그것은 교환 과정에서 나올 수 없는데, 왜냐하면 교환은 평균적으로, 전반적으로 등가 교환이기 때문이다. 물론 잉여 가치는 등가 교환과는 직접적으로 대립된다. "자본가는 그가 지불한 것보다 더 많은 가치를 획득해야만 한다." 그렇지 않으면 거기에는 잉여 가치도, 자본가도 그리고 하나의 전체로서 자본주의 체제도 존재할 수 없다. 자본가가 이윤을 얻는 것은 노동자의 교환 가치인 임금으로 표현되는 노동 시간이, 그 '교환'을 통해 노동자가 자본가를 위해서 일해야 하는 시간보다 적기 때문이다. 만약 노동자가 자본가에게 판매한 상품이 생명 없는 대상이라면, 거기에 잉여 가치란 존재할 수 없을 것이다. "그러나 그것이 하나의 사물이 아니라 살아있는 존재의 능력으로 실존하기 때문에, 노동자가 살아있고 자신의 육체를 사용할 수 있는 한 매일매일 잉여 가치는 '노동자'로부터 추출될 수 있다."(이 책, Ⅰ권 331-334쪽)

"따라서 이 교환으로 인해 노동자가 부유해질 수 없다는 것은 분명하다. 왜냐하면 죽 한 그릇에 자신의 장자(長子) 상속권을 아우인 야곱(Jacob)에게 팔았던 에서(Esau)처럼, 그는 자신의 노동 능력의 사용 가능한 크기, 즉 자신의 **창조적 잠재력**을 이미 고정된 크기로 자본가에게 넘겨주어야 하기 때문이다. 더구나 그는 필연적으로 가난해질 수밖에 없는데, 우리가 이후에 살펴보겠지만 그것은 자신의 창조적 노동력을 자본의 권력으로, 그에 맞서는 타인의 권력으로 정립하기 때문이다. … 그리하여 모든 문명의 진보 또는 다른 말로 표현하면 모든 **사회적 생산력** … 그 자체 **노동의 생산력** — 이런 것은 과학, 발명, 분업 그리고 노동 결합, 향상된 의사 소통 수단, 세계 시장의 개척, 기계 등의 결과이다 — 의 증대는 노동자를 부유하게 하지 않는다. 오히려 **자본**만이 부유해진다. 따라서 그것은 자본에 의한 노동의 지배력을 증대시키고, 오직 자본의 생산력만을 증대시킨다. 자본은 노동자의 대립물이기 때문에 이것은 단지 노동자에 군림하는 **객관적 힘**만을 증대시킨다."(이 책, I권 313쪽)

나아가 맑스는 본문 내용의 70여 쪽 정도를 할애하여 착취 개념을 다루고 있다. 그는 그것에 대한 고전적 가치 이론의 입장을 어느 정도 수용하면서도 동시에 그 입장에 대해 비판적인 견해를 취하고 있다. 여기서 그는 이 착취 개념을 수량의 차원과 측정 수단의 문제로 제시하고 있다. 이것은 잘 알려진 것처럼 맑스가 『자본론』에서 노동일을 두 부분으로 나누고 있는 것과 연관된다. 즉 그는 『자본론』에서 노동일을 노동자 자신이 하루 동안의 임금 총액과 동등한 상품을 생산하는 데 필요한 필요 노동 시간과, 하루 임금 부분을 초과하는 가치의 생산에 필요한 노동 시간, 즉 잉여 노동 시간으로 나눈다. 특히 후자는 자본가의 '총 이윤' 또는 잉여 가치를 형성하며, 이 잉여 가치는 이후에 산업 자본가와 은행가 및 지주들에게 각각 이윤과 이자 및 지대 형태로 분배된다.

맑스가 리카도의 이윤론을 비판하고 이윤과 잉여 가치 사이의 구분(이 책, I권 385-407쪽)을 좀 더 상세하게 서술하고 있는 절대적 잉여 가치와 상대적 잉여 가치, 불변 자본과 가변 자본 그리고 그 이외의 다른 범주들에 대해서는 — 비록 이 개념과 범주들이 독자들에게 다소 생소하게 느껴질지라도 — 여기에서 구체적으로 다루지 않을 것이다. 바로 다음의 전략적 전환점(strategic turning point)으로 논의를 옮겨보자. (사실 이윤과 잉여 가치의 구분은 그 자체로 중요한 돌파구였다. 그러나 이 구분은 수고의 결말 부분에 이르러서야 완전한 발전을 기대할 수 있다(이 책, Ⅲ권 11-35쪽).) 맑스는 부르주아 사회의 심층이라 할 수 있는 작업장에서 벌어지는 생산 과정을 추적하고 있다. 이 생산 과정은 배에 짐을 싣는 선적장(船積場)에 다다르게 되며, 거기에서부터 다음의 결정적 지점, 즉 유통 영역으로 다시 들어간다. 따라서 맑스의 논의는 「화폐에 관한 장」에서 제기된 주된 문제로 되돌아오는데, 그러나 이제는 더 사실적으로 이 문제를 다룰 수 있게 되었다.

맑스는 「화폐에 관한 장」에서 총 노동 시간의 교환이 평균적으로 등가라는 점을 통해 교환 과정을 분석했다. 이것이 바로 등가 법칙이다. 이와는 반대로 「자본에 관한 장」에서 맑스는 그 반대 과정, 즉 자본가에게는 동등한 것을 초과하는 것 또는 초과 등가물을 끌어내는 것이 지배적인 법칙이 되는 착취 과정을 다루고 있다. 이 두 개의 적대적인 과정은 서로 결합되어 있다. 즉 "잉여 가치는 … 잉여 등가물을 필요로 한다."(이 책, Ⅱ권 15쪽)는 것이다. 「화폐에 관한 장」에서 여러 가지 가능성들로 점쳐졌던 표층 이면의 모순들은 이제 전면에 등장하여 이후의 논의 과정을 결정하게 되었다. 등가물의 교환 과정과 그 적대적 과정의 대립에 관한 맑스의 연구는 이 수고의 400여쪽 분량을 채우고 있다. 그리고 항상 그렇듯이 근본적으로 중요한 이 문제의 사회적, 정치적, 역사적, 법률적 측면, 심지어는 사회심리적 측면에 대한 분석도 빠지지 않는다.

결국 이 두 개의 적대적 과정은 수고의 논의 구조 상 하나의 서론 역할을 담당한다고 말할 수 있다. 또한 수고의 401쪽에서 458쪽(이 책, Ⅱ권 11-81쪽) 사이에 그려진 이 두 과정간의 대립은 수고의 전후 맥락 안에서 가장 흥미로운 영역을 구성하고 있다. 물론 과잉 생산 위기론, 재생산 도식, 가치 법칙과 관련하여 제기된 의문들과 문제들에 대해 더 구체적으로 논의하기 위해서는 좀더 포괄적인 논평 작업이 필요하다. 그러한 논평 작업의 하나로, 주로 경제적 측면만을 제한적으로 다룬 로스돌스키(Rosdolsky, R)의 저술 두 권이 적절하게 활용될 수 있다.[7] 『요강』의 전체 분량 중 400여 쪽 정도를 추적한 그의 저서는 이 수고에서 다루어진 기본 요소들을 중심으로 구성되어 있다.

맑스는 더 심도 깊은 연구를 진행하는 과정에서 이 수고의 유명세에 어울릴법한 인상적인 문구들 자체를 논문으로 쓰는 일에 착수한다. 여기서 그 문구들 중 한 개를 살펴보자. 그것은 이미 앞에서 다루어진 논의와 연결되어 있는 이윤율의 하락 경향을 분석하는 곳에 나타나 있다. 맑스는 특이하게도 이 구절을 영어로 쓰고 있다. "이로

7) 로스돌스키의 책, 『맑스의 자본론의 형성』 2권은 『요강』의 401쪽(이 책, II권 11쪽) 이후 부분과 관련하여 특별한 흥미를 끈다. 로스돌스키의 논평 작업이 갖는 의의는 그가 『요강』의 특정한 주제와 『자본론』의 그것 사이의 관계, 특히 그것의 현실화(실현)에 대한 의문들과 이 의문들에 대해 1890년에서 1925년 사이에 국제적으로 벌어졌던 이미 만연된 다방면의 논쟁들을 추적하고 있다는 점이다. 이 저작은 맑스주의 정치경제학의 '황금 시대'에 대한 회고와 그것에 어울릴만한 하나의 서문 — 물론 논쟁적일 수 있지만 가장 포괄적으로 쓰여진 서문 — 으로 구성되어 있다. 그러나 유감스러운 점은 당시의 국제적 논쟁들이 던진 용어들이 로스돌스키의 논평 작업에도 여전히 남아 있다는 점이다. 특히 이 시기의 논쟁이 사실상 방법(물론 헤겔의 방법도 포함하여)과 관련된 의문들을 배제했다는 점은 마찬가지로 로스돌스키가 자신의 논의를 몇몇 가치 있고 통찰력 있는 비평들에 국한시키게 된 요인이라고 볼 수 있을 것이다. 로스돌스키의 사망으로 인해 그의 작업은 중단되었는데, 이에 따라 그의 저서 전반은 전체적인 조망의 부족과 과도한 인용에만 치우친 상태로 남겨질 수밖에 없었다. 사실상 그는 이 문헌 전반에 대해 칭찬도 하고 비판도 하면서(즉, 맑스의 이론적 기초들이 모호한 채로 남아 있다는 점, 그리고 종종 아주 임의적이라는 점에서)논평을 하지만, 정작 자신도 과학적 발전이라고 할만한 깊이 있는 내용을 전개하지는 못하고 있다.

부터 생산력 발전의 고도화와 함께 부의 거대한 팽창은 자본의 가치 하락, 노동자의 존재 가치의 저하 및 노동자의 생명력의 소진과 함께 발생할 것이다. 결국 이 모순들은 노동의 순간적인 중지 그리고 거의 모든 자본의 무효화로 인해 자본의 가치가 하락할 수 있는 데까지 급격히 하락함으로써 폭발, 대변혁, 위기를 불러일으킨다. … 그러나 이 주기적 파국들은 더 큰 규모에서 반복되며, 마침내 그것은 폭력적으로 전복된다."(이 책, Ⅲ권 16-17쪽). 이 구절과 관련하여 『공산당 선언』의 공저자인 엥겔스는 자본주의 발전의 점진적이고 평화적인 길과 사회주의로의 점진적이고 평화적인 이행을 믿는 견해가 자신의 견해와 다르다는 것을 분명히 밝히고 있다. 이 구절들은 우리에게 맑스의 이론 작업이 경제학을 위한 경제학, 철학을 위한 철학 또는 비판을 위한 비판에 머무르고 있지 않다는 것을 보여준다. 오히려 맑스의 저술은 노동 계급을 지도하게 될 다음 세대들에게 부여된 역사적 임무의 객관적 전제 조건들과 가능성 및 그 필연성을 그들에게 교육하고 그에 대비하고자 하는 목적을 지니고 있었다고 해야 할 것이다.

3. 헤겔 철학의 영향과 단절

맑스는 자신이 쓴 노트 일곱 권 전체를 아우르는 제목을 붙이지 않았다. 오늘날 '정치경제학 비판 요강'이라고 알려진 수고의 명칭은 1939년 《맑스-엥겔스-레닌 연구소》의 편집자가 선택한 것인데, 그것은 사실상 맑스가 쓴 여러 통의 편지에서 다양한 준거들을 찾아 섞은 것에 지나지 않는다.

라쌀레에게 보낸 편지(1858년 2월 22일)에서 알 수 있듯이, 맑스는 내심 '경제학적 범주 비판'(Critique of the Economic Categories)이라는 다른 제목을 염두에 두고 있었음이 분명하다. 이 때문에 편집자가 붙인 제목들이 조금은 시비를 불러일으킬 수도 있다. 그러나 어떤 측면에서 보면 이 제목은 대단히 적절하다. 오늘날 통용되는 '정치경제학 비판'이라는 제목이 선호될 만한 훌륭한 근거가 확실히 있기 때문이다. 이 근거들 가운데 우선 눈에 띄는 것은 맑스의 『정치경제학 비판을 위하여』(1859)에서 입증된 연속성이다. 이 책은 주로 『요강』의 첫 장을 고쳐 쓴 초고인데, 이 제목들은 의심할 나위 없이 '충분히 근거 있는' 제목이라고 할 수 있다. 그러나 제목을 정확하게 확정짓는 일은 궁극적으로 그다지 중요하지 않은 문제이다. 왜냐하면 일단 세상에 모습을 드러낸 어떤 책은 그 나름의 생명력을 얻기 마련이며, 그 책에 붙여진 특정한 제목은 그 책은 물론이고 다른 책에도 두루 쓰여질 수 있기 때문이다. 따라서 중요한 점은 이 제목이냐 저 제목이냐 하는 문제가 아니라, 본래 그 책에는 제목이 없었다는 사실을 고려하는 것이다.

처음에 제목이 없었다는 점은 완결되지 않은 수고의 특성을 알려준다. 1939년 판의 편집자들이 '자신들이 붙인' 제목에 대해 보충적인 설명을 다는 방식으로 신중을 기했던 덕분에, 우리는 오늘날 초고를 손에 넣을 수 있게 되었다. 이 번역본을 읽는 독자는 이와 같은 초고의 특징을 즉시 발견하리라고 본다. 예컨대, 수고의 본문 문장들은 문법적 구성 요소들을 생략하고 있고, 대체로 어렵고 때로는 다루기 힘들고 모호한데다, 심지어 거기에는 전체적으로 부적절한 정식들, 끝도 없이 이어지는 문장과 단락들, 짜증을 불러일으키는 이탈과 중언부언 등이 나타나고 있다. 거의 모든 내용이 출판하기에는 시기상조라는 사실을 입증하고 있는 것이다. 그렇다고 그것의 장점과 설득력, 맑스의 저작들에 특징적으로 나타나는 명쾌함이 전혀 없는 것은 아니지만 말이다. 실제 상황은 이와는 반대이다. 그렇지만 무엇보다도 수고는 거칠고 어려운 것이 특징이다. 따라서 이 책은 읽기 위해서는 많은 노력이 필요한 텍스트이며, 인용하기에도 대단히 위험한 텍스트이다. 그 문맥과 문법 및 어휘만 놓고 보더라도, 독자는 주어진 단락에서 맑스가 '실제로' 의도한 바가 무엇인지에 대해 의문을 가질 수 있기 때문이다. 인용자는 물론 발췌자도 이 점에 주의해야 할 것이다.

그렇지만 이런 형태상의 결함은 텍스트에 강력한 보상물을 제공해 준다. 무릇 최초의 초고가 지닌 장점이란 — 특히 이 수고의 경우는 더욱 특징적인데 — 저자가 나중에 개성이 제거되고 완성도를 갖춘 인용 가능한 결론의 형태를 취하게 될 자신의 견해를 염두에 두면서, 어떻게 구체적으로 **작업해 나가는가**를 독자들에게 보여준다는 데 있다.

모든 과학에서 연구 방법과 그 결과를 제시하는 서술 방법에는 차이가 있다. 이 차이는 실험실과 강의실간의 형태상의 차이와 동일하다. 예컨대 만약 연구 결과가 단지 어떤 필름이나 과학자의 연구를 보여주는 일지(日誌)의 형태로 '제시'된다면, 물리적 세계에 대해서는 거의 알려진 바가 없다는 점이 폭넓게 이해될 것이다. 거꾸로 연구 결과를 제시한 논문이 물리적 세계에 대한 지식의 유일한 원천이라면, 과학적 연구 방법은 상대적으로 거의 이해되지 못할 것이다.[8]

이러한 측면에서 『요강』은 독창적이다. 맑스의 생애 중 이 시기에 출판된 그 어떤 텍스트도 이렇게 직접적으로 그의 가장 중요한 업적과 유산인 **연구 방법**에 대해 살펴볼 수 있는 기회를 제공해 주는 것은 없다. 다시 말해 맑스의 수고는 "예상 밖의 새로운 사실을 확증해 주는 것처럼 나타나며", "우리에게 맑스의 경제학 실험실을 소개해 주고, 그의 방법론이 지닌 획기적인 성과와 그 이면의 구체적인 지침들(bypaths)을 보여주고 있다."(로스돌스키) 이렇게 보면 『요강』은 근본적인 이론적 문제를 해결하기 위해서 연구에 임하던 맑스의 마음가짐을 기록한 셈이다. 이 점이야말로 수고가 지닌 가장 유용하면서도 다른 그 어떤 것과도 구별되는 독창적인 면모라고 할 수 있다.

---

8) 『자본론』 1권의 독일어 2판 후기를 볼 것. "물론 서술 방법은 그 형태에 있어서 연구 방법과는 상이할 수밖에 없다 …."

물론 『요강』에서 드러난 맑스의 방법론적 '성과'와 '이면의 구체적인 지침들'을 추적한다는 것은, 이 서문의 범위에서는 불가능한 과제이다. 그렇지만 주요한 연구 방법들 가운데 무엇이 가장 중요한가를 대략적으로나마 가늠해 보는 일은 반드시 필요하다고 본다.

1858년 1월 16일, 맑스는 네 번째 노트(이 책, Ⅰ권 390-427쪽과 Ⅱ권 11-106쪽) 중 어딘가를 작성하던 도중에 맨체스터에 머물고 있던 엥겔스에게 연구 작업의 진행 과정을 알려 주었다. "어느 정도 상쾌하게 논의를 진전시키고 있네. 나는 전에 생각했던 바대로 이윤에 대한 전체적인 공식을 뒤엎어 버렸네. 연구 방법에서, 그저 우연히 … 헤겔의 『논리학』을 다시 한 번 쭉 훑어 본 것이 내게 매우 도움이 되었다네."(『맑스-엥겔스 전집』 29권, 260쪽).

『요강』에서는 새로운 이윤 이론이 만들어진다(이 책, Ⅰ권 390-409쪽, Ⅲ권 11-36쪽). 이는 향후 『자본론』에도 그대로 이어져 맑스의 가장 중요한 이론적・정치적 성과 가운데 하나로 손꼽히고 있다. 맑스는 이 이론에 기초하여 노동자가 착취당하는 정도를 측정하는 것은 보통 이해되는 것처럼 이윤율이 아니라, 이와는 아주 상이할 뿐만 아니라 경향적으로 이윤율의 하락을 저지하는 잉여 가치율이라는 점을 입증할 수 있었다. 맑스는 이윤율이 실제로 착취율을 왜곡하며, 자본주의가 발전함에 따라 그것을 더욱 고도로 왜곡시킨다는 점을 보여주고 있다(이 책, Ⅲ권 33쪽). 이러한 논의는 맑스에게 그의 임금론은 물론, 노동조합주의와 사회민주주의, 그리고 그 밖의 다른 많은 것들을 위한 전략을 수립하는 데 있어서 근본적인 중요성을 지닌다.

여기서 우리는 헤겔 철학의 우연한 재발견이 맑스에게 준 도움이 무엇인지 살펴볼 필요가 있다. 헤겔의 『논리학』이 준 '도움'은 결코 이윤율이라는 특정한 문제에 국한되지 않는다. 『요강』 전체가 헤겔 철학의 도움을 받았다는 것을 증명하고 있기 때문이다. 레닌(Lenin,

V. I.)은 『요강』이 씌어졌다는 것을 알지 못했음에도 불구하고, 『자본론』 1권을 다시 연구하면서 맑스의 정치경제학 전체에 헤겔이 막대한 영향을 끼쳤다는 점을 인식할 수 있었다. 그는 『철학 노트』에서 "헤겔의 『논리학』 전체를 철저히 연구하지 않고서는 … 맑스의 『자본론』 … 을 완벽하게 이해하기란 불가능하다."라고 말한 바 있다.

요컨대 헤겔 철학의 영향이라는 문제는 『요강』을 연구할 때 거의 피해갈 수 없는 문제이다. 그렇다면 헤겔 철학은 과연 무엇이었을까, 또한 맑스의 연구 방법에 대하여 헤겔의 『논리학』이 지닌 의미는 무엇이었을까? 이 문제들은 『요강』을 읽는 진지한 독자라면 모두가 마주치게 되고, 적어도 해답의 실마리를 요구할 수밖에 없는 문제이다.

헤겔(Hegel, G. W. F. 1770~1831)은 위대한 사상가이자 학자였다. 그는 수학, 자연과학, 역사, 법학, 정치 이론, 철학, 미학, 신학 분야에 뛰어났으며, 이 여러 분야에서 당대의 일류 전문가들과 대등한 사람으로서 대화를 나누었다. 동시에 그는 한 사람의 철학자로서 극히 모순적인 인물이기도 했다.

극작가 브레히트(Brecht, B.)는 자신이 쓴 희곡의 한 등장 인물의 입을 빌려 헤겔에 대해 다음과 같이 말하고 있다. "그는 비슷한 방법을 써먹은 소크라테스처럼 철학자 가운데 가장 위대한 해학가가 될 물건이라네. 하지만 프러시아의 공복(公僕)이 될 것만 같은 액운을 타고났어. 그래서 마침내 자기 자신을 국가에 팔아치워 버렸지."(브레히트, 『망명자의 대화』, 108쪽). 헤겔의 철학은 소크라테스의 그것처럼 당장에는 변증법적이고 전복적이지만, 결국 신부(神父)의 철학처럼 관념론적이고 신비주의적이었다는 말이다.

헤겔 철학의 관념론적인 측면은 그가 감각(sense)이 지각하는 것의 실재성을 부정했다는 사실에서 나타난다. 그는 감각이 존재하며, 이것이 무엇인가를 지각한다는 것을 인정했지만, 지각(*perception*) 그 자체만으로는 사물의 본성이 아닌 외양만을 이해할 수 있을 뿐이라고

정확하게 지적했다. 진리란 논리적 추론을 통해 감각과 지각을 비판하고 재구성함으로써만 성취될 수 있다는 것이다. 그러나 헤겔은 이러한 온당한 원칙으로부터 오직 논리적 개념들만이 어떤 실재성을 지닌 정신에 의해 차차 완성된다는 잘못된 결론을 이끌어냈다. 그는 감각은 단지 외양만을 인식할 수 있고, 이 외양은 허위적일 뿐이라고 주장하면서, 외양이란 비실재적인 것이라는 결론으로 비약했다. "진리만이 실재한다"는 것은 헤겔의 가장 기본적인 명제이다(헤겔, 『논리학』 II권 6집, 『헤겔 전집』, 462-3쪽; 『엔사이클로패디』 8집, 47쪽과 다른 곳들 참조). 그리고 그는 여기서 좀더 나아갔다. 헤겔은 자신의 개인적 의식 속에 있는 개념만이 실재한다는 인상을 심어 주는 것을 바라지 않았기 때문에, 신체의 실험실에서 '정신'을 전적으로 축출한 후 어떤 사람의 두뇌 외부에 별개의 단독자로 존재하는 — 대문자로 시작되는 — '정신'(The Mind)이야말로 절대적 진리의 요점이자 총체라고 단언했던 것이다. 따라서 두뇌의 외부에서 두뇌 속으로의 이동을 전달하는 감각-지각의 도정은, 그에게 무의미할 뿐만 아니라 분열적인 것으로 나타난다. 그 지점에서 헤겔이 다음과 같은 명제로 나아가는 것은 자연스러운 일이었다. 즉, 여러 세기가 흐르는 동안 비물질적인 '주체'가 아닌 이 '대상'이 세계의 발전을 지배했고 또 항상 지배해 왔으며, 이에 따라 이 대상은 그 자신을 전개하고 드러내는 것에 만족해 왔다는 것이다. 이 지점에서 헤겔이 신으로 나아가는 것은 전혀 진전이라고 할 수 없다. 그렇게 되면 급기야 헤겔은 속세의 군주에게 은총을 베푸는 철학자-교황이라는 결론에 다다르게 된다. 또한 절대정신은 군사 관료제에 기반한 프러시아의 융커 전제정 속에서만 철학은 물론 감각에 대해서도 그 자신을 완전히 드러낸다. 헤겔은 자신의 경건한 종교적 신심에 대한 모든 의구심을 미리 거두어버리기 위해서, 자신의 성서에 가장 타락한 아첨의 악취를 풍기는 수많은 구절들을 집어넣었고, 마침내는 국가의 명예를 안은 채

땅 속에 매장되었다.

헤겔다운 모순의 또 다른 극단은 변증법에 관한 저작이라고 할 수 있다. 변증법의 역사는 실로 장구하다. (이 용어는 '둘로 분리된다', '반대된다', '부딪친다'는 의미를 지닌 그리스어 '디아' dia 와 이성을 뜻하는 '로고스' logos 에서 기원한다. 그러므로 변증법은 '둘로 분리됨으로써 논리적으로 판단함'을 뜻한다.) 초기 그리스 철학자들은 최초의 자연과학자이기도 했는데, 이들 중 일부는 변화, 운동, 진행과 관련된 현상들에 특별한 관심을 기울이고 있었다. 예컨대 그들은 날아가는 화살이나 강을 건너는 새를 보면서, 이것을 통해 사물은 운동하면서 여기 존재하는 것에서 저기 존재하는 것으로 바뀐다고 생각했다. 그리고 '여기'와 '저기'가 서로를 배제하기 때문에, 운동이란 사물의 어떤 상태가 다른 상태로 전환되는 것이라고 생각했다. 또한 운동은 시작과 시작의 반대인 끝을 모두 포함하기 때문에, 그 움직임은 이 반대되는 요소들의 통일체라고 보았다. 요약하면, 운동은 하나의 모순인 것이다. 만물은 운동이라고 주장하는 다른 철학자들이 있었기 때문에, 변증법은 매우 이른 시기부터 철학 내에서 중요한 경향으로 자리잡을 수 있었다는 점은 쉽게 이해될 수 있을 것이다. 비록 견해를 달리하는 학파들 사이에서의 끊임없는 논쟁과 사회적・과학적 발전의 후진성, (소크라테스의 철학에서 나타난 것처럼) 정치 체제가 변증법의 전복적 결론에 대해 지니고 있었던 두려움, 마지막으로 성취 가능한 것에 엄격한 한계를 두었던 궤변과 배리 등 변증법에 대한 상업적 왜곡이 존재했음에도 불구하고 말이다(헤겔, 『헤겔 전집』 18권, 305, 325쪽; 레닌, 『철학 노트』, 『레닌 전집』 38권, 254-60쪽).

헤겔의 커다란 매력 가운데 하나는 세계의 여러 문명 — 그리스와 그리스를 제외한 유럽의 나머지는 물론 아시아, 중동까지 포함하는 — 에서 변증법의 전사(前史)를 체계적인 형태로 모으고, 이것을 비평했다는 것이다. 그는 변증법이 실제로 철학의 역사상 모든 위대한 인물들이 사고하는 데 있어서 일정한 역할을 했다는 사실을 보여주었다. 비록 그 본래의 활력을 잃기는 했지만 이러한 사실은 그의 전임자이면서 적대자였던 임마누엘 칸트(Kant, I. 1724~1804)의 사고에서도 확인된다. 헤겔의 더욱 커다란 장점은 자신이 이해한 변증법을 변증법적 원리에 기반해 논리학 체계 전체를 세움으로써, 그것을 새롭고 보다 높은 수준으로 끌어올렸다는 데 있다. 이런 논리학 방법은 '논리학'을 제목으로 단 그의 책에서 가장 포괄적으로 설명된다.

헤겔은 다음과 같이 묻고 있다. "사물의 개념을 안다는 것은 무엇인가?" "개념"(Begriff)을 안다는 것은, 우선 그 사물을 움켜쥐고 있다는 것, 다시 말해 (집게처럼) 어떤 사물을 정신적으로 "파악"하고 "이해"한다는 것을 의미한다.[9] 그러나 사물이 운동하고 있다면, 이 운동이 그 사물의 본성 중의 일부 혹은 전부라는 것은 과연 무엇을 의미하는 걸까? 맑스는 이 문제를 다음과 같이 표현하고 있다. "고정된 가정들은 설명이 계속되면서 모두 불필요해진다. 그러나 처음에는 단지 가정들이 고정됨으로써, 모든 것을 혼돈 시키지 않으면서 설명이 가능하다."(이 책, Ⅲ권 104쪽)

이 난관은 변화에 대해 연구하는 특정한 개별 철학 분과에 국한되지 않으며, 또한 발전의 문제에 몰두하는 정치경제학이라는 특정한 학과에만 한정되지도 않는다. 통일체는 운동하고 총체는 발전한다.

---

9) 헤겔은 '파악하다'(Begreifen)라는 용어를 점취(*appropriation*)라는 말로 이해하고 있다(헤겔, 『논리학』 2권, 『헤겔 전집』 6권, 255쪽). 레닌의 다음과 같은 논평을 볼 것. "우리는 연속성을 중단시키지 않고서는, 생동하는 것을 단순화하고 조잡하게 하며 분할하고 억제하지 않고서는, 운동을 상상하고 표현하며 측정하고 묘사할 수 없다. 사유를 통한 운동의 서술은 언제나 조잡해지며 소멸될 수밖에 없다 — 그리고 사유를 통한 운동과 개념의 서술뿐만 아니라 감각-지각을 통한 운동과 모든 개념의 서술도. 그 속에는 변증법의 정수(精髓)가 놓여 있다. 그리고 엄밀히 말하면 이 정수가 대립물의 통일과 동일성 등의 정식에 의해 표현된다."(레닌, 『철학 노트』, 『레닌 전집』 38권, 259~60쪽)

그 모두는 시작과 끝을 포함하고 있다. "우리가 장기적인 관점에서 부르주아 사회를 하나의 전체로서 고찰하면, 사회적 생산 과정의 최종적 결과는 사회 그 자체로 현상한다. 즉 사회적 관계 속에 있는 인간 자체, 생산물 등과 같이 고정된 형태를 가진 모든 것은 이 운동 속에서 단순한 하나의 계기, 소멸하는 계기로 현상한다. 여기에서 직접적 생산 과정 자체는 단지 하나의 계기로 현상하는 것이다. 이 과정의 조건들과 대상화 자체는 그것의 계기들과 동등하며, 유일한 주체는 개인이지만, 개인은 상호관계 속에서 그 조건들과 대상화를 동일하게 재생산하고 새롭게 생산한다. … 그것들은 자신들이 창출한 부의 세계를 재생시킴으로써 자기 자신을 재생시킨다."(이 책, Ⅱ권 389쪽)

운동이 유일한 상수이기 때문에, 맑스는 헤겔과 마찬가지로 정지 중인 어떤 체계에서 향후 '요소'(element)와 '요인'(fact)으로 불리게 될 것들을 지칭하기 위해 '계기'라는 용어를 사용하고 있다. 맑스에게서 이 용어는 '시간 주기'(period of time)와 '운동력'(the forces of moving mass)이라는 두 가지 의미를 모두 지닌다. 그는 헤겔의 용례를 더욱 발전시키고 있는데, 헤겔에게서 이 용어는 좀더 기계적이며, 그 안에는 시간의 요소가 존재하지 않는다.[10] "자본은 단순한 관계가 아니라, 하나의 과정이며, 그 안에는 항상 자본으로 존재하는 다양한 계기들이 있다."(이 책, Ⅰ권 256쪽) "자본으로서의 … 화폐는 경

10) 헤겔은 '계기'라는 용어를 뉴튼에게서 차용하였다. 헤겔이 대체로 '역학'을 경멸하였음에도 불구하고, 그는 지렛대의 작동에서 이 중심 개념의 의미를 도출하고 있다(헤겔, 『논리학』 1권, 『헤겔 전집』 5권, 114, 301쪽). 헤겔에게 시간이 부재하다는 문제에 대해서는 『논리학』의 해당 부분(228쪽)에 대한 레닌의 언급을 참고할 것(레닌, 『레닌 전집』 38권 참조). 맑스가 시간과 관련된 문제를 연구한 것(생산 시간, 유통 시간 등)은 헤겔의 방법과는 극명하게 대조되는 노력의 산물이며, 두 사람의 방법 사이에 존재하는 가장 직접적이고 실체적인 대립점을 형성한다. 헤겔에게는 전혀 존재하지 않는 이 요소가, 맑스에게는 "모든 경제가 궁극적으로 귀착되는 문제"로 간주되고 있다(이 책, Ⅰ권 27쪽).

직성을 상실한 가운데 하나의 실체에서 과정으로 변화된다.”(이 책, I권 262-263쪽)

요컨대 헤겔의 경우와 마찬가지로, 맑스에게도 사물을 이해하는 문제는 우선 그 사물이 운동한다는 것을 이해하는 문제이다. 이러한 논리의 단계는 통상적인 사건의 진행 과정에서는 결코 그렇게 나타나지 않는다는 사실에 의해 더욱 커다란 난관에 봉착하게 된다. 사물이 갑자기 균열을 일으키거나 분리될 경우에만, 그 내부에는 항상 어떤 변화의 원동력이 존재했다는 사실이 명백하게 드러난다. 그러나 대개 사물은 정지된 외양을 띠고 있다. 헤겔은 중단 없는 유동성의 이런 고요한 외관을 ‘현존’(Dasein)이라고 불렀다. 감각이 관계 속에서 조망될 때, 그것은 사물의 외양을 이룬다. 헤겔은 이러한 현존을, 외관의 이면에 놓여 있는 대립물이 “일면적이고 직접적인 통일성의 형태를 취하는 것”으로 재치 있게 규정했다(헤겔, 『논리학』 1권, 『헤겔 전집』 5권, 113쪽).

일면적이고 직접적인 통일성의 외양, 또는 외관상의 정지와 조화라는 이러한 ‘현존’은, 단순 생산 영역이라는 본류에서 그 영역과 그것을 제외한 나머지의 관계를 연구하는 맑스에게 유용하게 사용되었다. 시장은 가장 공적(公的)이며, 가장 공공연하고, 가장 현재적인 자본주의 사회 관계들의 집합이다. 그리고 시장에서 추상된 이데올로기는 이런 외양의 복합체일 뿐만 아니라, 좀더 진척된 단계인 유사성과 환상의 복합체이다. 시장은 여러 가지 형태의 자유와 평등이 스스로를 재현하는 곳이자, 구매자와 판매자의 구별이 그 양자의 통일성 속으로 소멸되는 곳이다. ‘모순 없이는 그것들간의 구별이 남긴 어떤 흔적도 찾을 수 없다. 차이 하나조차도 불가능하다.’

이러한 현존은 우연적인 것도 무차별적인 것도 아니다. 그것은 단지 그 아래에서 ‘일면적이고 무매개적인 통일성’만을 드러내는 외관일 뿐이지만, 전체에 대해 대상적인 ‘계기’이고, 그것의 개념 속에 포함되어야만 한다. 이 현존은 한정된 현존이다. 그것은 중요한 것이며, 일정한 특성을 지닌 데다, 수량화되고 측정될 수도 있다. 이 현존에 대해 많은 사람들이 품고 있을 수도 있는 생각이 그것 자체와 더불어 일면적인 통일성 이상으로 나가지는 않기 때문에, 그것은 순전한 착각이나 환상으로 간주될 수도 있다. 그럼에도 불구하고 그 외관처럼 이 현존도 처음부터 사물의 무한정한 확장을 반대하기 때문에 하나의 제약이다. 등가 교환 법칙, 즉 가치 법칙은 자본의 확장에 대한 제약이며, 자본주의의 표층에서 관찰되는 과정의 객관적인 부분을 형성하는 제약이다. 그것은 수량(화폐 형태를 취한 교환 가치의 양, 궁극적으로 임금)으로서, 측정 수단(가치 측정 수단으로서의 노동 시간)으로서, 그리고 질(노동이 부를 조금이라도 창출하기 위한 필요 조건)로서의 제약이다. 『요강』에는 이러한 문제들을 다룬 구절들이 많이 포함되어 있다(예를 들면, 이 책, Ⅰ권 272쪽, 332-333쪽, 343-344쪽과 Ⅱ권 15-37쪽 등). 그러므로 이런 표면적인 과정을 공허한 형식이나 단지 명목상 중요한 것으로만 다루게 되면 전체를 이해하는 데 실패하게 된다. 예컨대 리카도는 화폐 문제에 관한 논의에서 이런 실수를 저질렀다(이 책, Ⅰ권 340-342쪽).

하지만, 표층에 남아서 '존재의 직접성'에 기뻐 날뛴다는 것은, '순수한 환상'으로 추락하는 것에 다름 아니다. 유통 — 표층 — 은 "표층의 이면에서 발생하는 어떤 과정의 현상 형태이다."(이 책, Ⅰ권 252쪽) 전체를 이해하기 위해서는 화폐에서 자본까지 그 본질을 간파해야 한다. 이런 점 때문에 모순은 '출입 금지' 표지판, 철조망, 무장 경관과 경비견의 이면에서만, 단순한 반영이기를 그치고 근원적으로 연구될 수 있다. 헤겔의 입장에서 부정은 창조적인 힘이다. 여기에서 노동자가 스스로를 더욱 더 부정하거나 자본에 의해서 부정되면 될수록, 그가 창조하는 부는 더욱 늘어나게 된다. (많은 구절들이 있지만, 그 대표적인 예는 본문 Ⅰ권의 314쪽을 볼 것.) 헤겔에게 부정은 그것의 대립물인 '정립'을 창출하며, 즉자적으로 어떤 사물에 일정한 특성을 부여할 뿐만 아니라, 정립으로서 사물에 **대자적으로** 그것의 특성을 부여한다(헤겔, 『논리학』 1권, 116, 130-31쪽). 자본의 본질에 있어서, 노동자는 그 자신을 부정함에 따라 잉여 가치를 **대자적으로 정립함**은 물론, 본래의 임금 관계를, 즉 임금 노예로서의 그 자신과 자본으로서의 자본을 창출하고 재창출한다. 개별적인 차원에서 노동자와 자본가에 관해 말한다면, 그들은 이 과정에서 단지 '임노동'과 **대자적인** '자본'으로 간주되는데(이 책, Ⅰ권 308쪽), 그렇지 않을 경우 그들이 가질 수도 있는 모종의 특질 혹은 관계는 생산 과정에 의해 억제되거나 생산 과정에 부적절하게 된다. 전체로서의 생산 과정은 본래 무제한성을 띠는 경향이 있는데, 그것은 우선 노동자에 대한 절대적 부정으로, 다음으로는 상대적 모순을 끝없이 첨예화하는 방향으로 나가는 경향이 있다. 생산 과정은 모든 경계에 대해 압박을 가하고 돌진한다. 만일 전체로서의 사회가 운동 중에 있고 진행 중인 것으로 이해된다면, 무엇보다도 먼저 직접적 생산 과정의 동학을 반드시 이해해야 할 필요가 있다. 헤겔이 말했듯이, 완전한 통일체로 나아가는 추동력과 에너지는 바로 그 자체의 근원적인 모순에 내재해 있기 때문이다(헤겔, 『논리학』 2권, 275-76쪽).

이제 지금까지 언급한 이 개념들에 포함되어 있는 요소들을 살펴보도록 하자. 여기에는 두 과정이 존재한다. 그 중 하나는 표층에서 일어나는 과정으로 일면적인 직접적 동일성으로 귀착되며, 자체의 재생에 필요한 원동력을 결여하고 있다. 다른 과정은 표면 아래에서 펼쳐지는 격렬한 모순의 과정이다. 전자가 동일성이라면, 후자는 동일성의 대립물이다. 그 결과 가장 추상적인 — 헤겔의 — 정식에서 통일체는 "동일성과 비동일성의 동일성"이 되는 것이다(헤겔, 『논리학』 1권, 74쪽; 『논리학』 2권, 40-42쪽). 이러한 통일성 속에서 비동일성, 즉 모순은 우선적인 계기이다. 모순은 자신의 특성을 타자에 각인 시키며 전체의 본질을 규정한다. 따라서 전체를 '시장 체계'나 '자유 교환', 또는 '자유 기업' 등으로 명명하는 것은, 표층의 과정이 사물 전체의 본성을 결정짓는다고 주장하는 것이다. 사실상 표층은 그 본질에 대한 장벽이며, 발전 과정에서 이 장벽은 전에 없이 고통스런 제한이 된다. 헤겔과 맑스가 전화(Umschlag)라고 부른 상황, 즉 전도나 전복과 유사한 도약이 일어나는 어떤 지점에서는 이전의 장벽, 동일성, 등가 법칙 등이 부정되고, 근원적인 모순은 지양되며, 상이한 질서의 동일성 및 모순과 함께 보다 높은 수준에서 전체가 그 대립물로 전화된다. 이쯤에서 지양에 대해 잠깐 이야기하고 넘어가자. 이 말은 헤겔과 맑스의 용어 'Aufhebung'을 번역 — 맑스 자신이 이 말을 번역해서 사용하고 있다 — 한 것이다. 헤겔은 이 말이 일상 언어에서 정확하게 두 가지 반대되는 의미를 표현하기 때문에 즐겨 사용했다. "지양은 보존되고 지속되는 것과 끝내는 것, 또는 중지하는 것을 동시에 의미한다."(헤겔, 『논리학』 1권, 114쪽) 영어의 'suspend'는 이와 정확히 동일한 모순적인 의미들을 지닌다. 예를 들면, 상업에서 그 말은 정지(지불)를 의미하는 반면, 음악에서는 계속이나 지속(음표)을 나타내며, (교육 제도 같은) 관료 행정에서는 이 두 가지 의미를 동시에 지닌다. 헤겔은 특히 지양과 폐지(annihilation)를 명확하게 구별하려고 했다. 지양된다는 것은 무로 된다는 게 아니라, '존재로부터 출현하는 결과, 다시 말해 그것이 자체 내에 그 자신이 출현한 규정성을 여전히 지니고 있다는 것을 의미한다.'

만약 우리가 『요강』에서 헤겔의 술어가 포괄적으로 사용된 사실뿐만 아니라, 헤겔의 방법과 그 방법의 유용함에 대해 맑스가 의식적으로 고찰한 많은 구절들을 고찰하고, 이와 더불어 그가 이 책에서 개진한 논거의 기본적 구조를 동시에 고찰한다면, 우리는 『논리학』 연구를 통해 드러난 맑스의 노고가 실로 위대한 것이었다는 점을 명확하게 알 수 있을 것이다. 그런데 일단 그 용어법은 가장 쓸모 있으면서 가장 덧없는 노고이기도 하다. 맑스는 가끔 헤겔의 용법과의 대립 관계를 표현하기 위해 헤겔의 용어를 사용하고 있었지만, 『자본론』이 발간되기 전에 그 어휘 대부분을 내버린다. 이것은 마치 여행에는 긴요했으나 그 뒤에는 쓸모가 없어진 짐을 내다버리는 것과 같다.[11] 헤겔의 유용성은, 그가 움직이고 발전하는 총체를 이해하기 위해 무엇을 해야 할 것인가를 알 수 있게 해주는 지침을 제공한다는 데 있다.

> "자본 개념을 정확하게 발전시키는 일이 반드시 필요하다. 왜냐하면 추상적이고 반영적인 형상[Gegenbild]을 자신의 개념으로 지닌 자본 자체가 부르주아 사회의 기초인 것과 마찬가지로, 이 개념은 근대 경제학의 기초적인 개념이기 때문이다. 그 관계의 기본 전제를 선명하게 정식화하게 되면, 그 관계가 자기 자신의 범위를 넘어서 유래하는 경계는 말할 것도 없고 부르주아적 생산이 지닌 모든 모순이 분명해질 수 있을 것이다."(이 책, Ⅰ권 340-341쪽)

이 방법의 본질은 전체를 모순으로 이해한다는 것인데, 이는 맑스가 헤겔에게서 얻은 가장 커다란 교훈이다.

그러나 헤겔의 방법은 동시에 자체의 한계를 지니고 있었다. 헤겔은 두 사람이 아니었던 까닭에 결코 다른 사람이 될 수는 없었던 것이다. 그에 의해 비로소 관념론과 변증법은 하나의 통일체를 형성하며, 서로를 관통한다. 그가 가장 절대적인 은총을 국가에 부여한 것만큼, 그의 변증법이 감행하는 도약의 정수에는 신비주의의 장막이

11) "… 내가 『자본론』 1권을 쓰고 있을 때에는, 이른바 문화국 독일에서는 신경질적이고 거만한 평범한 아류들이 헤겔을 … '죽은 개'로 취급하며 호언장담하는 커다란 기쁨을 누리고 있었다. 그러므로 나는 그 위대한 사상가의 제자임을 솔직하게 공언하면서, 가치론을 다룬 장의 여기저기에서 헤겔의 특이한 표현 양식을 흉내내곤 했다."(『자본론』 1권, 19-20쪽). 그러나 나머지 부분에서 보이는 표현 양식은 맑스 자신에게 독특한 것이다.

드리우게 된 것이다.

맑스의 헤겔 비판은 두 가지 주요한 논리적 국면으로 나누어진다. 첫 번째 국면은 '독립적인 대상적 정신'의 전체 영역에 대한 이해를 필요로 하는데, 이 정신은 헤겔에 의해서 천상으로 부유하게 되며, 본래의 소재지인 죽음의 운명을 타고난 인간의 육체 속에 되돌아온다. 동시에 헤겔의 '주체'와 헤겔의 '객체'는 전도된 채로 발견될 것이며, 이 때 그것들이 다시금 바로 세워져야 한다. 이제 실재적인 세계의 역사가 특별한(*sui generis*) '정신'의 산물이 아니라, 오히려 이 '정신'과 그것이 지닌 모든 관계들이 인간 두뇌의 산물임이 명백해진다. 더욱이 그 인간의 두뇌는 특수하며 변화하는 사회경제적 존재 양식에 의해 추동되고 제한되는 실재 역사에 고정되어 있다. 마지막으로 인간의 두뇌는 감각적, 물질적, 사회적 육체에 통합되어 있으며, 그 자신의 행동을 통해 역사를 변경시킬 수 있을 뿐만 아니라 동시에 사유의 원천과 조건들도 변경시킨다. 헤겔 철학의 전복에 있어서 주요한 국면은 1840년대 초 포이어바흐와 맑스에 의해 각기 다른 형태로 성취되었다. 이 점은 『요강』 앞에 붙은 서문에서 훌륭하게 재차 요약되었으며, 1873년 『자본론』 1권에 붙인 맑스의 서문에는 "헤겔을 제대로 서게 한다"는 말로 요약되어 있다(『자본론』 1권, 20쪽).

포이어바흐는 헤겔의 절대 '정신'에서 드러나는 범주와 개념 사이의 충돌을 '신들의 전쟁'이라고 불렀다(『신성 가족』, 『맑스-엥겔스 전집』 2권, 98쪽). 그의 이런 견해는 다음과 같은 의문을 불러일으킨다. 일단 이 천상의 전장이 현실에 발 딛게 되고, 그곳에서 벌어지는 충돌의 비물질적인 적대자가 주어진 육체라고 한다면, 어떤 방식을 통해서 그들이 벌이는 전투의 규칙, 즉 갈등을 해결하는 전략과 전술이 필연적으로 실물 그대로 변경될 수 있을 것인가? 관념론적 변증법의 기본 구조, 달리 말해 관념론적 변증법의 기본적인 운동 과정은 역사에서 발생하는 실제적 충돌과 변형의 세계를 이념의 세계로 투사한 것일 뿐이다. 그러나 그런 투사, 즉 관념화에서는 물질적 역사의 변증법에 본질적으로 현존하는 중요한 요소가 은폐되고 시야에서 사라진다. 맑스는 이렇게 헤겔의 체계를 전복하는 두 번째 주요 국면을 가리켜 "합리적 핵심에서 신비적 외피를 걷어내는" 과정으로 정식화한다.12) 이 과정은 헤겔의 변증법적 방법에 대한 비판이고, 그의 모순 이론에 대한 비판이며, 따라서 헤겔적 개념의 기본적 과정들에 대한 비판이자, 동시에 운동에 대한 헤겔의 기본적 이해력에 대한 비판이라고 할 수 있다.

물론 헤겔의 변증법에 대한 맑스의 비판이라는 이렇게 거창하고 복잡한 주제가 이 서문의 범위에서 충분하고 적절하게 다루어질 수는 없을 것이다. 『요강』은 이 주제와 관련하여 이전에 씌어진 거의 모든 문헌들을 심각한 시험에 맞닥뜨리게 함은 물론, 그 대부분을 쓰레기통에 집어넣고 말 것이다. 이와 동시에 수고는 철학 관련 논문들이 몇 편 추가로 작성되기에 충분한 논점을 내포하고 있다. 여기서 나는 이 논점들을 선점(先占)할 생각은 없다. 다만 특별히 두드러진 점 두 가지에 주의를 기울이고자 한다. 왜냐하면 이 문제들은 맑스의 서설에 대해서는 물론이거니와 본문과 서문의 관계를 적절하게 인식하기 위해서도 불가피한 과정이기 때문이다. 변증법적 방법에 대한 헤겔의 개념과 맑스의 개념 사이의 중요한 차이점들을 특별히 선명하고 두드러지게 보여주는 두 가지 측면은, 첫째 본문을 어디에서 시작할 것인가 하는 문제와, 둘째 어떤 통일체 내의 모순은 직접적이고 필연적으로 동일한가 아니면 차라리 간접적이고 조건에 따라 동일한가 하는 문제로 요약될 수 있겠다.

12) "만약 당신이 신비적 외피 속에서 헤겔 철학의 합리적 핵심을 발견하고 싶다면, … 다시 바로 세워야 한다."(『자본론』 1권, 20쪽) 맑스가 헤겔의 변증법을 바로 세우는 데는 유물 변증법만으로 충분하다고 말하지 않았다는 점에 주목해야 한다. 이 첫 번째 단계는 단지 두 번째 단계로 나아갈 수 있는 여지를 제공해 줄 뿐이다.

헤겔은『논리학』을 철학에서 가장 일반적이고 보편적인 추상 개념인 순수하며 규정되지 않은 존재, 즉 존재 일반으로 시작하고 있다. 그는 이것이 가장 기초적인 실체라고 단언한다. 유물론자 맑스에게 이 '존재 일반'은 철학적 정신이 꾸며낸 허구이며, 거짓말쟁이의 상상 속에서만 그 '실체'를 가질 수 있는 범주이다. 이에 따라 그는 『요강』의 서두를 물질적 생활, 정치경제학, 즉 '물질적 생산'이라는 범주로 시작하고 있으며, 특히 사회 속에서 이루어지는 물질적 생산만이 그 범주의 유일한 실재적 형태라고 서둘러 덧붙이고 있다(이 책, I권 51쪽). 그러므로 헤겔이 순수한 '존재'와 '무' — 그것의 대립물이 없이는 결코 이해될 수 없는 — 가 동일하다는 점을 보여주면서 논의를 전개하는 것처럼, 맑스도 서문에서 물질적 생산의 대립물인 소비 — 그것 없이는 결코 생산이 이해될 수 없는 — 에서 논의를 시작하고 있다. 그렇지만 이러한 대립물(생산과 소비)의 동일성에 대한 고찰을 시작하기 전부터 이제 막 착수된 논의의 발단이 벌써 의문의 대상이 된다. 즉 '물질적 생산'은 역사 발전을 설명하는 것이라기보다는 그것으로부터 추상화된 범주라는 점이 제시되고 있는 것이다. "생산 일반은 하나의 추상 개념이지만, 공통의 요소를 실제로 명확히 하고 고정하며, 따라서 우리가 이를 되풀이하는 수고를 덜어 주는 한에 있어서 그것은 합리적인 추상이다. 그럼에도 불구하고 이 일반적 범주, 이 공통 요소는 비교에 의해 간추려지며, 여러 번에 걸쳐 갈라지고 다양한 규정들로 흩어지게 된다. … 생산에 타당한 규정들 그 자체는 통일체에서 … 각각의 본질적인 차이가 잊혀지지 않도록 … 엄밀하게 분류되어야만 한다."(이 책, I권 53쪽)

다시 말해, 단순히 '유물론적' 범주(즉, 물질적 생산)로 관념론적 범주(즉, 순수하며 규정되지 않은 존재)를 대체하는 데 그치게 되면, 맑스는 여전히 불만족스런 상태에 머물게 된다는 것이다. 이미 짐작한대로 사회적 생산 일반에서 시작하여 그 직접적인 대립물인 소비

일반으로 나아가는 순서가 한 걸음 전진하는 데 그렇게 중요하지 않다는 사실이 드러난다. 이러한 순서는 비역사적인 추상을 또 다른 추상으로 대체하고, 궁극적으로는 그런 개론적인 것들을 꼼꼼하게 암송하면서 책을 시작하는 '평범한(prosaic) 경제학자들' 이상으로는 결코 나아가지 못하는 것이다.

'생산과 소비의 동일성' 문제를 다루는 서설의 일부는 일단 이 표준적인 교과서의 시작을 진지하게 모방한 것이며, 동시에 조롱을 섞어 풍자한 것이기도 하다. 첫 머리를 장식한 '생산은 소비와 직접적으로 동일하다'는 명제는 헤겔의 '존재는 무와 직접적으로 동일하다'라는 명제를 흉내낸 것인데, 이 명제에서 보통 무엇이 추출되는가를 비교한다면, 맑스의 논법은 불후의 명성을 얻게 될 것이다. 그러나 본문에서는 관념론적 변증법이 기계적 유물론이나 경험론적 유물론에 대해 가지는 거대한 우월성이 관념론적 변증법의 표명을 통해 증명된다(레닌, 『철학 노트』, 『레닌 전집』 38권, 276쪽). 맑스가 처음에, 그리고 나중에 이 '동일성들'을 조롱하며 언급했음을 경시하지 않는 것이 중요하다. "… 마치 주어진 과제가 실재적 관계들을 이해하는 것이 아니라, 개념들을 조화시킨 변증법인 듯이."(이 책, Ⅰ권 59쪽) 그리고 헤겔에 따라 삼중으로 만든 이 동일성들을 충분히 질질 끌며 논의한 후(이 책, Ⅰ권 62-63쪽)에, 맑스는 냉담하게 결론짓는다. "헤겔주의자에게 생산과 소비를 동일한 것으로 정립하는 것만큼 손쉬운 일은 없을 것이다. 그리고 이런 짓은 사회주의적인 통속 작가들(belletrist)[프루동주의자들 지칭함]뿐만 아니라 평범한 경제학자들에 의해서도 행해졌다."(이 책, Ⅰ권 63쪽)

적절한 시작의 문제는 서설 가운데 '정치경제학의 방법'이라는 제목이 붙은 부분 도처에서 맑스를 사로잡고 있다(이 책, Ⅰ권 70-80쪽). 초반부에서 맑스는 정치경제학 연구가 취하는 두 가지 여정 또는 경로를 묘사하고 있다. 첫 번째 경로는 '살아있는 통일체', 예컨대 프랑스나 영국 같은 기존의 민족 국가를 출발점으로 삼아 "분석을 통해 노동 분업, 화폐, 가치 등 얼마 되지 않는 한정적이며, 추상적이고 일반적인 관계들을 발견함으로써" 종착점에 다다른다(이 책, Ⅰ권 70-71쪽). 또 다른 경로는 이와는 반대 방향으로, 즉 단순하고 추상적이며, 일반적인 관계에서 시작해 종국에는 '살아있는 통일체'에 도달하는 것이다. 맑스는 "후자가 과학적으로 올바른 방법임이 분명하다"고 결론 짓는다.[13]

여기에서 맑스가 '물질적 생산' — 누구나 바랄 수 있는 단순하고 일반적이며 추상적인 관계임이 확실한 — 이라는 범주로 시작하는 것이 과연 적절한가에 대해 의문을 제기했다는 이전의 의심이 지금은 잦아든 것처럼 보인다. 그러나 즉시 다른 방향에서 생생한 의문이 떠오른다. 즉, "그렇지만 이런 더욱 단순한 범주들도 보다 구체적인 범주에 앞서서 개별적으로 역사적이거나 자연적인 실존을 지니지 않는가?"(이 책, Ⅰ권 72쪽) 다시 말해 만약 누군가가 '물질적 생산' 같은 범주로 논의를 시작할 경우 신석기인과 신석기 도구에서 시작해서는 안 된다는 것인가? 게다가 어렵기는 하겠지만 그의 이런 도정을 차근차근 의도된 주제인 자본주의적 사회 형태에서의 물질적 생산에 알맞은 결론으로 이끌 수는 없다는 말인가? 이 문제에 관한 맑스의 심오한 성찰 — 이 부분은 맑스주의 역사 서술의 기본 원칙을 포함하고 있다 — 은 이런 시작이 잘못일 것이라는 결론으로 그를 이끌어간다. 적절한 시작은 역사의 시원에서가 아니라, 특정한 사회 구성체 내에서 지배적인 지위를 점하는 범주를 연구하는 데서 출발한다(이 책, Ⅰ권 79-80쪽). 맑스가 이렇게 진술하지 않았는데도 불구

13) 어떤 의미에서 보면 『요강』에서 헤겔의 『논리학』과 관련된 것은 두 가지 경로 이외에는 거의 없다. 많은 추상 개념들이 농축된 것으로서의 구체적인 것에 대한 은유와 윤곽, 정식화도 이 저작에서 따온 것이다. 헤겔의 『논리학』 2권의 276, 296, 326, 360쪽을 볼 것. 또한 헤겔은 후자가 과학적으로 정확한 방법이라고 단언한 사람이기도 하다.

하고, 사람들은 부르주아 경제의 범주(와 체계)에 대해 비판하기 위한 적절한 시작은 '물질적 생산 일반'이 아니라, 당연히 '자본' 또는 적어도 '교환 가치의 생산'이라고 생각하는 것 같다.

적절한 시작이라는 문제는 맑스의 서설에서 해결되지 않은 채로 남아 있다. 그가 내용을 요약하는 단락에서 이 문제에 대해 언급한 내용은 아직 결론에 다가가지 못하고 있다(이 책, Ⅰ권 80쪽). 즉 "순서는 명백히 (1) 어느 정도 모든 사회 형태에서, 그렇지만 위에서 설명된 의미에서 행해지는 일반적이고 추상적인 규정이 되어야 한다." 그러나 이것은 명백히 불가능하다. 왜냐하면 '위에서 설명한 의미'란 엄밀히 말해 어느 정도 모든 사회에서 통용되는 범주들이 아니라 출발점을 형성해야 하며, 다른 사회들과 구별되는 특정한 사회를 지배하는 범주들이기 때문이다. 이런 정식화는 문제를 해결하지 못한다. 「화폐에 관한 장」으로 시작하는, 앞뒤가 맞지 않고 잠정적이며, 어떤 점에서는 순전히 우연적인 출발 — 다리몽의 은행 계획에 대한 비판 — 이 이 케케묵은 곤란의 증거가 되고 있다.

적절한 시작 — 신비주의적인 헤겔과 '평범한 경제학자' 및 맑스 자신의 의구심이 남겨진 출발점 — 을 찾기 위해서는 『요강』 중 일곱 번째 노트의 마지막 쪽과, "앞으로 가져가야 함"이라는 주석과 함께 '(1) 가치'라는 소제목이 붙어 있는 절로 방향을 선회해야 한다. 이 짧은 절이 수고의 전체 내용을 체계적이고 포괄적인 형태로 요약하려는 최초의 시도이기 때문이다. 그 부분은 다음과 같이 시작한다. "부르주아적 부가 자기 자신을 드러내는 최초의 범주는 상품 범주이다. 상품 그 자체는 두 가지 측면[즉 사용 가치와 교환 가치]의 통일체로 현상한다 …."(이 책, Ⅲ권 189쪽)

맑스의 『정치경제학 비판을 위하여』(1859)과 『자본론』 1권(1867)의 출발점을 형성하는 것도 바로 이 상품 범주이다. 그 시작은 (자본주의적 생산에) 역사적으로 특수할 뿐만 아니라, 동시에 구체적이고 물질적이며, 거의 실체적이기도 하다. 그리고 그 시작은, 자신의 발전을 통해 이 생산 양식의 다른 모든 모순들을 필연적으로 수반하는 핵심적인 반정립(사용 가치 대 교환 가치)을 자체 내에 포함하고 있다(그리고 그 반정립의 통일체이다). 헤겔의 『논리학』과 달리, 또한 일찍이 맑스 자신이 최초로 시도한 바와도 다르게, 이 시작은 순수하고 비규정적이며 영구적이고 보편적인 추상 개념에서가 아니라, 복합적이고 규정적이며 경계가 지워진 구체적 통일체 — "수많은 규정들의 통일, 그러므로 다양한 것의 통일"(이 책, Ⅰ권 71쪽) — 에서 출발한다. 요컨대 『요강』의 결말인 이 '순수하지 않은' 시작은, 성숙하지 않은 채로 처음부터 모순을 포함하고 있기 때문에 이전의 출발에 대해 변증법으로서 우위를 점하는 것이다. 이에 반하여 '순수한'(비규정적, 영구적, 절대적, 보편적) 출발은 대립물을 배제하면서 출발하는 오류를 범하게 되며(그렇지 않다면 순수하지 못할 것이다!), 이에 따라 모든 계기(繼起)적인 발전과 변형에 대해 나쁜 선례가 되는 진행 과정, 즉 자신의 반정립을 '무'로부터 주술을 통해 간신히 끌어내게 될 것이다. 유일하게 유물론적인 시작, 즉 구체적인 것, 규정적인 것, 그러므로 (헤겔 자신이 주장한 것처럼) 모순 그 자체만이 진정으로 변증법적인 시작이 될 수 있으며, 그것만이 헤겔에 의해 완성되고 신비화된 방법에 잠재되어 있는 역량을 현실화할 수 있다.

맑스는 『요강』의 서설이 잘못 시작되었다고 인정한다. 이 때가 대략 일 년 반 후인 1859년, 그러니까 인쇄를 하기 위해 「화폐에 관한 장」을 두 번이나 고쳐 쓴 다음이다. 그후에는 연구의 경로가 단순하고 일반적이며 추상적인 관계에서 복잡하고 특수한 통일체로 나아가야 한다는 견해가 더 이상 그에게 '명백하게 과학적으로 올바른 방법'으로 나타나지 않게 된다. 『요강』의 서설을 대신할 목적으로 씌어져 상당히 유명해진 『정치경제학 비판을 위하여』의 '서문'에서 그는 다음과 같이 말하고 있다. "대충 써 두었던 일반적인 서설을 수정하고 있는데, 심사숙고해 보니 이제부터 증명되어야 할 결론들을 미리 보여주는 일이 산만해 보이는 데다가, 또 기왕에 나를 따르려고 하는 독자는 특수한 것에서 일반적인 것으로 서서히 올라갈 결심을 해야만 하기 때문이다."(『맑스-엥겔스 전집』 13권, 7쪽)

이제 위에서 말한 두 번째 문제로 가 보자. 이 문제는 관념론 철학자와 유물론 철학자의 변증법적 방법 사이에 존재하는 본질적인 차이에 의해 나타나는 문제, 즉 동일성의 무매개성(immediacy)이라는 문제이다. 여기에서 이 쟁점은 이렇게 제시된다. 즉, 모든 통일성(동일성, 총체성, 통일체)이 모순적인 극단들이나 측면들로 이루어져 있다면, 우리는 이 대립물들의 통일이 절대적이고, 직접적이며, 무조건적이라고 이해해야 하는가? 아니면 차라리 통일체를 형성하기 위해 대립물들이 매개를 필요로 하며, 이 매개의 효과성(따라서 통일체의 지속)은 현존하거나 현존하지 않는 일정한 조건들에 의해 좌우된다고 이해해야 하는가?

여기에서 우리는 진상을 규명해야 한다고 요구받을 수도 있는 이런 문제에 대한 장구한 철학적 논의를 삼가는 대신, 『요강』의 서설 중의 특정한 구절과 본문의 다른 구절을 대조함으로써, 그것의 경제적, 정치적 중요성의 일부를 제시하는 데 머무를 것이다. 만약 본문 90-94쪽(이 책, I권 59-64쪽)에서 '논증된' 생산과 소비의 '동일성'을 『요강』이 저술된 노트의 본문 가운데 이에 상응하는 지점과 비교해 본다면, 맑스가 서설에서 '직접적인 이중성을 고스란히 남겨둔 직접적인 동일성'에 관해 역설적으로 언급한 내용이 추구하는 논의의 방향을 선명하게 확인할 수 있을 것이다. 비교를 하기 위한 가장 전략적인 출발점은, 자본주의적 생산 과정이 완성되고 그 결과인 상품들이 자체의 목적인 소비를 통해 유통에 재진입하는 순간이다. 여기에서 대립물로서의 생산과 소비의 동일성에 관한 문제는, 전(全)역사에 걸쳐 '일반적으로' 해당되는 것이 아니라 자본주의에만 특수하게 나타나는 것이다. 생산과 소비의 통일(실현)은 직접적 통일로 존재하는가? 그 대답은 정확히 반대이다.

> "우리가 자본의 일반적 개념을 논하는 여기에서 요점은 이러한 생산과 실현의 통일은 직접적이지[*unmittelbar*] 않고, 일정한 조건들과 연결된 과정으로 나타난다는 것이다 …."(이 책, II권 17쪽)

맑스는 본문 중 자본주의적 생산과 자본주의적 소비의 통일이라는 문제를 다루는 부분(이 책, II권 11-81쪽) 가운데 한 곳에서, '생산은 소비와 직접적으로 동일하다'는 견해를 명쾌하게 공격한다. 또한 그는 이 개념이 가장 뛰어난 학자 — 예컨대 리카도 — 로 하여금, 과정 중인 총체성은 아니지만, 궁극적인 결과들을 이해하는 심오한 통찰로 이끌었고, 그에 미치지 못하는 사람은 유치함과 불합리에 끌어들였다는 사실을 명쾌하게 보여준다(이 책, II권 21-26쪽). "우선 첫째, 생산 일반이 아니라, 자본에 기초한 생산에 고유한 제약이 있다."(이 책, II권 26쪽) 이 구절은 대립물의 동일성에 대한 유물론적 정식화라고 볼 수 있다. 이 정식화는 이러한 동일성의 직접성과 절대성, 필연성을 부정하는 대신에, 이 동일성이 시공간에서 발생하는 과정이며, 본래 제한적인 데다 사실상 조건이 부여된 물질적 수단들을 필요로 하는 과정이라는 것을 입증하고 있다.

『요강』의 유물론적 변증법을 상세히 연구하려면 맑스가 말하는 매개(*mediations*)에 대해 연구해야 할 것이다.14) 그러한 연구에 필요한

14) 많은 사람들이 헤겔의 변증법과 맑스의 변증법 사이의 본질적인 차이를 이해하고자 했다. 가장 명확하고 엄밀하며, 『요강』을 통해서 모든 핵심을 충분하게 확증하려고 한 시도는 레닌의 단편적인 논문 「변증법의 문제에 관하여」와 『철학 노트』 곳곳에 흩어져 있는 언급들 속에서 발견된다. 예를 들면, 『레닌 전집』 38권의 359-63, 266, 283, 292, 301, 319-20쪽을 볼 것. 물론 레닌이 이 글들을 저술할 때 『요강』은 아직 발견되지 않았다. 또한 유감스럽게도 조금도

풍부한 소재들은 『요강』은 물론 『자본론』 각 권에도 있다.

헤겔을 두둔하는 자들은 그도 역시 매개에 대해 언급하고 있으며, 그가 매개를 다룬 장과 맑스의 화폐 장 사이에 일련의 연속성이 존재한다고 주장할 수 있을 것이다. 이런 주장은 사실이며, 그 장은 헤겔의 글 중 가장 유물론에 가까운 것 가운데 하나이다.15) 그러나 헤겔이 제기하는 논의의 기본 구조에서 매개는 주체적이거나 절대적이지만, 보통 동시에 두 가지 성격을 다 갖고 있기도 하다. 처음으로 되돌아가 보자. 헤겔은 어느 곳에서 존재와 무의 동일성을 좌우하는 조건들을 지적하고 있는가? 그 모순의 어떤 계기가 비동일성의 가능

진전하지 못했지만, 로스돌스키는 어느 작은 단락에서 문제의 본질을 정확히 지적하고 있다(앞의 책, 2권, 669쪽). 『역사와 계급 의식』에서 루카치는 정당하게 맑스의 저작에서 차지하는 '매개'의 중요성을 중시하지만, 그 안에는 맑스와 헤겔의 유사성뿐만 아니라 헤겔에 대한 맑스의 비판도 포함되어 있다는 사실을 파악하지는 못한 것 같다. 결국 루카치는 헤겔주의자였던 탓에 여전히 이 문제를 파악하지 못하고 있는 것이다. 『맑스주의와 철학』(130-33쪽)에서 코르쉬의 시도는 '변증법이란 무엇인가?'라는 질문을 제기하는 데 실패하고 있기 때문에 부적절하다. 그는 그 용어를 장황하고 무비판적으로 이용하면서 자신의 반대자보다 더욱 확실하게 스스로 변증법을 생각해낸다. 마르쿠제의 『이성과 혁명』에서의 정식화는 맑스에게서 드러나는 변증법의 역사적 본성을 정확하게 강조하고 있지만, 이 역시 광범한 일반화를 넘어서지는 못한다. 가장 최근의 시도로는 알튀세르를 들 수 있다(『모순과 중층결정』). 그는 스스로 이론적으로 자립해야 할 필요가 있었다. 왜냐하면 그의 '중층 결정' 개념은 이 경우엔 말할 것도 별로 없는 순전히 양적인 문제('최대공약수, 모순의 축적')이기도 하지만, 동시에 모순의 조건성과 매개성에 관한 간접적으로 전도된 정식이기도 하기 때문이다. '헤겔의 개념에서 합리적인 것은 무엇이고, 신비적인 것은 무엇인가'라는 가장 중심적인 의문에 관해서, 알튀세르는 결국 모호한 상태에 머물고 만다. 그의 짧은 발표문에는 맑스의 『요강』도 레닌의 『철학 노트』도 고찰되지 않고 있다.

15) 맑스의 화폐 이론의 원천은 헤겔 저작의 척도에 관한 장(『논리학』 1권 387-442쪽)과 목적론(『논리학』 2권 436-61쪽)을 다룬 장에서 발견될 수 있다. 헤겔의 관념론(절대 정신)과 변증법의 충돌은 특히 후자에서 생생하게 나타난다. 그 부분에는 이것과 일치하며 동시에 가장 직접적으로 유물론적인 구절이 일부 포함되어 있으며, 예컨대 '매개의 소멸'에서처럼 가장 천박하고 가장 비변증법적인 관념론도 일부 포함되어 있다(『논리학』 2권, 458~9쪽).

성을 담지 하는가? 생성을 매개하는 운동에서 잠재적인 붕괴의 가능성은 무엇을 기초로 해서 주어지는가? 결코 아무 것도 존재하지 않는다. 그러한 기초는 결코 존재하지 않으며, 어떤 가능성도 없다. 동일성과 매개는 무조건적이며 절대적인 것이다. 그러면 이제 『정치경제학 비판을 위하여』과 『자본론』에서 맑스가 출발점으로 삼고 있는 상품을 비교해 보자. 상품은 사용 가치와 교환 가치라는 두 대립물의 통일체(동일성)이다. 그 누가 이 동일성의 붕괴를 상상할 수 있겠는가? 매개 운동(화폐, 교환)이 발생하지 않을 수 있는 가능성이 존재한다는 말인가? 틀림없이 그렇다. 이 저작 전체는 엄밀하게 말해서 이 최초의 동일성에 의존하는 역사적 조건, 경제적 조건, 정치적 조건 등을 제기하고 있다. 좀더 자세히 말해 보자. 이 저작의 주요한 목적은, 이러한 동일성 내에 자리하는 모순에 의해 동일한 조건들이 지양된다는 것, 그러므로 상품 생산이 붕괴한다는 것, 나아가 결국 사용 가치에 기초하는 생산 체계가 등장한다는 것을 논증하는 데 있다. 맑스에게 대립물들의 동일성은 조건에 따라 달라지는 것이지만, 그러나 대립물들의 비동일성, 투쟁, 적대, 붕괴는 불가피하다. 헤겔에서는 단지 대립물일 뿐이지만 말이다. 이처럼 회유하고 서로를 조화롭게 하는 헤겔의 '변증법'(궁극적으로는 결코 변증법이라고 할 수 없다)과, 혁명적이고 전복적인 맑스의 방법 사이에는 뚜렷한 차이가 있다.

이러한 방법상의 차이뿐만 아니라 헤겔과 맑스의 사유 결과 또한 상이하게 나타난다. 헤겔은 단순한 자기 동일적 존재, 휴지(休止) 중인 존재, 무 없는 존재(Being-without-nothing)로 논의를 결말짓는 반면, 맑스는 궁극적으로 사회적 적대가 존재하지 않는 새로운 생성에 관해 언급하고 있다.

이제 초기에 제기된 특수한 의문으로 되돌아감으로써 결론을 맺어야겠다. 맑스가 리카도의 이윤론을 전복하는 과정에서 헤겔의 『논리학』은 어떤 방법으로 이것을 가능하게 하였는가? 더 많은 문제들을 추적하는 데 관심을 가진 독자는 수고의 557쪽(이 책, II권 194쪽) 이후에서 필요한 해결책을 찾게 될 것이다. 이 부분에서 임금과 이윤이라는 대립물들의 동일성(또는 현대인들이 말할 법한 대립물들의 역逆상관성)은 리카도가 생각했던 것처럼 절대적이지도 직접적이지도 않지만, 어떤 동요하는 매개들과 언제나 변화하고 있는 외부 조건들에 좌우된다.

그러므로 본문의 형태는 처음 다가가려는 사람에게는 단지 일련의 장애물로만 나타난다. 그러나 그 다음의 시도에서는 제거하려던 장벽이 오히려, 맑스의 다른 어떤 저작들이 출판되더라도 이 저작에 필적하지 못할 만큼, 풍부한 시각을 제공하게 된다.

만약 우리가 『요강』을 저자의 의식 작용의 기록으로 읽는다면, 우리는 맑스가 고전적 정치경제학과 전투를 벌이는 과정에서 동시에 자신의 무기를 연마했다는 것을 인식하게 되는 셈이다. 그리고 그 역도 성립한다. 다시 말해 그는 불가피한 동일성들이 지닌 신비주의적 방법에 맞서 전투를 수행했으며, 그렇게 하기 위한 수단으로 자본의 본질을 이해할 필요가 있었던 것이다. 구조와 방법의 통일은 『요강』에서 가시적으로 드러나고 있다.

그렇지만 방법과 구조의 통일, 유물론적 변증법과 정치경제적 명제들의 통일은, 세계의 어느 곳에서도 『요강』에서 피력된 것처럼 직접적이고 무매개적이지 않다. 이러한 통일을 이해하기 위해서는, 기원과 결말을 인식하는 범위 안에서 이 저작을 하나의 과정으로, 즉 도약과 퇴행을 반복하는 투쟁으로 읽을 필요가 있다. 이러한 자세는 맑스의 서설에 특히 알맞으리라고 본다. 그 글은 매우 탁월하며 중요하다. 그 글은 맑스가 모든 방면에 걸쳐 헤겔과 리카도, 프루동에 맞서서 벌인 투쟁의 흔적을 반영하고 있다. 맑스는 이것에 근거해 그들 모두에게 가장 중요했던 이론적 대상, 즉 역사 서술의 기본 원리를 변증법적으로 전취(戰取)했다. 그러나 그는 당장 자신의 승리를 모든 부분에서 꼼꼼히 완결 짓지는 못했으며, 이는 일부 중요한 부분에서도 마찬가지였다. 헤겔과 리카도의 지양 — 그들의 학설에서 형이상학적이고 신비주의적인 것을 타파하고, 합리적인 핵심을 보존하는 것 — 은, 맑스가 쓴 일곱 권의 연구 기록을 온통 차지하고 있는 투쟁의 흔적이다. 그러므로 헤겔의 경우에서처럼 합리적 핵심은 그것이 출현했던 존재의 여러 가지 양상 중의 일부를 여전히 보존하고 있는 셈이다. 맑스는 수고를 저술하면서 자신의 글에서도 이런 출현의 오점들을 인식했다. 그는 분명히 "생산물은 상품이 된다. 상품은 교환 가치가 된다. 교환 가치는 화폐가 된다."(이 책, Ⅰ권 130쪽)와 같은 구절들이 '관념론적 서술 방식'을 나타낸다면서 스스로를 비판하고 있다. 그런 문구들 — 이것들은 다른 경우에도 나타난다 — 은 헤겔의 『논리학』에서 유래한다. 『논리학』에서 '생성'이란 결코 실패하지 않는 '매개'이고, 정신은 그것을 '정립하고' 사고할 뿐이며, 모순들은 하나이다. 맑스에게 이 문구들은, 전화(transformation)와 관련된 실재적 모순들과 매개들이 향후 자세히 고찰될 것임을 자기 자신에게 강조하는 단편적인 메모와 같다. 그에게 절대적인 것은 그 자체로 조건적이다. 그는 그 조건들은 자본주의적 관계가 인간의 생산력에 부과한 장벽이 깨지고 버려지는 시기에만 존재하며, 그때에 이르러서야 비로소 인류가 "생성의 절대적인 운동"(이 책, Ⅱ권 112-113쪽)에 진입한다고 말할 수 있다고 주장한다.

『요강』를 읽는 동안, 독자들은 책의 완성 과정과 조건들을 결코 잊어서는 안 된다. 그렇지 않으면 『요강』에서 맑스가 개창한 시각들은 다시 한 번 장벽으로 바뀌게 될 것이다.

『요강』과 헤겔의 탁월한 저서 『논리학』에는 지금까지 이 글에서 언급한 것보다 한층 더 풍부한 방법이 포함되어 있다. 헤겔과 맑스의 대단히 복잡한 관계를 구성하는 많은 요소들은 부차적인 것으로 다루어져 왔거나 간결함을 위해 생략됐기 때문이다.

맑스는 1857-8년 훨씬 이전에 처음으로 공개된 헤겔에 관한 수고에서 『논리학』에 대해 비판적으로 논평할 의향이 있음을 공표 했으며, 헤겔이 제시하고 사용했던 변증법적 방법의 결점을 추상적으로나마 지적했다.16) 『요강』은 중요한 이론적 문제들에 적용되는 방법을 변화시키는 동시에 이를 실제로 적용하려던, 최초로 공개된 맑스의 의식적 시도를 보여주고 있다.

맑스는 이미 앞서 인용된 엥겔스에게 보낸 편지에서 『논리학』에 대해 언급하면서 "만일 언젠가 그런 작업을 할 수 있는 시간이 다시 돌아온다면, 헤겔이 발견했지만 동시에 신비화한 방법에서 어떤 요소가 합리적인지"를 평이한 문체로 서술해 꼭 인쇄물로 남기고 싶다고 쓰고 있다. 물론 그 '시간'은 결코 돌아오지 않았다. 그리고 맑스도 신비화된 외피와 합리적 핵심에 관해서 1873년 서문 외에 어느 곳에서도 자신의 의견을 상세히 부연하지 않았다.

『요강』이 씌어진 시기 이후부터 지금까지, 그리고 『요강』이 오랫동안 공간(公刊)되지 못했음에도 불구하고, 유물론적 변증법의 지식은 발전해 왔으며, 많은 독자들에게 확산되고 성장했다.17) 유물론적

16) 『맑스-엥겔스 전집』 1권, 203-333쪽. 이 중에서도 특히 292-5쪽을 『맑스-엥겔스 전집』 1권의 부록 568-88쪽과 비교할 것. 유물론자로서, 그리고 변증론자로서 맑스의 두드러진 특징을 구성하는 모든 요소들이 여기에 제시되고 있다. 그러나 헤겔의 『논리학』과의 여러 가지 차이점에 논의의 초점을 맞추고 이를 체계화하겠다던 공표 된 의지는 수행되지 못하였다.

17) 레닌의 『철학 노트』는 그 뒤에 이어진 발전의 핵심을 포함하고 있으며, 이 문제에 관한 한 필독서로 간주될 수 있다. 부하린의 『역사적 유물론』은 이를 일부 인식하고 있지만, 전체적으로는 칸트에 가까운 헤겔 이전의 변증법 수준으로 퇴보하고 있다. 스탈린의 『변증법적 유물론과 역사적 유물론』은 레닌의 "열 여섯 논점"(레닌, 『철학 노트』, 221~3쪽)을 네 개의 논점으로 요약하고 있어서, 일종의 개론서로서는 손색이 없음은 물론 특히 교육 목적에 알맞은 책이다. 레닌 이후의 실제적인 발전은 마오쩌뚱의 『모순론』과 『실천론』에서 나타난다. 이 글들은 출간(1937년)과 동시에 맑스주의적 의미에서는 완전히 정

변증법은 유물론적 변증법 그 자체의 법칙에서 자유로울 수 없다. 만약 맑스의 발전 과정에 대한 논의가 온당하다면, 유물론적 변증법을 매우 보편적인 인류의 획득물로 간주하고, 그것을 연구하고 통달하기 위해서 결코 예외적인 노력이 필요하지 않으며, 그것을 실제 생활에까지 적용하는 일도 마치 산책을 하는 것처럼 특별하게 인식되지 않을 날은 먼 미래에나 가능할 것이다.

4. 이론적 혁신의 요소들: 노동력, 임금, 소외 개념의 발전

『요강』에서는 수많은 이론적 혁신과 발전(*transformations*)이 나타난다. 헤겔적 방법을 발전시킨 것에 관해서는 이미 앞에서 살펴보았다. 그러나 그 외에도 많은 이론적 혁신과 발전이 존재한다. 우선 맑스가 『요강』에서 최초로 고전적 정치경제학의 '노동' 개념을 '노동력'이나 '노동 능력' 개념으로 대체하기 시작하였다는 것에 대해서는 일찍부터 지적되어 왔다. 그렇다면 이러한 대체는 어떤 의미를 지니는 것일까?

평균 노동 시간에 의한 가치 결정 — 노동 가치 이론 — 은 고전적 부르주아 정치경제학의 가장 위대한 성과 가운데 하나였다. 맑스는 어딘가에서 이러한 가치 개념이 모든 사람은 동등하게 창조되었다는 부르주아적 혁명 원리를 그 전제 조건으로 삼고 있다는 점을 보여주었다. 여기서 부르주아적 혁명 원리란, "모든 종류의 노동은 인간 노동 일반이기 때문에, 그리고 그런 경우에 한에서만, 서로 동등하며 등가라는 가치 표현의 비밀은, 인간의 동등성이라는 관념이 대중의 선입관으로 확립되었을 때에야 비로소 해명될 수 있다."라는 원리를

통이 되었으며, 내용상 매우 독창적이기도 하다. 따라서 오늘날에는 유물론적 변증법 전체에 대한 고전적 주해이자, 다른 모든 저작들을 평가하는 기준으로서 매우 오랜 기간 동안 한결 같이 남아 있을 것이다. 이 글들을 이해하는 것은 『요강』과 씨름하는 데 있어서 대단히 유용할 것이다.

가리킨다(『자본론』 1권, 60쪽). 그렇지만 부르주아 경제학자들은 노동의 가치란 무엇인가 하는 질문을 제기하면서, 그들 자신으로서는 결코 환원할 수 없는 문제 조항에 직면하여 불가피하게 자신들의 본질을 폭로하지 않을 수 없게 되었다. 이러한 질문은 그들의 이론의 중심부에 위치하고 있었으며, 이 문제에 적절한 해답을 제시하지 않는다면, 그들의 이론 그 자체는 단순한 동어반복, 즉 '노동의 가치는 노동의 가치이다'라는 공허한 말이 되고 만다. 고전 경제학자들은 이러한 곤란을 분명하게 깨닫고 있었다. 그러나 이들이 이 곤란을 회피하려고 하면 할수록, 그들은 점점 더 해결하기 곤란한 딜레마 속으로 자신을 내몰지 않으면 안되었다. 이 틀 속에서는 두 가지 해답이 가능하다. 먼저 '노동 가치'는 노동자의 임금에 의해 표현된다고 대답할 수 있다. 이런 입장은 노동자에 의해 창출되는 가치가 노동자의 임금보다 높기 때문에 이론의 기초적인 전제가 파괴되는 사태에 직면한다. 이런 대답만이 (산출로서의) 노동 가치가 (임금으로서의) 노동 가치보다 크다고 말하거나, 그 전제를 파괴하는 노동 이외의 또 다른 가치의 원천이 존재한다고 말할 수 있는 유일한 길이기 때문이다. 이 경로는 '토지, 노동, 자본'이 '공동적으로' 묶여 '가치'를 창조한다고 말함으로써, 궁극적으로 우리를 '생산 요소'라는 개념으로 이끌 것이다. 그러나 기본적으로 이 경로는 가치에 관한 심도 있는 연구를 포기하는 전적으로 신비적인 길일 뿐이다. 고전 경제학의 틀 속에서 가능한 또 다른 대안은, '노동 가치'가 노동자의 산출물의 가치, 즉 생산물의 가치에서 표현된다고 대답하는 것이다. 이런 입장은 산출물의 가치와 임금의 양 사이에서 발견되는 불일치를 돋보이게 하며, 노동자는 '자신의 노동 가치'를 지불 받는 것이 아니라, 실제로는 자본가에게 속아서 자기 노동의 가치를 빼앗기고 있다는 것을 강력히 암시한다. 리카도는 이런 대안의 방향에서 연구했던 탓에 급진주의자라고 비난받았지만, 사실 그는 단지 이론 자체의 한계에 사로잡혀 있었을 뿐이다. 직접적인 정치적 함의를 논외로 한다면, 이 두 가지 가능한 경로는 모두 서투른 정치경제학으로 귀착되는 딜레마를 되풀이하고 있다. 교환 가치의 축적과 성장은 이 틀 속에서는 상대적으로(자본가 계급의 수중에서)나 절대적으로(전체 사회의 총합)도 설명될 수 없어서, 독단적이고 인위적인 가정을 통해 도입되어야만 한다. 이 때문에 노동 가치 이론의 핵심 명제는 대립물들의 직접적 동일성이라는 특성을 지녔던 것이다. 즉, '노동 가치'는 '노동의 가치'와 일치하며, 동시에 노동의 가치가 아니라는 것이다. 이렇게 고전적 정치경제학은 자기 주장의 편의라는 필요에 따라 대립물 규정을 은연중에 이용함으로써, 이 같은 고유의 신비주의를 극복했을 뿐이다. 마침내 자본주의 경제의 발전이 부르주아지로 하여금 모든 인간들은 동등하게 창조되었다는 혁명적 원칙을 은폐하고, 그 반대되는 원리를 선전하게 되었을 때, 객관적인 의미에서 정치경제학은 가치에 대한 전체적인 연구를 포기하게 되었다. 정치경제학의 이론적 기반은 가격을 결정하는 일종의 점성술이 되고 만 것이다.

이러한 이론적 궁지에 관한 맑스의 접근은 그 같은 곤란이 상품 형태에 대한 잘못된 개념화에서 비롯된다는 사실을 잘 보여준다. 고전적 정치경제학은 본래 상품이란 사물이며, 이런 논법만이 부르주아적 생산 양식이 자연스런 운명임을 말하기 위한 또 다른 방법이라고 가정했다. 따라서 그들은 상품들이 본래 사물이라고 단언하는 잘못을 쉽게 범하는 것이다. 이 가정은 여러 가지 적용 사례에 유용하지만, 상품인 '노동'에 적용될 경우에는 노동자들은 누군가에 의해 사용되고 조작되며, 닳아빠지면 내버려지는 대상들이라는 자본주의적 편견만을 드러낼 뿐이다. 하지만 정치경제학이 그러했듯이, '노동'이 사물이라는 관념도 그 사물의 가치는 무엇인가라는 질문을 던지자마자 어쩔 수 없이 헛소리가 되고 만다. 맑스는 "노동은 사물로서가 아니라 살아 있는 존재의 능력으로 존재했다."(이 책, Ⅰ권 329쪽)

고 지적한다. 이 과정에서 그는 자신이 '누구의 이익을 옹호하는 편에 서 있는가'를 진술할 뿐만 아니라 자본 축적의 신비도 폭로하고 있다. 노동자가 자본가에게 파는 상품은 생명 없는 대상이 아니라, 노동자 자신의 육체적 실존으로부터 결코 분리될 수 없는 힘이다. 이러한 이론적 기초 위에서 '노동 가치란 무엇인가'라는 질문은, 마치 대수(對數)가 무슨 빛깔이냐고 묻는 것처럼 처음부터 잘못 제기된 것으로 등장한다. 노동은 노동자의 활동인 것이다. 노동은 모든 것을 창조하며, 그 자체로는 평가될 수 없다. 따라서 시간만이 유일한 측정 수단이다. 노동자가 자본가에게 파는 상품은 노동할 수 있는 힘이다. 또는 좀 더 정확하게 말하자면 자신의 노동력에 대한 '처분권', 즉 이 힘을 어떻게 사용할 것인가를 결정하는 권리이다(이 책, Ⅰ권 287-288쪽, 296쪽). 노동력에 대한 처분권의 판매는 따라서 '순전히 경제적'일 뿐 아니라 정치적 행위이기도 하다. 노동자는 노동하는 동안 자기 결정권을 가지지 못한 채 노예와 별반 다르지 않은 자유롭지 못한 한 인간이 된다. 노동자가 자본가에게 파는 것에 대해 이렇게 개념화함으로써, '정치경제학'이라는 용어는 비로소 그 완전한 의미를 얻게 된다. 맑스의 추론은 처음부터 끝까지 경제적일 뿐만 아니라 정치적인 성격을 지니고 있는 것이다. 맑스의 사고는 노동 가치 이론, 즉 보편적 인간 평등의 원리에 내재한 혁명적 기초를 간직하고 있다. 동시에 그는 부르주아적 형태의 노동 가치 이론에서는 이 원리가 노동자에게 인간 해방의 진정한 반대 개념이라는 것을 보여주고 있다. '노동력' 개념과 더불어 맑스는 고전적 가치론의 내재적인 모순을 해결하고 있다. 그는 고전적 가치론에서 논리적으로 타당한 요소, 즉 노동 시간에 의한 가치 결정을 보존한 가운데 부르주아적 이론이 정면으로 맞닥뜨릴 수 없었던 자본 축적 이론의 문제들을 해결하려고 하고 있다. 그러므로 이론의 타당한 요소와 혁명적인 요소를 보존하고, 그 속에 포함된 부르주아적 한계를 극복함으로써, 맑스는 낡은 이론을 이론 그 자체의 대립물로 전환시켰다. 부르주아적 지배의 정당성에 관한 비판적 논의는, 자본가 계급이 노동자의 노동에 의해 부유하게 되는 이유를 설명하고, 어째서 이 체제가 파멸에 이를 수밖에 없는가를 보여줄 뿐만 아니라, 그 체제의 전복을 꾀하는 투쟁을 선도하는 공산주의 정당에 관한 이론으로 전환된다.

좀 긴 감이 있지만, 맑스의 팜플렛 「임노동과 자본」(1849)의 재판에 실린 엥겔스의 서문(1891)에서 인용한 다음 글은, '노동'에서 '노동력'으로의 시각 이동이 지니는 중요성을 정리하는 데 도움이 될 것이다. 그 서문에서 엥겔스는 다음과 같이 쓰고 있다.

> "1840년대에 맑스는 정치경제학에 대한 비판을 미처 완결 짓지 못하고 있었다. 이 작업은 50년대 말엽에 가서야 이루어졌다. 따라서 『정치경제학 비판을 위하여』(1859)의 1분책 이전에 나온 맑스의 저술들은 각각의 논점에서 1859년 이후에 씌어진 것들과 차이가 있는데, 이후 저술들의 견지에서 보면 중심을 비껴가고, 심지어는 부정확하다고 여겨지는 표현들과 문장을 통째로 포함하고 있다. … 나는 이 판본을 발행하기 위해 필요한 약간의 수정과 보충에 착수하면서, 맑스의 의도에 따라 행동했음을 확신한다.
>
> 내가 수정한 것들은 모두 한 가지 논점과 관련되어 있다. 원본에 따르면 노동자는 임금을 받고 자본가에게 자신의 노동을 판다. 이번 판본에 따르면, 노동자는 자신의 노동력을 판다. 그리고 이런 변화는 나에게 설명의 의무를 부여하는 것 같다. 우선 노동자들에게 설명해야 하는데, 이것은 그들이 이 변화가 단순히 인쇄 활자를 뒤섞는 사례가 아니라 정치경제학의 가장 중요한 논점 중 하나임을 파악할 수 있을 것이기 때문이다. 또 부르주아들에게 설명해야 하는데, 이것은 — 가장 어려운 경제학 분야에서의 진전조차도 쉽게 이해할 수 있는 — 못 배운 무식한 노동자들이 그렇게 복잡하게 얽힌 문제들을 평생토록 해결하지 못하는 우리의 무례한 '교양 있는 양반들'보다 얼마나 뛰어난가를 그들 스스로에게 납

득시킬 수 있을 것이기 때문이다."(『맑스-엥겔스 전집』 제 6권, 593쪽)

그리고 나서 엥겔스는 다섯 쪽에 걸쳐 낡은 노동 가치 이론과 맑스의 잉여 노동 가치 이론 사이의 차이점을 가장 간명하게 설명하고 있다. 정본으로서 충분한 자격을 갖춘 「임노동과 자본」의 최신 판본은, 엥겔스가 바꾼 부분에 주석을 단 개정된 본문을 수록하고 있다.

아직 잉여 가치 이론이 완성되지 못했던 탓으로 『요강』 이전에 쓰여진 맑스의 초기 경제학 관련 저술들은 자본주의 아래에서 노동자의 물질적 조건들과 관련된 문제들을 거론함에 있어서 명확성이 떨어지고 있다. 하지만 두 주요 계급이 처한 상대적 조건들의 간극 — 상대적 빈곤화 — 이 첨예화되는 현실은 맑스의 저술에서 시종일관 변함없이 나타나는 주제이다. 초기의 경우 절대적 빈곤화 문제, 또는 고용 노동자들의 임금이 동물의 생존에나 필요한 수준 또는 그 아래로 반드시 떨어지는가의 여부를 논의하는 데서 모호한 구석이 있었다. 「임노동과 자본」의 원문도 이 문제에 관해서는 본질적으로 명백하게 답변하지 못했다. 그러나 사후에 출판된 1847년의 수고인 「임금론」에는 그 당시 맑스의 사고가 좀더 자세하게 반영되어 있다(『맑스-엥겔스 전집』 6권, 535쪽). 이 수고에서 맑스는 단 기간에 상승하기도 하고 하락하기도 하는 임금 변동이 '변화하는 상업의 유행, 계절, 상태'에 기인한다는 점을 인정하지만, 그러나 임금이 일단 하락하면 이전 수준으로 완전히 다시 상승하는 것을 가로막는 효과가 단속적으로 작동하고, 그 결과 장기적인 견지에서 보면 "임금의 최저치는 … 이제까지 절대적으로 가장 낮은 수준으로까지 하락하며", "… 노동자가 교환에서 획득하는 상품의 양은 언제나 보다 적게 된다."고 주장한다. 맑스는 이런 문제에 관해 여전히 리카도와 동일한 수준에 머물러 있었으며, 리카도처럼 "이윤과 임금의 반비례관계"가 엄격히 존재한다는 입장을 유지했다(같은 책, 543, 544, 554쪽). 이런 사실로부터, 자본가의 이윤 증가는 모두 임금의 하락을 전제하며, 자본가의 축적은 궁핍을 통해 노동 계급을 절멸시킴으로써만 가능하다는 점이 이해되는 것이다. 맑스의 이러한 일면적인 견해는 『요강』에서 리카도의 이윤 이론을 전복함으로써 바로잡힌다. 임금과 이윤의 직접적인 역(逆)동일성은 단기적으로만, 그리고 착취의 강도(예를 들면 생산 속도)가 일정하게 유지되는 경우에만 계속된다. 어느 정도 장기적인 경우, 특히 경제 순환의 상승 국면에는 임금과 이윤의 절대량이 동시에 증가할 수 있다. 그리고 그 시기 동안 노동자는 다음에 닥칠 공황에 대비하기 위해 얼마 되지 않는 저축 자금을 모으는 위험을 무릅쓸 수도 있고, "좀더 고상한 만족, 심지어 문화적 만족이라도, … [예컨대] 자기 자신의 이익을 위한 여론의 환기, 신문 구독, 강연 참석, 자녀 교육, 취미 계발 등, 단지 자신과 노예를 구별지을 수 있을 만한 문명의 혜택"(이 책, Ⅰ권 292쪽)을 구성하는 부분에 조금이나마 참여하기 위해 자신의 소비 영역을 넓히려고 할 수도 있을 것이다. 그러한 번영기에 자본과 노동의 관계에서 드러나는 양상이란 "자본에 대한 역사적 정당화는 물론 당시에 자본이 지닌 힘이 근거하는, 본질적 문명화의 계기이다."(이 책, Ⅰ권 292쪽) 게다가 경제 주기와는 상관없이, 개별 자본가들 사이의 이윤 배분 기제에 의해 노동 계급의 한 부분이 "잉여 임금"(이 책, Ⅱ권 56쪽)의 형태로 자신들이 생산한 잉여 가치의 극히 작은 부분을 받는 일이 이론적으로 가능하다. 물론 이것은 문제의 일면이다. 그렇지만 동시에 또 다른 측면도 존재한다. 첫째 자본주의 발전 과정은, "노동의 중지"(실업), "노동자의 지위 하락", 생명력의 고통스런 고갈이 나타나는 공황과 "번영"이 교차하면서 순환 과정을 밟아 나간다(이 책, Ⅲ권 16-17쪽)(맑스가 영어로 작성한 부분. 생산 능률 향상과 결부된 실질 임금의 절대적 감소). 게다가 위기에 의해 조정되지만 그 위기와는 별도로, 자본주의의 진전과 더불어 잉여 인구, 즉 자본에게 유용한 고용 부분에 대해 잉여로 존재하는 노동 계급의 비율도 전체적으로 증가한다. 이 잉여 노동력의 일부분은 곧 다가올 자본주의적 축적 시기들을 대비해 예비 부분으로 유지된다. 또 다른 일부는 영구적인 극빈자로 국가 세입으로 연명하며, 그 나머지는 룸펜이 된다(이 책, Ⅱ권 262-266쪽). 이 잉여 인구 전체 — 자본주의적 축적의 필요에 따른 상대적 잉여 인구 — 는 자본이 자체의 내재적인 한계들과 장벽들에 가까이 다가갈수록 점점 더 커진다(이 책, Ⅱ권 262쪽). 마지막으로, 주기적인 과잉 생산 위기가 그 가혹함이 증가하는 것과 더불어 "한층 대규모로" 되풀이하여 일어난다(이 책, Ⅲ권 17쪽). 따라서 요컨대 상대적 빈곤화로 나아가는 장기적인 역사적 경향은 절대적 빈곤화의 나락으로 떨어지는 노동 계급의 비율이 증가하는 장기적인 역사적 경향을 동반한다. 이때 노동 시장에 잔류한 노동 계급 전체는 절대적 빈곤화가 보편적인 숙명이던 시기의 경험, 달리 말해 증가일로(增加一路)에 있던 첨예한 위기로 인해 산산조각 나며 점증하는 불안정을 수반하던 시기의 참혹한 경험을 다시금 겪게 되는 것이다.

따라서 『요강』에 등장하는 이론 — 논점의 대부분이 나중에 『자본론』에서 정교해진 이론 — 은, 단일 요소나 단일 추세를 정식화한 것이 아니다. 그것은 실질 임금의 수준이 전체로서의 물질적 조건들의 구성 요소들 중의 하나만을 겨우 보충하는 데 그치는, 노동 계급의 실제적 삶의 경험에 더욱더 적절하게 부합한다. 『요강』에서 만들어진 이론은, 노동 조합의 적실성에 이론적 근거를 제공한다는 점에서 구래의 이론에 비해 정치적으로 우월하다. 이전의 단일 요소에 기반한 선형적인 절대적 빈곤화 테제에서라면, 그러한 조직들이 경제적으로 어떤 유용성을 지닐 것인가를 파악하기는 그리 쉽지 않다. 독일에서는 정확히 이런 테제에 기반해서 바이틀링과 라쌀레가 노동자와 노동 조합의 결속을 가로막기 위해 유사한 이론인 소위 '임금 철칙'을 사용했다. 영국에서는 오웬의 신봉자인 '시민' 웨스턴이 동일한 결론을 주장하기 위해 그 같은 임금 이론에 근거했다.[18] 맑스가 『요강』에서 행한 리카도의 이윤 학설에 대한 비판과 전복, 그리고 임금론의 필연적인 분기(分岐)와 같은 기본적인 요소로 인해, 그는 나중에 제1인터내셔널 내에서 바이틀링-라쌀레-웨스턴으로 이어지는 운동 경향을 분쇄할 수 있었던 것이다. (또한 잉여 가치와 이윤 사이의 차이는 맑스로 하여금 착취적 무역 관계를 개략적으로 분석할 수 있게 해준다(이 책, Ⅲ권 178쪽).)

여기에서는 소외론에 대해 간단히 언급하겠다. 그러나 소외론이 중요하지 않기 때문에 간단한 언급에만 그치는 것은 아니다. 오히려 이 부분은 『요강』에서 가장 흥미로운 부분 중의 하나여서, 그저 조금만 논평하더라도 어느 정도 광범위한 논평의 의미를 지닐 것이기 때문이다.

맑스는 더 이전의 저작들, 그 중에서도 『1844년 경제학-철학 수고』에서, '소외'가 보편적이고 영속적인 인간의 조건으로 이해되어야 하는가의 여부, 또는 소외가 특수하게 역사적인 자본주의 생산 양식에 그 기원을 두고 있으며, 따라서 기본적으로 일시적인 현상에 불과한가 하는 문제들에 관해서, 전체적으로 보면 그리 명백하지 않은 진술을 남겨 놓고 있었다. 『요강』보다 총체적인 일관성과 명쾌함이 훨씬 부족했던 이 저작에서 맑스는 '소외' 개념 자체를 '대상화' 개념과 동일한 것으로 취급했으며, 이러한 동일성에 기초하여 소외를 표현하고 있었다. 혹자는 대상화 — 즉, 사물로 되는 것 — 가 수렵 경제

18) 이런 다양한 경향들에 관한 훌륭한 설명과, 그 경향들에 대한 맑스의 입장은 포스터(W. Z. Forster)의 『인터내셔널의 역사』(*History of the Three Internationals*, International Publishers, 1955), 44~72쪽에 나타나 있다.

보다 발달한 모든 인간 사회에서 분리될 수 없기 때문에, 이 두 가지 용어가 소외에 관한 맑스의 전형적인 시각이라고 제멋대로 해석할 수도 있을 것이다. 그럼에도 불구하고 『요강』에서 이러한 논점이 딱 부러지고 전체적으로 견실하게 충족되는 것은 아니다. 많은 구절들 가운데 한 구절에서 다음과 같은 간략한 발췌문을 인용하겠다. "부르주아 경제학자들은 특정하며 역사적인 사회 발전 단계에 철저히 갇혀 있기 때문에, 그들에게 사회적 노동력의 **대상화**의 필연성은 살아있는 노동과 맞선 **소외**로부터 분리될 수 없는 것으로 현상한다." (이 책, Ⅲ권 125쪽)

따라서 예컨대, 455쪽(이 책, Ⅱ권 77-78쪽)에서처럼 소외는 기본적으로 특수한 **소유 관계**, 즉 적대적 **타자**에 대한 무의식적인 매매(소유권의 양도)로 이해된다. 그러므로 이 용어는 본래의 사법적, 경제적 의미를 대부분 다시 획득하고 있다. 이런 예로는 779쪽(이 책, Ⅲ권 53쪽)에 인용된 스튜어트의 용어 사용을 들 수 있겠다.

소외가 지배적인 대상화 형태인 역사적 국면은 단지 통탄할 불행에 그치고 마는 것이 아니라, 이와 동시에 소외의 폐지를 가져올 전제 조건들을 만들어 내는 명확한 진전의 단계, 즉 진보의 단계임이 판명될 수밖에 없다. 소외와 대상화 개념 사이의 관계가 지닌 이런 진보적 면모는 낭만적 비판에 맞서 강조되어야만 한다(예컨대, 이 책, Ⅰ권 143쪽과 Ⅱ권 147쪽 및 Ⅲ권 723쪽을 볼 것).

마지막으로 『요강』에서는 '유적 존재'인 인간 대신 매우 폭넓고 일반적으로 정의된 개인성의 두 가지 유형이 논의되고 있다. 첫 번째 유형은 '사적 개인'으로서, 생산 수단의 소유자이자, 상품, 즉 노동력의 '소유자'이기도 한 사적 소유자로서의 개인을 의미한다. 이때 개인은 교환과 가치 관계 속에 실존하는 개인이다. 사적 소유 관계의 폐지는 이러한 종류의 개인을 생산하고 재생산하는 조건들을 폐지하는 것과 같다. 사적 개인의 자리는 **사회적 개인**에 의해 대체된다. 사회적 개인은 계급 없는 사회에서의 개인이며, 개인으로서의 인간이 덜 발전하리라는 예상과 달리 그 직접적인 사회적 본질 때문에 더욱 더 발전하는 인격의 유형이다. 자본주의 사회의 가난에 찌든, 하찮고 제한된 개인성에 반대함으로써, 새로운 인간은 필요와 능력의 전면적이고 완전하며 풍부한 발전을 드러내 보이고, 보편적으로 발전하는 특성을 띠게 된다(이 책, Ⅰ권 143쪽, 185쪽, 212쪽과 Ⅱ권 381-384쪽 및 Ⅲ권 16쪽, 125쪽 등).

수고의 발전된 내용을 간략하게 설명하는 이 자리에서 내친 김에 이후의 논자들에 의해 자주 인용된 만큼 당연히 유명해진 기계와 자동화를 다룬 부분(이 책, Ⅱ권 340-388쪽)에 대해서도 한 마디 꼭 언급하고 넘어가고자 한다. 맑스는 특히(그리고 덧붙이자면 이런 통찰은 이미 헤겔에게도 나타난다), 분업의 진전 및 자본주의적 생산 규모의 증가와 더불어 기계 체계가 점점 자동화됨에 따라, 산업 공정에서 노동자의 역할이 능동적인 역할에서 수동적인 역할로, 주인의 위치에서 톱니바퀴 같은 존재로, 심지어는 참여자에서 관찰자로 변형되는 경향이 있다고 지적한다. 그렇다면 일부 저자들이 생각하는 것처럼 이 구절은 자본주의 아래에서 손노동과 산업 노동 및 이러한 노동을 담당하는 계급이 사라지고, 아마도 공학자와 기술자라는 '새로운 전위'가 이들을 대체할 것이라고 암시하는 걸까? 이 부분을 이런 식으로 읽는 것은 전적으로 그릇된 것이다. 왜냐하면 이것은 자본주의 아래에서는 기계화와 자동화가 일정한 한계를 넘어 진전하지 못하도록 가로막는 반대 경향이 존재한다는, 여러 다른 구절들에서 명백하게 개진된 맑스의 진술을 무시하게 되는 결과를 초래할 것이기 때문이다. 그런 반대 경향의 예로는, 살아있는 노동보다 기계에 투자되는 비율이 증가함으로써 일어나는 이윤율의 저하를 들 수 있다. 기계에 대해 논의한 바로 그 구절에서도 맑스는, (자본주의 아래에서) "따라서 가장 발전한 기계가 노동자로 하여금 야만인보다, 또는 그 자신이 가장 단순하고 조잡한 도구를 가지고 있던 때보다 더 긴 시간을 노동하도록 강요한다."(이 책, Ⅱ권 384쪽)고 의미심장하게 덧붙이고 있다. 이 구절에서는 물론 맑스의 저작 그 어느 곳에서도 자본주의 사회에서 손노동을 수행하는 산업 노동자가 폐지되리라는 예언을 찾아 볼 수 없다. 사실상 맑스의 주장은 그 반대쪽에 무게가 실려 있는 것이다.

우리는 이러한 사례들 말고도 기존의 이론들을 급진적으로 변화시킨 다른 수많은 언급들을 인용할 수 있다. 맑스의 이론은 생산 영역 외에 유통 영역에서도 국가 형태에 관한 이론에 하나의 근거를 제공하고 있다. 예를 들어, 개략적으로 말하면 전자는 자본주의적 독재의 근거로서, 후자는 민주주의라는 외피의 근거로서 말이다. 맑스는 쿠겔만에게 보내는 편지에서 사실상 자신의 저작 속에 국가 형태론이 내재해 있다고 말하고 있다(『맑스-엥겔스 전집』 30권, 639쪽). 그러나 물론 그 이론은 많은 발전이 필요하다고 본다.

맑스의 시대 이후 가치론 — 가치 법칙 — 은 사회주의 혁명이 일어난 국가들에서 논쟁을 불러일으키는 문제가 되었다. 『요강』에 담겨 있는 방대한 분량의 논점들이 이 문제와 관계되어 있다.

그 유명한 1859년 서문은 생산력과 생산 관계 사이의 모순을 이야기한다. 『자본론』에서는 이 문제에 상대적으로 적은 분량이 할애되고 있다. 그러나 사실상 『요강』은 이 문제에 관한 한 길고 광범위한 논평이라고 할 수 있으며, 반대로 1859년 서문의 정식화는 한 마디로 말하면 『요강』의 요약인 셈이다.

이 같은 논평들은 계속될 수 있다. 『요강』은 맑스가 미래 사회에서 출현할 것이라고 예견했던, 풍부하고 전면적으로 발전한 개인의 출현을 이론상으로 선취한 것과 같다. 각 시대마다 어떤 이는 그 시대로 되돌아가는 반면, 어떤 이는 새로운 무언가를 찾아내는 것이다.

5. 『정치경제학 비판 요강』과 이후의 연구 작업

맑스는 자신의 일곱 권의 초고에 포함된 자료들을 높이 평가했다. 이미 앞에서 인용한 엥겔스에게 보낸 편지에서처럼, 그것은 정말 '몇 가지 발전된 측면'을 가졌다. 그가 새롭게 성취해낸 이윤 이론에 대한 자신의 평가, 즉 "모든 측면에서 근대 정치경제학에서 가장 중요한 법칙, 그리고 가장 어려운 관계들을 이해하는 데 있어서 가장 중요한"(이 책, Ⅲ권 15쪽)이라고 한 것은 이러한 평가의 일부분에 속한다. 라쌀레에게 보낸 편지에서도 그는 이것을 "15년간의 연구 결과, 따라서 내 생에 최고 기간"이라 말한다. 그리고 같은 편지에서 더 강력하게(여기에서 맑스는 기껏해야 '과학적'이라는 수식어를 사용하고 있을 뿐이다), 즉 "… 사회 관계의 중요한 관점에 대한 최초의 과학적 표현"(『맑스-엥겔스 전집』 29권, 566쪽)이라고 말하고 있다. 『정치경제학 비판을 위하여』 서문(1859)에 나타나 있는 성취감이나, 그 개요 및 요약에 나타난 어감 등은 맑스가 이 노트들의 가치를 어떻게 평가하고 있었는지를 잘 보여준다. 맑스 자신이 평가한 것처럼 — 물론 그는 매우 겸손하지만 — 이 책의 위상은 매우 높을 뿐만 아니라 대단히 독특하다. 그러나 그것은 맑스가 결코 위대한 어떤 것을 성취하지 못했기 때문이 아니라, 그 성취를 위해 많은 노력을 기울일수록 아직도 더 성취해야 할 것들이 많이 남아 있다는 것을 보았기 때문이다. 그리고 우리는 이 수고의 성과를 후자의 관점에서 평가해서는 안 된다. 인생의 말미에 맑스는 자신의 '완성된 저작들'에 대해 제기된 물음에 대해, "그것들은 가장 먼저 씌어졌어야 했었다." 라고 대답한다.

그럼에도 불구하고 수고의 형태는 이러한 평가와는 전적으로 다른 문제이다. 그것은 부분적으로 중심적인 문제의 내적 전개 순서에 관한 문제인데, 맑스가 엥겔스에게 써보냈듯이 "… 나의 수고를 읽는 것은 나에게도 거의 일주일은 걸릴 걸세. 그 골칫거리는 수고(이것이 인쇄되면 상당히 두꺼운 책이 될 것인데)의 모든 것이 무와 양배추 처럼 뒤죽박죽 되어 있다는 것이네. 그러나 더 큰 골칫거리는 수고의 뒷부분에 훨씬 더 큰 비중을 두었다는 점일세."(같은 책, 330쪽) 문체에 대해서도 맑스는 그것이 "지루하고, 생기 없는" 것이라고 자평하고 있다(같은 책, 566쪽). 그러나 그것은 단지 문체상의 문제만이 아니다. 이미 오래 전에 수고의 형태는 첨예한 문제를 야기했다. 이러한 내용의 계기, 즉 서술 형식(넓은 의미에서)과 글쓰기 스타일(좁은 의미에서)은 10여 년이라는 긴 기간 동안 맑스가 매달려야 했던 복합적 갈등 요소들 중 하나였다. 이 이야기도 『요강』의 중요한 일부분을 이룬다.

수고의 앞부분은 몇 가지 계획을 포함하고 있다. 이것들 중 하나는 서설(이 책, Ⅰ권 80쪽)에서부터 다음과 같이 시작된다. 즉 그것은 "(1) 다소 모든 사회 구성체 속에 포함되어 있는 일반적, 추상적 규정성들 …"에서 출발하여, 자본, 임노동, 토지 소유, 국가, 국제 무역, 세계 시장 그리고 공황과 관련된 주제들을 포함하는 네 개의 부수적인 절들을 설명하는 데로 나아간다. 두 번째 계획은 「화폐에 관한 장」의 마지막 부분에서 볼 수 있듯이, 이 '일반적, 추상적 규정성들'을 생략하는 것이다. 어쩌면 맑스는 여기에서 이미 서설과의 연관성을 포기한 듯 하다. 그렇지 않았다면 이 계획의 내용은 대체로 처음 것과 동일하게 나타났을 것이다(이 책, Ⅰ권 220-221쪽). 나머지 두 개의 부수 계획은 더 깊이 있는 정밀함을 보여준다(이 책, Ⅰ권 263쪽, 279-286쪽). 수고를 완성하기 전인 2월말쯤에 쓴 편지에서 맑스는 총 여섯 권이 될 책의 전반적인 계획을 그리고 있다(『맑스-엥겔스 전집』 29권, 549쪽). 즉,

1. 자본
2. 토지 소유

3. 임노동
4. 국가
5. 국제 무역
6. 세계 시장

4월초 엥겔스에게 보낸 편지에서 맑스는 이 여섯 권의 책에 관한 계획을 분명하게 반복하고 있다(같은 책, 312쪽). 이와 동일한 구상이 이후의 편지에서도 계속 반복되고 있는 점으로 미루어 볼 때, 맑스가 이 계획의 논리 자체가 불합리하다고 생각했다는 증거는 없다.[19] 사실상 수고의 여섯 번째 노트에서 전개되는 세계 시장과 신용 체제에 대한 논의는 『자본론』 3권에서 언급된다. 물론 맑스는 신용 체제에 관해서 그것은 "이 저서(즉 『자본론』)의 범위 안에 올 수 없는, 그리고 사실상 이 저서의 후속 편에나 속하는 주제"(『자본론』 3권, 110쪽)라고 말하였다.

이 여섯 권의 저작 전체는 『정치경제학 비판을 위하여』이라는 포괄적 제목 안에서 계획되었지만, 독일인 출판업자에 의해 일련의 분책들로 출간되었다.

따라서 현재의 수고는 이 전체 저작(opus)의 기본적인 골격이라 할 수 있다. 그러나 『요강』에 포함된 좀더 깊이 있는 책들에 대한 구상은, 오직 국가에 관해서만 쓰려고 했던 네 번째 책을 포함하여, 애초에 의도했던 내용과 관련된 포괄적인 관점만 알려져 있을 뿐이다.

---

19) '맑스는 그 주제에 대해서 이곳저곳에서 간간히 언급하고 있다'는 엥겔스의 진술은 맥렐란에 의해서 부연되고 있는데, 이러한 언급은 맑스의 정치경제학 작업 전반이 아니라 오직 『자본론』 2권만을 지칭하는 것임에 틀림없다. 『자본론』 2권, 4쪽을 볼 것. 그리고 이것을 맥렐란, 『맑스의 정치경제학 비판 요강』(*Marx's Grundrisse*, Macmillan, London, 1971), 9쪽과 비교해 볼 것. 또한 로스돌스키, 앞의 책, 1권, 24-78쪽도 참조. 로스돌스키는 안타깝게도(헤겔과 방법 문제를 도외시하고 있기 때문에) '건축 계획'(거칠게 표현하자면, 일종의 청사진)과 내적 구조, 즉 내용의 논리 그 자체를 구별하지 못했다.

모스크바 출판사가 소유한 채 아직도 출간되지 않는 환율과 공황에 대한 1854년과 1855년의 수고는, 다시 말해 계획된 작업중 국제 무역과 세계 시장에 해당하는 5권과 6권은, 『요강』과 『자본론』의 일부 내용 안에 포함된 것으로 보인다. 그러나 맑스는 이 여섯 권의 책을 거의 같은 분량의 크기로 만들려고 하지 않았다. 맑스는 일곱 권의 수고를 완성하기 전에 쓴 편지에서 "나는 여섯 권으로 나누어진 그 책 전체를 균등하게 쓰려고 의도한 바 없다네. 오히려 나는 뒤의 세 권에 대해서는 대강의 기초적인 마무리만 지으려 했지. 반면 기초적인 발전들을 온전히 포함하고 있는 앞의 세 권은 세세한 교정 작업이 필요할 거라네."(『맑스-엥겔스 전집』 29권, 554쪽)라고 쓰고 있다.

그러나 이러한 불균형은 이후의 논리 전개에서 핵심적인 논점이 된다. 1862년 말에 맑스가 "정치경제학 비판"이라는 부제(副題)를 달아 독립적으로 출판하려고 했던 여섯 권의 책 중 제1권('자본')은 그와 같은 비율로 된 수고다(『맑스-엥겔스 전집』 30권, 630쪽). 그러나 이 1권에서조차 책의 세부 구성은 매우 불균형하게 발전되었다.

애초 6권으로 계획된 책들 중 (자본과 관련된) 첫 번째 권은 — 1858년 4월 2일 엥겔스에게 쓴 편지 속의 계획대로라면(『맑스-엥겔스 전집』 29권, 312쪽) — 다음과 같은 4개의 절로 구성되어 있었다. 즉,

(a) 자본 일반
(b) 경쟁
(c) 신용
(d) '가장 완전한 형태(공산주의로 넘어가는 이행기)로서의 주식 자본과 그것의 제반 모순들'

그리고 이들 네 개의 절 중에서 첫 번째 절(즉 '자본 일반')은 다시

1. 가치, 2. 화폐, 3. 자본 등의 세 부분으로 분할된다.

『요강』의 핵심 부분은 정확히 이 세 부분의 내용으로 이루어지고 있다. 첫 번째 두 부분은 「화폐에 관한 장」에 포함되며, 세 번째 부분은 「자본에 관한 장」에 포함된다. 그 전체적인 규모에서 볼 때 『요강』은 올림푸스산의 전체 모습과도 같이 방대한 것이지만, 동시에 다른 측면에서 보면 원래 계획된 여섯 권 중 6분의 1에서 다시 그것의 4분의 1에 해당하는 분량이다. 『자본론』 전3권 자체도 그 주제에 있어서는 원래 자본에 관해 구상된 네 권의 책 중 한 권에 지나지 않는다.

이러한 불균형 문제가 한층 더 심각하게 나타난 데에는 두 가지의 결정적인 요인이 있다. 우선은 시간과 돈의 부족이다. 맑스는 계속되는 질병과 일부 보나파르트주의자(1860-61년의 전기간 동안)의 중상모략에 시달렸다. 또한 생활비 부족과 런던에서의 정치 활동 요구로 인해 여러 시기에 걸쳐 이 작업을 중단해야 했던 것이다. 다른 중요한 요인은 이 저술의 정치적 내용과 관련된 공중의 취향을 적절하게 고려하는 문제, 즉 이 저술의 예상 독자에 맞는 올바른 서술 방법을 찾는 문제였다.

맑스는 1858년에 『요강』의 「화폐에 관한 장』을 2회에 걸쳐 다시 집필하였다. 개정된 부분을 살펴보면 논쟁점의 많은 부분이 삭제되었음을 알 수 있다. 우선 다리몽과 프루동주의자들에 대한 한두 마디 정도의 부드러운 언급을 제외하면, 이전의 뚜렷한 비판이 사라졌다. 그리고 생산 양식의 역사적 이행으로서 자본주의에 대한 문구들도 사라졌다. 남아있는 것이라고는 리카도에 대한 몇몇 신랄한 비판뿐이다. 그러나 매우 흥미롭게도 헤겔 철학의 어법 대부분은 그대로 남아 있었다. 전반적인 어조는 맑스가 어느 편지에서 "엄밀하게 과학적인, 즉 경찰의 엄격한 검열에 걸리지는 않을 것"이라고 썼던 그런 어투였다. 당시 독일에서는 레닌이 살았던 짜르 치하의 러시아처럼 모든 인쇄물에 대한 경찰의 검열이 행해졌다(『맑스-엥겔스 전집』 29권, 551쪽). 맑스는 이 수고를 1859년 2월에 "우리 당을 위해 과학적 승리가 달성될 수 있기를 희망합니다."라는 문구와 함께 보낸다. "그러나 이것이 출판업자의 '망설임'을 만족시킬 수 있을 만큼 많은 독자들에게 팔릴 지에 대해서는 이제부터 증명되어야 할 겁니다."(같은 책, 573쪽)

원래 맑스는 「자본에 관한 장」을 『정치경제학 비판을 위하여』의 첫 번째 분책 안에 넣으려 했었지만 이후에 마음을 고쳐먹었다. 그가 이 『정치경제학 비판을 위하여』의 출간 전에 라쌀레에게 보낸 편지에는 "당신도 알다시피 첫 번째 분책은 아직 중요한 장, 즉 「자본에 관한 장」을 포함하고 있지 않습니다. 나는 이것을 **정치적** 장(ground) 위에 펼쳐 놓았는데, 왜냐하면 실제적인 전투는 3권과 함께 시작되기 때문입니다. 그리고 그렇게 하는 것이 처음부터 인민을 공포에 빠뜨리지 않는 타당한 조치로 보였답니다."(같은 책, 586쪽)라고 말하고 있다.

그러나 『정치경제학 비판을 위하여』(가치와 화폐를 포함하고 있는)의 이 첫 번째 분책의 출간에 대한 반응은 공포와는 다른 어떤 것이었다. 그것은 죽음과도 같은 침묵(dead silence)뿐이었다. 맑스는 라쌀레에게 "만약 당신이 내가 이 저술의 독일어 출판에 대해 칭찬이나 인정 또는 많은 관심을 기대했다고 생각한다면, 그것은 당신이 실수한 것입니다. 나는 완전한 무시만을 예외로 한 채, 오히려 이 책의 판매에 상당한 상처를 줄 수 있는 어떤 것, 즉 공격이나 비판을 기대했습니다. 여러 번에 걸쳐 독일 인민들은 나의 공산주의가 단순한 모방에 불과하다고 비난을 퍼부어 댔는데, 이번에는 누구나 그렇듯이 그들의 지혜의 이론적 기초를 보여줄 수 있기를 기대했습니다. 결국 독일에는 몇몇 경제학 관련 전문 잡지들이 있는데도 말입니다."(같은 책, 618쪽)라고 쓰고 있다.

그러나 물론 이것들은 부르주아지의 잡지들이었다. 그 저작의 서술에서 나타나는 비논쟁적이고, '엄밀하게 과학적인' 방식 때문이었는지는 몰라도, 이 저작은 완전한 침묵의 음모에 직면하지 않을 수 없었다.

이에 반해 미국에 있던 독일 언론은 이 저술을 폭넓게 다루었다. 그러나 이곳에서도 이 저술의 형식상의 다른 측면이 이 책의 광범위한 수용에 방해 요인으로 작용했다. "내가 우려하는 것은 이 곳의 노동자들에게 이 책이 너무나 이론적인 것으로 비추어지지 않을까 하는 점입니다."(같은 책, 618쪽 등) 훨씬 후인 1862년에 맑스는 더 퉁명스럽게도 "그 저작의 서술 방식이 대중적이지 못하다는 것은 인정할 수밖에 없습니다."(『맑스-엥겔스 전집』 30권, 640쪽)라고 쓰고 있다.

더구나 독일에 있던 '당의 동지들'— 비공식으로 계속 연락을 취해왔던 1848년의 혁명 전우들 — 도 별반 도움이 되지 못했다. 그들은 맑스에게 개인적으로는 칭찬을 했지만, 그 책이 유통되는 데 별다른 도움을 주지 못했던 것이다(같은 책, 640쪽). 결국 이 저술은 이론적으로 사형 선고를 받은 꼴이 되었다.

「화폐에 관한 장」의 내용을 서술하는 방법에 대한 의문은 「자본에 관한 장」의 내용을 서술하는 그것과 달랐다. 전자에 있어서 주요 문제는 그 자체로 추상적이었고, 착취나 노동과 자본의 모순 등에 대해서도 불분명했다. 엥겔스가 적고 있는 것처럼, 가치 형태에 대한 맑스의 설명은 "전체 부르주아적 잡동사니 그 자체"였다. 즉 혁명적 함의들은 해를 끼칠 것 같지 않은 벌레를 낀 낚시 바늘처럼 그 자체로 함의에 머물러 있었다(『맑스-엥겔스 전집』 31권, 308쪽). 그러나 그 바늘을 드리우기 위해서는 두 번째 장이 필요하다. 물론 여기에서 요점은 더 이상 '그 자체(an-sich)'가 아니라 '다른 것을 위한' 것이다. 문제는 그 다른 것이 무엇인가이다. 경제학 관련 전문 잡지들의 논평을 기대하고 쓴 첫 번째 장의 경우 검열에 대비해야 했을지 모르지만, 침묵의 음모 이후에, 특히 이미 공개적으로 내놓고 혁명적이라고 말한 장이 검열 당국에 호의 속에 받아들여지기를 기대하는 것은 생각할 수 없는 것이다.

맑스는 이 장의 정치적 내용을 직접적으로 노동 계급의 독자들이 쉽게 접근할 수 있는 방식으로 썼다고 말하였다.

이러한 경험으로 인해 맑스는 실제적인 '대중화'와는 상이한 어떤 것을 이해할 수 있었다. 즉 "과학을 혁명적으로 만들려는 과학적 시도들은 결코 진정으로 대중적일 수 없다."(『맑스-엥겔스 전집』 30권, 640쪽)는 것이 그것이다. 그런데 이러한 언급은 오히려 『정치경제학 비판을 위하여』보다 더 대중적으로 쓰여졌다고 할 수 있는 저술들에 더 적절한 것 같다. 그리고 이것은 맑스에게 육체적 부담을 덜어주기보다는 오히려 구체적으로 의미 있는 사항들을 포괄적으로 논의하기 위한 엄청난 부수 작업들을 필요로 했다.

1861년 8월과 1863년 7월 사이에 맑스는 「자본에 관한 장」의 전반을 다시 썼다. 4절지 총 1,472쪽에 이르는 23권으로 된 이 수고는 후에 『자본론』 4권(즉 『잉여 가치 학설사』)으로 출판되었다. 그리고 1863년과 1865년 사이에 정치경제학 이론사를 제외한 이 저술 모두가 새로운 자료를 추가하면서 다시 씌어졌다. 『자본론』의 2권과 3권은 주로 이 수고에 기초한 것이다. 맑스는 1865년과 1867년 사이에 『자본론』 1권의 출간에 앞서 더 깊이 있는 연구를 진행하였고, 기존의 수고를 다시 쓰는 작업에 매진하였다.

이 작업에 관해 맑스는 1861년 12월 엥겔스에게 보내는 서한에서 "그것은 훨씬 더 대중적인 문체로 씌어졌고, 방법은 1부에서 보다 훨씬 더 은폐되어 있다네."라고 쓰고 있다(『맑스-엥겔스 전집』 30권, 207쪽). 이와 함께 맑스는 지대론과 재생산 도식에 관한 연구 작업을 진행하였다. 이 작업의 요점은 정치경제학의 가장 복잡한 문제들과 가장 엄밀한 방법으로 분석된 저술들을 전문 교육을 받지 못한 독자들도 쉽게 접근할 수 있는 형태로 내놓는 것이었다.

"이 마지막 수고에서, 어쩔 수 없이 M-C와 C-Ms 부분을 제외한다면, 사태는 상당히 대중적 형식을 취하고 있는 것처럼 보이네."(1863년 8월 엥겔스에게 보내는 서한, 같은 책, 368쪽)

"그 형식은 약간 상이해질 것이고, 어느 정도는 더 대중적이 될 것이네. 나로서는 결코 내 자신의 내적 충동을 발산하려고 한 것은 아니네. 그러나 처음으로 이 두 번째 부분은 직접적으로 혁명적인 임무를 가지고 있으며, 그런 만큼 내가 묘사하는 관계들도 역시 더 구체적이라네." (같은 책, 565쪽)

1862년에 맑스는 『정치경제학 비판을 위하여』을 일련의 분책으로 출판하려는 초기의 계획을 포기하였다. 그리고 또한 이미 1858년 3월 엥겔스에게 예기했던 "자본에 관한 책"의 계획된 기본 틀을 포기하였다. 즉 맑스는 처음의 계획대로 이 책을 (a)자본 일반, (b)경쟁, (c)신용, (d)주식 자본으로 나누는 대신, 『요강』의 「자본에 관한 장」의 하위 절을 그대로 유지하기로 한다. 즉 그것은 생산 과정, 자본의 순환 그리고 이 두 가지의 통일, 또는 잉여 가치의 이윤, 이자, 지대로의 분할 등의 하위 절로 나누어진다. 물론 이들 각각은 더할 나위 없이 『잉여 가치 학설사』 4권을 형성한다(『맑스-엥겔스 전집』 30권, 640쪽과 31권, 132쪽). 사실상 포기된 것은 경쟁, 신용 그리고 주식 자본에 관해 계획된 책들이다. 그러나 이것들은 『자본론』 전3권에서 하나의 장이나 하위 절로 나타나고 있다. 맑스가 경쟁, 신용과 주식 자본에 관한 계획들을 실행하기 위해서 『요강』에 포함된 자료들을 수집한 것 이외에 다른 어떤 진지한 시도를 수행했는가는 알려지지 않았다. 그러나 애초의 계획을 포기하고 『요강』의 두 번째 장으로 복

귀한 것이 축적된 자료를 폐기하거나 또는 이미 성립된 구조를 완전히 뒤바꾸는 것을 의미하지는 않는다. 맑스가 "모든 것이 뒤죽박죽된" 시기에 쓴 편지에서 그렇게 말한 것은, 그가 이미 수고에서 달성한 작업들을 전적으로 포기하고 새로 어떤 것을 시작하였다는 것을 말하지 않는다. 오히려 그것은 자신의 작업 내에서 사실상 이전의 정치경제학 모두를 전복한다는 것을 의미한다(『맑스-엥겔스 전집』 30권, 368쪽과 280쪽). 이와는 별도로, 경쟁, 신용, 주식 자본에 관한 의문들을 독립된 책들로서보다는 독립된 장으로 다루겠다고 한 결심은, 처음에 이미 그가 공표 한 것처럼, 작업 전반을 불균등하게 발전시키고, 광범위한 틀만을 다루면서 파생된 부차적인 문제는 남겨둔 채 그 '기본 요소의 발전'에만 집중하겠다는 의도에서부터 일관되게 유지된다. 이것은 쿠겔만에게 보내는 편지에서 더 분명하게 나타나는데, 여기에서 맑스는 더 깊이 있는 책들을 포기하는 대신, 처음 것, 즉 「자본 일반」에 관한 논의에만 자신의 관심을 집중할 것이라고 언급하고 있다. 그는 여기에서 "이 책은 영어로 '정치경제학의 원리'라 불려질 수 있는 것을 담고 있다네. 이 원리들은 기본적인 요소(그것의 첫 번째 절, 즉 가치와 화폐를 포함)이자 하나의 발전인데, 이후에 뒤따라오는 것(형편에 따라서는 사회의 경제 구조와 국가 형태의 관계는 제외하고)은 이것에 기초하여 쉽게 성취될 수 있을 것이네."(같은 책, 640쪽)라고 쓰고 있다.

그러나 『요강』과 『자본론』사이의 연관성과 단절(transformation)이라는 문제와 관련된 중요한 의문들은 이 책이냐 저 책이냐 혹은 이 책의 이 장이냐 저 장이냐 하는 문제가 아니다. 맑스는 독일어 판 『자본론』 1권의 몇몇 장들도 2판에서 수정하려고 하였다. 더구나 그 변화의 핵심은 논의의 내적 구조, 내적 논리와 방법 전반에 걸친 것이었다. 맑스는 이것과 서술 방법간의 변증법에 대해 오래 전부터 인식하고 있었다. 맑스는 『요강』을 완성한 뒤, 곧바로 헤라클리토스

(Heraclitus)의 철학 체계를 현존하는 미완성 유고들에 기초해 재구성한 라쌀레의 저서를 읽을 시간을 가졌다. 맑스는 라쌀레가 "헤겔 변증법에 대한 당신의 관계에 대한 비판적 암시"라고 할만한 어떤 것도 없이, 정통적 헤겔 철학의 노선을 따라 그 방법을 그대로 답습한 것에 유감을 표시한 뒤, 재치 있게 "당신이 당신의 저술에서 극복해야만 했던 난점들은 모두 약 18년 전에 내가 훨씬 다루기 수월한 철학자, 즉 에피쿠로스(Epicurus) — 즉 원자들(fragments)에 기초하여 완전한 체계를 표현하는 것 … 그런데 철학 체계의 실제적 내적 구조는, 자신의 저술에 체계적인 형식을 부여했던 철학자들, 특히 스피노자의 경우조차도 그가 의식적으로 그것에 대해 말했던 형식과는 전혀 다른 것이었습니다 — 에 관한 유사한 저술에서 쓴 것처럼 저에게는 훨씬 더 분명했습니다."(『맑스-엥겔스 전집』 29권, 561쪽)[20] 라고 덧붙인다.

이 점은 맑스가 출판을 위해 개인적으로 준비한 『자본론』, 특히 1권의 경우에도 마찬가지이다. 『요강』의 내적 구조가 건축물의 비계(scaffold)처럼 표층에 놓여있던 반면, 『자본론』에서는 중심부에 놓여있다는 점을 제외한다면, 양자의 내적 구조는 서로 일치하고 있다. 그리고 그 내적 구조란 다름 아닌 유물변증법의 방법이다. 『요강』에서 이 방법은 쉽게 눈에 띄는 반면, 『자본론』에서는 더 사실적이고 구체적이며 생생한 것을 표현하기 위해서 고의적으로 그리고 의식적으로 숨겨져 있다. 이것은 분명히 저 유명한 레닌의 아포리즘, 즉 "헤겔의 『논리학』에 대한 전반적인 학습과 이해 없이는 맑스의 『자본론』, 특히 1장을 완전하게 이해하는 것은 불가능하다. 따라서 반세기 후에 맑스주의자 중 어느 누구도 맑스를 제대로 이해하지 못했다!"(『레닌

---

20) 또한 『레닌 전집』 38권, 319쪽을 보라. "만약 맑스가 '논리학'(하나의 중심 용어로)을 남겨두지 않았다면, 그는 『자본론』의 논리를 남겨두어야 했을 것이다. 그리고 이점은 [변증법에 대한] 의문에서 충분하게 고려되어야만 한다."

전집』 37권, 180쪽)라고 한 말의 진의가 숨어있다. 눈에 보이지 않는 것, 직접적으로 이해될 수 없는 것은 『자본론』의 전반적 구성 자체가 연구 방법 그 자체였다는 점이다.

물론 레닌이 이 아포리즘을 쓸 당시에 그는 『요강』을 알지 못했다. 그러나 『요강』이 출간된 지금, 문제는 『자본론』을 완전하게 이해하기 위해서 헤겔의 『논리학』을 다시금 읽을 필요가 있는가 하는 점이다. 궁극적으로 이것은 실천상의 의문이다. 이론상 최선의 방법은 아마 『논리학』을 읽기 위해, 그리고 나서 『자본론』을 읽기 위한 예비단계로 『요강』을 읽는 것이다. 왜냐하면 우선 『요강』 전반을 읽지 않고 『자본론』과 『논리학』의 관련성을 완전히 이해하기란 어려울 것이기 때문이다. 그 외에 확실한 이론적 논의들은 순서를 바꿔서, 또는 몇몇 이론적 주기에 맞춰 읽혀질 수 있다. 그러나 맑스가 『요강』안에 적어 놓았듯이, 모든 이론적 의문들에 대해서 "실질적 주제는 … 그 전제 조건으로서 마음속에 항상 담아둘 필요가 있다."(이 책, Ⅰ권 70-72쪽) 그리고 400쪽에 다다르는 『자본론』 전체를 이해하기 위해서 절대적으로 『요강』의 800여 쪽과 『논리학』의 1000여 쪽을 읽어야 한다고 말한다면, 레닌의 진정한 의도를 잘못 이해하는 것일 수 있다. 아마 이것은 장기수(長期囚)들에게나 가능한 계획일 것이다. 그렇게 하느니 보다 오히려 『임금, 가격, 이윤』과 『모순론』를 읽는 것이 더 많은 이득이 될 것이다.[21]

『요강』의 많은 내용, 특히 직설적이고 거침없는 '혁명적' 문구들은

21) 1865년 5월에 맑스는 제1차 인터내셔널 총회로부터 웨스턴의 견해에 대한 평가서를 제출해 줄 것을 요청 받는다. 그러나 맑스는 무엇보다도 그렇게 짧은 시간 안에 이 문제를 철저히 준비할 수 있을지 의심스러웠다. "자네가 한 시간 안에 현재 진행중인 정치경제학을 요약할 수는 없을 것이네. 그러나 우리는 최선을 다해야 한다네."(엥겔스에게 보내는 서한, 1865년 5월 20일, 『맑스-엥겔스 전집』 31권, 123쪽) 그러한 노력의 결과가 후에 『임금, 가격, 이윤』으로 출판되었는데, 이 저술은 당시 진행 중이던 정치경제학 전반을 80여 쪽 분량의 팜플렛 형태로 요약한 것이다.

『자본론』에서는 거의 나타나지 않는다. 특히 『자본론』 1권에서 이런 문구들은 거의 언급조차 되지 않고 있으며, 역사적 예증이나 관련 자료의 어디에도 나타나 있지 않다. 이런 사실은 분명히 『자본론』에서 사용된 서술 방법 탓으로 돌려야 할 것 같다. 즉 이 작업의 결과가 결정적으로 의존하는 것은 부르주아지의 경제학 전문 잡지들을 통해 직접적으로 여과될 필요 없이 노동 계급에서 가장 의식 있는 사람들에 의해 수용되는 것이다. 이 효과를 달성하기 위해 그 표현은 무엇보다 구체적이어야 했다. 그러나 불행하게도 1867년엔 그것이 '혁명적 문구들'을 위한 예증과 자료로 사용될 수 있을 만큼 성공적인 프롤레타리아 혁명이 발생하지 않았다. 따라서 그런 예증 없는 문구는 일반인에게 저자가 논점을 벗어나 있다고 생각하게끔 만드는 증거로 보였을 수 있다. 여기에서부터 하나의 예견, 즉 "껍데기는 산산이 벗겨져야 한다"는 테제가 신중하게 그리고 한때 나왔던 것이다. 만약 1917년 혁명이 미리 일어났었다면, 『자본론』은 훨씬 큰 형식상의 잠재력을 가졌을 것이다.

『요강』과 『자본론』 1권은 형식면에서 상호 대립적이다. 후자가 서술 방법의 모델이라면 전자는 연구 방법의 기록이다. 서술 '형식'으로 『요강』을 모방하는 것에는 불합리한 측면이 없지 않다. 오늘날 우리가 『요강』을 읽을 수 있고 그것을 이해할 수 있는 것은, 일반인들이 쉽게 접근할 수 있는 형식으로 그 내용을 서술하고, 기본적인 개념을 만들어 낸 맑스의 노력 덕택이다. 1858년에는 맑스 자신을 제외하고 『요강』을 이해하고 있던 사람은 단 한 명도 없었다. 심지어 그 자신에게도 그것은 커다란 고충이었다. 그것은 전체적으로 그리고 모든 의미에서 유일하고 낯선 지적(知的) 생산물이었으며, 먼 외계인의 사유처럼 보였음에 틀림없다. 누더기 옷에 덥수룩한 수염을 기른 이 이방인은 런던 슬럼가의 아파트 쥐구멍에서 나와서 대영 박물관에 기어 들어가 자신만의 독특한 방법을 만들어낸 것이다. 그는 하루

종일 저 멀리 뉴욕에 있는 신문사에 보낼 기사를 쓰고, 그 누구도 한 번도 읽지 않았을 애매모호한 논문들을 읽고, 모든 이들에게 외면 당하는 방대한 정부 보고서를 읽었다. 그는 집으로 돌아와서 그 자신조차 판독하기 어렵게 써 내려간 산더미 같은 메모장들을 갖고 밤샘 작업을 한다. 헤겔? 애덤 스미스? 리카도? 프루동? 누가 알기나 했고 관심이나 가졌던가? 만약 맑스가 1858년 중반에 사망했다면(물론 가능성은 희박하지만), 이 7년여에 걸친 수고 노트들은 날인만 찍힌 많은 책들처럼 한 권의 책으로만 남았을지 모른다. 대신 그는 1863년 — 추방자든 방문자든 간에 노동 계급의 지도자들이 세계 도처에서 모여들었던 런던에서 — 임금 노예의 해방은 그것의 동산(chattel) 형태인 노예 제도의 폐지에 달려 있을 뿐이라는 사실을 느끼고 있었던 일반 노동 계급을 위해 정확하게 그 현실적 근거를 말할 수 있던 유일한 사람이었다.[22] 다시 말해 맑스는 1864년 최초로 노동자들의 영향력 있는 기구였던 국제 노동자 협회의 기본 강령을 마련할 수 있었던 유일한 사람[23]이었으며, 동시에 그 연합 내에서 무역 조합 지도자들의 협소한 개혁주의와 공상주의자 및 무정부주의자의 반(反)조합주의를 체계적 논증을 통해서 비판할 수 있었던 유일한 사람이었다.[24]

---

22) 미국 남부의 흑인 노동은 영국 섬유 산업에 다량의 면화 원료를 공급했다. 그러나 미국이 동맹국의 경제 봉쇄를 단행하면서 면화 공급을 중단했을 때, 그 결과는 영국 노동자들의 대량 실업과 비참한 생활이었다. 이에 1862년 초, 영국의 면화업자들은 미국의 경제 봉쇄를 분쇄하기 위한 전쟁에 영국을 동맹국으로 끌어들이기 위한 선동을 시작한다. 이것은 후에 '트렌트'(Trent) 사건으로 불려진다. 그러나 영국의 노동자들은 자신들의 당면한 물질적 궁핍에도 불구하고 평화적인 선동으로 맞섰다. 물론 이 선동은 단시일 내에 그 중재를 위한 공식적인 회담 개최를 불가능하게 만들었다. 이것에 대해서는 다음을 보라. 『미국 내전에 관한 맑스와 엥겔스의 논평』(*Marx and Engels on U.S. Civil War*, International Publishers) 또는 『제1차 인터내셔널 자료집』 1권 등.

23) 포스터(Foster), 『인터내셔널의 역사』 44-72쪽에서 맑스의 역할을 설명하고 있는 부분을 참조할 것.

또한 그는 여러 분파들, 경향들, 유토피아적 계획들, 그리고 음모들의 거대한 혼란과 초기 노동 계급 운동의 표면에 등장한 거품과도 같은 무모한 생각들이 팽배하던 순간에도, 이미 마음속에 그 역사적 운동 전반에 대한 기본적인 틀을 확고하게 가지고 있던 유일한 사람이었다. 그리고 그것의 모순과 한계를 인식하고, 그것을 전복할 수 있는 방법에 대한 개념 전반을 가지고 있던 유일한 사람이었다. 만약 오늘날 우리가 『요강』을 이해할 수 있다면, 그것은 맑스가 시작했고 다른 사람들이 그 개념의 현실성을 실천 속에서 끊임없이 증명해 냈기 때문이다. 1857년에 희망 없이 관념적 추상의 형태로만 표현될 수 있었던 많은 것들이 오늘날에는 매우 구체적이고 거의 진부하게 느껴질 정도로 친근해졌다. '대변동, 공황'? 1857년의 공황은 역사상 최초의 세계적 과잉 생산이 그 원인이었다. 그 이후로도 많은 공황이 있었고, 지금도 우리는 아마 최대의 그리고 최후의 위기로 가고 있는지 모른다. "가치 법칙에 의해 자본주의적 생산은 제한될 수 있는가? 미국 인구 1억4천만 명 중 뉴욕, 시카고 그리고 L. A.의 인구와 맞먹는 사람들이 극빈자로서 정부의 구호 복지 기금에 의존해 연명하고 있다. 자본은 이들 노동력으로부터 잉여 가치를 짜낼 방도를 알지 못한다."[25] '사적 소유자로서의 개인의 폐지와 사회적 개인의 등장'? 1857년에는 공상적으로 보였던 이 일반론이 지금의 현실에서 점차 두각을 나타내기 시작한 실체를 보기 위해서는 베트남과 중국의 젊은이들을 고려해야 할 것이다. 이 모든 발전들에 대해 주목해야할 것은 그것이 충분하게 발전했다는 점이 아니라, 맑스가 무려 한 세기

---

24) 이러한 결론들은 『임금, 가격, 이윤』의 마지막 장에서 간추려낸 것으로 그 외의 많은 것들이 이 책 안에 담겨있다.

25) 이 문구는 1972년 3월 27일자 『월 스트리트 저널』(*Wall Street Journals*)의 1쪽에서 인용한 것이다. 물론 이것은 교환 가치에 의해 생산이 제약될 수 있음을 보여주는 많은 방법들 중의 하나일 뿐이다. 더 폭넓은 연구를 위해서는 레닌의 『제국주의론』(*Imperialism*)을 부분적으로 참조할 수 있다.

전에 그것의 대강을 파악할 수 있었다는 점이다. 이것은 그의 '천재성'이 아니라 — 이 말처럼 넌센스인 것은 없다 — 그 **연구 방법** 덕분에 가능해진 것이다.

이 일곱 권의 저술은 20년 동안, 또는 전시에 출판된 모스크바 판을 고려한다면 30년 넘게, 독일어로만 접할 수 있었다. 그렇다면 왜 지금에 와서야 이 책의 영역본에 대한 요구가 등장하게 되었는가? 확실히 그 중요한 자극은 아주 오랫동안 태평스러웠던 영미 제국주의의 실용주의가 안과 밖으로부터 받는 일련의 새롭고 고통스런 충격에서 기인한다. 다른 말로 하자면, 시대는 한 번 더 '변증법적'으로 바뀌었고, 그리고 오래 전 런던의 긴 겨울을 빠져 나온 이 저술들이 다시 집으로 돌아오고 있는 것이다.

마틴 니콜라우스(M.N)
샌프란시스코
1972년 5월 1일

칼 맑스 연보

1818년 5월 독일 트리어 출생.

1835년 8월 독일 인문계 고등학교(김나지움) 졸업.
졸업 논문 「직업 선택에 대한 한 젊은이의 고찰」 집필.

1835년 10월 본 대학 법학부 입학.

1836년 10월 베를린 대학 법학부 입학.

1841년 겨울 베를린 대학 법학과 졸업.
졸업 논문 「데모크리토스와 에피쿠로스의 자연 철학의 차이」 제출.

1842년 ~ 1843년 4월 『라인 신문』의 기고자 및 편집자로 활동.

1843년 5월 예니 폰 베스트팔렌과 결혼.

1843년 5월 ~ 같은 해 10월 「헤겔 법철학 비판」 수고 집필 (1927년 구소련에서 첫 출간).

1843년 10월 말 파리로 이주. 『독불 연보』 창간에 참여. 「헤겔 법철학 비판 서설」 집필.

1844년 2월 말 『독불 연보』 1호의 발행. 논문 「유태인 문제에 관하여」, 「헤겔 법철학 비판 서설」 발표.

1844년 4월 ~ 같은 해 8월 『1844년의 경제학-철학 수고』(일명 '파리 수고') 집필.

1844년 11월 말 『신성 가족. 혹은 비판적 비판의 비판. 브루노 바우어와 그 벗들을 논박함』 집필.

1845년 2월 3일 브뤼셀로 이주.

1845년 4월 「포이에르바흐에 관한 테제」 집필.

1845년 11월 ~1846년 4월 엥겔스와 함께 『독일 이데올로기』 집필(1932년 구소련에서 첫 출간).

1846년 초 브뤼셀 공산주의 연락위원회 창립 · 활동.
1846년 말 공산주의자 동맹 창립 · 활동.
1847년 4월 초『철학의 빈곤. 프루동 씨의 '빈곤의 철학'에 대한 반론』 집필.
1847년 8월 말 독일 노동자 협회 결성
1848년 ~ 1849년 유럽 각지의 혁명 운동이 전개됨. 유럽 각국의 사회주의자들과 함께 이 혁명 운동에 참여.
1848년 3월 엥겔스와 함께「공산주의 당 선언」 집필.
1848년 5월『신라인 신문』 창간과 활동.
1849년 4월「임노동과 자본」 출간.
1849년 5월『신라인 신문』의 강제 폐간. 프로이센에서 추방. 파리로 이주.
1849년 8월 영국 런던으로 이주.

1850년 1월 ~ 같은 해 3월「1848년에서 1850년까지 프랑스에서의 계급 투쟁」 집필.
1850년 1월『신라인 신문. 정치경제평론』의 창간 및 다수 기사 집필.
1851년 12월 ~ 1852년 3월「루이 보나빠르뜨의 브뤼메르 18일」 집필.
1852년 11월 공산주의자 동맹의 해체. 이후『뉴욕 데일리 트리뷴』 등의 여러 진보적 일간지와 잡지에 기사를 실음. 정치경제학에 대한 본격적인 연구 작업 진행.
1857년 ~ 1858년「정치경제학 비판 요강」 서설,「정치경제학 비판 요강」 및「바스티아와 캐리」 집필(1939년과 1941년 구소련에서 첫 출간).
1858년 8월 ~ 같은 해 11월『정치경제학 비판을 위하여』 초고 작성.

1861년 8월 ~ 1863년 7월『자본론. 정치경제학 비판』의 수고 작성, 고전파 정치경제학의 문헌에 대한 방대한 발췌와 평주 노트 작성.『잉여 가치 학설사』 작성

1863년 8월 ~ 1865년 앞선 경제학 수고들에 대한 보충 작업.

1864년 9월 국제 노동자 협회(1차 인터내셔널) 창립 활동.

1867년 9월『자본론』 1권의 출간(1000부 발행).

1871년 3월 프랑스 프롤레타리아의 봉기, 파리 꼬뮨의 성립 후 이에 대한 지원 활동 전개.

1871년 5월 중순 1차 인터내셔널의 결의안「프랑스 내전」 집필.

1872년 ~ 1875년『자본론』 1권 프랑스어 판 출간.

1873년 7월『자본론』 1권 제2판의 출간.

1873년 1차 인터내셔널의 해체.

1875년 5월「고타 강령 비판」 집필.

1883년 3월 영국 런던에서 사망.

1885년『자본론』 2권의 출간(엥겔스의 편집)

1894년『자본론』 3권의 출간(엥겔스의 편집)

참고 문헌

A. 맑스의 저작

Marx, Karl: *Das Elend der Philosophie. Antwort auf Proudhons "Philosophie des Elends"* (Werke, Band 4, S.63-182)

--------, *Misère de la philosophie. Réponse à la philosophie de la misère de M. Proudhon.* Paris, Bruxelles 1847.

B. 다른 저자들의 저작

맑스가 인용한 저술들은 확인 가능한 범위 안에서 그가 이용한 것으로 추정되는 판본을 적시하였다. 몇몇 경우, 특히 출처와 참고 문헌을 밝히는 경우에는 판본이 명기되지 않았다. 법과 문서는 인용되었을 경우에만 수록했다. 몇몇 출처는 밝혀낼 수 없었다.

Ⅰ. 저작과 저술

Anderson, A., *The recent commercial distress; or the panic analysed: showing the cause and cure.* London 1847(Auszüge im Hefte Ⅰ, London 1850)

[Anghiera, Pietro Martire d'] Petrus Martyr Anglerius: *De orbe novo.* Decades. Compluti 1530. Nach: William Nickling Prescott: *History of the conquest of Mexico. with a preliminary view of the ancient Mexican civilization, and the life of the conqueror,* Hernando Cortés. 5. ed. Vol. 1. London 1850. (Siehe auch Anm. 385.)

Aristoteles: *Etica Nicomachea.*

------------ *Metaphysica.*

------------ *Politica*

Arnd, Karl: *Die naturgemässe Volkswirthschaft, gegenüber dem Monopoliengeiste und dem Communismus. mit einem Rückblicke auf die einschlagende Literatur.* Hanau 1845.

Atkinson, William: *Principles of political economy; or the laws of the formation of natural wealth: developed by means of the Christian Law of government; being the substance of a case delivered to the hand-loom weaver commission.* London 1840(Auszüge in einem Hefte, das 1845 in Manchester entstanden ist.)

Augier. Marie: *Du crédit public et de son histoire depuis les temps anciens jusqu'ànos jours.* Paris 1842. (Auszüge in einem Brusseler Heft von etwa 1846-1847)

Babbage, Charles: *Traité sur l'économie des machines et des manufactures.* Trad. de l'anglais sur la 3. éd., par Éd. Biot. Paris 1833(Auszüge in einem Brüsseler Heft von 1845)

[Bailey, Samuel:] *Money and its vicissitudes in value; as they affect national industry and pecuniary contracts: with a postscript on Joint-stock banks.* London 1537 (Auszüge im Heft V, London 1851)

Baines, Edward: *History of the cotton manufacture in Great Britain* …. London 1835. Nach: Samuel Laing: *National distress; its causes and remedies.* London 1844

--------, *History of the cotton manufacture in Great Britain.* London 1835. Nach: P[eter] Gaskell: *Artisans and machinery: the moral and physical condotion of the manufacturing population considered with reference to mechanical substitutes for human labour.* London 1836.

Barton, John: *Observations on the circumstances which influence the condition of the labouring classes of society.* London 1817. (Auszüge im Hefte Ⅸ, London 1851)

Bastiat, Frédéric: *Harmonies économiques.* 2. éd. augm. des manuscrits laissés par 1'auteur. Paris 1851. (Siehe auch anm. 111)

Bastiat, Fr[édéric,] et [Pierre-Joseph] Proudhon: *Gratuité du crédit. Discussion entre M. Fr. Bastiat et M. Proudhon.* Paris 1850. (Auszüge im Heft XVI, London 1851.)

Bellers, John: *Essays about the poor, manufactures. trade. plantations and immorality.* London 1699.

Bentham, Jeremy: *Defence of usury.* London 1787

Bernier, Francois: *Voyage … Contenant la description des états du Grand Mongol, de l'Indoustan, du Royaume de Cachemire, etc.* T. 1.2. Paris.

(Auszüge im Heft XXI, London 1853.)

Die Bibel.

------- Das Alte Testament

1. Buch Mose(Genesis).

Psalmen

-------- Das Neue Testament

Evangelium des Matthäus.

Biblia. *Novum testamentum. Apocalypsis Joannis.* (Siehe auch Anm.108.)

Blake, William: *Observations on the effects produced by the expenditure of government during the restriction of cash payment.* London 1823. (Auszüge im Heft VI, London 1851.)

Boisguillebert, [Pierre]: *Dissertation sur la nature des richesses, de l'argent et des tributs où l'on décourvre la fausse idée qui règne dans le monde à l'égard de ces trois articles.* In: *Économistes financiers du XVIII siecle. Préc. de notices historiques sur chaque auteur, et accomp. de comm. et de notes explicatives, par* Eugène Daire. Paris 1843. (Auszüge in einem Brüsseler Heft von 1845.)

Bosanquet, James Whatman: *Metallic, paper and credit currency and the means of regulating their quantity and value.* London 1842. (Auszüge in Heft VII, London 1851)

Bray, J[ohn] F[rancis]: *Labour's wrongs and labour's remedy; or the age of might and the age of right.* Leeds 1839. (Auszüge in einem Heft. das 1845 in Manchester or entstanden ist)

Buchanan, David: *Observations on the subjects treated of in Dr Smith's Inquiry into the nature and causes of the wealth of nations.* Edinburgh 1814. (Auszüge im Heft IX, London 1851)

Büsch, Johann Georg: *Abhandlung von dem Geldumlauf in anhaltender Rücksicht auf die Staatswirthschaft und Handlung. 2* verum. und verb. Aufl. Th. 1. Hamburg, Kiel 1800. (Aufzüge im Heft IV, London 1850.)

Carey, Henry Charles: *The credit system in France. Great Britain and the United States.* London, Philadelphia 1838. (Auszüge im Heft V, London 1851.)

Carey, H[enry] C[harles]: *Principles of political economy. pt. 1:* Of the laws of the production and distribution of wealth. Philadelphia 1837. (Auszüge im Heft X, London 1851.)

Cervantes Saavedra, Miguel de: *El ingenioso hidalgo Don Quijote de la Mancha.*

Chalmers, Thomas: *On political economy in connexion with the moral state and moral prospects of society.* 2. ed. Glasgow 1832. (Auszüge im Heft IX, London 1851.)

Cherbuliez, A[ntoine]: *Rishesse ou pauvreté. Exposition des cause et des dffets de la distribution actuelle des richesses sociales.* 2éd. Paris 1841. (Auszüge in einem nicht überlieferten Heft, das zwischen 1844 und 1847 entstand.)

Child, Josias: *Traités sur la le commerce et sur les avantages qui résultent de la réduction de l'intérest de l'argent;* avec un petit traité contre l'usure; par Thomas Culpeper. Trad. de l'anglois. Amsterdam, Berlin 1754. (Auszüge in einem Brüsseler Heft von 1845.)

Cobbett, william: *Paper against gold; or the history and mystery of the Bank of England, of the debt, of the stocks, of the sinking fund, and of all the other tricks and contrivances, carried on by the means of paper money.* London 1828. (Auszüge in einem Heft, das 1845 in Manchester entstanden ist.)

Conquelin Charles: *Du crédit et des banques dans l'industrie.* In: *Revue des Deux Mondes. 4. sér. T. 31.* Paris 1842. (Auszüge im Heft XVI, London 1851.)

Corbet, Thomas: *An inquiry into the causes and modes of the wealth of Individuals; or the principles of trade and speculation explained Pt. 1.2* London 1841. (Auszüge im Heft XVI, London 1851.)

Corpus iuris civilis:

--- Digesta

--- Institutiones

The Currency theory reviewed; in a letter to the Scottish people on the menaced interference by government with the existing system of banking in Scotland. By a banker in England. Edinburgh 1845.

(Auszüge im Heft Ⅶ, London 1851.)

Custodi siehe *Scrittori classici italiani di economiea politica*

Dalrymple, John: *An essay towards a general history of feudal property in Great Britain.* 4.ed. corr. and enl. London 1759. (Auszüge im Heft XⅦ, London 1857-1852.)

Darimon, Alfred: *De la réforme des banques.* Avec une introd. par Émile de Girardin. Paris 1856. (Siehe auch Anm. 24.)

[Davenant, Charles:] *Discourses on the publick revenues, and on the trade of England.* In 2 pts. Pt. 2. London 1698. (Auszüge in einem Heft, das Marx "Manchester, Juli 1845" datierte.)

De Quincey, Thomas: *The Logic of political economy.* Edinburgh, London 1844. (Auszüge im Heft X, London 1851.)

Dionysius Halicarnassensis: *Antiquitates Romanae.* Nach: Barthold Georg Niebuhr: *Römische Geschichte. 2.*, völlig umgearb. Ausg. Th. 1. Berlin 1827

Du Cange, Charles Dufresne: *Glossarium mediae et infimae latinitatis.* Cum suppl. integris monachorum Ordinis S. Benedicti D. P. Carpenterii Adelungii, aliorum, suisque digessit G. A. L, Henschel. T.2. Parisiis 1842. (Auszüge in einem Londoner Heft von 1858.)

Dureau de la Malle[, Adolphe-Jules-César-Auguste]: *Économie politique des Romains.* T.1.2. Paris 1840. (Auszüge im Heft XⅣ, London 1851.)

Eden, Frederic Morton: *The state of the poor: or an history of the labouring classes in England, from the conquest to the present period … with a large app.* Vol.1-3. Vol.1. London 1797. (Auszüge in einem Heft von Engels, das 1845 in Manchester entstand.)

Factory Inquiry Commission. *First Report of the Central Board of His Majesty's Commissioners. Ordered, by the House of Commons, to be printed, 28 June 1833.* Nach: Thomas Robert Malthus: *Principles of political economy* … 2. ed. London 1836.

Ferrier, François-Louis-Auguste: *Du gouvernement considéré dans ses rapports avec le commerce.* Paris 1805. (Auszüge in einem Brüsseler Heft von 1845.)

Fourier, Charles: *Le nouveau mond industriel et sociétaire* … In: *Œuvres complètes.* 3. éd. T.6. Paris 1848.

Fullarton, John: *On the regulation of currencies; being an examination of the principles, on which it is proposed to restrict, within certain fixed limits, the future issues on credit of the Bank of England, and of the other banking establishment throughout the country.* 2. ed. London 1845. (Auszüge in einem Londoner Heft von 1851.)

Galiani, Ferdinando: *Della moneta.* In: *Scrittori classici italiani de economia politica.* [Hrsg, Pietro Custodi.] Parte moderna. T. 3.4 Milano 1803. (Auszüge im Heft XX, London 1853.)

Gallatin, Albert: *Considerations on the currency and baking system of the United States. Republ., with add. and corr., from the American Quarterly Review.* Philadelphia 1831. Nach: [Samuel Bailey:] *Money and its vicissitudes in value* …. London 1837

Ganilh, Charles: *Des systèms d'économie politique, de leur inconvéniens, de leur avantages, et de la doctrine la plus favorable aux progrès de la richess des nation.* T. 1.2. Paris 1809. (Auszüge im Heft "Geschtchte der Nationalökonomie", Brüssel 1846.)

Garnier[, Germain]: *Histoire de la monnaie, depuis les temps de la plus haute antiquité, jusqu'au règne de Charlemagne.* T. 1.2. Paris 1819. (Auszüge im Heft Ⅲ, London 1850.)

Gaskell, P[eter]: *Artisans and machinery: the moral and physical condition of the manufacturing population considered with reference to mechanical substitutes for human labour.* London 1836. (Auszüge in den Heften Ⅺ und Ⅻ, London 1851.)

Gilbart, James William: *The history and principles of banking.* London 1834. (Auszüge in einem Heft, das 1845 in Manchester entstanden ist.)

Girardin, Émile de: Introdution. In: Alfred Darimon: *De la réforme des banques.* Paris 1856.

Goethe, Hohann Wolfgang von: *Egmont.*

---------, *Faust.* Der Tragödie erster Teil.

Gouge, William M.: *A short history of paper money and banking in the United States, including an account of provincial and continental paper money. To which is prefixed and inquiry into the principles of the system, with considerations of its effects on moral and happiness* …. Philadelphia 1833. (Auszüge im Heft Ⅷ, London 1851.)

Gray, John: *Lectures on the nature and user of money.* Edinburgh 1848. (Auszüge im Heft Ⅵ, London 1851.)

------, *The social system: a treatise on the principle of exchange.* Edinburgh 1831. (Auszüge im Heft XⅦ, London 1851-1852.)

Grimm, Jacob: *Geschichte der deuschen Sprache.* 2. Aufl. Bd. 1.2. Leipzig 1853. (Auszüge in einem Heft, das Marx, "London. May. 1856" datierte.)

Gülich, Gustav von: *Die gesammten gewerblichen Zustände in den bedeutendsten Ländern der Erde.* Bd. 3. Jena 1845. (*Geschichtliche Darstellung des Handels, der Gewerbe und des Ackerbaus der bedeutendsten handeltreibenden Staaten unsrer Ziet.* Bd. 5.) (Auszüge in einem Brüsseler Heft von 1847.)

Hamilton, Robert: *An inquiry concerning the rise and progress, the redemption and present state, and the management of the national debt of Great Britain.* 2. ed. Edinburgh 1814. (Auszüge im Heft Ⅵ, London 1851.)

[Harlow, John, Thomas Barber Wright:] *The currency question. The Gemini letters.* London 1844. (Auszüge im Heft Ⅲ, London 1850.)

Harrison, William: *Description of England* …. Nach: John Debell Tuckett: *A History of the past and present state of the labouring population* …. London 1846.

Haxthausen, August von: *Studien über die innern Zustände, das Volksleben und insbesondere die ländlichen Einrichtungen Rußlands.* Th. 1.2. Hannver 1847, Th. 3. Berlin 1852. (Siehe auch Anm. 438.)

Hegel, Georg Wilhelm Friedrich: *Encyclopädie der philosophischen Wissenschften im Grudrisse.* Th. 1. *Die Logik.* Hrsg. von Leopold von Henning. In: *Werke.* Bd. 6. Berlin 1840. (Siehe auch Anm. 324.)

--------, *Grundlinien der Philosophie des Rechts, oder Naturrecht und Staatswissenschaft im Grudrisse.* Hrsg. von Eduard Gans. In: *Werke.* Bd. 8. Berlin 1833.

--------, *Wissenschaft der Logik.* Hrsg. von : Leopold von Henning. Buch 2. In: *Werke.* Bd. 4. Berlin 1834.

Hesiodus: *Opera et dies*. Nach: Dureau de la Malle: *Économie politique des Romains*. T. 1. Paris 1840.

Hobbes, Thomas: *De cive*. In: *Opera Philosophica*. Amstelodami 1668.

----------, *Leviathan, sive de materia, forma, et potestate civitatis ecclesiasticae et civillis*. In: *Opera philosphica*. Amstelodami 1688.

[Hodgskin, Thomas:] *Labour defended against the claims of capital; or the unproductiveness of capital proved. With reference to the present combinations amongst journeymen. By a labourer*. London 1825. (Auszüge im Heft Ⅺ, London 1851.) (Siehe auch Anm. 310.)

Hodgskin, Thomas: *Popular political economy. For lectures delivered at the London Mechanics' Institution*. London 1827. (Auszüge im Heft Ⅸ, London 1851.)

Homer: *Ilias*.

Hopkins, Thomas: *Great Britain, for the last forty years; being an historical and analytical account of its finances, economy and general condition during that period*. London 1834. (Auszüge im Heft Ⅺ, London 1851.)

Hubbard, John Gellibrand: *The currency and the country*. London 1843. (Auszüge im Heft Ⅶ, London 1851.)

Hüllmann, Karl Dietrich: *Staedtewesen des Mittelalters*. Th. 1-4. Th. 1.2. Bonn 1826-1827. (Auszüge in den Heften ⅩⅦ und ⅩⅧ, London 1851-1852.)

Hume, David: *Political discourses*. Edinburgh 1752. Nach: James Steuart: *An Inquiry into the principles of political economy: being an essay on the science of domestic policy in free nations*. Vol. 1 Dublin 1770

An inquiry into those principles, respecting the nature of demand and the necessity of consumption, lately advocated by Mr. Malthus, from which it is concluded that taxation and the maintenance of unproductive consumers can be conducive to the progress of wealth. London 1821. (Auszüge im Heft 7, London 1851.)

Jacob, william: *An historical inquiry into the production and consumption of the precious metals*. In 2 vols. Vol. 2. London 1831. (Auszüge in den Heften Ⅲ und Ⅵ, London 1850, und in Heft Ⅴ, London 1851.)

-------, *An historical inquiry* … . London 1831. Nach: Dureau de la Malle:

Économie politique des Romains. T. 1. Paris 1840.

Juvenalis: *satirae.* (Siehe auch Anm. 235.)

Laing, Samuel: *National distress; its cause and remedies.* London 1844. (Auszüge im Heft XI, London 1851.)

Lauderdale[, James Maitland]: *Recherches sur la nature et l'origine de la richesse publique, et sur les moyens et les causes qui concourent à son accroissement.* Trad. de l'anglais, par E. Lagentie de Lavaïsse. Paris 1808. (Auszüge in einem Brüsseler Heft von 1845.) (Siehe auch Anm. 397.)

Lectures on gold for the instruction of emigrants about to proceed to Australia. Delivered at the Museum of Practiocal Geology. London 1852.

[Linguet, Simon-Nicolas-Henri:] *Théorie des loix civiles, ou principes fondamentaux de la société.* T. 1.2. Londres 1767.

Locke, John: *Further considerations concerning raising the value of money*[1965]. In: *The works.* Vol.1-4. 7. ed vol.2. London 1768. (Auszüge im Heft VI, London 1851.)

-------, *Some considerations of the consequences of the lowering of interest and raising the value of money. In a letter sent to a Member of Parliament*, 1691. In: *The works.* Vol.1-4. 7. ed. Vol.2. London 1768. (Auszüge im Heft VI, London 1851.)

-------, *Some considerations of the consequences of the lowering of interest and raising the value of money. In a letter sent to a Member of Parliament in the year 1691.* London 1692. Nach: James Steuart: *An inquiry into the principles of political economy* … . Vol. 1. Dublin 1770.

Lucretius Carus, Titus: *De rerum natura.* Nach: Dureau de La Malle: *Économie politique des Romains.* T.1. paris 1840.

MacCulloch, John Ramsay: *A dictionary, practical, theoretical and historical, of commerce and commercial navigation.* A new ed. London 1841. (Auszüge im Heft XVI, London 1851.)

MacCullcoch, John Ramsay: *Discours sur l'origine, les progrès, les objets particuliers, et l'importance de l'economie politique. Contenant l'esquisse d'un cours sur les principes et la théorie de cette science.* Trad. de l'anglois par G. Prevost. *Et suivi de quelques observations du trducteur sur le système de Ricardo.* Genève, Paris 1825. (Auszüge in einem Pariser Heft von 1844 und im Heft "Geschichte der Natioanlökonomie", Brüssel 1846.)

-------, *The principles of political economy: with a sketch of the rise and progress of the science. Edinburgh.* London 1825. (Auszüge imn einem Heft, das 1845 in Manchester entstanden ist.)

-------, *A statistical account of the British Empire: exhibiting its extent, physical capacities, population, industry and civil and rligious institutions …* . Vol.1.2. Vol 2. London 1837. Nach: Samuel Laing: *National distress; its causes and remedies.* London 1844.

Mackinnon. William Alexander: *History of civilization* Vol 1. 2 Vol. 1. London 1846. (Auszüge im Heft Ⅸ, London 1851.)

Maclaren, James: *A sketch of the history of the currency: comprising a brief review of the opinions of the most eminent writers on the subject.* London 1858. Nach: *The Economist,* Vom 15. Mai 1858. (Siehe auch Anm. 436.)

Malthus, T[homas] R[obert]: *Definitions in political economy, preceded by an inquiry into the rules which ought to guide political economist in the definition and use of their terms; with remarks on the deviation from these rules in their writings.* London 1827. (Auszüge im Heft Ⅸ, London 1851.)

---------, *The measure of value stated and illustrated, with an application of it to the alterations in the value of the English currency since 1790.* London 1823. (Auszüge im Heft Ⅸ, London 1851.)

Malthus, Thomas Robert: *Principles of political economy considered with a view to their practical application.* London 1820.

Malthus, T[homas] R[obert]: *Principles of political economy considered with a view to their practical application.* 2. ed., with considerable add. from the author's own ms. and an orig. memoir. London 1836. (Auszüge im Heft Ⅹ, London 1851.)

Merivale, Herman: *Lectures on colonization and colonies. Delivered before the University of Oxford in 1839, 1840 and 1841.* Vol. 1.2 London 1841-1842. (Auszüge im Heft ⅩⅣ, London 1851.)

Mill, James: *Commerce defended. An answer to the arguments by which Mr. Spence, Mr. Cobbett, and others, have attempted to prove that commerce is not a source of national wealth.* 2.ed London 1808.

--------, *Élemens d'écomomie politique.* Trad. de l'anglais par J. T. Parisot. Paris 1823. (Auszüge in zwei Pariser Heften von 1844.)(Siehe auch Anm. 193.)

--------, *Elements of political economy.* London 1821. Nach: Thomas Tooke: *An inquiry into the currency principle; the connection of the currency with prices and the expediency of a separation of issue from banking.* 2. ed London 1844.

Mill, John Stuart: *Essays on some unsettled question of political economy.* London 1844. (Auszüge in einem Heft, das 1845 in Manchester entstanden ist.)

--------, *Principles of political economy with some of their applications to social philosophy.* In 2 vols. Vol 1. 2. ed. London 1849

[Misselden, Edward:] *Free trade. Or the means to make trade florish.* London 1622. (Auszüge in einem Heft, das Marx "Manchester. Juli 1845" datierte.) (Siehe auch Anm.101.)

Montanari, Gemimiano: *Della moneta.* In: *Scrittori classici italiani di economia politica.* [Hrsg. Pietro Custodi.] Parte antica. T. 3 Milano 1804. (Auszüge im Heft Ⅷ, London 1851.)

[Montesquieu, Charles-Louis de:] *De l'esprit des loix.* Genève 1748. Nach: James Steuart: *An inquiry into the principles of political economy: being an essay on the science of domestic policy in free nations.* Vol 1. Dublin 1770.

Morrison, [William] Hampson: *Observations on the system of metallic currency adopted in this country.* 2. ed., with explanatory notes. London 1837. (Auszüge im Heft Ⅴ, London 1851.)

Müller, Adam Heinrich: *Die Elemend der Staatskunst* … . Th. 1.2. Berlin 1809. (Auszüge in einem Londoner Heft von 1858.)

Newman, Francis William: *Lectures on political economy.* London 1851. (Aauszüge im Heft ⅩⅩⅠ, London 1853.)

Newman, Samuel P[hillips]: *Elements of political economy.* Andover, New York 1835. (Auszüge im Heft ⅩⅥ, London 1851, und im Heft ⅩⅦ, London 1851-1852.)

Niebuhr, Barthold Georg: *Römische Geschichte.* 2., völlig umgearb. Ausg.

Th. 1. Berlin 1827.

Opdyke, George: *A treatise on political economy*. New York 1851. (Auszüge im Heft XXI, London 1853.)

Owen, Robert: *Essays on the formation of the human character. The latest de., rev. by the author and print. with his authority*. London 1840. (Auszüge in einem Heft, das 1845 in Manchester entstanden ist.)

--------, *Six lectures delivered in Manchester previously to the discussion between Mr. Robert Owen and the Rev. J. H. Roebuck. And an address delivered at the annual congress of the "Association of all classes of all nations" after the close of the discussion*. Manchester 1837. (Auszüge in einem Heft, das 1845 in Manchester entstanden ist.)

Peter Martyr siehe *Anghiera*, Pietro Martier d'

Petty, william: *Seven essays in political arithmetick* …. London 1699. (Auszüge in einem Heft, das Marx "Manchester. Juli 1845" darierte.)

Plinius Secundus, Gaius: *Historia naturalis*. Nach: Dureau de La Malle: *Économie politique des Romains*. T. 1 Paris 1840.

---------, *Historia naturalis*. Nach: [Germain] Garnier: *Histoire de la monnaie, depuis les temps de la plus haute antiquité, jusqu'au règne Charlemagne*. T. 2. Paris 1819

Poppe, Johann Heinrich Moritz: *Geschichte der Technologie seit der Wiederherstellung der Wissenschaften bis an das Ende des achtzehnten Jahrhunderts*. Bd. 1. Göttingen 1807. (Auszüge im Heft XV, London 1851.)

Prescott, William Hickling: *History of the conquest of Mexico, with a preliminary view of the ancient Mexican civilization and the life of the conqueror, Hernado Cortés*. Vol. 1-3. vol. 1.5. ed. London 1850. (Auszüge im Heft XIV, London 1851.)

Prescott, william H[ickling]: *History of the conquest of Peru, with a preliminary view of the civilization of the Incas*. Vol. 1-3. Vol. 1.4. ed. London 1850. (Auszüge im Heft XVI, London 1851.)

Price, Richard: *An appeal to the public; on the subject of the national debt*. 2. ed. London 1772. (Auszüge im Heft XVI, London 1851.)

---------, *Observations on reversionary payments; on schemes for providing annuities for widow, and for persons in old age; on the method of calculating the values of assurances on lives; and on the national debt.* 2. ed. London 1772. (Auszüge im Heft XVI, London 1851.)

Proudhon[, Pierre-Joseph]: *Gratuité du crédit* sieh Bastiat, Fr[édéric,] et [Pierre-Joseph] Proudhon: *Gratuité du crédit.*

Proudhon, P[ierre]-J[oseph]: *Qu'est-ce que la propriéte? Ou recherches sur le principe du droit du gouvernement. Premier mémoire.* Paris 1841. (Sieh auch Anm.32.)

---------, *Système des contradictions économiques, ou philosophie de la misère.* T.1.2 Paris 1846

Ramsay, George: *An essay on the distribution of wealth.* Edinburgh, London 1836. (Auszüge in den Heften IX und X, London 1851.)

Ravenstone, Piercy: *Thoughts on the funding system, and its effects.* London 1824. (Auszüge im Heft IX, London 1851.)

Reports … *by the Lords Committees appointed a Secret Committee to enquire into the state of the Bank of England, with respects to the expediency of the resumption of cash payments; with minutes of evidence and an appendix: 7 May 1819.* Nach: John Fullarton: *On the regulation of currencies* ed. 2. … London 1845. (Siehe auch Anm.130.)

Report of the Inspectors of Factories to Her Majesty's Principal Secretary of State for the Home Department, for the half-year ending 30th April 1849. London 1849. (Siehe auch Anm. 130.)

Ricardo, David: *Des principes de l'économie politique dt de l'mpôt.* Trad. de l'anglais par F.-S. Constancio, avec des notes explicatives et critiques par Jean-Baptiste Say. 2.éd., revue, corr. et augm. d'une notice sur la vie et les écrits de Ricardo, publiée par sa famillie. T.1.2. Paris 1835. (Auszüge in einem Pariser Heft von 1844.)

----------, *The high price of bullion, a proof of the depreciation of bank-notes.* London 1810. Nach: Alfred Darimon: *De la réforme des banques.* Avec une introd. par Émile de Girardin. Paris 1856.

----------, *On the principles of political economy and taxation.* 3.ed. London 1821. (Auszüge im Heft IV, London 1850 und in Heft VIII, London

1851.)

----------, *Proposals for an economical and secure currency; with observations on the profits of the Bank of England, as they regard the public and the proprietors of bank stock.* 2. ed. London 1816. (Auszüge in einem nicht überlieferten Heft von etwa 1845-1847.)

Rossi, P[ellegrino]: *Cours d'économie politique.* (Contenant les deux volumes de l'édition de Paris.) Annèe 1836-1837. In: *Cours d'économie politique.* Bruxelles 1843. (Auszüge in einem Brüsseler Heft von 1845.)

[Rousseau, Jean-Jacques:] *Du contrat social, ou principes du droit politique,* Londres 1782. (Auszüge im Heft Ⅱ, "Notizen zur franzosischen Geschichte", Kreuznsch Juli-August 1843.)

Rumford, Benjamin [Thompson]: *Essays, political, economical and philosophical.* Vol.1. London 1896.

Say, Jean-Baptiste: *Cours complet d'économie politique pratique.* 3.éd Bruxelles 1836. (Auszüge in einem Pariser Heft von 1844.)

----------, *Lettres à M. Malthus, sur différens sujets d'économie politique, notamment sur les causes de la stagnation générale du commerce.* Paris 1820.

----------, *Traité d'économie politique, ou simple exposition de la manière dont se forment, se distribuent et se comsomment les richesse.* 3. éd. T.2. Paris 1817. (Auszüge in einem Pariser Heft von 1844.)

----------, *Traité d'économie politique, ou simple exposition de la manière dont se forment, se distribuent et se comsomment les richesse.* 4. éd. T.2. Paris 1819. Henri Storch: *Considérations sur la nature du revenu national.* Paris 1824.

Scrittori classici italiani di economia politica.[Hrsg. Pietro Custodi.] Parte antica. T.1-7. Milano 1803-1804. Parte moderna. T.1-50. Milano 1803-1816.

Sempéré [y Guarinos, Juan]: *Considérations sur les causes de la graneur et de la décadence de la monarchie espagnole.* T. 1. Paris 1826. (Auszüge im Heft XⅣ, London 1851.)

Senior, Nassau W[illiam]: *Letters on the Factory Act, as it affects the cotton manufacture* … London 1937. (Auszüge im Heft Ⅺ, London 1851.)

---------, *Principes fondamentaux de l'économie politique, tirés de lecons* éd. et inéd. de N.-W. Senior, par Jean Arrivabene. Paris 1836. (Auszüge in einem Brusseler Heft von 1845.)

Senior, Nassau W[illiam]: *Three lectures on the cost of obtaining money, and on some effects of private and government paper money.* London 1830. (Auszüge im Heft Ⅲ, London 1850.)

Shakespeare, william: *Timon von Athen.*

Sismondi, J[ean]-C[harles]-L[eonard] Sismonde de: *Études sur l'économie politique.* T. 1.2 Bruxelles 1837-1838. (Auszüge in einem Brüsseler Heft von 1845.)

----------, *Nouveax principes d'économie politique, ou de la richesse dans ses rapports avec la population.* 2.éd. T,1.2 Paris 1827. (Auszüge in einem nicht überlieferten Heft, das zwischen 1844 und 1847 entstand.)

Smith, Adam: *An inquiry into the nature and causes of the wealth of nations.* Vol.1.2 London 1776.

----------, *An inquiry into the nature and causes of the wealth of nations. With a commentary, by the author of 'England and America'*[d.i. Edward Gibbon Wakefield]. Vol. 1-6[wielm. 1-4.] Vol. 1-3. London 1835-1838. (Auszüge in den Heften Ⅶ und Ⅷ, London 1851.) (Siehe auch Anm. 201.)

----------, *Recherches sur la nature et les cause de la richesse des nations.* Trad. nouv., avec des notes et observations; par Germain Garnier. T.1-5, Paris 1802. (Auszüge in zwei Pariser Heften von 1844.)

Solly, Edward: *The present distress, in relation to the theory of money.* London 1830. (Auszüge im Heft Ⅲ, London 1850.)

The source and remedy of the national difficulties, deduced from principles of political economy, in a letter to Lord John Russell. London 1821. (Auszüge im Heft Ⅶ, London 1851.)

Spinoza, Benedictus de: *Epistolae*

----------, *Ethica*

Stansfeld, Hamer: "Will the low rate of interest last? To the editor of the *Economist*" In: *The Economist*, vom 13 März 1858.

Steuart, James: *An inquiry into the principles of political economy: being an essay on the science of domestic policy in free nations.* In 3 vols. Vol 1.2. Dublin 1770. (Auszüge im Heft Ⅷ, London 1851.)

Storch, Henri: *Considérations sur la nature du revenu national.* Paris 1824. (Auszüge in einem Brüsseler Heft von 1845.) (Siehe auch anm. 403.)

--------, *Cours d'économie politique, ou exposition des principes qui déterminent la prospérité des nations.* Avec des notes explicatives et critiques par J.-B.Say. T.1-4. Paris 1823. (Auszüge in zwei Brüsseler Heften von 1845.)

Strabo: *Geographica.*

Symons, Jelinger Cookson: *Arts and artisans at home and abroad: with sketch of the progress of foreign manufactures.* Edinburgh 1839. (Auszüge im Heft Ⅺ, London 1851.)

Taylor, James: *A view of the money system of England, from the Conquest; with proposals for establishing a secure and equable credit currency.* London 1828. (Auszüge im Heft Ⅲ, London 1850.)

Thompson, William: *An inquiry into the principles of the distribution of wealth most conducive to human happiness; applied to the newly proposed system of voluntary equality of wealth.* London 1824. (Auszüge in einem Heft, das 1845 in Manchester entstanden ist.)

Thornton, Henry: *An inquiry in the nature and effects of the paper credit of Great Britain.* London 1802. (Auszüge im Heft Ⅵ, London 1851.)

Tooke, Thomas: *A history of prices, and of the state of the circulation.* Vol. 1-6. London 1838-1857. (Auszüge aus den Bänden 1 Und 2 in einem Heft, das 1845 in Manchester entstanden ist, aus dem Band 4 in den Heften Ⅰ und Ⅱ, London 1850 und aus dem Band 6 in einem Londoner Heft von 1857.)

---------, *An inquiry into the currency principle; the connection of the currency with prices, and the expediency of a separation of issue from banking.* 2. ed. London 1844. (Auszüge im Heft Ⅶ, London 1851.)

Torrens, R[obert]: *An essay on the production of wealth; with and appendix, in which the principles of political economy are applied to the actual circumstances of this country.* London 1817. (Auszüge im Heft Ⅸ, London 1851.)

[Townsend, Joseph:] *A dissertation on the poor laws. By a well-wisher to mankind.* 1786. Republ. London 1817. (Auszüge im Heft Ⅷ, London 1851.)

Tuckett, John Debell: *A history of the past and present state of the labouring population, including the progress of agriculture, manufactures and commerce, shewing the extremes of opulence and distitution among the operative classes* … Vol.1.2. London 1846. (Auszüge im Heft Ⅸ, London 1851.)

Ure, Andrew: *Philosophie des manufactures, ou économie industrielle de la fabrication du cotton, de la laine, du lin et de la soie, avec la description des diverses machines employée dans les ateliers anglais.* Trad. sous les yeux de l'auteur, et augm. d'un chapitre inédit sur l'industrie eotonnière francaise. T.1.2. Bruxelles 1836. (Auszüge in einem Brusseler Heft von 1845.)

[Urquhart, David:] "Currency". In: *The Free Press*, vom 25. November 1857.

Urquart, David: *Familiar words as affecting England and the English.* London 1856.

Varro, Marcus Terentius: *De re rustica.* Nach: Dureau de la Malle: *Économie politique des Romains.* T.1. Paris 1840.

Vidal, Francois: *De la répartition des richesses ou de la justice distributive en économie sociale; ouvrage contenant: l'examen critique des théories exposées soit par les économistes, soit par les socialistes.* Paris 1845. (Auszüge im Heft 16, London 1851.)

Virgil: *Aeneis*

Wade, John: *History of the middle and working classes; with a popular exposition of the economical and political principles which have influenced the past and present condition of the industrious orders.* Also an appendix … 3. ed. London 1835. (Auszüge in einem Heft, das 1845 in Manchester entstanden ist.)

Wakefield, Edward Gibbon: *A view of the art of colonization, with present reference to the British Empire; in letters between a statesman and a colonist.* London 1849. (Auszüge im Heft XⅣ, London 1851.)

Weitling, W[ilhelm]: *Garantien der Harmonie und Freiheit.* Vivis 1842.

Xenophon: *De vectigalibus.*

Ⅱ. 정기간행물

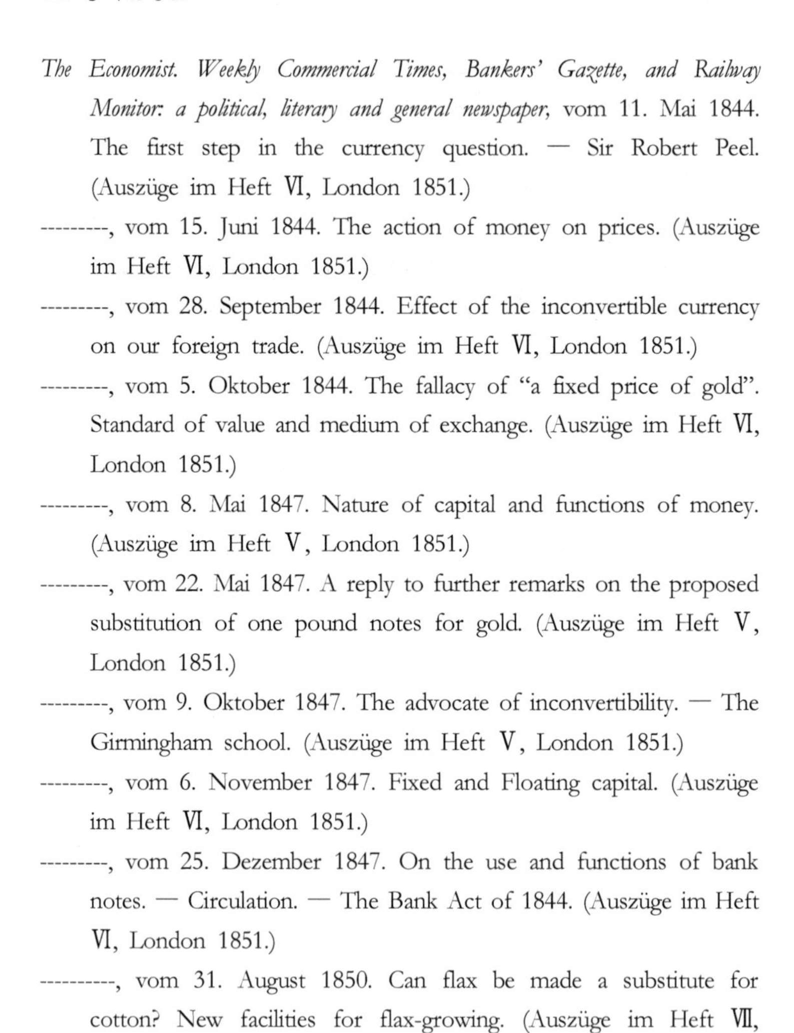

The Economist. Weekly Commercial Times, Bankers' Gazette, and Railway Monitor: a political, literary and general newspaper, vom 11. Mai 1844. The first step in the currency question. — Sir Robert Peel. (Auszüge im Heft Ⅵ, London 1851.)

---------, vom 15. Juni 1844. The action of money on prices. (Auszüge im Heft Ⅵ, London 1851.)

---------, vom 28. September 1844. Effect of the inconvertible currency on our foreign trade. (Auszüge im Heft Ⅵ, London 1851.)

---------, vom 5. Oktober 1844. The fallacy of "a fixed price of gold". Standard of value and medium of exchange. (Auszüge im Heft Ⅵ, London 1851.)

---------, vom 8. Mai 1847. Nature of capital and functions of money. (Auszüge im Heft Ⅴ, London 1851.)

---------, vom 22. Mai 1847. A reply to further remarks on the proposed substitution of one pound notes for gold. (Auszüge im Heft Ⅴ, London 1851.)

---------, vom 9. Oktober 1847. The advocate of inconvertibility. — The Girmingham school. (Auszüge im Heft Ⅴ, London 1851.)

---------, vom 6. November 1847. Fixed and Floating capital. (Auszüge im Heft Ⅵ, London 1851.)

---------, vom 25. Dezember 1847. On the use and functions of bank notes. — Circulation. — The Bank Act of 1844. (Auszüge im Heft Ⅵ, London 1851.)

----------, vom 31. August 1850. Can flax be made a substitute for cotton? New facilities for flax-growing. (Auszüge im Heft Ⅶ, London 1851.)

----------, vom 18. Januar 1851. The French double standard. (Auszüge im Heft Ⅴ, London 1851.)

----------, vom 15. November 1851. The effect of California on fixed incomes. (Auszüge im Heft XVII, London 1851-1852.)
----------, vom 22. Januar 1853. Connection between the rate of interest and the abundance or scarcity of the precious metals. (Auszüge im Heft XXI, London 1853.)
----------, vom 24. Januar 1857. Trade of 1856. — Decrease of consumption.
----------, vom 24. Januar 1857(suppl.). The double standard in France.
----------, vom 6. Februar 1858. Deposits and discount. Effects produced on the ordinary relations of floating and fixed capital.
----------, vom 15. Mai 1858. Literature. [Rezension zu:] James Maclaren: A Sketch of the history of the currency, comprising a brief review of the opinion of the most eminent writers on the subject. London 1858.
----------, vom 13. Marz 1858. Commercial Times, Weekly price current.
----------, vom 10. April 1858. Commercial and miscellaneous news.
The Morning Star, vom 12. Februar 1857. Foreign correspondence. France. — Paris. Feb. 10.
The Spectator, vom 19. Oktober 1711. On conquest and population. Nach: James Steuart: An inquiry into the principles of political economy … Vol. 1. Dublin 1770.
The Times, vom 21. November 1857. Negroes and the slave trade. To the editor of the Times. By Expertus.
Weekly Dispatch, vom 8. November 1857. The panic and the peoples.
The Westminster Review, vol. 5, Januar-April 1826. Effect of the employment of machinery etc. upon the happiness of the working classes. (Auszüge im Heft IX, London 1851.)

C. 신문과 잡지

Le Charivari — 풍자 신문. 1832년 파리에서 창간되어 1848년까지 발행되었다. 초기 부르주아 공화주의적 이익을 대변하였다가 나중에는 반

혁명적 입장을 대변하였다.

The Economist, weekly Commercial Times, Banker's Gazette, and Railway Monitor: a political, literary, and general newspaper — 1843년 영국 런던에서 창간된 주간지들로서 대(大)부르주아지의 입장을 대변하였다.

The Free Press — 1855년부터 1865년까지 영국 런던에서 발행되던 주간지이다. 데이비드 어콰트가 발행하였으며 팔머스톤 경에 대한 반대의 입장을 표명했다.

The Morning Star — 1856년에 창간되어 1969년까지 영국 런던에서 발행되던 일간지로서 상업 자본가들의 이익을 대변하였다.

Le Peuple. Journal de la République démocratique et sociale — 1848년 10월 2일부터 1849년 7월 13일까지 프랑스 파리에서 발행된 일간지. "인민공화"의 입장을 대변하였다. 1849년 10월 25일 『인민의 소리』(*La voix du Peuple*)라는 이름으로 창간되어 1850년 5월 14일까지 발행되다가 강제 폐간되었고, 같은 해 1850년 7월 15일부터 10월 13일까지는 『1850년 인민』(*Le Peuple de 1850*)이라는 이름의 주간지로 세 차례 발행되었다. 피에르 조셉 프루동이 책임 편집을 맡았다.

The Spectator — 1711년 창간되어 1714년까지 런던에서 발행되던 문예 일간지.

The Times — 1785년 1월 런던에서 『Daily Universal Register』라는 이름으로 창간되어 1788년 1월부터 『The Times』라는 이름으로 발행되던 일간지.

Weekly Dispatch — 1801년부터 1928년까지 영국 런던에서 발행되던 주간지로서 부르주아 자유주의 분파의 이익을 대변하였다.

The Westminster Review — 정치, 민속, 종교와 문학 등을 위한 계간지. 1824년부터 1887년까지 계간지로 발행되었고, 1887년부터 1914년까지는 영국 런던에서 1달에 1권 꼴로 발행되었다. 초기에는 제레미 벤덤과 존 보우링이 발행하였다가 나중에는 제임스 밀과 스튜어트 밀이 발행하였다.

찾아보기(인명편)

【ㄱ】

【ㄴ】

네로 (Nero, Claudius Caesar Nero. 37－68) 로마 황제(54－68). Ⅲ권 130
뉴먼 (Newman, Francis William. 1805－1897) 영국 문헌학자, 평론가. 종교적, 정치적, 경제적 내용을 담은 저술의 필자. Ⅲ권 135, 147
뉴먼 (Newman, Samuel Phillips. 1797－1842) 미국 철학자, 문헌학자, 경제학자. Ⅲ권 137
니부르 (Niebuhr, Barthold Georg. 1776－1831) 고대 연구자. 덴마크와 독일 국가에 복무했다. Ⅱ권 102, 104, 129; Ⅲ권 131

【ㄷ】

다리몽 (Darimon, Louis－Alfred. 1819－1902) 프랑스 정치가, 평론가, 역사학자. 처음에는 프루동주의자였으나 나중에 보나파르트주의자. Ⅰ권 86-117; Ⅲ권 89
다리우스 1세 (Darius I. 기원전 550－486) 페르시아 왕(기원전 522－486). Ⅰ권 116
다비넌트 (D′Avenant(Davenant), Charles. 1656－1714) 영국 경제학자, 통계학자. 중상주의자. Ⅲ권 176
데르 (Daire, Louis－Francois－Eugene. 1798－1847) 프랑스 작가, 경제학자. 정치경제학 저서 편집자.
델림플 (Dalrymple, Sir John. 1726－1810) 스코틀랜드 법률가, 역사학자. Ⅲ권 131
듀로 드 라 말레 (Dureau, de La Malle, Adolphe－Jules－Cesar－Auguste. 1777－1857) 프랑스 시인, 역사학자. Ⅰ권 165-166, 169; Ⅲ권 128
드 퀸시 (De Quincey, Thomas. 1785－1859) 영국 경제학자, 작가, 리카도 해설자. Ⅱ권 192, 193, 194, 196, 197, 305, 395

【ㄹ】

라운즈 (Lowndes, William. 1652－1724) 영국 경제학자, 정치가. 재무부 서

【ㅁ】

【ㅂ】

【ㅅ】

슈베 (Cheve, Charles−Francois. 1813−1875) 프랑스 언론인, 사회학자. 카톨릭 사회주의자. 1848년부터 1850년까지 프루동의 추종자. Ⅲ권 140
스미스 (Smith, Adam. 1723−1790) 스코틀랜드 경제학자. 고전적 부르주아 정치경제학의 중요한 옹호자. Ⅰ권 51, 54, 74, 75,137, 149, 151, 153, 205-206, 275, 310, 335, 337-340; Ⅱ권 25, 96, 137, 190, 199, 255, 264, 265, 266, 269, 270, 271, 279, 352, 363, 364, 395, 408, 409, 415, 416, 424, 426; Ⅲ권 19, 20, 22, 53, 54, 103, 143, 148, 158, 160, 168
스텐펠드 (Stansfeld, Hamer. 19세기) 영국 사업가, 평론가. Ⅲ권 73, 150
스튜어트 (Stewart, Sir James. 1712−1780) 스코틀랜드 경제학자. 중상주의 옹호자. 화폐수량설의 반대자. Ⅰ권 52, 151, 184, 193, 218, 280; Ⅱ권 92; Ⅲ권 53, 54, 56, 70, 71, 74, 75, 83, 85, 125, 161, 177
스트라보 (Strabo, Strabon. 기원전 63년경−서기20년경) 그리스 지리학자. Ⅰ권 156, 166
스푸너 (Spooner, Richard. 1783−1864) 영국 은행가, 정치가. 토리당원. 의원. Ⅱ권 23
스피노자 (Spinoza, Benedictus de. 1632−1677) 네덜란드 유물론적 범신론 철학자. Ⅰ권 59
시니어 (Senior, Nassau William. 1790−1864) 영국 경제학자. 노동일 단축에 반대했다. Ⅰ권 33, 175, 229, 230, 275, 310; Ⅱ권 266, 267; Ⅲ권 92, 113, 114, 115
시스몽디 (Sismondi, Jean−Charles−Leonard Sismonde de. 1773−1842) 스위스 경제학자, 역사학자. 소부르주아적 정치경제학의 창시자. Ⅰ권 33, 179, 209, 260, 313, 315; Ⅱ권 21, 22, 24, 173, 312, 313, 348, 363; Ⅲ권 28, 29, 116, 163, 172

【ㅇ】

아르카디우스 (Arcadius. 377−408) 동로마제국의 초대 황제(395−408). Ⅰ권 170, 171
아르키메데스 (Archimedes. 기원전 287년경−212) 그리스 수학자, 물리학자, 건축가. Ⅰ권 169
아른트 (Arnd, Karl. 1788−1877) 자연법 사상을 가진 경제학자. Ⅲ권 150

【ㅈ】

【ㅊ】

【ㅋ】

【ㅌ】

【ㅍ】

페레이르 (Pereire, Isaac. 1806－1880) 프랑스 은행가. 보나파르트주의자. 1852년 그의 동생 자크 에밀 페레이르와 공동으로 주식 은행 동산 신용을 설립했다. 신용에 관한 여러 논문의 집필자. Ⅰ권 94; Ⅱ권 252
페르세우스 (Perseus. 기원전 212－166) 마케도니아의 마지막 왕(기원전 179－168). Ⅲ권 129
페리에 (Ferrier, Francois－Louis－Auguste. 1777－1861) 프랑스 경제학자, 보호무역주의자. 중상주의 아류. Ⅰ권 205, 206
페어번 (Fairbairn, Sir Peter. 1799－1861) 영국 엔지니어, 발명가, 기계 제조자. Ⅲ권 107
페티 (Petty, Sir William. 1623－1687) 영국 경제학자, 통계학자. 고전적 부르주아 정치경제학을 탄생시켰다. Ⅰ권 33, 152, 224; Ⅱ권 310, 344
포페 (Poppe, Johann Heinrich Moritz von. 1776－ 1854) 수학자, 기술자. 기술사에 관한 논문의 필자. Ⅲ권 157
표트르 1세 (Peter Ⅰ. 1672－1725) 러시아 짜르(1682－1725). Ⅲ권 148
푸리에 (Fourier, Francois－Marie－Charles. 1772－1837) 프랑스 공상적 사회주의자. Ⅱ권 266, 388; Ⅲ권 215
풀라턴 (Fullarton, John. 1780년경－1849) 영국 경제학자, 화폐 유통 및 신용에 관한 저술의 필자. 화폐수량설의 반대자. Ⅲ권 18, 150, 167, 176, 179, 180, 183, 185, 186
프라이스 (Price, Richard. 1723－1791) 영국의 급진적 평론가, 경제학자, 도덕 철학자. Ⅰ권 393; Ⅲ권 25, 138, 139
프레보스트 (Prevost, Guillaume. 1799－1883) 스위스 추밀원 고문관, 경제학자. 리카도의 이론을 속류화했다. Ⅲ권 147
프루동 (Proodhon, Pirre－Joseph. 1809－1865) 프랑스 작가, 사회학자, 경제학자. 소부르주아의 이데올로그. 무정부주의의 이론적 창시자. Ⅰ권 42, 52, 53, 79, 87, 97, 105, 112, 113, 114, 157, 244, 264, 265, 316, 318, 326, 406; Ⅱ권 23, 38, 40, 41, 50, 58, 113, 267, 303, 304, 312, 400; Ⅲ권 23, 140-142
프리드리히 2세 (Friedrich Ⅱ. 1194－1250) 시실리 왕(1208－1250), 독일 왕(1212－1250), 로마 독일 황제(1220－1250). Ⅲ권 132, 135
프리스코트 (Prescott, William Hickling. 1796－1859) 미국 역사학자. 스페인과 미국 내 스페인 식민지의 역사에 관해 논문의 필자. Ⅲ권 127
플리니우스 (Plinius, Gaius Plinius Secundus. 23－79) 로마 정치가, 작가. Ⅰ

【ㅎ】

호노리우스 (Honorius Flavius. 384−423) 서로마 제국의 초대 황제(362−423). Ⅰ권 170, 171

호머 (Homer, Homeros. 기원전 8세기로 추정) 전설적인 그리스 시인. 서사시 『일리아스』와 『오딧세이』의 저자로 알려져 있다. Ⅰ권 156, 167, 179; Ⅲ권 73

호지스 (Hodges, John Frederick. 19세기 중반) 영국 농화학자, 생리학자. 농업 교과서 저자.

호지스킨 (Hodgskin, Thomas. 1787−1869) 영국 경제학자, 평론가, 공상적 사회주의자. 리카도의 이론을 이용해서 프롤레타리아의 이익을 방어했다. Ⅱ권 28; 256, Ⅲ권 105, 106

홉킨스 (Hopkins, Thomas. 19세기 전반) 영국 경제학자. Ⅲ권 117

홉하우스 (Hobhouse, John Cam, 1851년부터는 브로튼 드 기포드 Broughton de Gyfford 남작. 1786−1869) 영국 정치가, 휘그당원. 1831년 공장법 주도자. Ⅲ권 116

훔볼트 (Humboldt, Alexander Freiherr von. 1769−1859) 자연 연구가, 지리학자. Ⅰ권 166

휠만 (Hüllman, Karl Dietrich. 1765−1846) 역사학자. 중세사에 관한 여러 논문의 필자. Ⅲ권 132, 135

흄 (Hume, David. 1711−1776) 영국 철학자, 역사학자, 경제학자. 화폐수량설을 주장했다. Ⅲ권 55, 156, 176

찾아보기
(문학과 신화상의 인물)

인물. I권 44

폼필리우스, 누마 (Numa Pompilius) 로마 신화에서 나오는 두 번째 로마 왕. II권 102, 129

프로메테우스 (Prometheus) 그리스 신화에 나오는 인물. 제우스 신(神)에게서 불을 훔쳐 인간에게 주었고, 그 때문에 바위에 묶여 독수리에게 끊임없이 심장을 뜯어 먹히는 형벌을 받았다. I권 53

헤르메스 (Hermes) 상업과 교통을 관장하는 고대 그리스 신. I권 82

찾아보기
(중량, 도량, 주화의 명칭)

《무게》

트로이 형(衡) (귀금속, 보석, 의약품 용)

파운드 (troy pound)	= 12온스	372.242 g
온스 (troy ounce)		31.103 g
그레인 (grain)		0.065 g

톤 (ton)	= 20Hundredweigts	1016.05 kg
쿼터 (qrtrs., qrs)	= 28파운드	12.700 kg
파운드 (pound)	= 16온스	453.592 g
온스 (ounce)		28.349 g

《길이》

피트 (foot)	= 12인치	30.480 cm
인치 (inch)		2.540 cm
엘레 (preussisch)		66.690 cm

《부피》

쿼터 (qr.)	= 8부셸	290.792 l
부셸 (bushel)	= 8갤론	36.349 l
갤론 (gallon)	= 8핀트	4.544 l
핀트 (pint)		0.568 l

《주화*》

파운드 스털링 (Pfd. St., pound sterling)	= 20 실링	20.43 마르크
실링 (shilling)	= 12 펜스	1.02 마르크
페니 (penny, pence)	= 4 파딩	8.51 페니히
파딩 (farthing)	= ¼ 펜스	2.12 페니히
기니 (guinea)	= 21 실링	21.45 마르크
소브린 (Sovereign. 영국 금화)	= 1 파운드 스털링	20.43 마르크
프랑 (Franc)	= 100 상팀	80 페니히
상팀 (Centime. 프랑스 소액 주화)		0.8 페니히
리브르 (Licvre. 프랑스 은화)	= 1 프랑	80 페니히
센트 (Cent. 미국주화)		약 4.2 페니히
드라크마 (Drachme. 고대 그리스 은화)		
듀카트 (Dukat. 유럽, 원래는 이탈리아 금화)		약 9 마르크
마라베디 (Maravedi. 스페인 주화)		약 6 페니히
레이 (Rei. 포르투갈 주화)		약 0.45 페니히

* 마르크와 페니히로의 환산은 1871년 기준이다(1마르크 = 순금 1/2790 kg).

찾아보기(사항편)

【ㄷ】

【ㄹ】

【ㅁ】

【바】

【ㅅ】

【ㅇ】

【ㅈ】

【ㅊ】

【ㅋ】

【ㅌ】

【ㅍ】

【ㅎ】